船海类高校一流本科教育的探索与实践

——以江苏科技大学为例

姜朋明 编著

东南大学出版社
SOUTHEAST UNIVERSITY PRESS
·南京·

内 容 提 要

国以才立，业以才兴。培养堪当民族复兴大任的时代新人是高等教育的核心使命。经过40多年改革开放的高速发展，在全面振兴本科教育的新时代，中国高等教育如何把握好战略机遇，适应新技术、新产业、新业态、新模式对新时代人才培养的新要求，加快发展，形成领跑示范效应，本科办学逾40年的江苏科技大学正以实际行动书写时代答卷。

船舶制造业是我国十大支柱性产业之一。江苏科技大学一直以服务船舶行业和海洋事业为己任，有着强烈的兴船报国情怀，享有"中国造船工程师摇篮"的美誉。学校致力打造国内一流造船大学，实施"一流本科教育行动计划"，坚持以学生为中心、成果为导向和持续改进的办学理念，主动适应船舶制造与海洋工程行业的发展需求，努力建成与社会、行业发展相适应、有鲜明办学特色的专业结构体系，建构若干与新型工业发展形态相适应、具有新工科特征的优势专业群和特色专业群；构建"教学—实训—竞赛—孵化"四位一体的创新创业教育培养体系；与一流船舶企业、研究院所实施双导师联合培养制并建立长效机制；完善人才培养方案和教学内容体系，建成一批以"学习者为中心"的优质课程，持续不断提高本科人才培养质量。

本书立足本科教育的革新、建制、重构、实施，以江苏科技大学的探索与实践为例，横向呈现专业建设、课程建设、教育教学改革、创新创业教育、人才培养、师资建设、社会服务、文化建设、管理改革、党建思政十个方面创新内容，纵向展现综合论述、探索实践、典型案例创新架构，立体探寻船海类高校一流本科教育规律和人才培养经验，力求为我国高等学校一流本科教育创新发展提供有益启示。

图书在版编目(CIP)数据

船海类高校一流本科教育的探索与实践：以江苏科技大学为例 / 葛世伦，姜朋明编著. — 南京：东南大学出版社，2020.12
　ISBN 978-7-5641-9286-0

Ⅰ.①船… Ⅱ.①葛… ②姜… Ⅲ.①船舶工程-本科-教育建设-研究-镇江 Ⅳ.①U66-40

中国版本图书馆CIP数据核字(2020)246026号

船海类高校一流本科教育的探索与实践——以江苏科技大学为例

编　　著	葛世伦　姜朋明
出版发行	东南大学出版社
社　　址	南京市四牌楼2号(邮编：210096)
出 版 人	江建中
责任编辑	吉雄飞(联系电话：025-83793169)
经　　销	全国各地新华书店
印　　刷	江阴金马印刷有限公司
开　　本	700 mm×1000 mm　1/16
印　　张	19.75
字　　数	387千字
版　　次	2020年12月第1版
印　　次	2020年12月第1次印刷
书　　号	ISBN 978-7-5641-9286-0
定　　价	68.00元

本社图书若有印装质量问题，请直接与营销部联系，电话：025-83791830。

《船海类高校一流本科教育的探索与实践
——以江苏科技大学为例》

编 委 会

主　任： 葛世伦　姜朋明
副主任： 田　剑　魏晓卓
编　委：（按姓氏笔画排序）

王　勇　王　琳　王　琦　王济干　文　轩　尹　洁
田会峰　史文芬　白　旭　朱安宏　仲　媛　任传荣
庄　媛　刘　珍　刘占超　刘志红　刘彩生　江　静
汤　建　巫　蓉　李　锋　李良碧　李京梁　杨宏宇
何　筠　张　宇　张永林　张莉娜　张海洋　陆　艳
陈书锦　陈建军　陈海关　陈靓瑜　苆　辰　周　宏
周　昱　周　瑜　周志辉　周宏根　周春燕　胡凤杰
姚　潇　徐　剑　徐文睿　徐代勋　徐海玲　郭昭昭
唐　亮　黄雪丽　盛永祥　崔建芳　崔祥民　葛春娱
嵇春艳　程　勇　程荣晖　温大勇　谭海波　黎文航
薛泉祥

编 写 组

组　长： 葛世伦　姜朋明
副组长： 田　剑　魏晓卓　温大勇　仲　媛
成　员： 张永林　徐海玲　周志辉　崔建芳　盛永祥　黄雪丽
　　　　　程荣晖　葛春娱　谢凌燕

序 言

成长于昨天的教师,培养锻造今天的学生,领航建设明天的世界,是当前高等教育面临的最大挑战。办好高等教育,事关国家发展和民族未来。习近平总书记指出:"高校作为科技创新的生力军,要创新人才培养机制和教育方法,为国家现代化建设培养造就更多的合格人才、创新人才。"

2018年召开的全国教育大会和新时代全国高等学校本科教育工作会议,强调把本科教育放在人才培养的核心地位、教育教学的基础地位、新时代教育发展的前沿地位。建设一流本科教育集结号吹响后,中国高等教育努力超前识变、积极应变、主动求变,上下合力、布局谋篇、开拓创新,推动一流本科教育建设的洪流奔涌向前。因时而进、因势而新,船海类高校如何不滞后于时代变革? 如何在本科教育新时代形成新特色?

江苏科技大学依托船舶行业优势,强化历史传承,聚焦本科教育质量,聚力高水平应用型人才培养,全力开启了迈向一流本科教育的"行动模式"。学校优化顶层设计,建立紧密对接产业链、创新链的专业和课程体系;持续创新人才培养,构建1234教育模式、实施六大工程、强化六大素质、制定"1+3+X"人才培养体系和四位一体创新创业教育体系;深入推进人才强校战略,全力确保"引优才、育好才"师资发展举措落地见效;深化科教、产教融合深度,牵头搭建船舶先进制造技术公共服务平台,成立高校协同创新中心等;强化历史传承,将"船魂"精神内化于心、外化于行,造就了一大批彰显"吃得了苦、扎得下根、聚得齐心、干得成事"江科大特质的优秀校友。学校综合排名在第三方评价机构"2020软科中国大学排名"中位列全国第142位,USNews2021世界大学综合排名位居中国内地高校第136位,江苏省2019年度地方普通高校综合考核中获得"第一等次"。

砥砺奋进新时代,牢记使命育新人。江苏科技大学深入推进以人才培养为中心的综合改革之际,正值学校迈向国内一流造船大学宏伟进程站在了历史新起点。

《船海类高校一流本科教育的探索与实践——以江苏科技大学为例》乘势出版，生动呈现了新时代一体化人才培养模式改革成效。该书围绕创新主题、立足校本实践、强化问题导向、注重建制重构，具有以下三大特点：

(1) 宏大与个案。每一章节以"综述"开篇，着眼高等教育人才培养发展的新思想新理念，对高校一流本科教育新时代脉搏进行横向剖析和纵向梳理，在宏大时代背景中厘清学校近年持续开展教育质量提升工程的"探索实践"，解析"典型案例"，既有宏观视域上的改革引领，又有微观视角下的创新经验，表现形式灵活多样、点面结合、注重实效，再现了一部具有系统性、实践性、典型性的本科教育创新实践办学发展史。

(2) 传承与创新。立足学校本科办学40多年深厚积淀基础上，重新审视新时代高校一流本科教育重大转型中涌现出的典型经验，在历史传承、改革创新、持续发展的链条上讲好"江科大故事"。通过不断借鉴、开拓、创新、修正、再出发，实质化完善内涵建设举措，体现前沿实践经验，并结合学校当前实际，规划未来发展方向。

(3) 示范与适用。乘着学校各项改革稳步推进、各项事业蓬勃发展的良好势头，系统总结一流本科教育探索实践进程中的成功经验，推动成果转化、改革深化、教育优化。以实现高等教育功能为己任，在横向融合、纵向连接、一体多翼创新发展中，策应区域经济发展策略，增强高等教育服务发展能力，形成一批有价值、可复制、能推广的新做法新经验，助推船海类高校一流本科教育持续攻坚、创新联动、同频共振、不断向前。

"只有培养出一流人才的高校，才能够成为世界一流大学。"新一轮科技革命和产业变革正在引发世界格局的深刻调整，重塑国家竞争力，重建人们生活学习思维方式，重构自然科学、工程科学、人文社会科学研究范式，一系列重大转型促使船海类高校必须打赢全面振兴本科教育的攻坚战。

探索是先导，实践求突破，一流本科教育需要变革创新管理模式。一所大学好比一艘巨轮，只有众人划桨，巨轮才能在走向深蓝的过程中行稳致远。江苏科技大学本科教育改革创新建立在"一盘棋"基础之上，以革新、建制、重构为标志，持续优化体制机制，摒弃"小舢板"意识，转向"大舰船"思路，主动适应船舶制造与海洋工程行业以及其他产业的发展需求，落实新工科建设理念，围绕产业链、创新链，夯实根基、擦亮底色、强化特色。《船海类高校一流本科教育的探索与实践——以江苏科技大学为例》一书就是变革中破局有益尝试的彰显。

探索无止境,实践出新知,一流本科教育必须构建人才培养质量保障体系。江苏科技大学以学生为中心、产出为导向,以新理念直面新时代教与学的新挑战,建立并完善持续改进的质量文化,激发学生学习兴趣和潜能,适应新技术、新产业、新业态、新模式对新时代人才培养的新要求。办一流本科教育还要集聚高端人才,学校大力推动"533"人才工程,努力营造有利于优秀人才脱颖而出的环境,激发教师潜心教学的活力。坚持"三全育人",持续实施"人才培养质量提升工程",形成更加完善、更富活力的本科教育生态环境,提供更为有效的服务保障。

千里之行始于足下。写好江科大高水平本科教育"奋进之笔",仍需要深入推进重点领域、关键环节革故鼎新,不断取得突破。学校探索船海类高校特色鲜明校本方案的行动将驰而不息,孜孜以求打造着通识教育与专业教育有机联动、全人教育与创新创业紧密结合、个性发展与科创协同贯穿始终的人才培养新模式。

中国工程院院士 杨绍卿

目 录

第一篇 专业建设创新与实践 1
综述 1
探索实践 3
服务国家战略　建设造船特色专业 3
引领行业发展　打造船舶海洋品牌 9
面向企业需求　培养焊接技术专才 14
紧跟船电发展　推进专业综合改革 18
典型案例 22
案例1：兴船报国育英才 22
案例2：传承基因铸海器 24
案例3：产教融合谋发展 25

第二篇 课程建设创新与实践 27
综述 27
探索实践 28
课程思政构建全员育人格局 28
慕课引领线上教学改革模式 34
OBE探索工程教育培养模式 38
校企合作推进实践教学改革 41
典型案例 45
案例1：聚焦本科教学质量　建设一流造船大学 45
案例2：课程思政聚合行动　助力同向协同育人 48

案例3:线上课助学抗疫情　云课堂聚力克时艰 ·················· 49

第三篇　教育教学改革创新与实践　54
综述　54
探索实践　56
　　创新"深蓝"培养模式　塑造行业特色英才 ·················· 56
　　创新"思政"育人范式　协同形成育人合力 ·················· 58
　　创新"精品"教材形式　彰显行业背景优势 ·················· 60
　　创新"校企"合作样式　共享软件人力资源 ·················· 62
典型案例　65
　　案例1:打响"发令枪"　开动造船大学发展改革"航船" ············ 65
　　案例2:师生"大合唱"　齐发思想政治教育改革"声音" ············ 67
　　案例3:共做"火炬手"　同举思想政治教学改革"旗帜" ············ 70
　　案例4:收获"金种子"　赢得精品教材建设改革"绩点" ············ 71

第四篇　创新创业教育创新与实践　72
综述　72
探索实践　74
　　重构培养方案　优化双创质量标准 ························ 74
　　构建学习机制　创新双创培养模式 ························ 78
　　加强实践引领　建设双创教师团队 ························ 86
　　整合课程资源　创新双创课程体系 ························ 89
　　汇聚多方资源　搭建双创实践平台 ························ 92
典型案例　95
　　案例1:成果引领　构建创业软环境 ························ 95
　　案例2:目标导向　勇攀创新新高地 ························ 96
　　案例3:校企联动　搭建双创强平台 ························ 98
　　案例4:强化实践　培养双创新人才 ······················· 100

第五篇　人才培养创新与实践 — 102
综述 — 102
探索实践 — 105
 坚持立德树人根本任务　坚守人才培养根本初心 — 105
 确立全人素质教育导向　明晰人才培养目标规格 — 119
 实施素质发展促进举措　创新人才培养体系模式 — 122
 建立素质报告反馈制度　促进人才培养持续改进 — 135
典型案例 — 137
 案例1：四项指标明规范　思想育人有实效 — 137
 案例2：五个坚持构体系　管理育人有机制 — 138
 案例3：六类素质塑全人　精准育人有保障 — 141
 案例4：扎根行业育人才　碧海深蓝写丹心 — 143

第六篇　师资建设创新与实践 — 148
综述 — 148
探索实践 — 150
 完善机制　创新师德建设方法与途径 — 150
 过程管理　创新海外进修监督与管理 — 154
 高端引领　创新师资引培实践与路径 — 163
 问题导向　创新分类评价制度与保障 — 166
典型案例 — 170
 案例1：深化内涵　打造优质队伍 — 170
 案例2：涵育师德　厚植教育根基 — 171
 案例3：营造环境　集聚高端人才 — 172
 案例4：提振精气　岗位成就事业 — 173

第七篇　社会服务创新与实践 — 174
综述 — 174
探索实践 — 176

注重实践　建设海洋强国 ………………………………………… 176
　　面向区域　服务地方经济 ………………………………………… 180
　　船魂精神　升华服务品质 ………………………………………… 182
　　协同创新　助推产业升级 ………………………………………… 187
　典型案例 …………………………………………………………………… 188
　　案例1：构建合作机制　拓展社会服务功能 ………………………… 188
　　案例2：聚焦专业特色　打造社会实践特色 ………………………… 189
　　案例3：实施校地联动　引领区域经济发展 ………………………… 190
　　案例4：开展协同创新　共促船舶产业发展 ………………………… 190

第八篇　文化建设创新与实践 …………………………………………… 192
　综述 ………………………………………………………………………… 192
　探索实践 …………………………………………………………………… 193
　　薪火相继　"船魂"精神植根文化建设 …………………………… 193
　　外化于形　"船魂"精神内蕴美丽校园 …………………………… 198
　　内化于心　"船魂"精神打造科大气质 …………………………… 209
　　沉淀于行　"船魂"精神培育国之栋梁 …………………………… 212
　　戮力向前　"船魂"精神结出累累硕果 …………………………… 217
　典型案例 …………………………………………………………………… 220
　　案例1：传承"船魂"勇探索 ………………………………………… 220
　　案例2：弘扬"船魂"在校园 ………………………………………… 223
　　案例3：熔铸"船魂"育英才 ………………………………………… 224
　　案例4：永保"船魂"不褪色 ………………………………………… 225

第九篇　管理改革创新与实践 …………………………………………… 227
　综述 ………………………………………………………………………… 227
　探索实践 …………………………………………………………………… 228
　　转型教育　实现新生健康和谐发展 ………………………………… 228
　　结果导向　优化教育绩效评价机制 ………………………………… 234

质量为先　完善教学质量监控体系 ………………………………… 239
　　价值引领　提高协同管理运行效能 ………………………………… 244
　　持续改进　提升服务育人能力水平 ………………………………… 250
典型案例 …………………………………………………………………… 253
　　案例1：教学融合涵养特质　"三全育人"构建格局 ………………… 253
　　案例2：三级监管保障质量　"双重闭环"夯实基础 ………………… 256
　　案例3：内涵发展突出主线　"三大特色"筑牢根基 ………………… 259
　　案例4：思政聚合同向同行　"三个依托"协同育人 ………………… 261

第十篇　党建思政创新与实践 ……………………………………… 264
综述 ………………………………………………………………………… 264
探索实践 …………………………………………………………………… 265
　　五拳组合　建强核心 ………………………………………………… 265
　　四轮齐驱　筑牢堡垒 ………………………………………………… 269
　　三位一体　模范带动 ………………………………………………… 275
　　聚合行动　全面育人 ………………………………………………… 280
　　党建领航　夯实学风 ………………………………………………… 283
典型案例 …………………………………………………………………… 289
　　案例1：两抓三实　创新主题教育 …………………………………… 289
　　案例2：积分亮绩　创新支部工作 …………………………………… 291
　　案例3：主题课程　创新思政教育 …………………………………… 293
　　案例4：全面多维　创新干部培训 …………………………………… 297

后记 ………………………………………………………………………… 300

第一篇　专业建设创新与实践

综述

专业是高等学校人才培养的基本单元和主要载体。专业建设是高等学校教学基本建设的主要任务,是服务国家战略、对接行业和社会需求,主动适应经济发展和产业升级的桥梁和纽带,是强化专业内涵、提升人才培养质量的基础性、关键性工作。专业建设又是一项系统工程,其建设水平直接影响学校的招生质量、学生的培养质量及毕业生的就业质量,事关高等学校的生存与发展。

我国已建成世界上最大规模的高等工程教育体系,工科专业约占我国高校专业总数的三分之一,每年工科专业本科毕业生人数超过世界工科专业本科毕业生总数的三分之一。但是,大而不强、大而不优、大而不新等问题仍困扰着我国高等工程教育,过剩与不足的结构性矛盾比较突出,新兴产业所需人才严重短缺,在大数据、云计算、网络空间安全、机器人、人工智能等一些新兴领域尤为明显。

在我国,具有行业背景的高校占大多数,而其中大多数又是地方高校。行业特色型地方高校在新经济建设中为行业转型升级和区域经济发展发挥了不可或缺的支撑作用。总体而言,目前我国行业特色型地方高校在人才培养过程中存在以下问题:一是新工科专业建设滞后,传统工科专业仍占较大比重,亟待进行改造升级,尤其是课程体系和教学内容不能适应产业发展需要,跟不上技术更新换代的步伐;二是人才培养过程中仍然存在重知识传授、轻综合素质培养的现象,在对新经济更关注的家国情怀和社会责任感、国际视野及跨界沟通能力、创造力、领导力和终身学习能力等综合素质培养方面存在明显不足;三是学科、专业之间存在明显壁垒,特别是在院系之间,学科、专业交叉和融合不足,学生知识和能力结构难以适应行业升级发展需要。

船舶制造业是我国的十大支柱性产业之一。2010年,我国一跃成为世界第一造船大国,但大而不强,距离实现造船强国、海洋强国的目标依然任重道远。世界强国必然是海洋强国,海洋强国必然首先成为造船强国。党的十八大以来,以习近平同志为核心的党中央,站在实现中华民族伟大复兴的战略高度,准确把握时代发展大势,统揽党和国家事业发展全局,以深邃的历史眼光、恢宏的战略思维,做出了建设海洋强国的重大战略决策。要实现"海洋强国""造船强国"的战略目标,必然需要船舶特色类高校在人才培养、科学研究、社会服务等方面提供强而有力的支撑,这对我国船舶特色类高校合理确定发展方向,特别是专业建设方向,具有重要的指导意义。

江苏科技大学作为江苏省唯一一所以船舶与海洋工程装备产业为主要服务面向的行业特色型大学,是全国相关高校中船舶工业相关学科专业门类设置最齐全、具有船舶特色整体性和应用性优势的高校之一,享有"中国造船工程师摇篮"的美誉。学校始终坚持为船舶行业和国防工业服务,已逐步发展成为一所以工为主的多科性大学,形成了船舶、海洋和蚕桑三大鲜明的办学特色,并以船舶行业特色最为鲜明。学校拥有的国家级一流(特色)专业、省级品牌特色专业、省级国防重点学科、优势学科均紧密对接船舶与海洋工程装备制造产业链和作业链。学校始终将专业建设和人才培养作为学校的中心工作,坚持用"江海襟怀、同舟共济、扬帆致远"的"船魂"精神建校育人,以培养现场应用型、研发设计型、高素质创新型工程技术人才为主,为我国船舶工业发展提供了强而有力的人才和智力支持。江苏省人民政府于2012年和2016年,先后与中国船舶工业集团有限公司、中国船舶重工集团有限公司、国防科工局签订协议共建江苏科技大学,进一步深化了学校与船舶行业的合作,进一步密切了学校与船舶行业的传统血脉联系,进一步提升了学校办学水平和服务船舶工业发展的能力。学校以共建为新的起点,充分利用新机遇、新平台,紧紧围绕共建目标和要求,坚持以船舶工业和国防工业发展需求为导向,科学规划学科、专业建设,努力使学校成为我国船舶工业重要的人才培养基地,成为符合船舶产业、战略性新兴产业和江苏省经济社会发展要求的高水平行业特色型高校。学校每年有60%以上的涉船涉海专业毕业生进入船舶行业就业,在中国船舶集团企业中江苏科技大学的校友最多、最接地气;江苏省地方船舶企业中,江苏科技大学的毕业生一直发挥着领头羊的作用,三分之一以上的技术管理人员是江苏科技大学的毕业生。

2016年,学校按工程教育专业认证理念和范式对所有专业的人才培养方案进行了重构,对传统工科专业进行新工科化改造,各专业对课程体系进行了较大力度的改革,对课程进行了优化重组,对教学内容进行了更新,并大力推动教学方法和考核方式改革,加强学科交叉,强化对工程素养的培养。同时,主动适应船舶行业需求和科技发展,调整专业布局,设立机器人工程、人工智能、智能制造工程、功能材料、物联网工程、大数据管理和应用等新专业。

近年来,学校将人才培养标准接轨国际认证,专业建设目标对齐国家一流,要求所有认证目录内的专业都必须参加国内或国际的专业认证。目前已有港口航道与海岸工程、机械设计制造及其自动化、土木工程、环境工程4个专业通过工程教育专业认证;建筑环境与能源应用工程专业通过国家住房和城乡建设部组织的认证性评估。自2018级起,全校所有本科专业的培养目标和人才培养方案完全参照国际认证的标准模式制定并实施。

通过多年的持续建设,学校整体专业实力得到进一步提升。在教育部2019年首批公布的"双万计划"名单中,学校船舶与海洋工程等8个专业获批国家级一流本科专业建设点,金属材料工程等10个专业获批省级一流本科专业建设点。

探索实践

服务国家战略　建设造船特色专业

在建设"海洋强国"的战略背景下,打造船舶及海洋装备制造强国被赋予了新的使命。船舶及海洋装备制造行业的发展将成为建设海洋强国的有力保障,而人才在其中起着战略性、基础性和决定性作用。为此,高等学校尤其是行业特色型高校,其培养的人才规格和人才质量能否满足国家需求就显得尤为重要。江苏科技大学在"十二五"发展规划中提出的"建设国内一流造船大学"的长远战略目标正好契合了国家战略发展的需要。学校围绕这一目标,主动适应高等教育发展的新形势和国家经济社会发展、产业结构调整对学科专业发展、人才培养的实际需求,制定了《江苏科技大学本科专业结构优化与发展规划(2015—2033年)》,推进学校本科专业建设和发展。

学校2015—2033年专业建设的总目标是围绕海洋空间开发利用以及国家战略性新兴产业发展,以"船舶和海洋工程装备制造"等领域人才培养需求为牵引,通过专业结构动态调整,不断优化专业布局,彰显学校船舶、海洋和蚕桑特色,适当拓展涉海学科专业,淘汰不适专业,最终专业总数稳定在65个左右,并分别构建符合学校办学定位的优先建设类、重点建设类和培育建设类专业群,通过分类建设,至2033年,建成以"船-海-蚕桑"优势专业群为核心,特色专业群为主要支撑,其他专业相互促进的工、管、理、经、文、法、农、教育、艺术多学科协调发展、特色更加鲜明、结构更加完善的本科专业体系。

一、专业建设的思路与原则

(一)总体思路

以建设"国内一流造船大学"为长远目标,以立德树人为根本任务,以服务行业和区域经济发展为导向,抢抓"双万计划"机遇,以一流专业建设为引领,按照"稳定规模,优化结构,分类指导,分步实施"的总体发展思路,定期开展专业预警与动态调整,淘汰不适专业,发展亟需专业,改造传统专业,不断优化专业结构布局;强化内涵建设,持续改革创新,建设一批新工科、新文科、新农科优势特色专业群。

(二)基本原则

1. 重点突破,整体提升

强化学校办学特色,坚持科学定位、分类指导,确定优先建设类、重点建设类和培育建设类专业群,通过对优先建设类专业群的重点投入和建设,发挥其引领作用,以重点突破带动学校专业水平的整体提升。

2. 学科引领,持续发展

统筹兼顾专业建设与学科建设,发挥专业、学科之间的相互支撑作用,形成重点学科与相关学科协调发展的专业平台和专业群,尽快建成品牌专业,形成自己的优势和特色,促进学校可持续发展。

3. 需求导向,扶优汰劣

围绕国家战略性新兴产业及区域经济发展的需求,发展具有较强适应性的专业,不断满足社会需求,并通过实施专业动态调整,逐步淘汰不符合发展需求的专业,促进专业结构优化。

4. 多元发展,和谐共生

构建有利于专业发展的良好生态环境,形成多学科、专业的共生效应,并在此基础上形成以特色学科为重点,多学科交叉渗透、协调发展的格局,以促进优势特色专业的发展。

5. 稳定规模,注重效益

从学校实际出发,在稳定规模的前提下,通过专业结构调整优化及内涵建设,实现最佳的办学效益,实现规模、结构、质量、效益的协调发展。

二、专业建设的探索与实践

(一) 专业结构优化

1. 以新的专业增长点带动专业结构优化

在规模基本稳定的前提下,严格控制专业数,规范新专业申报程序,围绕学科规划发展方向适当培育新的专业增长点。

(1) 重点发展船舶相关专业

以服务船舶制造及其相关产业为重点,完善大船舶专业群布局,通过新增"水声工程""游艇设计与制造""船舶电子电气工程"专业(或专业方向),实现船舶相关专业全覆盖,充分彰显学校特色。

(2) 大力扶持涉海类专业

紧紧围绕海洋工程装备制造进行专业布局,通过新增"海洋技术""海洋资源开发技术"和"海事管理"等专业,结合现有的"海洋工程与技术""港口航道与海岸工程"专业,构建相关涉海类专业群,推动涉海类专业的汇聚和集约式发展。

(3) 科学规划服务于战略性新兴产业和区域经济发展的相关专业

紧跟国家战略性新兴产业和区域经济发展步伐,优先选择有发展潜力、服务国家战略需要、地方经济社会发展亟需的专业。新增"新能源科学与工程""功能材料""新能源材料与器件""网络工程"等涉及新能源、新材料和新兴信息技术的专业,以及"信息安全""给排水科学与工程"等服务于区域经济发展的专业。

(4) 有针对性增加农学与艺术学学科门类相关专业

以现有的畜牧学学科为依托,通过新增农学门类的"蚕学"专业,实现学校蚕桑特色学科的本—硕—博衔接,巩固和发展蚕桑特色;通过新增艺术学门类与工业产品设计相关的专业,如"产品设计"等,实现设计、制造、管理三位一体的本科人才培养体系,构建学校特色的艺术设计学门类所属专业。

(5) 适度拓展其他学科相关专业

通过新增经济学门类的"能源经济"、文学门类的"翻译"、教育学门类的"休闲体育"等专业,增加薄弱学科相关专业的自我发展、自我调整能力,彰显多学科共存共生的优势,推动学校的多科性发展。

2. 以专业动态调整推动专业结构优化

以社会需求为导向,从国家战略性新兴产业发展和区域经济建设的需要出发,结合学校办学定位,通过对招生、就业、师资队伍结构、教学和科研水平4个方面的状态调查分析,建立专业预警和动态调整机制。缩减、淘汰社会需求小、办学条件较差、竞争力较弱的专业,改造、创新具有一定办学历史、师资力量较强、办学经验丰富但落后于时代发展的传统学科专业,积极稳妥地推进专业结构调整与优化。

制定《江苏科技大学本科专业预警与动态调整实施办法》,由教务处牵头,会同发展规划处、评估处、学生工作处等部门组成专业预警与调整工作组,在学校教学工作委员会专业规划与建设小组领导下开展具体工作。学校每年开展一次专业预警,每两年开展一次专业动态调整工作,其范围涵盖所有已有三届及以上毕业生的本科专业。预警等级包括黄色预警、红色预警;专业调整包括减少招生人数、停止招生等。

学校本科办学预警监测指标包括办学声誉与人才需求、师资结构与数量、教学能力与水平、培养效果与质量4个一级指标,11个二级指标。另设附加项目,内含2个特设二级指标。根据对专业办学影响程度的差异,二级指标分为一般性指标(4个)、关键性指标(7个)和特设指标(2个)。

学校专业预警工作遵循以下程序进行:① 专业预警与调整工作组通过对专业办学监测信息的收集、统计和分析,提出初步的专业预警意见;② 学校教学工作委员会专业规划与建设小组对各专业办学情况进行综合评议,确定预警专业名单及其相应预警弱项;③ 学校对确定的专业预警事项进行通报,约谈专业所属学院领导和专业负责人,提出限期整改要求。学校对在专业评估、社会第三方评价中结果较差的专业即时提出警示,并就专业建设薄弱环节责成所属学院限期制定、落实整改工作方案。

学校专业调整工作遵循以下程序进行：① 专业预警与调整工作组准备论证和评议依据材料，提出专业调整的初步意见；② 学校教学工作委员会专业规划与建设小组对专业办学情况进行综合评议，拟定专业调整建议方案，提交校长办公会审议批准。

3. 以改革创新实现人才培养途径多样化

从满足学生个性化成长需要出发，加强学生复合知识及能力的培养。以学校实施多年的主辅修制为基础，推进与完善辅修专业与第二学位制，逐步构建"工学＋管理""理学＋工学""工学＋文学""工学＋法学"等复合型人才培养模式。

同时，改革招生模式。以大类招生带动人才培养模式改革，逐步建立与大类招生、学科建设相适应的大类人才培养新模式，增大专业的调适性。

4. 以中外合作办学拓展专业发展模式多样化

巩固现有中外合作办学经验，进一步开拓国际交流与合作的渠道，丰富交流与合作模式。通过与国外优质教育机构合作，开展学分互认、课程衔接等方式的中外联合办学项目，以及开展为期半年或一年的海外交换生、海外学习、海外实习等项目，增加专业的多样性与选择性，打造既与国际接轨，又有学校特色的专业发展模式。

（二）分类推进专业建设

围绕学校一流造船大学的特色发展需要，分别构建基于专业建设水平现状的优先建设类、重点建设类和培育建设类专业群，有重点、分类别的开展专业建设。同时实行滚动调整机制，适时调整、持续优化不同建设类别的专业群，推动专业良性发展。

1. 优先建设类

以学校传统的船舶与海洋工程、畜牧学以及相关的优势学科为基础，构建涉船、涉海、蚕桑与生物技术等优先建设类专业群。通过大力投入、积极培育，形成了学校标志性的品牌专业群。

（1）涉船类专业群。包括船舶与海洋工程（游艇设计与制造）、轮机工程、水声工程、船舶电子电气工程、机械设计制造及其自动化、自动化、焊接技术与工程、信息管理与信息系统等专业。

（2）涉海类专业群。包括海洋工程与技术、港口航道与海岸工程、海洋资源开发技术、海洋技术等专业。

(3) 蚕桑与生物技术类专业群。包括蚕学、生物技术等专业。

2. 重点建设类

以材料科学与工程、管理科学与工程两个博士授权一级学科相关专业为重点，以学校传统特色专业为核心，构建材料类、管理类、土木建筑类、机械类、电子电气仪器类、计算机类、能源动力类和基础类等重点建设类专业群，通过重点投入、特色强化，形成了特色鲜明、内涵丰富的特色专业群。

(1) 材料类专业群。包括金属材料工程、高分子材料与工程、电子封装技术、冶金工程、功能材料、新能源材料与器件、应用化学、环境工程等专业。

(2) 管理类专业群。包括工业工程、物流管理、会计学、工程管理、海事管理等专业。

(3) 机械类专业群。包括机械电子工程、材料成型及控制工程等专业。

(4) 电子电气仪器类专业群。包括电子信息工程、通信工程、电气工程及其自动化、测控技术与仪器等专业。

(5) 土木建筑类专业群。包括土木工程、建筑学、建筑环境与能源应用工程、给排水科学与工程等专业。

(6) 计算机类专业群。包括计算机科学与技术、软件工程、物联网工程、网络工程、信息安全等专业。

(7) 能源动力类专业群。包括能源与动力工程、新能源科学与工程等专业。

(8) 基础类专业群。包括应用物理、应用统计学、工程力学、信息与计算科学、电子信息科学与技术、英语、翻译等专业。

3. 培育建设类

以服务区域经济发展的相关专业为基础，通过鼓励发展、强化内涵，与其他专业一起形成相互支撑、相互促进、多学科协调发展的专业体系。包括生物工程、工业设计、经济学、能源经济、金融工程、工商管理、财务管理、人力资源管理、旅游管理、公共事业管理、会展经济与管理、政治学与行政学、社会体育指导与管理、休闲体育、产品设计等专业。

三、品牌特色专业建设成效显著

学校构建分层分类建设专业体系，有重点、分层次地开展专业建设，集中人力、财力和物力对重点学科的重点专业进行优先建设,以分层建设带动全校本科专业整体水平的提高,通过加强重点投入,使部分专业达到国内一流水平。

目前学校拥有国家级一流专业建设点 8 个,国家级特色专业建设点 4 个,国家级综合改革试点专业 1 个,国家级"卓越计划"试点专业 3 个;省级品牌特色专业 11 个,其中有 4 个专业获省级品牌专业建设工程一期项目立项资助;省级一流专业 10 个;省级"卓越计划"试点专业 5 个,另有 4 个专业加入省级"卓越计划联盟"。

四、新工科专业建设稳步推进

近年来,江苏科技大学深入贯彻落实全国教育大会和新时代全国高校本科教育工作会议精神,紧密围绕新一代信息技术、高端装备制造、新材料、新能源等战略性新兴产业,主动对接社会和经济发展需求,高起点高质量开展新工科建设。同时,以新工科思维带动传统专业改造,提升专业建设上水平上层次。

一方面,通过工程教育专业认证和人才培养方案重构,对传统工科专业进行新工科化改造。学校要求所有认证目录内的工科专业都必须参加工程教育专业认证,并将新工科的内涵要求和专业认证的核心理念作为 2018 版本科专业人才培养方案重构的基本原则。另一方面,整合校内外资源,申办新的工科专业。学校积极落实《国务院关于印发新一代人工智能发展规划的通知》,于 2018 年申报"人工智能"本科专业并顺利获批,成为全国首批"人工智能"新专业建设高校。2019 年申报的智能制造工程、功能材料、大数据管理和应用 3 个新工科专业也全部获批。

(张永林　仲媛)

引领行业发展　打造船舶海洋品牌

作为江苏科技大学的龙头专业,船舶与海洋工程专业办学历史悠久,积淀深厚,其前身是 1953 年上海船舶工业学校时期开设的船体制造专业,1978 年成立舰船工程专业,1979 年开始招收本科生。专业从创建发展至今,在办学定位上坚持走特色发展之路,与其他八所涉船类重点高校侧重培养学生的船舶理论研究及设计能力不同,始终紧密结合我国船舶企业技术需求,侧重于对学生船舶设计及制造技术能力的培养,尤其船舶制造技术是我校领先于其他涉船类高校的特色方向。

近年来,该专业始终依托船舶行业,坚持行业特色发展道路,紧密围绕国家"海洋强国"发展战略及学校建设"国内一流造船大学"的发展定位,大胆改革、开拓创新,积极推进专业建设、教学改革和创新,在建设成果、应用型本科人才培养质量等方面稳居全国前三位。

一、构建行业特色鲜明的应用创新型人才培养体系

以国家级卓越工程师试点专业、国家级高等学校"专业综合改革试点"项目等一系列改革项目为抓手,与行业、企业紧密结合推进应用型人才培养的工程教育改革,通过创建"教学内容与项目对接""课堂与企业对接"的教学模式及校企共同构建的工程实践教育中心,形成特有的应用型人才培养模式,深受企业欢迎。

1. 紧密跟踪行业发展趋势,与企业共同构建人才培养方案

通过对上海外高桥造船有限公司等国内著名船舶制造企业深入研究,以面向造船企业及生产一线,培养高级船舶与海洋工程技术人才为专业特色,专业技术领先、工程能力突出、工程素质优秀的高级工程技术及工程管理人才为培养目标,共同制定卓越工程师培养方案,并构建现代造船工程师知识结构与素质能力训练的校企联合培养体系。

2. 建立"教学内容与项目对接""课堂与企业对接"的教学新模式,重构实践教学体系,实现理论与实践结合、高校与企业的无缝对接

基于应用型人才培养目标,构建了"三平台""四层次""六模块"及第一课堂与第二课堂有机结合的工程设计能力和创新能力训练体系。针对专业主干课程,通过校内工程实践中心,实现了"授课内容直接针对企业项目,课堂教学直接在企业完成"的新模式教学,有效增强了学生的实践动手能力。校内企业江苏现代造船技术有限公司、江苏科技大学船舶设计所每年承担6门专业课的授课工作,授课内容直接引入企业项目,并通过企业工程项目大力开展"造船工程师"资质培养。经过工程项目的实施和严格考核,近5年共230名学生获得瑞典TRISON SOLUTION公司颁发的全球通用的TRIBON证书。

3. 面向行业需求,设置"船舶舾装"专业方向,培养企业急需的特色人才

面对船舶建造企业紧缺船舶舾装类人才的市场需求,船舶与海洋工程专业于1991年在国内率先设置了"船舶舾装"专业方向,目前江苏科技大学仍是国内唯一设置船舶舾装本科专业方向的高校。该专业系统地构建了船舶舾装专业方向的课

程体系,已培养船舶舾装方向人才1100余名,满足了现代造船模式下的"壳舾涂一体化"造船技术对人才的迫切需求,深受企业好评。

二、打造高层次人才领衔的"多元型"师资队伍

紧密依托船舶行业,不断加大学术型人才、实践型人才以及与船舶企业共同聘用的"复合"型人才的引进和培养力度,提高本科教学队伍整体水平。目前已建成中国船舶设计大师等高层次人才带领下的"多元型"一流人才梯队。这些高层次人才全部为本科生授课(或开设讲座),并担任大学生创新训练、"挑战杯"等学科竞赛的指导教师,有力保障了教学质量及对学生创新能力的培养。

专业十分重视对有企业实践经验教师的引进与培养。目前拥有9名具有企业工作经验的专业教师,同时从上海沪东造船有限公司等国内知名造船企业聘请了19名高级工程师担任本专业的兼职教师,而每位新引进的青年博士教师均安排至少半年以上时间赴相关船舶企业进行实践训练。企业兼职教师一方面承担实践教学任务,主要是开展企业专题技术讲座、进行典型工程案例分析、联合指导课程设计及毕业设计等,对于培养学生的工程素养及能力具有重要作用;另一方面作为青年教师的企业实训导师,指导青年教师在企业经受实际锻炼、提高工程实践能力。这些措施为学生实践能力的培养提供了有力保证。

三、搭建多类特色训练平台

1. 依托船舶企业,搭建实践能力训练平台

(1) 建立校企、民企、国企的"多级型"校企合作平台

紧跟造船业技术发展,在国内率先建立了完整的国企、外企、民企的多元化校企合作平台,重点培养学生工程实践能力,使学生在校期间就接受到不同类型船舶企业的实践训练,工程实践能力显著提高,受到用人单位广泛好评,在船舶制造技术领域已形成江苏科技大学品牌效应。

利用多元化校企合作平台,建立了包括30种近200条各类民用船型的工艺文件图纸资料和40多份涵盖船厂、设计所、船东、船级社的各种规范、标准、作业指导书等,用于实践教学环节的教学和毕业设计。

基于上述实训平台,通过选用"真刀真枪"的设计课题,学生在老师的带领下进

行三维环境下的"数字化造船",并在试验平台上进行验证,从而将一名合格工程师的综合素质训练提前到在学校内完成。

(2) 国内首创船舶先进制造技术仿真实验训练平台

在国内创新性地建设了船舶先进制造技术仿真实验室,将现代化造船企业搬进校园。该实验室通过规划、设计和制作大比例船厂布置和生产过程仿真缩尺模型,配合声光电和多媒体手段,全面展现了现代造船模式总装造船生产全过程,让学生足不出校就能够真实地了解船舶制造企业生产组织、设计制造等船舶制造流程。

(3) 国内首创船舶数字化交互式实训平台

集成国家自然科学基金项目以及863和973等一批高水平科研项目成果的船舶数字化交互式实训平台,通过数据转换,实现了三维仿真数据在立体显示屏幕上的展现。通过该平台,学生可以在互动的环境下认识和了解船舶与海洋工程结构、内部系统与设备布置。

2. 紧密结合学科建设成果,搭建创新能力训练平台

(1) 依托高水平创新平台,打造与课内相结合的课外科技创新实践平台

江苏科技大学船舶与海洋工程一级学科是江苏省唯一的船舶与海洋工程重点学科,也是江苏高校优势学科。船舶与海洋工程专业依托"船舶设计技术"国家工程研究中心分中心、"数字化造船"国家工程实验室分实验室、"船舶与海洋工程装备产业"国家级中小企业公共服务示范平台、"中—乌(江苏)船舶与海洋工程产业"国家级跨国技术转移中心、"中—乌(江苏)船舶与海洋工程产业"省级跨国技术转移中心、"船舶与海洋工程装备产业"省级公共技术服务平台等众多高水平创新平台,大力开展"第二课堂"及自选创新项目,搭建创新探索教学平台。"第二课堂"内容丰富,包括由教师发布的高水平科研项目参与平台、各类创新大赛探索平台;自选创新项目主要由学生主导,学生可自主申请创新研究课题,再根据教师的研究成果来选择及指定指导教师,有效激发了学生自主创新意识。这些创新能力培养平台对学生开放运行,学生可以积极开展船舶先进制造技术的创新性研究工作。

(2) 科研成果助力教学水平提升

船舶与海洋工程专业将一系列科研成果转化成教学内容,将教师主持或参与研究的国家级及省部级等科研项目转化成毕业设计论文,设置"特色教学内容"和"特色实验项目",反哺了课堂教学的改革。如专业负责人参与研究的"981钻井平

台"科研项目成果(2014年获国家科技进步特等奖,江苏科技大学承担完成管托、管卡、导向架等8大类管道支吊架的计算和设计任务)设置成"船舶结构力学"课程中"船体结构设计方法"和"结构应力测试实验",参与研究的"蛟龙号7000米深潜器"项目成果转化成"船体板架结构强度计算方法"等教学内容,大大提高了学生学习的积极性和创新性,受到学生的普遍欢迎。

四、人才培养质量得到行业和社会高度认可

船舶与海洋工程专业所培养的船舶与海洋工程创新型应用人才"最接地气",是各大船舶企业争相引进的对象。历年毕业生就业率均超过98%,深受我国各大船企好评,被船舶行业公认为一流本科人才。每年各大船企均到江苏科技大学召开船舶与海洋工程专业专场招聘会,竞相争抢人才,学校连续12年成为我国主要造船企业(如上海外高桥造船有限公司等)在船舶与海洋工程专业招收毕业生数量最多的高校。

学生培养质量行业影响力大,也让国际知名船企及船级社争设奖学金。英国劳氏船级社、美国ABS船级社、日本NK船级社等国际知名船级社和招商局集团有限公司、太平洋造船有限公司、浙江扬帆集团等国际知名企业均在该专业设立奖学金。

目前在中国船舶工业集团、中国船舶重工集团、上海外高桥造船有限公司、新世纪造船有限公司及新时代造船有限公司等知名船企中,江苏科技大学船舶与海洋工程专业的毕业生最接地气。以我国最大造船企业——上海外高桥造船有限公司为例,该公司共有205位技术骨干毕业于江苏科技大学船舶与海洋工程专业,同时公司的中层以上领导中有三分之一以上毕业于江苏科技大学。此外,江苏省地方船舶企业中,江苏科技大学的毕业生一直发挥着领头羊的作用,三分之一以上的技术管理人员是江苏科技大学的毕业生。

(周宏　张永林)

面向企业需求　培养焊接技术专才

江苏科技大学作为全国最早设立焊接专业的3所学校之一,迄今已历经60余年的厚重积累。该专业的前身是1953年上海船舶工业学校(中专)时期开设的焊接工艺与设备专业,1978年成立焊接工艺与设备本科专业,1979年开始招收本科生。目前学校以焊接技术与工程专业为依托的学科点培养层次完整齐全,该专业为国家级特色专业和教育部"十二五"专业综合改革试点项目建设专业,是全国同时拥有此两项殊荣的两所高校之一(另一所为哈尔滨工业大学);江苏省"十二五"重点专业,江苏省品牌专业、特色专业。

国内培养焊接专业人才的高校主要是哈尔滨工业大学和江苏科技大学,哈尔滨工业大学一直以培养焊接技术与工程领域科学研究型人才为主,而江苏科技大学始终坚持以培养企业急需的焊接工程师为主。江苏科技大学焊接专业从创办至今,专业建设始终面向行业企业需求,以服务国家海洋强国战略为己任,在人才培养方案、课程体系、实践教学等方面不断进行改革探索与实践。

一、始终坚持培养企业急需的工程实用人才

1. 坚持船舶特色,服务行业企业

船舶焊接技术是船舶工业的关键工艺技术之一,船舶焊接质量是评价造船质量的重要指标,焊接生产效率是影响造船产量与生产成本的重要因素,船舶焊接技术的进步对推动造船技术的发展具有十分重要的意义。学校焊接专业一直以服务船舶工业、解决船舶焊接工程技术难题为己任。

为了使学校焊接专业培养的学生体现明显的船舶焊接特色,在课程体系、教学内容和实践教学环节上,始终把船舶焊接的特色贯彻在各个教学环节中。如开设船舶与海洋工程概论、船舶高效焊接技术等与船舶密切相关的课程,学生实习主要在沪东中华造船有限公司、海军4805厂、上海外高桥造船有限公司等船舶企业。学生毕业设计课题中和船舶焊接相关的课题占到50%以上。

2. 强化实践环节,突出工程素养

江苏科技大学焊接技术与工程专业高度重视学生的工程实践性环节,突出工

程师素质培养。在课程设置中,设有全国独有的焊接操作实习课程。通过四周焊接操作实习,不仅让学生掌握基本的手弧焊、CO_2 焊和氩弧焊等基本技能,而且通过操作实习使学生认识电弧、焊渣、铁水流动性、焊接参数等专业概念,为上好专业课打下扎实的基础。毕业生在企业中深得重用,也与该专业重视工程实践性环节、学生具备基本的操作技能有密切关系。

毕业设计是整个教学体系中最重要的实践环节,焊接技术与工程专业对此有专门的规定:第一,毕业设计题目每年都不得重复;第二,必须是工程实践性的课题;第三,限制教师带毕业设计的人数。由于近年来焊接专业毕业生就业较好,所以学校适度增加了该专业的计划招生数量。为保证毕业设计质量,规定教授只能带6名学生,副教授带4名学生,讲师带2名学生。由于重视毕业设计,近5年该专业在全省大学生本科毕业设计质量评审中取得了优异的成绩,共获省优秀本科毕业设计优秀团队奖1项,优秀毕业设计论文二等奖3项,三等奖2项。

3. 重视创新能力,拓宽国际视野

焊接技术与工程专业将对大学生创新能力的培养融入教学全过程,包括课堂上的教学互动、实验课的动手能力培养以及毕业设计的选题等多个方面;注重学生课外的能力培养,比如成立学生焊接协会,经常进行焊接小创作的比赛;通过搭建的信息传播平台如微信朋友圈,传播焊接相关知识,并结合实际产品介绍焊接新技术如激光焊接、机器人焊接等,开阔学生的视野;鼓励学生积极参加大学生创新大赛、"挑战杯"等高水平比赛,使学生的创新能力得到了极大的锻炼,并且学院和教师分别在经费和经验上也给予了学生足够的支持。

焊接技术与工程专业从2004年开始和哈尔滨焊接培训中心合作,对在校本科生和研究生开展国际焊接工程师培养,这不仅提高了学生的国际化视野,而且学生就业率及起薪水平也得到了明显提高。近年来,具有国际焊接工程师证书的毕业生就业率保持在100%,起薪水平相比普通毕业生提高1000~2000元。至今共培养了600余名国际焊接工程师,深受各界好评,显著提高了专业的知名度和社会认可度。

二、坚持"焊接专才+综合培养"的特色型人才培养模式

江苏科技大学焊接技术与工程专业一直紧密对接社会需求开展人才培养工作,"专才"与"通才"相结合,要求学生除了掌握材料焊接及焊接材料、焊接设备与工艺、焊接结构与生产等专业技术领域所必需的基础理论与专业知识外,强调注重

多学科知识的综合运用并获得焊接工程师的基本训练。

1. 课程体系"专业化"

该专业课程设置一切围绕焊接这个中心。基础课以掌握必要的数学、物理、化学基础知识为主；专业基础课设置焊接专业三个主要研究方向所需的材料学、力学、机械、电工电子、自动控制、计算机等课程；专业课的设置则完全不同于材料成型与控制工程或材料科学与工程专业的宽口径，而是以焊接工程所必需的材料连接原理、材料焊接性、弧焊电源、焊接方法与设备、焊接结构与设计及焊接检验为主干课程；专业选修课也是围绕焊接工程设置一些介绍焊接新方法、新材料、新工艺、新设备的课程。

2. 教学内容"实用化"

该专业教师自编了专业主干课程的教材，尽量把实用的焊接工程知识融入教材中，并选派有工程实践经验的教师担任专业主干课程的主讲教师，把大量产学研项目的研究成果和工程实例通过课堂直接传授给学生。

3. 实践教学"综合化"

焊接专业课的实验以培养学生综合化的焊接工程能力为目标。如开设的焊接操作实习、焊接生产实习、焊接专业课题研究训练、焊接工程设计等涉及焊接的技术、研发、设计、生产管理、质量检验、动手操作以及和焊接相关的其他材料加工等全方位的综合工程能力。

三、构建"产学研"良性互动的育人机制

1. "产学研"良性互动，实现资源共享，优势互补

江苏科技大学焊接技术与工程专业长期以来一直坚持"产学研"导向，与焊接相关企业、科研院所和地方政府密切联系合作，极大拓展了工程实用人才的培养空间。不定期地为焊接材料、焊接设备及焊接结构制造相关企业定制培养焊接工程师；从1985年开始与江苏省技术监督局合作，培养锅炉压力容器行业的焊接责任工程师2000多人；从2005开始与江苏省特种设备安全监督检验研究院合作，培养材料工程领域的焊接工程硕士87人。焊接专业还面向国际培养焊接工程人才，2004年开始和国际焊接学会及哈尔滨焊接培训中心合作培养国际焊接工程师；与乌克兰马卡洛夫国立造船大学在科研和教学方面开展合作，为焊接专业引进了先

进的科研设备和实验教学项目。

2. "产学研"良性互动,建设具有工程实践经验的师资队伍

焊接技术与工程专业通过"产学研"良性互动,聘请与该专业密切相关的科研院所和企业的专家、工程技术人员担任企业教授,为学生开设突出专业性、技术性和应用性的课程,指导毕业设计或论文,举办报告会、专题讲座等。这些富有焊接工程技术及管理经验的企业教授已成为学校焊接专业培养实用型高级专门人才不可或缺的师资力量。如无锡721厂的华瑞平教授级研究员、安泰焊材有限公司总经理潘川研究员等均来学校授过课。焊接技术与工程专业还以引进科研院所和企业的高层次人才作为师资队伍建设的重要举措。如从洛阳船舶材料研究所引进的人才团队不仅促进了该专业舰船焊接工艺研究,还提高了舰船焊接工程实用型人才培养质量。焊接技术与工程专业一直坚持选派刚上岗的青年教师到企业见习焊接生产和管理半年以上,或直接参与企业联合技术攻关工作,培养教师的工程实践阅历,为培养焊接工程实用型师资提供了一个有益的平台和途径。

3. "产学研"良性互动,改善实验实训条件

通过"产学研"良性互动,取长补短、资源共享,极大改善了焊接技术与工程专业的实验实训条件。在沪东中华造船集团、海军4805厂、昆山华恒焊接设备股份有限公司、南京化工机械厂等企业的支持下,焊接技术与工程专业建立了12个稳定的校外实习基地和6个企业研究生工作站。焊接技术与工程专业通过"产学研"合作,互利互惠、共谋发展,每年获得横向课题经费2000万元以上,其中部分经费用于焊接实验室建设、更新教学科研仪器设备等,进一步改善了焊接专业的实验教学条件。

4. "产学研"良性互动,提高本科教学质量

焊接技术与工程专业通过"产学研"良性互动,及时把产学研的最新成果转化到课程教学内容中。如船舶及海洋工程高强钢焊接技术、机器人焊接技术、搅拌摩擦焊技术等均是通过产学研项目合作,不仅提高了教师以及学生的工程实践能力,而且把最新的成果及时转化到材料连接原理、材料焊接性、焊接方法与设备、特种焊接技术、高效焊接方法等课程教学内容中。同时,在实验教学体系中亦增加了机器人焊接技术、搅拌摩擦焊技术等项目。学生毕业设计课题80%以上均来自教师的产学研合作项目,保证了毕业设计的教学质量和经费需求。

(黎文航　张永林)

紧跟船电发展　推进专业综合改革

中国已经是名副其实的造船大国,江苏则是世界第一造船大省。但与造船强国相比,我国在机舱自动化装置、船舶电站、电力推进系统、动力定位系统、综合船桥系统等核心装备和系统方面的国产化能力和水平还很低,距离工信部提出的要在2030年成为世界第一造船强国的目标尚有较大差距。要缩小差距,很大程度上取决于自动化类学科、专业的发展水平和工程人才的培养质量。

江苏科技大学自动化专业办学历史悠久,其前身是1955年上海船舶工业学校时期创办的"船舶电气装置"专业,是国内第二所设置船舶类自动化专业的学校(第一所为哈尔滨军事工程学院,现哈尔滨工程大学)。办学至今,始终坚持紧密依托船舶行业、培养创新型应用人才的特色发展道路,已形成鲜明的行业办学特色,尤其是在培养船舶先进制造技术人才方面更是独树一帜,在中国造船界享有很高声誉。近年来,专业面向行业企业转型升级的新工科人才需求,不断提升自动化工程人才培养能力,建立了特色鲜明的船舶与海洋工程自动化类"创新型、设计型、应用型"立体人才培养体系,建成了"三维一体、逐层递进"的自动化实践教学系统,同时构建了校企紧密协同、产学研用深度融合的人才培养模式。大力推进专业综合改革,从重构人才培养方案入手,加强人才培养的顶层设计;结合行业需求和技术发展,按照新工科要求,重点改革课程体系;贯彻以学生为中心的教育理念,改革教学方法和考核方式,着力推进课程建设,打造"金课"。

1. 以学生为本,因材施教,培养多层次、多样化的自动化工程人才

面向国家船舶与海洋工程装备制造业需求,结合学生的实际情况,由学生自主选择、自主定位。自动化"深蓝"班学生以培养成为"具有船舶与海洋工程特色的优秀拔尖型自动化工程人才"为目标,"卓越计划"试点班学生以培养成为"具有创新意识的知能复合型船舶自动化工程人才"为目标;其他学生以培养成为"具有创新意识的应用型船舶自动化类工程人才"为目标(见图1)。学生可以根据自己在各阶段的情况自由切换目标定位。

各层次人才的规格定位如下:对优秀拔尖型工程人才要求具有较强的创新意识和创新能力,能运用科学原理进行新产品设计、工作规划与运行决策,具有较强的理论基础、较宽的知识面以及较强的设计开发能力、解决实际问题的能力和对多

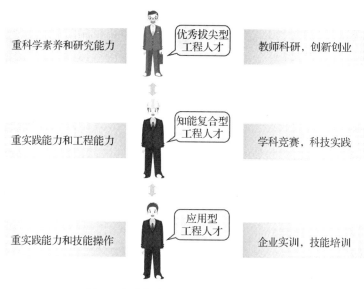

图 1 自动化专业多层次人才培养体系

目标、多方案的折衷决策能力;对知能复合型工程人才要求能运用科学原理进行工程或产品设计、工作规划与运行决策,具有扎实的理论基础、较宽的知识面以及一定的设计开发能力、解决实际问题的能力和对多目标、多方案的折衷决策能力;对应用型工程人才要求能够使设计、规划、决策变成物质形态,具有一定的理论基础和专业知识,能够综合运用知识解决具体问题并具有处理现场实际发生问题的应变能力。

在专业课(专业必修课除外)教学中,对第一类学生设置了基础课、专业基础课提高类课程,加强对学生科学素质的培养;对第二类学生,设置了实践能力类课程,加强对学生实践能力和工程能力的培养;对第三类学生,设置了职业技能资格认证系列课程和技能操作实训,加强对学生实践能力和专业技能的培养。

在实践教学中,除基本的实践教学环节外,对第一类学生,引导参与教师科研项目和大学生科学研究与创业行动计划,提高其研究创新能力;对第二类学生,引导参加各类学科竞赛和大学生科技实践活动,提高其工程设计能力和技术开发能力;对第三类学生,引导参与企业实训及全国工业自动化人才认证培训项目(简称"IAAT 项目")职业技能资格培训,提高其现场应用能力。

2. 三维一体,逐层递进,构建船舶海工特色的金字塔型实践教学体系

坚持以学生为本,知识、能力、素质协调发展的教育理念和以能力培养为核心的实验教学观念,围绕学校办学特色科学设置实验项目,培养学生实践能力和创新思维能力,构建了目标、内容、方法三维一体,包括基础应用层实践教学、能力提高层实践教学、综合设计层实践教学和研究创新层实践教学四个层面的模块化递进式实践教育体系(见图2)。

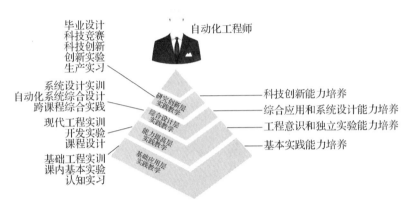

图2 自动化专业金字塔型实践教学体系

在实践教学中,坚持创新教育,将"传授知识为主"向"培养能力为主"转变,将"培养共性为主"向"培养个性为主"转变,努力做到课内教学与课外教学并重、科学教育与人文教育并重以及教学与研究并重。同时积极发挥好大学生科技文化节、本科生创新计划、"挑战杯"系列竞赛三位一体的大学生科创育人平台作用,建立创新实验室,抓好创新阵地建设,实施导师制和个性化培养方案,着力造就高素质、创新型工程人才。

3. 校企协同,工学结合,形成"产学研用"深度融合的人才培养模式

依托船舶与海洋工程行业,与中国船舶工业集团和中国船舶重工集团签署了全面战略合作协议,与两大船舶集团下属的众多船舶海工装备制造企业和研究所协同创新和协同育人。以"多元化"与"立体交叉"视角,构建了"产学研用"深度融合的,从创新型卓越工程人才、具有创新意识的设计型工程人才到应用型工程人才的多元化的工程人才培养模式。形成了"企业技术创新需求与学校人才培养同步、理论学习与实践操练同步、实习实训与企业工作流程同步、学校培养学生与企业培训同步"的校企协同、工学结合的人才培养模式和运行机制。

该专业建立了有效的校企合作共建工程实践教育基地机制、企业兼职教师聘用机制、青年教师企业研修机制、毕业设计双导师制等一系列"产学研用"一体化的

协同育人机制。与上海江南长兴重工有限责任公司、上海外高桥造船有限公司、沪东中华造船(集团)有限公司、镇江赛尔尼柯电器有限公司等10余家国内外著名造船企业共建有工程实践教育中心、工程技术中心和协同创新中心,长期以来一直坚持把学生送到这些知名大企业实习;与Rockwell、Cypress、西门子、NI、TI、浙大中控等国内外多家知名企业共建了联合实验室。制定并实施了《青年教师工程实训管理暂行办法》《校外兼职教师聘任与考核管理办法》等系列政策文件,丰富了师资队伍的工程背景。Rockwell、赛尔尼柯等多家国内外知名企业还在本专业设立了企业奖学金。

4. 以学生为中心,产出为导向,不断深化专业工程教育综合改革

(1) 运用OBE理念重构人才培养方案

培养方案重构落实了立德树人这一根本任务,秉持成果导向教育理念,面向国家海洋强国、造船强国战略,以培养满足行业转型升级和区域经济发展需求的高级应用型自动化工程师为目标,从新工科背景下自动化专业毕业生应该具备的知识、能力和素养切入,对课程设置及其实施计划进行明确规范和详细描述(见图3)。

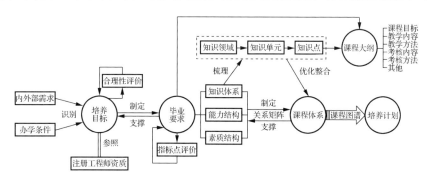

图3 培养方案构建路径

2018版人才培养方案得到了校内外评审专家、学校领导和教务处的高度肯定,成为学校其他专业的样板,改革成果"新工科背景下自动化专业人才培养方案重构实践与示范"获2018年校教学成果一等奖。同时,多次在全国教学研讨会上交流,得到了众多兄弟高校的广泛关注。

(2) 按照新工科要求改革专业课程体系

教育部高等学校自动化类专业教学指导委员会于2016年3月启动了自动化专业课程体系改革与建设试点项目,江苏科技大学是全国5所试点高校之一。

在梳理核心专业知识体系的基础上,按六大课程模块,以船舶与海洋工程自动化装备或系统的典型案例为主线,串连各课程模块核心知识点,融合理论教学和实践环节,对原有课程体系进行了彻底改革。

新课程体系结合自动化技术发展和产业实际需求,着重凝练了船舶自动化系统、机器人技术、嵌入式系统三个专业方向,并据此梳理专业知识链,以课程群的形式对专业核心知识点优化组合;新增人工智能等课程,增加16个学分的跨学科跨专业任选课,体现了新工科的学科交叉融合要求;进一步突出工程实践能力培养,融合卓越工程师班与普通班的培养计划,向"3+1"人才培养模式靠近。

自动化课程体系改革得到了教学指导委员会专家的高度肯定和积极推广,国内20多家同类型高校来学校学习经验。

(3) 以学生为中心,加强课程建设与课堂教学改革

以"金课"为目标,由主讲教师牵头,以教学团队形式推进专业核心课程建设。同时,按照"两性一度"要求,以学生为中心,设立课程预期学习成果,设计线上、线下教学活动,更新教学内容,改革教学方法与考核方式。

推动专业核心课程"互联网+教育"改革,借助"雨课堂""智慧课堂"等信息化平台实现线上线下混合式教学、翻转课堂教学以及师生实时交互反馈,提高课堂教学效果。

(张永林)

案例1:兴船报国育英才

作为一所行业特色非常鲜明的学校,江苏科技大学一直以服务船舶行业和海洋事业为己任,有着强烈的兴船报国的情怀。学校不但重视培养创新创业人才,更重视鼓励学生服务海洋强国战略。矢志为国育才,培养一大批能站在海洋装备领域技术发展前沿、具有综合能力的高端研发设计管理人才,是江科大人才培养定位的一个战略制高点。

2020年是江苏科技大学的前身上海船舶工业学校从上海西迁至江苏镇江50周年,50年来,学校为国家输送了10余万名各类人才,其中60%以上在船舶行业

就业。学校始终坚守育人初心,保持鲜明的船舶特色,坚持为船舶行业培养高水平应用型人才。

根植行业,深化产教融合

在长期的办学实践中,江苏科技大学形成了鲜明的办学特色:重视基础,强化实践性教学,"为造船工业第一线培养顶用的人才"。大学生到造船一线,从拧螺丝、焊接头开始,经过"转型教育、专业教育、项目实训、引企入教、企业实践",五步进阶培育学生特质。注重将教师参与的重大科研项目转化为教学资源,拓展大学生创新训练、毕业设计和"挑战杯"竞赛等内容。与企业对接开展案例教学,强化系统思维,学生勇于吃苦扎根,解决复杂工程问题的能力明显增强。

多年来,学校培养了一大批献身国防、扎根船舶的行业精英、技术骨干,涌现出国产航母、核潜艇、大型驱逐舰、LNG 船、豪华客滚船、豪华邮轮、极地科考船、极地邮轮总建造师和总工程师等行业精英,为国家重点重大工程作出了重要贡献。教育教学合力持续增强,连续举办 12 届船舶与海洋工程设计大赛,获全国大学生船舶与海洋工程设计大赛特等奖两项;创设内燃机设计与拆装技能大赛,覆盖省内外 30 余所高校,成为大学生科技创新品牌活动。2018 年,学校获批"全国国防教育特色学校"。

紧贴需求,创新人才培养

江苏科技大学是国内船舶类及其相关专业设置最齐全的高校,66 个本科专业及方向涵盖造船所有领域。学校是这一行业内校友最多的高校之一,毕业生遍布中国船舶行业各科研生产单位,被誉为"中国造船工程师摇篮"。

学校紧跟行业发展需求,持续创新人才培养模式。注重抓好品牌和特色专业,在船舶与海洋工程、轮机工程、热能与动力工程、自动化、焊接技术与工程等专业上加大投入,其他专业设置也强化船舶背景,并与国内原两大船舶集团公司(中国船舶工业集团有限公司、中国船舶重工集团有限公司)和舰船研究院达成长期合作协议。学校以培养现场应用型、研发设计型高素质创新性工程技术人才为主,以整体配套技术服务于船舶工业,为中国船舶工业的大发展提供了强有力的人才和智力支持。

持续改革,形成人才品牌

学校持续推进教育教学改革,通过产教融合、科教融合,积极开展教学内容体系更新与改革,以优势学科和品牌专业为依托,建设了若干凸显学校特色的国家级和省级精品在线开放课程,打造线上与线下"金课"。同时,成立创新创业学院,做好大学生创新创业平台设计和建设,开展大学生创新创业训练计划、学科竞赛、课程设计、专业调查、专业实训等系列创新创业活动。学校本科生目前参与创新项目覆盖率达70%,逐步实现本科生参与创新项目全覆盖。

当前,学校着力推进与江苏省、中国船舶集团合作发展,共建共享大学生实训基地,逐步实现毕业生与企业岗位的无缝对接。努力培养适应社会和行业发展需要、具有创新意识的应用型高级专门人才,形成学校人才培养新品牌,不断提升师生、校友及社会各界对学校的满意度,扩大江苏科技大学的影响力。

2020年9月,江苏科技大学全面启用长山校区。学校党委书记葛世伦表示:"江苏科技大学的使命就是建设国内一流造船大学,通过'育船魂、铸海器',激发学生兴船报国意识,为国家海洋强国战略实施培养高素质应用型人才。学校将以新校区启用为契机,提升管理理念和育人理念,让学生获得一流的本科教育,让一流造船大学的根基更强劲。"

(原载于《新华日报》,2020年7月23日)

案例2:传承基因铸海器

"蛟龙"号载人潜水器、"海洋石油981"深水钻井平台、大型挖泥船、FLNG装置紧凑高效换热器……无数大国重器的背后,有江苏科技大学立足海洋,始终围绕国家重大战略需求发展的坚定决心,更有主动为船舶工业和社会发展作贡献,培育国之栋梁的必胜信念。

江苏科技大学创建于民族危难之际,成长于新中国成立之时,与改革开放的中国共同发展。在这里,绝大多数专业都围绕着造船。学校的63个本科专业及方向涵盖了造船的所有领域,这在全国高校中绝无仅有。一路走来,学校已经发展成一所以服务船舶行业和海洋事业为己任的行业特色型高校。

建校以来,学校已经培养了 14 万余名毕业生,遍布五洲四海。中国船舶集团企业中江苏科技大学的校友最多、最接地气,江苏省地方船舶企业三分之一以上的技术管理人员是江苏科技大学毕业生,学校是名副其实的"中国造船工程师摇篮"。近十年来,数万名毕业生扎根船舶行业和海洋、国防事业。众多校友投身于航母建造、大型驱逐舰建造及"海洋石油 981"深水钻井平台、"蛟龙"号载人潜水器等国家工程。"兴船报国"意识勉励着无数江科大学子到祖国最需要的地方建功立业,把个人的理想追求融入国家和民族事业中,与船舶行业一路同行。

起始于船舶工业,服务于船舶工业,紧贴国家重大战略需求作贡献,江科大人的家国情怀从未改变。成就无数大国重器的背后,是江科大人的才智与汗水,是他们走向深蓝,筑梦海洋的豪迈情怀。近五年来,学校承担了近 300 项国家级项目,围绕"船舶、海洋",助力国家海洋强国、江苏海洋强省建设。有多项深海关键技术与装备填补了国内空白,打破了国际垄断。

令江科大人骄傲的大型挖泥船综合控制与关键装备保障一体化系统是又一项重要的技术贡献。该系统是大型专用工程船的"神经中枢",就运用于亚洲超大重型自航绞吸船"天鲲"号上。这台我国自主研发的疏浚重器,从设计到建造,拥有完全自主的知识产权,打破了欧洲公司的垄断。

海洋装备研究院组队研制的印刷版式 LNG 汽化器,成品体积约 0.15 立方米,仅为常规空温式汽化器体积的五十分之一。新产品利用 3D 打印新工艺技术,彻底改变了传统工艺路径,是完全独立自主的创新。这项新技术被广泛应用于汽化船、浮式发电站、新燃料船等,市场前景广阔。

江科大为"大国重器"提供技术创新,而大国重器铸就了国家底气。"当前,船舶海工产业已经成为铸造大国重器的支柱产业。面对如此大有可为的历史机遇,江苏科技大学定会薪火相继,奋斗不息,把专业做到极致!"葛世伦告诉记者。

(原载于《光明日报》,2019 年 12 月 31 日)

案例 3:产教融合谋发展

"铸船魂、育英才"是江苏科技大学的使命与价值追求,学校始终坚持走与行业、区域融合发展之路。为进一步密切江苏科技大学与船舶海工行业的联系,不断提升学校办学水平和服务船舶海工产业发展的能力,充分发挥江苏科技大学在江苏省地方经济建设和我国船舶工业发展中的作用,日前,江苏科技大学党委书记葛世伦、校长周南平率团拜访中国船舶集团有限公司,双方围绕服务国家战略,就进一步推进江苏省人民政府和中国船舶集团有限公司共建江苏科技大学,深化产教融合、加强人才培养和协同创新、实现共同发展进行了深入交流并就签订合作协议达成广泛共识。

中国船舶集团党组书记、董事长雷凡培对葛世伦书记、周南平校长一行的到访表示热烈欢迎,对江苏科技大学长期以来为我国船舶工业发展输送大批人才表示感谢,并介绍了中国船舶集团改革发展最新情况。他表示,中国船舶集团将大力支持江苏科技大学高水平大学建设,双方要继续加强沟通交流,在科技创新、人才培养、项目申报等方面不断加强合作,在焊接技术、新材料、数字化造船等方面坚定不移拓展合作项目。他希望,江苏科技大学进一步加强海洋科学研究,尤其在船舶海工关键技术创新、重大装备研制等方面解决工程技术难题。

葛世伦书记和周南平校长对中国船舶集团一直以来对学校的关心、支持和帮助表示衷心感谢,并表示学校与中国船舶集团血脉相连,多年来"一家亲"的感情纽带始终保持并持续增强。葛世伦介绍了近年来学校办学发展情况,他表示,双方未来紧紧围绕服务国家战略,进一步加强交流对接,在人才培养、关键核心技术研究、重大装备研制、国家"三大奖"申报、国家级重点实验室和行业特色实验室建设等方面深化合作,加强协同创新,努力产出高水平科技成果,为船舶海工行业培养高素质应用型人才,为推进我国迈向造船强国作出更大贡献。

关心海洋、认识海洋、经略海洋是时代的呼唤。江苏科技大学始终坚持为船舶工业和地方经济建设服务,作为江苏省唯一一所以船舶与海洋工程装备产业为主要服务面向的行业特色型大学,该校是全国相关高校中船舶工业相关学科专业设置最全、具有船舶特色整体性和应用性优势的高校之一,享有"中国造船工程师摇篮"的美誉。学校始终把人才培养作为根本任务,坚持立德树人,充分发挥学校根植船舶行业优势,积极服务国家"海洋强国"战略、"一带一路"建设,深化产教融合,促进教育链、人才链与产业链、创新链有机衔接,为船舶海工行业培养高素质应用型人才,产出高水平科技成果,努力为海洋强国和经济社会发展作出更大的贡献。

(原载于《新华日报》,2020年6月12日)

第二篇 课程建设创新与实践

综述

近年来,按照全国教育大会和新时代全国高等学校本科教育工作会议精神要求,江苏科技大学通过课程(群)负责人制度,组织教学团队开展资源建设和教学改革,并以优质课程建设为着力点,积极推动课程团队在教学内容、教学方法、教材建设等方面进行教学改革,发挥示范和引领作用。目前,学校课程数量充足,结构合理,优质课程资源建设稳步推进。学校各专业课程体系由通识教育基础课、学科平台基础课、专业课三大模块组成,每一个模块均包含必修课和选修课。学校制定了《江苏科技大学精品课程评选与奖励办法》和《江苏科技大学精品课程评审指标体系》,形成了国家级、省级、校级三级精品课程建设与培育体系。学校每两年组织评选一次校精品课程,建立滚动评选和复评机制,使精品课程评选工作制度化、常规化。2019年,学校启动"一流本科教育行动计划",始终坚持把立德树人作为根本任务,以学生为中心、推进本科教育的"四个回归",以新工科建设为目标,带动传统专业改造,提升专业建设课程建设上水平上层次。2019年以来,工程导论、船舶设计原理、管理信息系统、微机原理和接口技术4门课程通过国家精品在线课程评审;1门线下课程——沟通管理和1项虚拟仿真项目——船舶绿色涂装工艺虚拟仿真实验入选国家级一流课程。目前,江苏科技大学共有6门课程入选国家级一流课程,13门在线开放课程获得省立项建设,校内共评选出专业主干核心课程205门、学科平台核心课程83门和通识教育核心课程16门。2020年,根据《教育部关于印发〈高等学校课程思政建设指导纲要〉的通知》(教高〔2020〕3号)和《省教育厅关于深入推进全省高等学校课程思政建设的实施意见》(苏教高〔2020〕3号)等文件精神,学校实施江苏科技大学"课程思政聚合行动",制定了《江苏科技大学"课程思政"建设实施方案(2020—2022)》,全面推进"课程思政"建设,重点建设30门左右充满德育元素、发挥德育功能的"课程思政"示范课程,计划在3年内打造2个"课程思政"示范专业,建设一批具有亲和力和影响力的"课程思政"教学团队。

根据"双万计划"和建设"五类金课"的要求,学校引进中国大学MOOC、泛雅网络教学综合服务平台、智慧树等在线学习平台,构建"互联网+"教学应用平台,深入探索课堂教学与网络教学相结合的混合式教学模式,实现教学互动、资源共享和移动学习,倡导启发式、探究式、讨论式、参与式等教学方法,形成了一批有特色的示范课程。2016—2018年立项建设校级示范课程23门,在线开放课程41门,思政示范课程6门,建设期为2年。2020年疫情防控期间,根据《江苏省普通本科高等学校疫情防控期间教育教学工作指导意见》等文件的要求,学校对线上教学、线上线下混合式教学工作进行了统一部署,确立了春季课程教学方案和疫情防控期间实施办法,并研究制定了课程教学的过程管理、线上线下课程衔接等规定和预案。同时,学校充分发挥"互联网+教育"的作用,利用中国大学MOOC、超星泛雅、智慧树、国家虚拟仿真实验教学项目共享平台和腾讯课堂等课程平台资源,广泛调动校内教学资源,确保"停课不停教,停课不停学"。全校线上共开设1515门课程,覆盖公共必修课、学科基础必修课和专业必修课,保障了疫情防控期间教学工作的顺利进行。学校还集中校内优质教学资源,在"中国大学MOOC"平台推出24门在线课程,不断提升线上教学水平,积极探索线上线下混合教学模式,推动学校课程建设上水平上层次,着力打造"五类金课"。

探索实践

课程思政构建全员育人格局

在我国高等教育越来越普及的今天,培养应用型本科人才已经成为高校发展的重点。我国的高等教育已经从精英教育转变成大众教育,在这个转变过程中产生了应用型本科,其人才的培养模式处于职业技能型与传统学科型之间,把培养学生的知识、能力和专业素质进行结合。应用型人才培养具有对学生进行学科教育的同时还要进行职业教育的特点。应用型人才培养要加强学生在实践中的锻炼,提高应用能力。思政课程作为应用型本科人才培养的必修课,不能完全按照传统的理论教学模式进行教学,而是应该进行有针对性的区分教育对象的教学,以适应现代社会对多层次人才的需求。本文在课程思政视域下对应用型本科人才的培养进行了思考,并探索通过建立完善的专业课程体系、改善教学方法、加强实践教学等方面来促进应用型本科人才培养。

一、思政课程对应用型人才培养的重要作用

应用型人才,指通过专业知识、专业技能的结合,在社会生产实践过程中能够将学术成果转化成为生产力并创造巨大社会物质财富的人才。应用型人才应具有较高的综合素质,包括扎实的基础知识、宽泛的知识面、出色的应用能力,在学习、社会实践、技术应用、创新等能力方面具有突出表现,能运用专业知识和技能处理社会生产、建设、管理及服务等方面的问题。应用型人才培养的关键是提高学生的综合素质,包括政治素质、思想素质、品德素质、文化素质、业务素质和身心素质等,而政治方向和思想认识正是思政课程的核心。思政课程是不同层次人才培养的必修课程,是社会主义理论的前沿战线。学习思政课可以树立学生正确的世界观、价值观和人生观,使他们具有良好的道德水准和社会责任感,使他们在提升专业技术能力的同时提高政治、思想、品德、文化等素质,成为实现中华民族伟大复兴的中坚力量。因此在培养应用型人才的过程中要发挥思政教学的功能,在培养学生业务、专业能力之外注重培养学生的其他素质,如此才能使他们成为真正的具有较高综合素质和职业能力的应用型人才。

二、思政课程教学在应用型人才培养过程中存在的问题

为了实现应用型本科人才培养的目标,很多高校在思政课程教学方面进行了很多有价值的研究,改变了传统的思政课教学方式,为其注入了新的活力、动力。但在一些高校应用型本科人才培养的思政课程教学过程中还有不足之处,主要表现在以下几个方面:

1. 没有制定适合应用型人才培养需求的思政教学目标

思政教学面临的首要问题是如何制定适合应用型人才培养需求的思政教学目标。思政课能够帮助大学生坚定中国特色社会主义道路、理论、制度、文化等自信,

树立正确的世界观、人生观、价值观。思政课的教学过程就是实现将以上的价值观转变成具体的教学目标,以达到思政课程教学目标中纳入为人民服务、攻坚克难、爱岗敬业、精益求精等信念,着重培养学生的社会责任感、创新能力、实践能力。这也是应用型人才培养思政教育具有针对性和有效性的前提条件。

2. 没有构建新的思政教学内容体系

应用型人才培养思政教学的核心内容是建立适合本科高校自身特点、适合当地社会经济发展、适合学生思想实际的思政教学内容体系。现在思政课程使用的教材均为"马工程"统编教材,具有完整的理论体系和教材优势。但是这些教材优势并没有转化为教学优势,没有重点突出应用型人才培养的需要和特征。新的思政教学内容体系应该体现"一带一路""中国制造2025""互联网+"等国家重要的发展战略、方针,体现人文精神、品德修养、工程师文化、职业修养、传统文化和现代文化等思政课程内容。

3. 缺少满足学生个性化发展的教学方法

应用型人才培养过程中的关键问题之一是缺少适合学生思维特点、个性化发展的教学方法。应用型人才培养的特点是以职业需求为方向,以培养实践能力为重点,在产教融合中采取校企合作为路径。在教学方面,传统的教学方法已经不能完全培养学生的批判思维、逻辑思维、语言表达和团队协作等方面的能力。

4. 应用型本科人才培养过程中缺乏实践教学

高校在应用型本科人才培养过程中,更多的关注点在专业学科建设方面,普遍重视专业培养方案及专业实践的制定,在思政课程教学方面却没有具体的方案,大部分思政课程教学的改革还停留在会议和文件阶段,没有形成具体有效的办法。很多高校的思政课程实践经费落实不到位,学生只能在寒暑假期间进行思政社会实践工作,而这种思政社会实践往往流于形式,不能达到让学生真正了解国情和民生的目的。尤其需要指出的是,部分高校还会缩减思政教育实践的课时。

5. 缺少应用型人才培养思政教学评价体系

应用型人才培养的思政教学评价体系的建立,有利于教学过程中让学生积极参与,不仅可以激发学生的学习兴趣,提升对公民权利和民主的意识,还能培养学生的美德和协作精神。现有的考核评价体系没有强调学生参与课程的学习效果,只是片面强调考试成绩,没有建立科学和多样化的考核方法,还是以考试成绩决定好坏的传统考核方式。

三、思政课程教学在应用型人才培养过程中的创新探索

1. 构建能力与素质相结合的教学目标

在应用型本科人才培养过程中,高校应结合当地的社会经济发展情况和社会需求来培养学生的实践能力和职业素质。通过开展专家咨询、学生访谈、企事业单位调研等活动,理清应用型人才所需要具备的能力和素质,进而理清每一门教学课程对能力和素质的教学目标。例如"思想道德修养与法律基础"课可以培养学生对职业道德、规范的认识,培育学生爱岗敬业、精益求精的职业精神;"马克思主义基本原理概论"课可以提升学生的辩证思维、创新思维、实践等能力以及对中国特色社会主义道路的信心;"毛泽东思想与中国特色社会主义理论体系"课可以提升学生对我国国情的认识、文化自信以及对中国特色社会主义制度的自信,还可以帮助学生提高逻辑思维、语言表达、实践、创新等能力,养成良好的职业素质和精益求精的工作精神。

2. 建立新的思想教学内容体系

采用跨界协同创新的培养模式,完善跨界人才培养的合作制度,充分发挥政府、企业及其专家学者在应用型人才培养过程中协同培养的作用,提升培养水平。在高校内部,组建由思政教学核心课程责任教授为核心的教学团队,团队成员还包括专业课程教师、思政教师以及辅导员等,依靠教学资源优势和优秀教师的专长开设专题讲座。在校外,可以充分发挥当地的资源优势,让成功的企业家、创业者走进学校,让学生在思政课堂上充分了解当地的社会经济发展趋势、战略、成就、动态,以及企业对应用型人才的需要范围、创业的经验教训等。在教学内容的选择上要做到有的放矢,主要表现在以下几个方面:

一是思政教学内容切入点的选择。在应用型人才培养的过程中,思政教学的内容不仅要让学生掌握基本原理,还要注重应用和实践。讲授的知识不仅要能够提高学生的专业和职业能力,还要能在遵循学科体系逻辑严密性的基础上提升学生的实践能力。应用型人才培养的思政教学不需要学生对系统的思想政治理论体系完全掌握,从而忽视了学生的具体需要。因此,要向学生传授一些必需的基础理论知识,这些通俗易懂的理论知识,能够让学生在理解理论概念的基础上拓宽知识面,同时提高应用能力。通过学习能够让学生对社会发展中的一些现实问题有正

确的认识,能够更好地适应社会,提升社会竞争力,同时让学生在收集资料过程中进行学习、分析、判断、总结。

二是根据不同的专业调整思政教学内容。根据专业的不同灵活调整思政课程教学的内容,将专业知识与政治理论相结合,在法律、诚信、责任、创业、敬业等层面进行教育为基础,与具有专业特点的政治理论课程相结合,推动高校政治理论课程高质量、高效率运行。比如,对职业道德讲解时,在讲解爱岗敬业、公正处事、服务社会、诚实守信的基础上,还要根据不同职业的职责、义务、职业道德进行讲解。

三是思政课程教学内容与就业衔接。现在企业要求员工不仅具有出色的专业技术能力,还要拥有良好的职业素质,这就要求在培养应用型本科人才时要与企业的要求保持一致,除了培养学生的基本职业素质之外,还要在一些与职业素质密切相关的方面,诸如诚实守信、遵守纪律、沟通能力、爱岗敬业、团结友爱等进行强化。

3. 实施有效的教学方法

一是采用专题教学法。通过设计专题,把社会热点、学生兴趣、课程重点相结合,使思政课程的内容与社会、生活、学生需求等更加贴近。例如思政课程可采用模块化设计,分别设计"理论问题面对面""社会热点问题点击""学生关心问题讨论"等模块。"理论问题面对面"意在讲清思政课程的核心理论,强化学生的理论基础;"社会热点问题点击"意在与社会热点问题相结合,通过理论联系实际引发学生思考;"学生关心问题讨论"意在激发学生参与的积极性。通过这几个模块,可以引导学生积极参与专题研讨,提高思政课程在提高学生综合素质方面的作用。

二是采用案例教学法。案例教学法又被称为情景教学法,是思政课程中实现理论联系实际的重要方法。为了应用型本科人才培养目标的实现,从学生培养的角度出发,在思政教学过程中要以案例教学为主要方法。通过让学生分析案例材料并进行思考,不仅可以加深学生对基本理论、概念的认识和理解,还能提升学生分析、解决问题的能力。

三是采用参与教学法。通过教学实践发现,大部分同学都非常认可参与式、互动式、研讨式的教学方法。让学生更多参与到思政课程教学中,把理论与实践相结合,老师和学生共同讨论一些理论和社会热点问题,伴随着获取知识渠道的信息化和多元化,教师的角色定位也在发生改变,由知识的传输者转变为学生学习的执行者和指导者。

四是采用兴趣教学方法。要提高思政课程的教学效果,必须掌握学生的心理特点,吸引学生的注意力,选择适当超出学生现有知识的教学内容。这些教学内容要科学、新奇、专业,这样不仅能激发学生的学习兴趣,还能使学生形成自己的科学知识结构体系。在课堂教学过程中要有艺术性,教师在授课中不仅要做到语言简洁、准确、通俗、优美,还要做到语言表达生动、风趣幽默;能够做到把抽象、理性的概念转化为形象、感性的理论。

4. 注重思政课程实践教育环节

应用型本科人才的培养强调理论与实践相结合,以培养学生的应用能力为核心,突出学生理论学习、实践和技术应用等能力。20世纪80年代以来,教育界越来越重视实践教学,并提倡培养应用型人才。思政课程实践教学,一是加强与当地有关单位的沟通联系,利用当地的教育资源,选择具有爱国主义、法制、传统美德等教育意义的地点作为思政课程实践教学的基地;二是举办专家讲座,或者鼓励学生利用假期时间开展社会调查、志愿者服务等活动,或者举办一些提高学生道德文化素质的校园活动,促进学生对社会的了解,以及提升自身综合素质和解决问题的能力。

5. 建立应用型本科人才培养思政课程评价体系

一是确定过程与结果相结合的原则。完善应用型本科人才培养思政课程评价体系的依据是以培养应用型人才为导向目标。传统的思政课程评价体系注重对教学过程的评价,这种评价方式不仅不全面,还不科学。思政课程评价体系要延伸到课堂之外,对学生的行为进行监控和评定。例如学生参加社会实践主题活动时的表现以及在实践活动中对知识的运用和理想信念状况,都可以作为评价体系的一部分。

二是评价主体和客体能够双向互动。应用型本科人才培养思政课程评价体系的主体是多样化的,它包括学生、同行教师、教学管理者等,思政课授课教师和其讲授的内容是评价的客体。评价的主体在评价过程中要保证公正、客观。但是因为现有的评价体系不健全,评价主客体之间缺乏有效的互动与沟通,不能反映真实问题。这就需要构建双向互动机制,将教学整体评价和课堂评价相结合,通过主体对客体评价的反馈,使评价体系具有全面性、系统性,从而改善评价客体的教学方法或其讲授的内容,推动教学效率的提高。

三是确定评价的内容和方式。应用型本科人才培养思政课程评价体系的评价内容包括教师备课、课堂内容、教学方法、学生出勤率、课堂参与度以及实践教学等,其中实践教学包括课堂实践和课外实践。例如,评价授课老师的讲授内容是否结合学生所学专业和职业需求、授课过程中是否理论联系实际、学生课堂参与度是否高、学生参加社会实践活动是否积极。在评价方式上,采用打分制与点评制相结合的评价方式来弥补单一的分数等级制带来的评价形式化。

四、结论

在我国重视应用型本科人才培养的时代背景下,必须重点关注如何提高学生的综合素质,而思政课程可以提高的政治素质、思想素质就包含在学生的综合素质当中。我国的高等教育现处于大众化发展阶段,很多地方高校把应用型本科人才的培养作为自己的办学目标和定位。为完成应用型本科人才培养的目标,高校不断探索创新思政课程教育,研究出很多新方法,但不论教学内容、方法怎么创新,都必须以学生为中心,课程评价体系的建立也应以人才培养为目标。在新媒体快速发展的今天,思政课程的改革还应顺应时代发展的潮流,适应学生思想认识的变化,从而才能更好实现应用型本科人才培养的目标。

(江静)

慕课引领线上教学改革模式

近年来新兴的一种教学模式——慕课(MOOC),成为了高校教学改革的一项重要举措。它为学习者提供一种新的学习途径的同时,也为教育者提供了一种新的教学模式和教学方法,使教与学两类主体可以通过互联网获取课程资源,开启了知识探索的全新模式。目前慕课在世界范围内被广泛应用,对我国高等教育模式产生了很大的影响。

一、慕课的起源、发展及特点

1. 慕课的起源和发展

慕课是开放教育领域出现的一种新课程模式,近些年来备受国内外教育界人士的关注。2008年,当斯蒂芬·道恩斯(Stephen Downes)和乔治·西门子(George Siemens)创造出慕课一词时,它就被视为网络学习的新一代革命。从慕课诞生伊始,人们对其兴趣就以前所未有的速度不断推进,尤其是被Coursera,Udacity和edX这些慕课运行公司推向高潮。继国外哈佛大学、麻省理工学院、斯坦福大学、耶鲁大学等著名大学纷纷加入慕课之后,2013年,我国知名大学也参与到这场在线教育的运动当中。北京大学、清华大学、上海交通大学、复旦大学等国内知名院校相继加入到 edX,Coursera 国际慕课平台,提供中文课程,以此来扩大我国高校的国际影响力,同时也借此机会观察和反思慕课的教学模式。2013年被视为我国慕课的元年,在这一年,由清华大学研发的"学堂在线"中文 MOOC 平台于10月10日正式启动,面向全球提供在线课程。同年,"慕课网""酷学习"平台也上线运行。2014年4月8日,上海交大自主研发的中文慕课平台"好大学在线"正式上线,同期上线的还有全国高等学校教学研究中心和爱课程网合作的"中国大学 MOOC"平台。2015年,由北京大学和阿里巴巴共同打造的"华文慕课"平台于5月4日正式上线。近两三年,这些慕课平台又相继推出 iPhone,Android,iPad 等移动端应用软件 APP,探索和实施"在线开放课程"资源向社会开放,以满足各类型求学者的需要。我国高校 MOOC 的浪潮已经到来。

2. 慕课的特点——以大学数学课程为例

慕课是大规模在线开放课程,是一种把分布于世界各地的授课者和成千上万个学习者通过教与学联系起来的大规模线上虚拟教室,是一种将课程以远程在线的方式免费或基本免费向全球范围内的用户开放的教学模式。几乎所有课程都可以在互联网上找到慕课。据《中国教育报》报道,目前我国460余所高校建设的3200多门慕课上线,600多万人次大学生获得慕课学分,5500万人次高校学生和社会学习者选修慕课。我国慕课数量现在已经稳居世界第一,并有201门慕课登录到国际著名课程平台。下面以大学数学课程为例来说明慕课的特点。

大学数学是高校本科生重要的公共基础课,它包括高等数学、线性代数、概率论与数理统计三门课程。"中国大学 MOOC"平台中"高等数学"慕课于2014年首先开课,2015年"线性代数"、2016年"概率论与数理统计"相继开课,其中仅同济大学开设的"高等数学"慕课在2018年度选学人次已超46万,三门大学数学课程全年选学人次已逾59万,由此可见这些在线课程的确很受欢迎。大学数学慕课资源包括课程视频与课件、章节测试与作业、讨论区、期末考试等,学习者通过观看课程视频完成每周测验,参与课程讨论、发帖、同伴互评,参加期末考试,完成课程学习。每门课程开课后,网站会发布自己的进度和时间计划表,要求学习者跟着进程进行学习,并在规定的时间内完成相应的任务要求。按照考核标准,只要成绩达到要求即可得到学分,获得相应证书。当前,已有很多高校建设了大学数学的慕课,并在在线课程平台上线。以"中国大学 MOOC"为例,该平台上现有大学慕课背景下的大学数学教学改革探讨类慕课 65 门,建设课程的高校包括了国防科技大学、山东大学、同济大学、浙江大学等多所知名 985 高校。大学数学类慕课是选课人数最多的系列课程之一,这除了与大学数学庞大的学习人群有密切的关系,还因为慕课有着以下的优点:

(1) 成本低。慕课是以免费或基本免费的形式向大众开放的课程资源,只需一个邮箱注册成会员即可,学习者也可以通过手机号、QQ、微信,甚至是微博、爱课程等第三方账号快捷登录。如果需要证书,需要一定的费用,如果仅是为了获取知识,则不需要额外的费用。

(2) 不受时空限制,方便快捷。在有网络的情况下,学习者可以通过笔记本电脑、平板电脑、手机等方便携带的办公通讯工具,灵活地选择时间和场地,进行自主学习。

(3) 优质教育资源共享。慕课中有一些课程内容是由知名学校、教学名师团队打造的,没有考上一流大学的学习者也可以仰望名师的风采,和名校学生一起上课学习。据教育部公布的数据,我国高校建设的首批在线课程选课中,同济大学建设的"高等数学"选学人次已近 85 万。如果有一定的英语基础,还可聆听全球著名高等学府的大师授课,受益面非常大,极大地促进了教育的公平性。

(4) 课程视频是围绕知识点的"精悍短视频",讲解时间为 10 到 20 分钟。学习者在慕课学习中可以跟进度,或适当地选取节段,也可以通过快放、回放来获得自己想要的知识点。

尽管慕课有许多的优点,确实对我国高等教育模式产生了很大的影响,也由此引起了教育者对我国高等教育发展的思考,促使了教师对自己教授课程的教学模式进行改进。但慕课在短期内不可能成为我国高等教育的主流模式,代替不了传统的课堂教学。比如大学数学课程,其传统的课堂教学方式不会轻易被淘汰,原因如下:

(1) 数学有其自身的学科特点,也就是高度的抽象性、严密的逻辑性和广泛的应用性。大学数学结构严谨,课程内容丰富又有较强的理论性,对于学生的思维能力和运算能力有较高的要求,学生通过慕课自学会感觉很枯燥,且难度大。

(2) 慕课以授课视频为主,教师面对镜头和面对学生时的表现很难完全一致,有些教师表情僵硬不自然,语言表达不生动,很难帮助学生更好地理解知识点。

(3) 慕课学习中师生互动少,不利于教师的启发式教学。数学概念的引入、公式的推导、定理的证明、例题的板演、数学思想的提炼等都需要师生互动,引导启发学生跟着教师的思维走,而慕课是隔着屏幕的,教师不能直面学生的反应,不能敲黑板、划重点,学生很难集中注意力。

(4) 在慕课学习中,若有些地方听不懂,因为没有额外解释,不能当即解惑,学生很容易放弃。而传统课堂里,若学生有些地方听不懂,可即时向老师提问。

(5) 慕课中的课程面向的是社会大众,不只针对在校大学生,所以教学内容不紧贴本科生的大纲要求,学习目标要求低,提供的在线练习和测试题目难度也普遍较低,而且只有选择题和判断题,没有其他主观题,这对于数学的学习和思维训练极为不利。

以上慕课学习的缺点其实就是传统教学的优点。在传统课堂中,教师和学生是面对面近距离沟通,教师能充分了解学生,发现学生的需要,做到因材施教;教师还可以拉近与学生的距离,使学生感受到老师的爱,"亲其师,信其道",教书育人更直接。

二、慕课的应用及思考

慕课一方面丰富了高校的课程设置,为学生的多元化学习提供了机会,另一方面它也可以使教师了解学生的学习规律,改进教学方法和手段。通过互联网获取课程资源,教与学两类主体都可以得到提升。

伴随着慕课风暴的来袭,传统的教学模式面临前所未有的挑战,我们要思考如何结合这种新的教学模式提升教育教学质量。而基于现实特点和笔者的教学实践,同样以大学数学课堂教学为例,我们认为以实体课堂教学为主,慕课作为辅助教学手段,能更好地提高大学数学课堂教学效果。

(1) 适当地选择课程中的知识点制作慕课。大学数学内容庞杂,如果每节课都让学生进行慕课学习,然后课上再听一遍,这不可行,也不合理。我们可以恰当选取一些相对独立但又有些难度的知识点做成慕课,让学生课前预习,这会取得很好的效果。

(2) 慕课在补充知识方面也是好帮手。比方三角函数和反三角函数的知识、数学实验和数学建模的演示、大学数学教材中带有"*"号的章节,均可以通过布置慕课作业来完成学习。对于学习态度不认真且对知识掌握不好的学生,在考试前进行慕课学习，也能对学习有很好的帮助。

（3）教师需要精心设计教学的各个环节，利用慕课实施翻转课堂。这些设计包括课前布置学生在线观看慕课视频并完成课程测试题、课内阶段的教学互动方式、如何检验学生的完成情况、课后的点评反馈等。大学数学教学中教师拥有慕课资源，实现翻转课堂，能有效地提高教学质量。

（4）大学数学在教学方式上若使用线上教育和课堂授课相结合的混合教学模式，最好采用与慕课相融合的教材。如高等教育出版社着手推出了"数字化课程＋纸质教材"的《高等数学（上、下）》教材出版创新模式。通过该教材，教师可以方便地利用数字化资源安排教学进程，学习者也可以获取教材中除了固定章节知识以外更为丰富的资源，有利于提高学习效率。

总之，慕课不可能完全取代我们的传统课堂，但它启发了我们对大学教学改革的思考，促进了教学模式的创新和发展。发挥慕课的网络资源优势，进一步推动课堂教学与在线教学的深度融合，将全面提高高等教育的教学质量。

（任传荣　李京梁）

OBE 探索工程教育培养模式

众所周知，工程教育专业认证在很多具有理工科专业的高校已经开始推广，并发展到一定程度。工程教育专业认证就是为了让被认证的专业在国际上得到认可，其有助于将高校的人才培养推向国际化，同时，借助工程教育专业认证，可以进一步提高各个专业的办学质量，提高人才培养能力，是一件一举多得的事情。因此对各个高校来说，做好工程认证是提高自身影响力的必经之路，也是各个高校突破自身发展瓶颈的关键所在。涉及工程教育专业认证的专业有很多，但是无论哪个专业，都会开设大学物理课程，因为大学物理课程是一切工科专业的基础。任何一所高校的任何一个工科专业都绕不开大学物理，因此要进行工程教育专业认证的改革，首先就要对大学物理课程进行改革。大学物理课程改革的效果将直接影响整个工程教育专业认证的改革。笔者根据对大学物理课程的调研，有如下几点具体的改革措施。

一、建议改革措施

1. 关于向专业知识点侧重的大学物理课程改革

在大学物理课程中，主要包含的几大板块内容是热、力、声、光、电及相对论与量子力学初步，而我们的工科专业涉及机械类、土建类、水利类、电工类、电子信息类、热能核能类、仪器仪表类、化工制药类等，以专业分类就可以明白每一类专业对于大学物理基础的侧重点是不一样的。比如机械专业，在专业课程方面更偏重于力学，在物理学中质点运动学、动能动量定理、刚体力学都属于力学范围，可以结合机械专业的理论力学及工程力学进行更好地延伸；而金属材料专业，则相应的需要力学和热学的基础，与机械专业一致的工程力学是金属材料专业的基本要求，并且热学部分又与金属材料专业中的冶金类与热传导类课程能很好地结合起来；而对于电信类、电子类专业，电磁学部分又是不得不注重的内容，从本质上了解电子的运转规律、磁场对带电物体的作用等，是这类专业密不可分的基础。因此，对于不同专业来说，其对于大学物理知识的需求是不一样的。就笔者调研结果可知，很多高校对于不同专业大学物理课程知识点的课时安排是相同的，这无法起到大学物理课程针对性、必要性和迫切性的要求。因此，依据专业需要，及时调整各个知识点的课时已刻不容缓。但需要指出的是，大学物理各部分内容都是相互支撑的，突出专业需要的知识点，弱化联系不密切的知识点，是一种期望的做法，但并不代表需求不密切的知识点就可以放弃不学。相反而言，对于专业需求密切的知识点，应适当增加学时，促进学生对本专业需要的知识进行更加深入地学习。

2. 关于侧重知识点理论联系实际的改革

在物理的发展长河中，很多理论都是先被发现，后被实验证实。很多同学觉得大学物理课程抽象、难学，很大程度上是因为物理的理论比较晦涩，也比较抽象，并且公式较多，纯粹靠记忆往往无法更深刻的理解。因此，仅仅通过教师在课堂上讲解以及通过示意图分析，往往达不到预期的教学效果。而针对各个专业所需要侧重的知识点，设计配套的实验课程，将有助于更好地进行知识传授。比如，根据示意图讲授干涉条纹的时候，一般是通过公式及数学解析来判断干涉条件，但如果在讲授这部分内容时与大学物理实验课程穿插结合起来，可以使学生更加直观更加清晰地了解实验现象，同时反哺于理论知识点；又比如，在进行抽象的刚体力学实验的时候也与大学物理实验课程直接结合,有助于学生更直观地了解抽象的力学概念。在这样的考虑下,就需要对大学物理课程和大学物理实验课程进行大刀阔斧的改革,把两门课程作系统性调整,有针对性地排布课程,通过理论结合实际,实际联系理论,将知识融会贯通,从而提高大学物理的教学效果,提升学生对大学物理课程的学习兴趣。

3. 邀请"专业"老师主讲大学物理

大学物理作为一门基础课,任何一名能站上讲台的工科老师都曾学习过,因此大学物理的知识点对每位工科老师来说并不陌生。工科老师在工作多年后依然会频繁地用到大学物理里的知识,因为大学物理与工科的基础课程密切相关。如果每个知识点让专业课老师来教,整个大学物理课程由各个专业课老师一起协作完成,那便可以让整个大学物理课程从枯燥的理论教学中解放出来,变得更加理论联系实际,生动有趣。比如,笔者就是一名工科专业课的老师,在上物理课的时候,若遇到和自己专业知识相近的知识点,就会联系实际举例子,让学生感到生动形象,妙趣横生。想实现这个做法并不是很困难,只要管理者组织一些工科老师,就相关知识点对他们进行有针对性的短期培训(培训老师可以由原大学物理教师担任,课程体系也不需要额外拓展)。这些经过培训的老师,针对各自学院大学物理课程的某些课程点,结合专业基础和专业方向为学生进行系统深入地讲解,能更有助于带动学生的学习积极性,提高学生的专业向心力和凝聚力。

二、结论

工程教育专业认证势在必行,因此大学物理课程的改革迫在眉睫。针对大学物理课程的现状,提出向专业知识点侧重的改革、侧重知识点理论联系实际的改革以及邀请"专业"老师主讲大学物理的改革对提高大学物理课程的效果具有很大的实际意义,有利于增加学生的学习热情,提升学生的学习效果,提高工程教育专业认证水平等。

(陈靓瑜　周昱　杨宏宇　张莉娜)

校企合作推进实践教学改革

高校虽是科研人才聚集、知识生产集中的地方,但在资金、工业生产经验及技术、物质条件方面仍处于劣势;企业是将知识产品商业化和产业化的载体,但在技术革新能力方面相对薄弱。校企合作能够最大限度地发挥双方优势,摒弃双方劣势,推动高校和企业的双赢。江苏科技大学本部的"电气工程及其自动化"专业以培养船舶为特色的电气工程及其自动化人才为目标,其专业建设以船舶行业为依托。而张家港校区是异地新建校区,远离校本部,无法享受学校几十年来在船舶电气自动化方面的教学和科研成果,必须发展自己的特色。经过多年的学习和探索,现在的张家港校区正以"卓越工程师教育培养计划"为导向,以特色专业建设为抓手,着力推进实践教学环节的教育教学改革与实验、实训基地运行、管理的规范化建设,全面提高教育教学质量和水平,制定了张家港校区"走新型开放式技术类型大学"的办学目标与方向,将电气工程及其自动化专业作为张家港校区重点建设的专业之一,并以此专业为依托,研究基于"校企合作"的实践教学改革方案。

一、实践教学存在的问题

(一) 实践能力培养目标不明确

本部电气工程及其自动化专业实践教学以培养船舶电气人才为目标,受地域、师资、实验室等问题的制约,张家港校区按照该目标进行人才培养是行不通的。因此,张家港校区不能一味模仿,必须找到适合本校区发展的培养目标。

(二) 实践环节少或流于形式

电气工程及其自动化专业主要特点是理论知识学习与实践应用能力培养相结合,学生必须受到技术方面的基本训练,具有解决电气控制技术问题及电力系统分析的基本能力。从这一点上来讲,实践教学的地位应该比理论教学的地位更高,而国内大部分高校的实践教学都很薄弱。实践教学主要包括各类课程实验、课程设计、各类实习和毕业设计等,由于受重视程度不够,学生不认真甚至逃避实践环节。同时,各类实践环节流于形式,选题方向陈旧,无法体现当前该专业的实际应用。

二、基于"校企合作"的实践教学改革思路

考虑到上述因素,结合张家港校区实际发展情况,将专业建设与地方企业相结合,依托一家至多家企业共同建设相关专业,突出专业特点,使专业更好的发展。

(一) 依托区域优势推进校企合作

张家港市以及周边地区机械、控制、电子、计算机等类型的企业较多,这些企业能提供不少就业岗位,这是张家港校区办学的一大优势。在此背景下,张家港校区可以很方便地签订"实习实训基地"协议,教师可到企业挂职锻炼,学校也可帮助企业培训员工。

(二) 根据企业需求建构新的课程体系

通过与企业合作,依托企业,根据企业的需求共同制定新的课程体系。新的课程体系的主要特点是面向企业,专业建设内容与企业开发技术紧密相关,加强实践能力培养。如此能使学生尽早参与企业项目,得到系统训练。

三、校企合作模式研究及实践

(一) 校企合作常规模式

基于"校企合作"的教育模式,学校和企业双方共同参与人才培养的过程,是一种以市场和社会需求为导向的运行机制。这种模式可以将课堂教学与学生参与的实际工作有机结合,利用学校和企业两种不同的教育环境和教育资源,全面培养学生的综合素质和就业竞争力,培养适合不同用人单位需要的应用型人才。按照合作的深度,校企合作可分为三个层面的模式,即浅层次合作模式、中层次合作模式及深层次合作模式。浅层次合作模式中,企业处于"配合"的辅助地位,可以根据学校提出的要求提供相应的实习岗位或者实习基地;中层次合作模式也称"校企联合培养模式",这种模式旨在高校人才培养中实行校企合作,共同培养人才,企业不仅参与研究和制定培养目标、教学计划、教学内容和培养方式,而且参与实施与产业部门结合的培养任务;深层次合作模式也称"校企实体合作型"模式,在这种模式下企业全方位参与学校的培养,主动给学校投资,直接参与学校的办学过程和学校人

才培养,真正实现"教学—科研—开发"三位一体。

结合校企合作的常规模式,根据张家港校区专业建设情况以及企业的不同实力和需求,笔者对电气工程及其自动化专业"校企合作"的具体模式进行了探索和实践。

(二) 电气工程及其自动化专业校企合作模式探索

任何一个专业或专业方向要想发展好,必须具有特色,同时要拥有行业背景。张家港校区的电气工程及其自动化专业就是朝着这样一个方向去建设。

1. 企业为学生提供实习实训场所

校企合作的必要前提就是企业能够为学生提供实习实训场所。虽然企业为学生提供实习实训场所是一种浅层次的合作模式,但是实习实训是实践教学的一项重要内容,院校应从岗位对职业能力的需求出发,强化课堂教学与实习实训的有机结合,以培养出高素质、高水平、高能力的实用型、创新型技术人才。目前苏州太谷电力有限公司、张家港东方四通科技有限公司、苏州智能电力研究院等,都有学生参加实习。毕业设计也是学生实践的一个重要环节,校企合作共同指导毕业设计是学生毕业前一次绝佳的实践能力培养机会。从 2008 级开始,电气工程及其自动化专业已经有学生直接到太谷电力实习,并在太谷做毕业设计。2008 级学生当时的毕业设计课题如表 1 所示。与校内毕业设计学生相比,这些课题更贴近生产实践,并且还有资深的企业工程师进行指导。

表 1 2008 级学生校企共同指导毕业设计课题

毕业设计课题名	企业导师职称
基于物联网技术的工厂电能管理系统方案设计	工程师
企业智能电网的混合组网方案研究与设计	教授
企业电气火灾形成原理与预防措施研究	教授
企业配电、用电设备运行规范研究	工程师
江苏科技大学配用系统经济运行方案设计	高级工程师

2. 企业为教师科研、教学及实践提供便利

当代社会科技进步、知识更新日益加快,这要求高校教师应深入企业生产一线,了解最新生产技术,第一时间更新知识结构,加快理论与实践的结合,成为既能

从事教学科研,又有实践经验的"双师型"人才。这一目标的实现离不开企业的大力支持。张家港校区依托苏州太谷电力有限公司和苏州智能电力研究院,共同培养"双师型"教师。学校派青年教师去企业学习,参与企业的科研和工程实践,使教师具有实际的工程背景,在讲授理论课时,可以将理论与实践相结合。目前张家港校区电气与信息工程学院教师与苏州太谷电力有限公司的工程师共同申请了张家港校区科研项目——低压配电系统谐波分析与治理,在研究过程中,双方相互协作,取长补短。苏州智能电力研究院就坐落在张家港校区内,与电气与信息工程学院合作紧密,并长期邀请清华大学的教授给学生做学术讲座,同时教师和部分优秀学生也参与了研究院的一些科研项目。

3. 校企双方共建专业方向、制定专业发展规划

根据地域优势,结合本地特色,校企双方加强交流与沟通,切实掌握当前人力资源市场对电气专业人才的需求,共同构建专业方向,制定好专业发展规划,并制定出与生产需求、产业发展以及人才需求相一致的电气专业校企合作实践能力培养方案。随着社会经济的发展和国家战略的需求,电能管理越来越受到国家的重视,国务院曾多次发文要大力发展电能需求侧管理。目前,国内高校本科专业及方向设置中还没有电能管理方向,对这方面人才市场需求量较大,为此,张家港校区与苏州太谷电力有限公司共建电气工程及其自动化专业电能管理方向。该方向是本着"科学管理电能,轻松降低成本"的电能管理新思路,确保电力用户有序用电。其技术领域涉及国家重点支持和发展的几大高新技术,如物联网技术、智能电网技术和节能减排技术,有着极其广阔的发展空间。根据企业需求,校企双方共同制定了新的课程培养体系,并共同编写《电能需求侧管理》和《电能质量检测与优化技术》两门专业方向课程教材。

4. 学校为企业人才进修、培训提供条件

"校企合作"是双方相互配合、相互提高的过程,企业要想在日趋激烈的竞争中立足不败、做大做强,其员工须不断进修和培训。尤其新进员工需要进行岗前培训,合格后方能上岗。高校作为人才高度集中的场所,可随时为企业人才进修或培训提供条件。

5. 校企合作,共建校内实训基地、实验室

虽然企业可以为学校提供一些校外实习实训岗位,但是建设校内实验室、实训基地也是学生得到充分锻炼的重要保证。实训基地是培养学生实践能力的物质基

础,也是形成自己专业特色、教学特色的重要平台。建设校内具有行业特点的高质量实训基地,还可以使学生在学校就能方便地接受到企业化培训。张家港校区与苏州太谷电力有限公司共建了"电能管理"实验室,双方将在人才培养、科研等方面进行合作。

总之,在新的实践教学模式下,在电气工程及其自动化专业人才培养过程中,企业元素贯穿始终,新的人才培养方案中充分考虑到了与企业的紧密结合。国内外实践表明,校企合作是连接高校与企业、促进理论与实践相结合的有效模式。张家港校区依托地域优势,积极推进校企合作,将校企合作的模式融入电气工程及其自动化实践教学中,目的是培养具有高素质、高水平、高能力的专业技术人才。在今后的教学改革中,学校将进一步深化"校企合作"的实践教学模式,并以培养适应现代工程技术发展需要的人才为教学改革的最终目标。

(周瑜 田会峰)

典型案例

案例1:聚焦本科教学质量 建设一流造船大学

2020年下半年,江苏科技大学顺利搬迁新校区。学校不断改善学生成长成才环境,提升学校管理理念和育人理念,坚持"以本为本",努力让学生感受一流的本科教育,让一流造船大学的根基更强劲。长风破浪会有时,新时代江苏科技大学坚定如磐初心,凝聚奋斗伟力,朝着建设国内一流造船大学奋斗目标奋力扬帆,踏浪前行。

以学生为中心,服务船舶海洋事业

记者:聚焦本科教育质量,聚力高水平应用型人才培养,江苏科技大学正全力开启迈向一流本科教育的"行动模式"。具体有哪些举措,取得了什么效果?

周南平:江苏科技大学是一所行业特色非常鲜明的学校,一直以服务船舶行业和海洋事业为己任,有着强烈的兴船报国的情怀。从学校办学理念看,不但重视培养创新创业人才,更重视鼓励学生服务海洋强国战略。矢志为国育才,培养一大批

能站在海洋装备领域技术发展前沿、具有综合能力的高端研发设计管理人才,这是我们人才培养定位的一个战略制高点。在这样一个背景下,我们的一流本科教育行动有着更为紧迫的使命感和责任感。

学校今年启动"江苏科技大学一流本科教育行动计划",坚持以学生为中心、成果导向、持续改进的办学理念,主动适应船舶制造与海洋工程行业的发展需求,努力建成与社会、行业发展相适应的,有鲜明办学特色的专业结构体系,建构若干与新型工业发展形态和质态相适应的、具有新工科特征的优势专业群和特色专业群;构建"教学—实训—竞赛—孵化"四位一体的创新创业教育培养体系;与一流船舶企业、研究院所实施双导师联合培养制并建立长效机制;完善人才培养方案和教学内容体系,建成一批以"学习者为中心"的优质课程,不断提高本科人才培养质量,致力打造与国内一流造船大学相适应的"一流本科教育"。学校是江苏省唯一、也是国内船舶类及其相关专业设置最齐全的高校,学校的 63 个本科专业及方向涵盖了造船所有领域。

2019 年,学校船舶与海洋工程、焊接技术与工程、信息管理与信息系统、自动化、机械设计制造及其自动化等 10 个专业获批省一流本科专业,同时全部推荐参评国家级一流本科专业。学校成为全国首批"人工智能"新专业建设高校。两门课程入选中国高校"金课"建设平台推进计划。学生在学科竞赛中共获得全国性奖项 289 项,参赛学生 10104 人次。学校新增设船舶与海洋工程、管理科学与工程两个一级学科博士后科研流动站,材料科学继工程学后首次进入 ESI 全球学科排名前 1%,获批国家自然科学基金 54 项,获批国家社科基金项目 6 项。

集聚高端人才,培育重大成果

记者:学校如何围绕自身行业特色打造优势学科?

周南平:学校以优势学科和特色学科为基础,聚焦重点与短板,注重交叉与融合,构建多学科相互支撑、交叉渗透、协调发展的学科体系。注重发挥学校国防科研特色优势,实现在军工型号科研项目上的突破,同时强化产学研用合作,鼓励各学科方向和行业内大企业联合开展行业关键技术和共性技术研究,培育国家重大课题和项目成果。将省优势学科建设工作列为学科建设重中之重,结合学校学科进位争先工作予以重点建设,以一流科研平台与设施建设为基础,以师资队伍和科研创新团队建设为先导,以制度环境建设为保障,提升学科服务国家行业、地方需求的能力。目前，船舶与海洋工程、材料科学与工程、管理科学与工程三个学科已进入江苏高校优势学科建设工程三期项目。

办一流本科教育，关键要集聚高端人才。有了高端人才的集聚，才会有科研能力的提升，才会反哺教学，带来人才培养质量的提升。学校大力推动"533"人才工程，瞄准国家级人才和创新群体，完善优势学科人才特区政策，实施学科带头人培养与储备计划，为领军人物及其团队提供优质的教学科研支撑条件，努力营造有利于优秀人才脱颖而出的学术环境，解决人才后顾之忧，让人才"进得来，留得住，有发展空间"。

学校确立"两步走"战略目标：到2023年，学校学科评估进位争先，人才培养质量稳步提升，科技创新能力显著增强，办学实力大幅提升，综合排名进入全国高校前150位，初步建成国内一流造船大学；到2033年，学校办学实力显著提升，国内著名、国际有影响，全面建成国内一流造船大学，为到本世纪中叶骨干学科进入世界一流行列奠定坚实基础。

重视创新创业，培育家国情怀

记者：江苏科技大学如何对接国家级重点科研项目，培育行业人才，为地方发展与海洋强国发展战略作出贡献？

周南平：学校立足于海洋，围绕国家重大项目，跟踪行业需求，重点研发急需的和国内外领先技术，助力国家海洋强国、江苏海洋强省建设。

我们在科技部重点研发计划"深海关键技术与装备"中牵头获得两项重点专项，标志着学校在"深海关键技术与装备"研发领域占有一席之地。近五年来，学校承担近300项国家级项目，获4项国家级科技奖励，其中有多项深海关键技术与装备填补国内空白，打破国际垄断，为海洋强国发展战略作出重要贡献。海军"山东"号航母、"海洋石油981"深水钻井平台、"蛟龙"号载人深潜器、大型挖泥船、FLNG装置紧凑高效换热器、船载无人潜水器收放系统……这些大国重器都融入江科大人的才智与汗水，彰显江科大走向深蓝筑梦海洋的豪迈情怀。

我们不但重视学生创新创业精神的培养，更重视爱国报国情怀的培育，鼓励学生到祖国最需要的地方建功立业，把个人的理想追求融入国家和民族事业中。每年有近半数毕业生投身船舶行业，可以说哪里有船，哪里就有江科大人。10年来，两万多名毕业生扎根船舶行业和海洋、国防事业。

（原载于《新华日报》，2019年12月27日）

案例2：课程思政聚合行动　助力同向协同育人

校党委在全校深入开展"课程思政聚合行动"，统筹推进各类课程与思想政治理论课同向同行。如何使行动落地落实，取得实实在在的成效？3月6日，学校召开"课程思政聚合行动"推进会，围绕行动落地的有效途径进行深度研讨。

把准学生需求激发教师积极性

在"课程思政聚合行动"的实施中，教师是主导者，学生是参与者和受益者，要达成提升人才培养质量的根本目标，关键是从教师和学生这两大群体的现实需求发力。能动学院党委书记对此有自己的思考，他认为，教学名师、专业负责人、支部书记等骨干力量应在行动中发挥榜样作用，要通过教研室专题研讨活动、青年教师入职培训、公开课示范等方式营造"课程思政"的浓厚氛围。环化学院党委书记说，"课程思政"最直接的受益者是学生，要探索建立反馈机制，督促那些在课堂上有失德表现的老师，提醒教师课堂必须守住育人底线。外国语学院党委书记提出，实施"课程思政聚合行动"，一方面要激发广大教师的认同感和积极性，通过政策导向引领教师主动作为，不断提升自身素养。马克思主义学院党委书记认为，要加强教师育人意识的提升，同时建立课堂教学"负面清单"，强化教师课堂教学"底线意识"；要对教学方案、教学内容教学方法进行改革，不断优化提升，认真研究并穿插思政元素。

完善管理机制多部门合力推进

"课程思政聚合行动"是一项系统性工程，也需要聚合各相关部门的力量形成坚实支撑。评估处副处长表示，"课程思政聚合行动"可从线下和线上两方面进行，线下，举办教学沙龙提供交流渠道；线上，建立网络平台展示典型案例、教学成果等。团委副书记认为，实施"课程思政"，要掌握学生兴趣和成长特点，揣摩思政工作的技巧进行整体设计。学生处副处长提出，教师课堂"负面情绪"更容易传染，要坚决杜绝，要改革评价体系，提高教师课堂的育人意识。教务处副处长从经费落实、"教学名师"评选、青年教师讲课比赛、在新的人才培养方案重构中体现"课程思政"要求等方面,着眼具体操作层面提出了"课程思政聚合行动"落地落实的建议。

打造亮点形成特色

怎样把"课程思政聚合行动"实实在在地推进下去,校党委书记提出四个方面的要求:一是要充分梳理专业课和思政课中的"思政元素",在思想政治教育中形成合力,把思政教育贯穿到教育教学全过程。二要加强思政理论课教师队伍建设,提升思政课教师的素质和能力,真正打造深受学生欢迎的教师队伍和课程。三是聚焦专业课教师育人能力的提升,选取那些充分挖掘思政元素、契合思政教育的课程,努力建成示范课。四是将实施"课程思政聚合行动"与我校大学生核心素质报告书制度的实施结合起来,要依托大学生核心素质报告书制度把"课程思政"落实到人才培养的具体实践中,努力做实做细,打造亮点,形成特色。

(原载于《江苏科技大学报》,2018年3月15日)

案例3:线上课助学抗疫情　云课堂聚力克时艰

3-1:江苏科技大学向社会免费推出24门在线开放课程

面对疫情,为了保障师生健康安全,最大限度降低疫情对教学活动的不利影响,2月7日,江苏科技大学积极响应教育部和教育厅"停课不停学"的工作要求,集中校内优质教学资源,在"中国大学MOOC"平台推出24门在线课程(见表1),向全国各高校师生和社会公众免费开放。

据悉,江苏科技大学作为江苏省唯一一所以船舶与海洋工程装备产业为主要服务面向的行业特色型大学,是全国相关高校中船舶工业相关学科专业设置最全的高校之一。此次推出的课程涉及船舶、焊接、机械、动力、电气、管理等专业,既包括船舶与海洋工程导论、船舶设计原理、船舶流体力学等船舶特色课程,也包括焊接方法与设备、电工电子技术、管理信息系统等工科专业课程,以及近现代船舶工业发展与中国崛起、蚕丝智慧与农桑文化等通识教育课程。

表1 江苏科技大学24门免费在线开放课程

序号	课程名称	课程类型	负责人	开课时间
1	船舶与海洋工程导论	通识课	尹群	02月17日
2	近现代船舶工业发展与中国崛起	通识课	郭昭昭	02月17日
3	工程导论	通识课	李滨城	03月02日
4	计算思维	通识课	於跃成	03月09日
5	蚕丝智慧与农桑文化	通识课	李木旺	02月02日
6	生命科学导论	通识课	牟会荣	02月06日
7	走近中国	通识课	王妍	02月17日
8	船舶设计原理	专业课	陈悦	02月17日
9	船舶流体力学	专业课	朱仁庆	03月09日
10	船舶结构力学	专业课	刘昆	02月17日
11	船舶柴油机构造与原理	专业课	苏石川	03月09日
12	船舶辅机	专业课	王军	02月17日
13	焊接方法与设备	专业课	黎文航	03月02日
14	焊接结构	专业课	胡庆贤	02月24日
15	材料连接原理	专业课	赵勇	02月17日
16	管理信息系统	专业课	任南	02月15日
17	微机原理与接口技术	专业课	陈红卫	02月17日
18	电工电子技术(一)	专业课	许琳莉	02月05日
19	机械设计	专业课	朱永梅	02月10日
20	机械制造基础	专业课	管小燕	02月06日
21	钢结构设计原理	专业课	王治均	03月09日
22	大学物理-1	专业课	戴俊	02月17日
23	物理化学	专业课	袁爱华	03月09日
24	材料力学	专业课	宋向荣	03月02日

(原载于扬子晚报网,2020年2月7日)

3-2: 基于慕课堂和腾讯直播的"材料力学"混合在线教学案例

随着中国大学慕课的建设与推广,线上线下混合教学方式逐步成为高校网络教学的主流,在全球新冠疫情长时间持续的当下,可以让更多学生不出校门也能共享优质课程。材料力学课程一门是理论性强、学时多、练习要求高的工科基础课,如何充分利用慕课和网络在线教学工具,实现停课不停学、要求不降低,江苏科技大学"材料力学"课程教学团队开展了混合在线教学的有益实践。

本案例是为江苏科技大学船舶与海洋工程专业大二学生开设的56学时材料力学课程,每周2次在线授课,共计14周。课程基于慕课堂和腾讯直播的方式,利用 PowerPoint 和外接数位板工具,选择本课程中"失效、许用应力与强度条件"一节作为示例,记录教学实施手段和具体过程。

(一) 基于慕课堂和腾讯直播的混合在线教学方法

1. 材料力学慕课教学

材料力学在线开放课程在"中国大学 MOOC"平台上线,共11个单元,制作涵盖课程全部重点内容的80个教学短视频,配合课件、讲稿、例题、习题、自测、单元测试等,内容及时更新,学生通过观看视频、完成作业、自测等方式学习。教师通过慕课堂组织教学,也可设计练习、测试等。这种公共资源(课程慕课)与"私有"课堂(慕课堂)相结合的线上授课方式较为灵活,可充分发挥教师集体备课和个人授课的各自特长。在慕课堂中,教师可以进行备课、发起公告、添加讨论、增补练习以及管理学生等操作。学生通过课堂码加入授课教师的慕课堂,所有学生在慕课堂上的活动都有记录,包括完成作业、参与讨论和提问、学习进度、学习成绩等。

2. 材料力学在线直播教学

直播工具包括腾讯 QQ/TIM 通讯软件、微软 PowerPoint 演示软件、外接数位板等。学期开课前建立直播教学群,并通知学生加入。群里不定期发布通知、公告。通过语音聊天功能讲解知识、即时互动,解决学生疑问。通过屏幕共享功能定期直播教学,利用外接数位板和 PPT 墨迹书写功能进行板书。慕课的练习、测试题也可通过屏幕分享讲解。群作业功能可让教师布置额外作业,学生线下做完上传,教师线上批改作业。

3. 慕课与直播的互补关系

慕课自主学习和腾讯直播授课在教学活动中的关系如图1所示。慕课提供学生自主学习的各类教学资源，学生自主学习，完成在线作业、自测；直播课程进行组织教学，布置慕课学习计划和要求、在线讲解重点难点、讨论与答疑、学情反馈等；慕课的平时成绩、单元测试成绩、期末测试成绩作为线下成绩的重要组成部分。

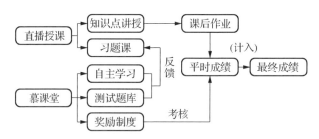

图1　慕课与网络直播授课的关系

（二）基于慕课堂和腾讯直播的混合在线教学实践

1. 教学设计

慕课视频、课件、讲稿在开课前制作完成，并上传到"中国大学MOOC"网站。课前要求学生自主预习，直播课堂上随时提问。本节的教学内容为"失效、许用应力与强度条件"，直播课堂的教学设计如图2所示。以工程实例中的强度问题引入本节内容，举例包括著名Tacoma大桥垮塌事故、建筑工地塔吊支臂断裂事故及生活中常见的强度例子。与学生一起分析这些例子中事故发生的共性原因——强度不足。让学生认识到本节内容与工程密切相关，从而激发学习兴趣。

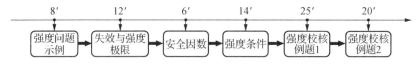

图2　直播课堂知识点时间分配（2学时）

直播课堂教学及板书内容需要包括建立工程力学中强度条件，确定杆件结构的危险截面，根据强度条件计算最大应力、设计截面尺寸和许用载荷等。结合外接数位板与Office墨迹书写功能进行板书。本节课的练习与测试在慕课上完成，作业提交截止后公布答案，学生进行互评打分。学习中的疑问通过直播工具进行讨论和答疑，作业中的疑问也可通过慕课进行讨论。

2. 教学实践

江苏科技大学"材料力学"慕课团队采用集体备课的方式制作完成课程教学视频,其内容翔实,讲解精炼。本节慕课内容分为2个视频,分别对应强度条件理论课和习题课。主题讨论由学生课后线上完成,学生全部参与。

直播教学时,利用腾讯语音群聊功能,教师发起"QQ电话",通过屏幕分享开展教学。教师在微信小程序"慕课堂"中发起"签到",一般要求10分钟之内完成线上签到,否则视为迟到或缺席。授课中,要求所有学生关闭麦克风,除非随堂提问。开启屏幕分享功能进行讲解,结合外接数位板与Office墨迹书写功能实施板书。学生可在语音群聊或文字聊天窗口中提问。授课时善用PPT的批注功能起到强调重点的作用,供学生课后自主消化。学生的最终学习成绩由平时成绩和考试成绩按学校要求的比例决定。慕课成绩由系统自动计算,作为线下成绩的组成部分纳入最终成绩。直播考勤纳入平时成绩。

(三) 混合在线教学总结

慕课教学优势在于资源丰富,可课前预习、课后答疑,灵活度高,在线直播优势在于板书、实时。基于慕课堂和腾讯直播的"材料力学"混合在线教学,具有教学资料丰富齐全、录播与直播结合、理论与应用并重的特色,且答疑手段多样(慕课和学习群),考核方式灵活(线上与线下),充分调动了教师和学生的积极性,提高了教学效果。

(入选《江苏省本科高校疫情防控在线教学案例》)

第三篇　教育教学改革创新与实践

综述

为深入贯彻习近平新时代中国特色社会主义思想和党的十九大精神,全面落实全国教育大会、新时代全国高等学校本科教育工作会议精神和《中国教育现代化2035》《教育部关于深化本科教育教学改革 全面提高本科人才培养质量的意见》《关于加快建设高水平本科教育 全面提高人才培养能力的意见》等文件要求,江苏科技大学紧紧围绕立德树人的根本任务,把思政教育贯穿人才培养的全过程,立足行业特色型高校特点,严格教育教学,通过创新人才培养体系、建构素质教育范式、促进课程思政建设、构建育人核心教材以及深化产教科教融合等具体举措加强教育教学改革创新,全面提高人才培养质量,加快实现建设"国内一流造船大学"的宏伟目标。

人才培养是大学的根本任务,是高等教育最重要的职能,是学校各项工作的中心环节。本科教育处于人才培养的基础地位,事关社会主义建设者和接班人的培养,事关党和国家的长治久安,事关民族复兴和国家崛起。江苏科技大学紧紧围绕"培养什么人、怎样培养人、为谁培养人"这一根本问题,深入推进本科教育教学革新,切实把立德树人融入思想政治教育、文化素质教育、劳动教育等各方面。近年来,"深蓝人才培养模式"(深蓝学院)本科教学改革持续深入,在培养模式、课程体系、管理体制改革等方面取得了优异的成绩,涌现出一大批优秀人才。以活泼的人才培养改革实践推动"以本为本、四个回归"的教育思想在校园生根发芽。培养理念注重"五个结合",即把通识教育与专业教育相结合、科学教育与人文教育相结合、课堂教学与课外实践相结合、显性课程与隐性课程相结合、国内教育与国外游学相结合。制定"1+3+X"人才培养模式,实现"一生一导师,一生一课题,一生一竞赛,一生一游学"的"四位一体"的人才培养特色。

针对行业特色型高校素质教育与行业需求的有效融合不够,存在着"四重四轻"(重工具理性,轻价值引导;重专业知识,轻文化素质;重活动开展,轻系统谋划;重共性培养,轻特质养成)问题,江苏科技大学在全国首创"大学生核心素质报告书制度"。紧紧围绕国家海洋强国战略,结合船舶海工类高校人才需求特点,将六大素质(思想政治素质、专业素质、科学文化素质、创新创业素质、能力素质、身心素质)细化为38个素质教育重点和33个素质养成要点,与教育教学实践有效对接;突出价值引领,以学校多年形成的"江海襟怀、同舟共济、扬帆致远"的"船魂"精神为载体,强化素质教育课内与课外结合、学校与行业对接、教育与教学融合、内化与外化交融,构建了"系统化、精准化、特质化"的大学生素质教育"三化"模式,培养学生适应船舶行业发展需求的特质,促进学生全面发展。

多年来,学校持续推进教学体制改革,注重培育优质创新的育人课程、追求卓越的专业学术课程和增强视域的学科交叉课程。挖掘和充实各类课程的德育内涵,持续推进思想政治理论课程建设,重点打造课程思政融合课程,全面实施江苏科技大学"课程思政聚合行动"。通过实施该项行动,汇聚全校各类课程资源、教学资源、师资力量并进行有效整合,有效促进思政教师与其他教师之间的交流、借鉴、督促与提升,提高教师课堂教学的"教书育人意识"和"思想引领意识",促进全校各类专业课程与思政课程同向同行,力推课程思政理念贯穿教育教学全过程,最终形成全校协同育人的局面。

教材体系是高水平人才培养体系的关键载体。江苏科技大学以全面育人为中心,突出方向性,注重教材建设的价值引领;突出创新性,注重教材内容对学科发展新成果、新趋势的反映;突出科学性,注重教材建设的传承创新;突出适应性,注重教材建设与教育技术发展新形态的融合,构建具有江科大特色,蕴含思想性、科学性和前沿性的教材体系。加强教材管理,将立德树人元素落实在教材建设各环节。着力规范马克思主义理论研究和建设工程教材、境外教材的使用,加强教材建设对立德树人的有力支持。推动将研究性教学理念融入教材编写、学术成果转化为教材内容、师生教学实践成果转化为教材内容。健全教材立项、编写、审查、修订、选用机制,建立教材评价跟踪机制。

江苏科技大学提出"一流本科教育行动计划",以建设国内一流造船大学为使命,为国家海洋强国战略实施培养高素质应用型人才。持续推进教育教学改革,通过产教融合、教研融合、科教融合,积极开展教学内容体系迭代与革新,以优势学科和品牌特色专业为依托,建设一批反映学校特色的国家级和省部级精品在线开放课程,重点打造国家级和省部级线上线下"金课"。与此同时,成立创新创业教育学院,积极做好大学生双创平台顶层设计和建设,同时开展大学生创新创业训练计划、科技竞赛、专业实训和大学生创新创业训练计划项目等主题双创活动。注重将教师的科研项目转化为教育教学资源,特别是转化为大学生创新创业训练计划项目、毕业设计、"互联网+"大赛等方面资源。目前,学校2017级本科生参与创新创业训练计划项目的覆盖率达90%以上,逐步实现大学四年内本科生参与创新创业训练计划项目全覆盖。学校正努力培养适应社会和行业发展需求、具有双创意识的高级应用型专门人才,形成学校人才培养新特色,不断提高师生员工、校友及社会各界人士对学校的满意度,扩大学校影响力。

探索实践

创新"深蓝"培养模式　塑造行业特色英才

2015年,江苏科技大学始建深蓝学院,它是秉承"笃学明德、经世致用"的校训,以培育"行业精英、学术精英、创业精英"为长远目标而创建的学院。

深蓝学院集中学校优质教育教学资源,强化基础课程,锻炼实践创新能力,通过采取导师制、开设素质创新课程、设立优秀生培养专项经费等多种激励措施,培养具有广博知识和综合素质高的拔尖创新型人才。

深蓝学院以荣誉吸引、资源倾斜、能力强化为导向,制订"1+3+X"人才培养模式,即配备一名全程化指导的导师,开设三类素质创新课程,构建多目标、多层面、多学科的拔尖创新型人才培养体系。

(一) 培养模式

"1":为每位深蓝学子配备一名全程化指导的导师。聘请知名教授、深蓝青年学者担任深蓝学子导师,对深蓝学子实施指导。

"3":开设"知识拓展""能力强化""素质提升"三类素质创新课程,全面提升深蓝学子的综合素质。强化数学、外语等基础课程的教学,为后续专业学习及未来发展奠定扎实基础;加强通识教育,营造浓厚的人文氛围。

"X":构建多目标、多层面、多学科的拔尖创新型人才培养体系,培养复合型人才。全面实施创新训练项目和海外交流项目,深蓝学子全员参与大学生实践创新训练计划,优先推荐参加"挑战杯"系列竞赛,锻炼培养创新意识和实践能力;多途径加强国内外交流,积极参与海外学习项目,提升国际竞争力,拓宽国际化教育视野。

(二) 培养特色

深蓝学院实行"小班教学、导师引领、激发潜能、拓宽视野"教育培养模式,突出深蓝学子在学习中的主体地位。

1. 小班教学,提升核心素质与能力

针对未来人才所需的核心素质与能力,学院采用小班制开设素质创新课程,例如提升思政素质、专业素质、科学文化素质、创新创业素质、能力素质、身心素质的课程。

2. 导师引领,注重个性化培养

全员全程实行导师制,学院特聘校内专家教授组成导师团队为深蓝学子进行个性化指导;学院举办"深蓝讲坛",邀请校内外知名教授、业界精英来校讲学。

3. 激发潜能,加强科研能力训练

通过自由主题沙龙、院级模拟论坛、校级本科生创新论坛三级科创平台,循序渐进地训练学生科研创新能力,做到国家级、省级、校级"大学生创新创业训练计划项目"全员覆盖。

4. 拓宽视野,重视境外学习交流

每年暑期举办为期三周的由外教执教的英语应用能力强化训练营,着力提高深蓝学子英语语言应用能力;设立境外学习奖学金,注重国际化人才培养,推荐深蓝学子赴境内外高校开展交流学习,提升学生竞争能力。

(三) 条件保障

1. 优质的教学资源

深蓝管委会面向各学院聘请资深教授担任深蓝学子导师,学生通过双向选择确定导师,导师对学生进行课程选择、专业选择、学习方法、科研活动等指导;挑选

教学经验丰富和在本学科具有影响力的资深教师担任任课教师;采用小班授课,鼓励学科交叉,可选修校内所有精品课程。

2. 优先的政策资源

对深蓝学院公共基础课程进行教学内容和教学方法改革,促进学生自主性学习;深蓝学子选修素质创新课程、公共基础课课程可抵充通识基础选修课程、专业基础课程等课程学分;优先推荐品行优良、成绩优异的深蓝学子免试攻读本校硕士学位研究生;深蓝学子在导师指导下参加科研工作或进入专业实验室学习,按照学习时数给予能力拓展学分;毕业时授予深蓝学子荣誉证书。

(程荣晖)

创新"思政"育人范式　协同形成育人合力

习近平总书记在全国高校思想政治工作会议上强调,要把思想政治工作贯穿教育教学全过程,实现全程育人、全方位育人,努力开创我国高等教育事业发展新局面。在"大思政"视野下,高校推行大学生核心素质报告书制度便是顺应了新时代中国社会对高校转变育人观念的现实要求。

一、大学生核心素质报告书制度的内涵

大学生核心素质报告书制度是一项系统的教育养成工程,通过构建六维结构的大学生核心素质育人模型,推行思政素质、专业素质、科学文化素质、创新创业素质、能力素质和身心素质六大核心素质的培养、督导、评价和反馈机制,最终形成当代大学生"吃得了苦、扎得下根、干得成事"的核心素质及涵养,实现六大素质与教育教学实践全员育人、全方位育人、全过程育人的精准对接,有效适应和满足社会及行业的需求。

二、大学生核心素质报告书制度的可行性研究

大学生核心素质的培养工作要以大学生的发展需求为导向,逐步让大学生的素质满足社会发展的需求,塑造其内在的、整体的、稳定的身心与品质特征,真正实现教育的有效性。

（一）尊重教育规律，增强大学生核心素质报告书制度的特质

立足学生现状，开展分层教育。大学生核心素质的培养要从"消极预防，紧跟严管"向"主动引导，科学管理"转变。根据六大核心素质设立不同的高校学生群体教育目标；将六大素质分层分级，设立不同年级的教育目标；在同一年级的不同时段设立不同的教育目标。

高校应将自身特色化办学的理念渗透于人才培养的过程中，有助于大学生在全面发展的基础之上进一步充分发展，从而提升他们的综合素质，达到全方位育人、全过程育人、全员育人的效用。

（二）形成育人合力，增强大学生核心素质报告书制度的系统性

精、专、强、能，夯实思政梯队建设。辅导员是思政教育队伍中的骨干，也是大学生核心素质报告书制度的具体实施者。高校应积极构建"素质高，业务精；职责明，领域专；管理严，团队强；专家型，多技能"的辅导员及学业导师梯队，使其成为思政教育领域理论和实战的"双师型"管理团队。

优、勤、诚、稳，助推学生骨干成长。学生骨干是高校学生工作的中坚力量，也是大学生核心素质报告书制度的先行者。高校应积极打造一支"精选拔，素质优；重培养，工作勤；善任用，品质诚；强监督，心态稳"的精英人才队伍，能够在大学生核心素质报告书制度实施过程中起到引领和示范的作用。

（三）强化实践教育，增强大学生核心素质报告书制度的准确性

完善校企合作，增强实操能力。通过大学生核心素质报告书制度的实施与实践，努力探索"订单式"人才培养模式，探索人才培养与用人单位人才需要的最佳结合点，提高学生的实践和创造能力；建设校内研究型实践基地、校外实习型实践基地及产学研合作基地，多角度实施专业对接产业、课程对接岗位等培养策略，真正提高大学生的团队意识、协同能力和实践能力。

拓展实践渠道，提升综合素质。以学生发展为中心，将六大素质与教育教学实践有效对接，贯穿大学教育全过程，积极探索并力争建立与学生的专业学习及未来的就业、择业、创业紧密相关的社会实践项目与内容，鼓励大学生开展进社区、进农村等活动，主动参与社会相关问题的调查研究以及文化下乡的社会服务工作等，有

利于真正提高大学生的专业能力、创新意识和创业思维。

(四) 加强网络建设,增强大学生核心素质报告制度的目标性

建立健全网络阵地,建设大学生核心素质主题网站,设计核心素质全人模型卡通人偶,以第三方形象代言人宣传核心素质养成要点,制作核心素质网络评分系统;在网站信息中介绍大学生核心素质的背景、内容及工作机理;设置六大核心素质网络板块,添加国际国内大学生综合素质现状、核心素质体系等内容。

若开设网络互动平台,高校应该充分利用好网络和学生的特殊关系,让大学生在自由讨论中发表自己对核心素质的见解,提高自我的核心素质意识,同时,聘请高校管理者和教育专家开展网络讲座,及时释疑解惑,增强学习氛围,以此丰富校园德育教育网络建设,构建绿色网络平台。

三、结语

运用大学生核心素质报告书制度指导高校思想政治教育,真正从大学生的发展需求出发,结合其成长特点及规律,构建新时代高校素质教育的协同机制,具有很强的系统性、可操作性及广泛的应用前景。

(何筠)

创新"精品"教材形式　　彰显行业背景优势

教材是高校教育教学活动的基本依据,是高校立德树人的重要载体。教材工作事关党的教育方针的落实和教育目标的实现,具有重要的战略意义。为适应新时代高等教育发展新要求,进一步提高教材建设水平,充分发挥教材的育人功能,办好人民满意的教育,2017年国务院成立国家教材委员会,教育部成立教材局。2019年末国家教材委员会印发《全国大中小学教材建设规划(2019—2022年)》,教育部印发《普通高等学校教材管理办法》,对当前和今后一段时期我国高校教材建设工作提出新要求,做出新部署,指明新方向。江苏科技大学长期以来紧密结合办学实际,厘清改革思路,找准工作重点,创新管理举措,结合行业特色,扎实推进学校新时代教材建设迈向新台阶。

(一) 教材建设思路清晰,取得一定成果

(1) 有力的制度保障。早在 2004 年,学校就出台了《关于加强教材建设的若干规定》,成立教材建设委员会,明确学校教材建设的指导思想和工作思路。2014 年,学校又出台《江苏科技大学高水平成果及改革建设立项奖励暂行办法》,加大对相关教材建设项目的奖励力度。2016 年出台的《江苏科技大学规划教材立项管理办法》,进一步加强教材编写审核力度,严把政治关、学术关,确保教材质量。

(2) 详细的建设规划。以学校《本科教学质量与教学改革工程》和《十二五本科教学规划》为指导思想,结合学校实际情况,制定教材建设"十三五发展规划"。规划中明确以教材改革促进课程建设和学科建设,鼓励学校的重点学科及优势专业中学术水平高、教学经验丰富的教师编写高质量的特色教材,构建立体化的具有学校特色的教材建设体系。此外,关于优质教材的选购比率、各级教材的立项数量等问题也在规划中做出了明确规定。

(3) 充足的经费保障。学校每年针对教材建设单独设立经费预算,以满足教材建设经费需求。2013 年以来,学校已累计投入 300 余万元用于教材建设。

2013 年以来,学校获批国家级规划教材 1 部,工信部重点规划教材 1 部,江苏省重点教材立项建设 31 部,学校确定的校级立项建设规划教材达到 218 部。

(二) 教材选用程序规范,选用责权清晰,有效促进优质教材进课堂

(1) 学校在《关于加强教材建设的若干规定》和《关于教材选用、订购、印刷、发行的规定》等文件中,把教材选用列为教材建设的一项基本任务。对于教材选用标准做出了严格的规定,明确教材选用应优先选择国家推荐的精品教材、省部级以上规划教材、获奖教材及近三年出版的新教材。规范教材选用流程,要求教师在教材选用前填报教材选用表,由系(教研室)主任进行审核,学院教材建设委员会审定后报教务处备案。

(2) 为进一步加强境外原版教材的选用管理,学校于 2018 年出台《江苏科技大学境外原版教材选用管理办法》。每学期组织相关专家对新增的外文教材进行审核,严把外文教材质量关。

(3) 为强化"马工程"教材的统一使用,学校于 2019 年成立"江苏科技大学马克思主义理论研究和建设工程重点教材统一使用领导小组",同时在"马工程"教材

选用环节上增加二级学院书记、院长审核制度,强化二级学院领导的责任意识。

(4) 教材选用实行评价制度,每学期抽取一定数量主干课程教材由相关学生对所选教材进行评价,教务处及时将评价结果反馈给相关学院,并以此作为学院下一学期教材选用的参考依据之一。

近年来,学校课程选用的教材中近三年出版的教材比例达到86%,选用国家、省部级规划、获奖教材比例达到13%。"马工程"教材已在学校落地生根,相关课程均已统一使用"马工程"教材。此外,学校在教材选用上还采取"选评结合"的方式,有效促进教材选用质量的稳步提升。

(陈海关)

创新"校企"合作样式 共享软件人力资源

江苏省全面进行产业升级,大力发展服务外包行业,对于软件人才的需求不断增加,软件行业作为一个新兴行业发展非常迅猛,软件企业对于人才的要求也在不断地变化。但由于体制的限制,高校软件相关专业现行的培养方案、教学模式已经难以适应软件行业的发展,解决高校人才培养和企业人才需求之间的"一公里"问题,成为高校软件相关专业和软件企业急需共同解决的问题。

江苏科技大学以软件相关专业为试点,在充分调研、反复实验的基础上,在校企合作、师资队伍建设、课程体系改革、教学方法、第二课堂等方面进行了一些教改尝试。

1. 加大高校教师和企业专家之间的相互流通

软件专业主要是培养软件产业需要的工程型人才,应当建设"双师型"的师资队伍,为相当比例的教师在大学与企业之间有计划地建立一座流动的桥梁。在欧美等软件行业发达的国家,软件企业和学校的人才互动非常畅通。大公司的工作人员会自然地介绍自己原来在哪个大学工作过,同样,大学教师会介绍自己在哪个公司干过,有着什么样的项目经验。

而在国内,由于体制的限制,软件专业的教师大部分都是从学校到学校,有企业经历的很少,双向流动非常困难。除了待遇差距大外,还有评价体系的矛盾,从目前来看,高校强调的是高水平的研究论文,工业界强调专利、软件著作权,成果形式不一样,评价体系不一样。

基于目前的状况,我们应该探索一种机制,让大学老师带着实验室的成果离开学校走进企业,专注于成果产业化,等到合适的时候再回到学校;打破学历和职称的限制,聘请企业专家到高校全职或兼职任教,专注于软件工程人才的培养。这样便于高校敏锐地掌握工业界关键技术需求,有针对性地培养社会真正需要的人才。企业专家到高校任教、高校老师到企业任职应该成为常态。

2. 加强学术科技类社团的建设——以学校移动互联网创业俱乐部为例

学术科技类社团是大学生利用自己所学专业相关的知识,结合有关研究课题进行研讨、交流并进行实践探索的学生组织。科技类社团活动能够实现课内与课外、校内与校外的衔接,将知识消化于课外活动和社会实践的演练之中,从而达到增强学生综合能力、提高教学质量的目的。

江苏移动镇江分公司和共青团江苏科技大学委员会联合创办了江苏科技大学移动互联网创业俱乐部,计算机学院负责具体的指导工作。俱乐部由来自全校各个学院50余名学生组成,自创办以来一直致力于大学生的创新创业工作,通过邀请中国移动技术专家来学校与俱乐部成员面对面交流、组织学生与专注移动互联网开发的IT企业进行交流和项目合作、选派学生参加中国移动研究院主办的技术培训、在全校开设公共选修课、举办移动互联网创意大赛等方式不断丰富俱乐部的活动。经过俱乐部的共同努力,在广州举办的首届全国百万青年创业计划竞赛总决赛中,学校代表队经过层层严格的选拔,作为江苏省唯一的校园组代表队参加全国终极比赛并喜获全国特等奖。

移动互联网创业俱乐部为全校对移动互联网感兴趣的大学生提供了一个学习交流的平台,上述特等奖作品的开发者由来自计算机学院、数理学院、机械学院3个学院的12名大学生组成,他们根据自己的专业特长分别负责软件总策划、算法设计、界面设计等,在指导教师的悉心指导下共同协作完成。该软件作品不仅为团队赢得了16万元的奖金,还通过中国移动的MM应用商城销售赚取了数万元的业务分成,同时有多家公司正在与俱乐部洽谈合作事宜。通过俱乐部的聚集、辐射作用,全校先后已有200余名大学生通过参加俱乐部开设的选修课程、企业实训项目等致力于移动互联网方面的软件开发。

3. 课程体系改革

传统的课程设置培养的软件专业大学生已不能满足软件企业的要求,学校在课程体系方面根据软件企业的需求做了一些改革。

(1) 知识类课程(专业基础课程、专业核心课程、专业选修课程)

① 专业基础课程：包括计算机导论、高级语言程序设计、离散数学、概率与数理统计、操作系统、计算机组成原理等课程。通过对这些课程的学习，学生能较系统地了解和掌握计算机的基本知识，为进一步学习专业知识做好准备。

② 专业核心课程：包括高等数学、线性代数、数据结构、面向对象程序设计、算法设计与分析、软件工程等。这些课程是软件专业的核心课程，通过这些课程的学习，学生能深入了解软件专业的主要原理和工程规范，为进一步进行科学研究和工程开发做好准备。

③ 专业选修课程：专业选修课程是根据企业对人才的需求设置的课程，主要包括 Web 开发、嵌入式系统设计、软件项目管理、软件测试等，其目的是培养适合企业需求的工程类人才。

(2) 实践类课程

软件产业具有知识更新快、发展变化快的特点，因此高校应以市场需求为导向、以满足人才市场需求为目标设置实践课程。江苏科技大学软件专业要求所有大学生第 3 学年下半学期和第 4 学年上半学期到软件企业进行 1 年的企业项目实训并作为必修课程，同时学生的毕业论文根据在企业实训的内容撰写，论文答辩专家组由高校和企业共同组成；所有大学生至少参加 1 项软件相关的学科竞赛或科研训练项目，作为第二课堂的必修学分。

(3) 素质类课程

为培养优秀的软件开发人员，使其具有较好的沟通技巧和团队协作能力，开设行业素质修养、交流与表达、项目团队与项目集成管理等课程；为了使学生具备良好的阅读、理解和撰写外语资料的能力以及国际化交流的能力，适应跨国企业的需求，在大一、大二开设大学英语，大三开设专业英语，大四开设科技外语(如科技日语等)课程。

4. 把实验室搬到软件企业，把实际的软件工程项目搬进课堂

在实验室建设方面，软件专业的实验室要满足企业需求和工程规范，通过与软件企业联合共建实验室、联合开发软件工程项目等方式提供培养满足企业需求的应用型软件人才。

目前，学校已经与江苏移动镇江分公司、镇江亿华系统集成有限公司、常州赞奇科技发展有限公司等企业通过共建实验室和联合开发软件项目的方式培养学生的软件开发能力，为企业培养了合格的应用型软件人才。在实验教学方面，以应用型软件人才需求为方向,引进工程化项目实训模式,组织大学生参与企业工程项目、前沿科学研究。无论是科学研究还是工程开发,学生都能获得工程研发体验,实现对专业知识的融会贯通,从而获得解决实际问题的能力和综合创新能力。实验教学中,教师和工程师联合授课,教师注重理论知识,工程师向学生传授最新技术和项目经验,共同培养满足企业需求的应用型软件人才。实践课题主要是以工程应用为导向的应用型课题,题目来自中小企业那些难度适中的工程设计项目。设计过程中,学生须深入工程实际,抓住设计重点,从技术、经济、生产周期、运行等方面进行综合优化,确保项目的质量和实用性。

5. 学生提前接受企业的考评

为了培养满足企业需求的应用型软件人才,需要在大学生培养的各个环节让企业参与进来,让大学生提前接受企业的考评。软件人才在职场礼仪、团队合作、工程规范、项目管理等方面有严格的要求,高校应开设专门的课程,聘请企业专家和高校教师联合授课,并由企业进行考评。实际的软件工程项目与模拟项目之间有着很大的差别,大学生在进行完模拟项目训练后,一定要有实际的软件工程项目经验,通过校企共建给大学生提供实际软件工程项目开发的平台,并且作为必修课由企业专家进行考评。

(张海洋)

典型案例

案例1:打响"发令枪" 开动造船大学发展改革"航船"

机械工程学院唐文献团队的"可调螺距螺旋桨桨叶重心测量及修正复合平台"在2017年第十五届"挑战杯"全国大学生课外学术科技作品竞赛中荣获特等奖、学校2017年"挑战杯"总成绩位列全国第16名、外国语学院教师南楠荣获全国多语种"教学之星"全国总决赛大学德语组冠军、教师郭昭昭获江苏省首届高校研究生思政理论课教学比赛特等奖、6个项目获江苏省教学成果奖……江苏科技大学正全力打造一流本科教育。1月8日,江苏科技大学召开本科教学工作大会,启动实施"一流本科教育行动计划",明确今后五年本科教学工作改革建设思路和奋斗目标,致力办成一流本科教育,打造"国内一流造船大学"。

大会现场,发布了《教学质量分析报告》和《毕业生就业质量分析报告》。中国工程院院士、学校特聘教授杨德森做专家辅导报告。此外,聘任60名专业负责人,并20万重奖第三届教学名师。

如何推进本科教育的"四个回归",不断巩固本科教学工作中心地位?江苏科技大学校长周南平表示,学校坚持以学生为中心、成果导向、持续改进的办学理念,摒弃"小舢板"意识,转向"大舰船"思路,大力抓好专业建设。

周南平校长告诉记者,今后五年,江苏科技大学将建成与社会、行业发展相适应的、有鲜明办学特色的专业结构体系,建构若干与新型工业发展形态和质态相适应的、具有新工科特征的优势专业群和特色专业群;完善持续改进的工作机制,建构有利于本科人才培养的教学质量文化;不断完善人才培养方案和教学内容体系,建成一批以"学习者为中心"的优质课程,不断提高本科人才培养质量,初步办成一流本科教育。

据介绍,江苏科技大学注重大学生素质教育,在国内高校中率先设计并初步实施大学生核心素质报告书制度。

会场发布的《教学质量分析报告》和《毕业生就业质量分析报告》显示,江科大2018届毕业生中,硕士生就业率为98.53%,本科生就业率为98.60%,就业落实情况良好。近三届研究生、本科生就业率均保持在96.00%以上,起薪均呈上升趋势,具有较强的市场竞争力。

与此同时,毕业生的行业流向与学校专业设置及服务面向相契合,2018届博士生对母校的总体满意度为100.00%,硕士生为93.75%,本科生为91.91%。2018年用人单位对本校毕业生的总体满意度为89.06%,对毕业生现代科技基础知识、动手操作能力、毕业生情感与价值观的满意度较高。

江苏科技大学实施本科专业负责人制度,会场聘任60人为本科专业负责人,并20万重奖13位教学名师(含提名)。

那么,如何加快"一流本科教育"和"国内一流造船大学"的建设步伐?江苏科技大学党委书记葛世伦表示,建设一流本科教育,是学校在激烈的竞争中求发展的重大战略,事关学校改革和发展大局。为此,学校将坚持立德树人,切实增强对建设一流本科教育重要性的认识;要加强教学基本建设,夯实人才培养工作的基础;要坚持以学生为中心、产出为导向,将持续改进落到实处。

此外,葛书记还介绍,江苏科技大学将推进以人才培养为中心的综合改革,激发教师潜心教学的活力;坚持"三全"育人,建构人才培养质量保障体系。"进一步理清思路,狠抓重点,扎扎实实抓好本科教学工作,确保思路、举措变成具体行动,取得良好效果;坐言起行,真抓实干,为早日把学校建成'国内一流造船大学'而努力奋斗。"

(原载于扬子晚报网,2019 年 1 月 8 日)

案例 2:师生"大合唱" 齐发思想政治教育改革"声音"

江苏科技大学"高校形势与政策课创新模式实践"喜获 2019 年度教育部高校思想政治理论课教学方法改革择优推广项目立项,代表学校大学生思想政治教育成果的《大学生核心素质报告书制度研究》一书入选教育部"思想政治工作研究文库",1 人获江苏省首届高校研究生思想政治理论课教学比赛特等奖,1 人入选 2019 年度江苏高校优秀青年思想政治理论课教师"领航·扬帆"计划培养人选。近年来,江苏科技大学把思想政治理论课建设摆上重要议程,建立党委统一领导、党政齐抓共管、有关部门各负其责、协同配合的工作格局,推动形成全校努力办好思政课、教师认真讲好思政课、学生积极学好思政课、课程思政同向同行的良好氛围,思想政治理论课取得了一系列较有影响力的成果。学校马克思主义学院 2018 年获江苏省马克思主义示范学院称号,形势与政策课"3+1+X"教学模式教学效果明显,学生对该课程课满意度评价上升 26%。

"我们总的模式就是 3+1+X,即 3 次理论课讲座、1 次论坛课互动考核、多次形式多样的实践活动。讲座主要是深入浅出,论坛让学生带着思考来发问,实践鼓励学生做切合实际的调查等。"对话马克思主义学院形势与政策课程创新模式实践团队,老师们也很兴奋,团队教师邓小清说起课程改革后的课堂效果时,对教学相长高度认同。

"主题很明确,讲课很生动,而且喜欢和我们互动,让同学们了解到一些从来没有关注过的东西,整堂课气氛都很活跃。"刚刚上完形势与政策课的严豪敏、吴悦嘉走出教室,还和同学们沉浸在热烈的课堂讨论氛围中。严豪敏是江苏科技大学材料学院 2017 级焊接 4 班学生,吴悦嘉是江苏科技大学理学院 2017 级学生,每回和不同专业班级一起去报告厅上形势与政策课,都是他们最积极活跃的时候。

为了解决专业教学团队缺乏、教学针对性和实效性差的问题,江苏科技大学2015年起实施"形势与政策"课教学改革,在教学组织和管理职能移交马克思主义学院的同时,针对课程特征和学生需求进行教学方法的改革创新,初步形成"3＋1＋X"的教学模式。

3 堂讲座:讲实际,联系理论

稳定性和变动性并存是"形势与政策"课教学内容的重要特征,处理好"变"与"不变"的关系是教学目标实现的关键。

学院遴选出 15 名骨干教师成立教研组,并细化为世情、国情和党情三组,承担相关专题讲座以及网络课堂建设任务。教研组通过各种方式定期、不定期开展教研活动。

徐毅是外国语学院 2018 级学生,他认为改革后的形势与政策课,"老师讲得很系统、生动。通过不同年代的对比,生动形象地描绘出改革对社会、对生活的突出贡献。"

1 次论坛:面对面,即时回应

直面学生疑点、难点问题的"热点面对面"论坛,是学校在该课程教学改革上的一项重要创新。

三位教师,两三百位学生,"自由提问—讨论—教师点评与回答"和"预设主题与自由提问相结合",辅以报告厅灯光音响的烘托,营造出庄重的论坛氛围,提高教学效果。

论坛跟踪时事,覆盖零碎知识、即时热点和突发事件。对理论性稍低、分散在不同领域而不足以系统讲授的教学内容,通过论坛教学,让学生在较短时间内掌握;即时、突发的内容很多时候由于事前不可预测,也借助灵活高效的论坛教学剖析。

"这种方法能满足学生个性需求,有效引导学生的思想心理,激发学生对国家、社会和热点问题的关注热情。"团队教师汤向俊说。

X 轮实践：多载体，拓展融合

针对学生个性需求，改革后的课堂外多种载体实践进一步弥补了课堂教学的不足，勾勒出一幅全方位、立体化教学图景。

受制于热点变动性，"形势与政策"课程网络课堂往往更新慢，内容碎片化且不能多次使用。团队建立了形势政策专题的背景资料库，用于解决热点变动性导致的网络平台内容短时效和碎片化的问题。

通过网络课堂高效发布教学信息，回应学生问题，改善师生课后沟通效率。尊重学生个性意愿，由学生自主选择感兴趣的专题学习，教师督促引导。同时，资料库不断更新，在此基础上形成题库用于网上测评。

团队教师邓小清介绍，"比如图书馆的利用率，要求学生每天去观察一下，包括晚自习情况，坚持一段时间，然后分析原因找对策，这些真实的调查做好了可以反馈给学校。由此推而广之，切合课程改革内容。"

满堂彩：深入浅出，教学相长

"3＋1＋X"这一模式中，理论教学"讲座＋论坛"的安排达到了教学内容与方法的契合，实现了教学内容宽覆盖；论坛平台则"及时回应学生关注的热点问题"，启发引导学生，提高了教学针对性和亲和力；课堂教学外，依靠网络和实践教学的多种载体拓展了教学广度和深度。敏感问题老师们也不回避，和学生一起分析，引导学生理性思考。

严豪敏同学旁观的一堂讨论课上，有同学提问关于未来中日关系走向的问题，严豪敏评价称："3 位老师从国际形势、中日关系与国家利益多方面发表独到的见解，同学们都很认同，也很好解答了提问者的问题。"

"每堂形势与政策课的课程都是以掌声结束。"寇艳春老师说，"'3＋1＋X'的课程创新模式让每一名参与其中的师生都因交流而激荡思想，因互动而加深认知，因对国计民生的进一步了解而更加自信。"

（原载于交汇点新闻网，2019 年 6 月 27 日）

案例3：共做"火炬手" 同举思想政治教学改革"旗帜"

"我们能不能尝试用马克思主义观点解读人工智能？""在船史专业课上，怎样给学生带来爱国主义教育？"近日，在江科大的一堂思政课上，"老师"与"学生"之间正进行热烈讨论。这是一堂特殊的思政课，江科大马克思主义学院姚允柱教授为老师讲授"牢记使命 同向同行"专题思政课，船海学院近百位专业课教师在讲台下当起"学生"。

为破解思政课孤岛难题，实现"思政课程"到"课程思政"的转身，江科大在全校探索实施"课程思政聚合行动"，力促全校各类课程与思政理论课育人同向同行，形成全校协同育人大格局。但专业课老师如何跨越这道"思政关"，在繁重的专业课教学中具体如何实施课程思政，给专业课老师带来很大困扰。江科大为推动"课程思政"落地出实招，借助马克思主义学院教师的力量为专业课教师解疑释惑，姚允柱教授的这堂课就是第一讲。

姚允柱详细解读了思政课的性质、功能与背景，课程设置的逻辑与主要观点，创造性地提炼出大学思政课蕴含的辩证思维、历史思维、实践思维，引导船海专业老师领略思政的奥妙。他从具体操作层面与大家深入探讨了专业课老师如何做到与思政课老师同向同行。姚允柱告诉记者，专业课老师要有"底线意识"，对主流意识形态的观点要有所了解，关注世界、国家、社会，具有知识分子的责任感，在课堂上不该讲的不乱讲，"课程思政"并不是生拉硬扯，而是要将专业课与思政课有机结合，把握恰当、自然渗透的原则；专业课老师要有"育人意识"，在传授本门课专业知识的同时要开发专业课程内容教学中的思政教育元素，比如科学的、辩证的思维方法，科学家励志故事，爱国情怀等，做到与思政课老师协同育人。

这堂"量身定制"的思政课为专业课老师实践"课程思政"引路领航，台上讲解活泼生动，台下听得酣畅过瘾。"学生"角色体验让专业课教师真正沉下心、入了门，船海学院副教授赵虹表示，愿意积极尝试在专业课上融入思政教育，在授课中引导学生爱国、爱校、爱专业、爱科学。

为切实保证"课程思政"落地落实，江科大还给专业课老师们打造了一系列专属方案。学校定期举办"课程思政聚合行动"系列讲堂，促进思政课教师与专业课教师之间的交流、借鉴、融合与提升，提高专业课教师对课程思政的认识。通过调研摸查等方式研究大学生思政素质养成特点,提炼学生的养成要点,构建学校思想政治理论课程、综合素养课程、专业教育课程三位一体的思想政治教育课程体系。学校还成立一支由马克思主义学院教师组成的课程思政辅导专家团队,负责对全校专业课教师进行培训,真正解决专业课老师的后顾之忧。

(原载于中国江苏网,2017年12月22日)

案例4:收获"金种子" 赢得精品教材建设改革"绩点"

江苏省教育厅发布的《省教育厅关于公布2018年高等学校重点教材立项建设名单的通知》(苏教高函〔2019〕10号),江苏科技大学申报的9部教材中有7部获批省重点教材立项建设,获批数量创历年最好成绩。

据悉,重点教材建设以"立德树人"为根本,以"科学布局、分类建设、重点引领、共建共享"为导向,遵循"选优、选精、选特、选新"的原则。旨在通过编写或修订出版内容体系新颖、特色鲜明的教材,将品牌专业、课程建设、教育教学改革等研究成果、先进理念融入教材,借助现代信息技术,开发更新性、延伸性教辅资料以及网络课程、虚拟仿真实训平台等多种形式数字化教学资源,建设动态、共享的课程教材资源库。通过重点教材建设,有效整合全省高校专业优势与教材资源,确保有更多的高质量教材走进课堂,提高人才培养的水平与质量。

学校入选的7部教材,彰显了学校办学特色和专业优势,是学校近年来重视本科教学、加大教学投入的结果。学校今后将进一步加大教材建设力度,鼓励优秀教师组建团队并结合专业优势,开发精品教材,推出更多的优秀教材走进课堂,不断提升学校本科教学水平和人才培养质量。

(原载于江苏科技大学官网,2019年5月9日)

第四篇　创新创业教育创新与实践

综述

"创新"在《现代汉语词典》中解释为抛开旧的,创造新的;在《辞海》中解释为首创,初次出现或改旧。哲学派认为"创新"是人类通过对物质世界的利用和再创造,制造新的矛盾关系,形成新的物质形态,是一种创造性的实践行为。创新从哲学角度来说是一种"怀疑",是永无止境的。社会学派认为"创新"是指人们为了发展需要,运用已知的信息和条件,突破常规,发现或产生新事物、新思想的活动,其本质是突破旧的思维定势和旧的常规戒律。综上对创新内涵的阐述,其核心思想为物质、行为或思想意识的首次出现或者改旧。

关于创新教育,学者从教育方法、教育实施过程、教育目标等不同的角度对其内涵进行定义。如张立立从教育方法的角度提出创新教育是依据创造性发展原理,运用科学的方法,实施启发式或讨论式教学,培养学生的创新意识、创新精神和创新能力;邓玲从教育实施过程的角度提出创新教育是以集成创新成果的教材为基础,通过对创新机理、创新案例、创新设计等环节的教学,以培养学生的创新精神、创新意识、创新能力和创新习惯为目标的教育形式;阎立钦从教育目标的角度提出创新教育是以培养学生创新精神与创新能力为基本价值取向的教育。创新教育不仅是对教学方法和教学内容的改革,更是教育功能的重新定位,是教育革新,是新的时代背景下教育发展的方向。

"创业"在《现代汉语词典》中解释为创办事业;在《辞海》中解释为开创基业。李建庆、郑楠和张晓娟等学者在研究其他学者对创业内涵解释的基础上,一致认为可以从广义和狭义两个方面对创业进行定义。狭义的创业就是创业者利用和整合资源,成立符合法律要求的经营组织,从事生产经营活动并获得利益的过程;广义的创业就是创业者开创新事业的过程,涉及不同领域、不同规模、不同性质、不同层次的个人事业的创造,而非仅仅是经营组织的建立。

"创业教育"于1989年由联合国教科文组织首次提出,以培养青年的事业心、进取心、冒险精神等为主要内容。学者高晓杰从广义和狭义两个方面对创业教育进行界定。狭义的创业教育是培养学生具备创办企业并进行商业活动所需能力的教育,使学生从谋职者变成职业岗位的创造者;广义的创业教育是培养具有开创性精神的人,这在本质上也是一种素质教育。创业教育是一种以创业为内容的育人活动,其实质是让受教育者形成创业意识和创业能力。

创新创业教育是经济、社会和知识高速发展形势下,教育理念变革的产物。学者潘华等将创新创业教育定义为以培养学生的创新创业意识,提高学生的创新创业能力为目的的教育,它着眼于通过对学生创新思维和创新能力的培养,引导学生将创新意识与创新能力付诸创业实践,从而将创新意识与创新能力转化为现实生产力。创新创业教育是面向社会,针对计划创业或已经创业的群体,以培养其开创精神、创新思维和创业能力为目标的教育。

我国创新创业教育政策的演进脉络,是一个由宏观到具体、由尝试到融合、由局部到整体、由自发到自觉的过程。从政策发布者角度看,创新创业教育政策的发布主要体现在国务院层面、教育部层面、人力资源和社会保障部层面。从政策内容的演进过程看,主要体现在以下方面:一是"创业教育"到"创新创业教育"的政策演变。2010年,教育部首次提出"创新创业教育",将创业教育的内涵大幅扩展,标志着高校创业教育进入了一个新的发展阶段。"创业教育"到"创新创业教育"的政策演变是我国创业教育里程碑式的一次跨越。二是"创业教育试点"到"双创"升级版的政策演变。"创业教育试点"到"双创"升级版的政策演变是我国创新创业生态环境日益优化升级在政策层面的表现,我国创新创业教育生态环境也随之发生了日新月异的变化。三是"清华大学创业计划大赛"到"大学生创新创业大赛"的政策演变。赛事政策演变体现了创业类大赛从单体高校到全国高校的普及过程,也充分表明国家在创业教育方面注重实践以便切实提高高校学生的创新精神、创业意识和创新创业能力的战略导向。四是"鼓励高校自主探索"到"深化创新创业教育改革示范高校建设"的政策演变。"鼓励高校自主探索"到"深化创新创业教育改革示范高校建设"的政策演变,说明了我国创新创业教育理论教学体系正逐步深入、持续完善并成果丰硕,我国创新创业教育步入了新的发展阶段。

我国深化高校创新创业教育改革,是实施科教兴国与人才强国战略和创新驱动发展战略、促进经济提质增效升级的内在要求,是深化高等教育综合改革、提高人才培养质量、推进高等教育与经济社会发展紧密结合的重要举措。为全面落实党中央的决策部署,高校纷纷出台各项举措,完善体制机制,深化创新创业教育改革。高校的创新创业教育工作虽然取得了一定的成效,但不可否认,其仍处于艰苦的"创业期",高校、政府、企业和社会之间尚未形成合力,虽然取得了一定的成效,但依然存在许多不足。学者安建强、黄德胜等调研发现,我国高校创新创业教育理念滞后,创新创业教育与人才培养和专业教育脱节,教师开展创新创业教育的意识和能力欠缺,实践平台建设和指导帮扶不到位,创新创业教育体系亟待健全,等等。探索出一条适合中国国情、校情的创新创业教育发展之路,成为"扎根中国大地办大学"的一项重要课题。

江苏科技大学在深化创新创业教育改革过程中,围绕创新创业人才培养和创新创业能力形成的一般规律,从以下几方面进行改革:一是重构培养方案,优化双创质量标准;二是构建学习机制,创新双创培养模式;三是加强实践引领,建设双创教师团队;四是整合课程资源,创新双创课程体系;五是汇聚多方资源,搭建双创实践平台。期望通过对创新创业教育改革的探索,健全创新创业教育体系,推进专业教育、实践教育和创新创业教育深度融合的人才培养模式,建立创新创业教育自适应学习机制,强化创新创业教育的内涵建设。

探索实践

重构培养方案　优化双创质量标准

深入开展创新创业教育,要将创新创业理念融入人才培养全过程。围绕将创新创业教育融入本科教学全过程的基本思路,将专业教育、实践教学与创新创业教育有机融合,培养学生的社会责任感、创新思维、创业意识和创新创业能力,构建"面—线—点"金字塔型创新创业培养质量标准体系。

基于"面",遵循高等教育规律,以立德树人为根本任务,以促进学生全面发展和适应社会发展需求为根本标准,以工程教育专业认证理念为指导思想,全面突出以学生为中心,统筹通识教育与专业教育,强化创新创业教育,探索协同育人新机制,着力培养具有创新精神的应用型高级人才。具体措施体现在进行人才培养方案重构时,落实 2 学分创业类通识教育基础课程,将创新创业类课程纳入通识教育选修课程体系,注重知识能力培养中的创新思维训练,增加创新性实践环节的课程比重,规定每个学生在本科学习阶段至少参加一项科研训练或者竞赛活动。

基于"线",以海洋工程与技术专业为例,将创新创业素质培养作为人才培养目标之一,优化专业人才培养方案。具体措施如下:

(一) 学生实践创新能力培养

海洋工程的项目投资一般比较大,涉及范围和企业广泛,进一步强化了实践性、社会性、综合性、创新性和群体性。目前高校大范围的工程实践都是以某课程为核心,没有在总体的培养方案框架和教学大纲下定位各实践环节的功能作用,这就阻碍了学科之间的渗透。由于学生多,实验设备少,实践场所容量小等问题,导致多数同学只能看着老师将实验做完,用笔记下完整的操作过程而不能进行实际的上手操作,从而降低了创新成果的产出,阻碍了创新能力的培养。

我国的海洋工程发展起步较晚,现有国内海工高校、企业和技术研究中心主要参考国外先进海洋工程装备与系统的建造经验,因此学校应加大教学改革,形成有针对性的培养方案,以提升学生的工程实践创新能力。

1. 实践教学环节的改革

积极组织与开展相关教师及知名海洋工程企业编写以工程为背景、以功能为目标的海洋工程模型试验教材,将知识结构、能力结构和综合素质作为实践教学环节的总体功能,围绕海洋工程结构物及系统装备最新的响应原型试验,更新目前的教学资源和教学内容。具体建设措施包括:

(1) 建立以"海洋工程试验、海工企业实习和海洋结构物设计"三要素为主的实践教学模块。第一模块的课程为海洋工程认识实习、海洋工程结构与制图、海洋平台生产设计和海洋平台结构设计,该部分课程将安排到南通中远船务、上海外高桥和沪东中华造船等海工企业进行学习,主要帮助学生了解、认识、描述海洋工程结构与设备的功能要求、内部结构;第二模块课程为船舶静力学、船体结构静力学及海洋环境载荷,该部分课程主要要求学生掌握海洋平台的钢材料性能、结构建模方式及平台响应分析方法;第三模块为海洋工程生产实习和毕业设计,该部分内容将安排到具有专门的海洋工程培训机构的南通中远船务和海门招商局重工进行学习,主要帮助学生掌握与实践海洋工程项目分析设计、施工组织、质量检测和设计方法。

(2) 建立层次分明、循序渐进的实验教学模块。第一模块旨在保证学生了解海洋工程实验教学的意义以及其在专业人才培养计划中的地位,了解海洋水池实验和水槽实验的具体规章制度,掌握一些设备如造波机、浪高仪和数据采集仪等操作方法,熟悉整个海洋工程实验过程;第二模块旨在帮助学生掌握海洋工程实验理论和实验方法,进一步训练学生对造波机、浪高仪等设备的操作能力,帮助学生验证一些有价值的波浪理论,并从实验中观察一些奇特现象,以补充理论上的不足;第三模块旨在帮助学生掌握实验中数据采集方法和判断数据正误的方法,进一步掌握海洋结构响应测试方法,完成整个海洋工程的实验方案设计。

(3) 建立包括认识实习和生产实习的实习模块。认识实习的时间大约为 10 天,由基础课老师和专业课老师、校内教师和校外聘请指导教师相结合,采用讲座、录像与现场参观等方式对学生进行指导;生产实习时间大约为 15 天,主要由校外企业老师带领学生进入实地现场观摩整个海洋平台托航、布置和安装等过程,并指导学生完成相关海洋平台设计任务。

2. 开放式教学模式的发展

开放的海洋工程水槽和水池模型实验教学模式针对的是过去的视频化或观摩化教学,主要包括三种开放类型:第一类型为实验的场地和测试设备开放;第二类为实验时间开放,允许学生课余时间经老师同意后进入实验室操作;第三类为模型实验类别开放,分为波浪模拟实验、结构水动力性能测试实验以及结构强度测试实验,学生可根据自己的兴趣灵活选取。

3. 教师自身实践能力的培养

学生的实践能力和工程素质与教师的专业素养密不可分,教师的教学实践能力是其在教学实践活动中形成的有关教学活动的一种主观能力,它来自于经验并付诸实践。结合海洋工程发展现状、海工企业工作内容和教师队伍现状,采用有针对性的请进来、走出去方法,有助于提高教师自身实践能力。"请进来"是指聘请其他高校、研究所和海工企业的专家来给青年教师进行有关的海洋工程知识培训,使教师本身的设计思想及时更新,以适应海洋工程时代的发展需要。"走出去"是指深入国外海洋名校和海洋工程企业,进行访问交流和工程实践。海洋工程实践能力来源于海洋工程实践锻炼,面向各种实际海洋平台设计和生产等问题的思想、方法和能力只能在实践中探索、学习和体会。江苏科技大学海洋工程与技术专业始终将一流师资队伍建设和杰出人才培育作为专业建设的核心工作来做,抓住我国海洋强国战略发展机遇,定期将校内优秀青年老师送往国外知名海洋工程类高校进行交流与学习,弥补自身的不足,并派送教师去相关企业进行实训,即时了解海洋工程发展的动态,还鼓励教师参加国际海洋工程类会议以及撰写优秀教学研究论文,为培育具有国际视野的海洋工程领军人才而努力。

(二) 创新创业素质培养

创新创业素质关系着学生以后从事海洋工程事业的思维模式。培养创新创业素质是海洋工程与技术专业教学改革的主题之一,主要措施如下:

(1) 开设海洋结构物概念模型设计、结构分析、材料特性等创新教学实验,增设海洋浮式结构物的创新性概念模型制作和概念模型在流场中的水动力实验。

(2) 开展形式多样、内容丰富的校级和院级课外竞赛活动,并鼓励创新性好的设计参加全国航行器大赛及创新杯大赛;与校外专家交流,增加学生学习海洋工程的兴趣,提高实践意识。

(3) 努力将实际工程的物理现象用基本的数学语言和模型向学生描述,鼓励和引导学生利用所学到的基本波浪理论、结构力学和数理方程等理论知识思考和解释海洋工程中的物理现象,进一步探索其中有意义的规律和解决方法。

(4) 开展课外专题学习,通过实践活动,增强学生解决实际问题的工程能力,增加研究性活动,培养学生自主性、独立性、选择性和实际应用能力,激发学生对海洋工程的兴趣。

(5) 海洋工程是一门典型的交叉型学科,与流体、结构、数学、机械、材料和物理等学科紧密相联,江苏科技大学海洋工程与技术专业设置了流体力学、海洋平台钢结构设计、船舶静力学、海洋结构动力学、海洋结构可靠性分析等课程,加强学生对各学科在海洋工程中的应用的理解,有助于促进学生整体素质的提高。

基于"点",将创新创业教育的思想渗入到课程教学中。教学大纲是根据教学内容及其体系和教学计划的要求编写的教学指导文件,是进行教学工作的主要依据,也是考核学生学业水平和评估教师教学质量的重要准则。教学大纲编写过程中,要求教学大纲的制订具有前瞻性,其教学内容必须符合高等教育教学规律,须能反映学科、专业和行业的最新发展动态;教学大纲应吸收先进的教学研究和教学改革成果,把本学科领域的最新学术成果、技术创新引入教学内容,具备一定的前沿性;同时需遵循理论联系实际的原则,坚持理论与实践一致;重视理论传授的同时,不能忽视实践训练,应重视实验、实习、科研训练、社会调查等实践教学在相应教学大纲中的地位;推广基于问题导向的教学模式,加强探究性实践环节引导,实验课程70％以上要开设综合设计性实验。

(徐海玲　程勇　刘珍　李良碧)

构建学习机制　创新双创培养模式

一、高校创新创业教育发展现状

高校建设发展是按照高等教育"优化结构,办出特色"的中长期发展目标要求,与国家新型城镇化建设、创新驱动发展等重大战略深入融合、协同部署的高等教育转型发展的重大决策,是高等教育领域人才供给侧结构性改革的重要内容。

推动高校建设发展,就是要推动地方高校合理定位,凝练办学理念和风格,加快培养具有创新精神的应用型人才,为区域经济发展和产业振兴服务。应用型高校由于建校时间较短,普遍存在着历史积淀较缺、办学资源较少、教育经费投入不足等共性问题,再加上偏重学科建设、科研立项、研究论文、成果获奖等显性指标的各类评估以及高校排名等因素影响,使得在人才培养过程中,沿袭传统办学模式较多,对市场发展研判和人才需求响应较少,学生培养同质化倾向较重,直接影响到了毕业生的就业率、就业质量和就业满意度,从而影响到创新创业教育发展。教育部办公厅2012年印发《普通本科学校创业教育教学基本要求(试行)》,高校积极落实推进,但由于缺少创新创业教育文化底蕴和教学资源,在努力完善教学内容、加强教学规范的过程中,容易形成标准化知识、灌输式宣教、程式化实训、示范性竞赛等教学范式,一定程度上造成了教学内容和教育形式趋同,创新创业教育存在着片面强调以创业带动就业的"功利化"思想、过分关注创业学生的"精英化"思想、单纯重视创业技能训练的"工具化"思想等认识,忽视了创新创业教育对学生综合素质培养提升的内在价值。高校创新创业教育虽然已作为必修课程开设,但并没有贴近学生学习需求,也未能给学生提供自主学习和自由发展的时间与空间,课程设置简单,教学资源不足,以理论灌输为主,与专业结合不紧,与实践脱节明显,同质化培养倾向明显,目前仍处于初级发展阶段。从本质上讲,创新创业教育是一种创新的素质教育,育人目的并不止于将学生培养成为创业者这单一目的,因为并非每一位大学生都适合创业和有志于创业,但是,创新精神、创业意识和创新创业能力作为社会所需创新型人才的基本素质,是人人都应当具备的。因此,高校创新创业教育作为一种创新的素质教育,应以创新精神、创业意识和创新创业能力的培养与开发为教学目的,积极创设一个鼓励学生自主参与学习的环境,有效增强学生在创新创业实践中的体验度和获得感,提高学生对创新创业活动的"钻性",并借助思维训练与实践锻炼,致力于学生养成较强的满足生活基本需求的能力、适应社会的专业知识能力、提升自我的竞争发展能力、面向应用的创新创造能力、持续发展的终身学习能力。要从建设人力资源强国和实现创新驱动发展的战略高度认识应用型高校创新创业教育,全面提升人才培养的数量和质量。

二、高校大学生创业意愿及教育需求分析

面向11所高校在校大学生开展了创新创业教育质量评价的无记名问卷调查,共计发放纸质调查问卷2540份,回收2151份,问卷总回收率为84.69%,回收问卷有效率为100%。

(一) 在校大学生的创业意愿分布

调查问卷中设计了测评大学生"创业意愿"的变量,设置了"有计划并积极准备""有计划""有想法""无想法"4个类别取值,并认为"有计划并积极准备"创业意愿程度最强,"有计划"创业意愿程度次之,"有想法"创业意愿程度更次之,"无想法"创业意愿程度最弱。对调查问卷中的"创业意愿"变量进行频数统计,在2151份有效样本数据中,选择"有计划并积极准备"的学生为240人,占比11.16%,选择"有计划"的学生为345人,占比16.04%,选择"有想法"的学生为729人,占比33.89%,选择"无想法"的学生为837人,占比38.91%。可以看出,随着创业意愿从强到弱逐渐减弱,相应学生人数呈现从少到多逐渐递增的反比线型分布态势。近四成的学生无创业意愿,三成多的学生创业意愿薄弱,这说明高校创新创业教育提升空间还很大。

(二) 在校大学生的创新创业教育需求分析

调查问卷中设计了测评大学生"创新创业教育需求"的变量,分别为"课程开设方式""聘请课程讲师""开设课程内容"。其中,"课程开设方式"变量设置了"公共选修课程""必修课程""系列讲座""没必要开设"4个类别取值,"聘请课程讲师"变量设置了"成功创业者""企业高管""学校讲师""专业技术人员""风险投资机构人员""创业政策宣讲人员""其他人员"7个类别取值,"开设课程内容"变量设置了"创业成功案例分析""企业经营与管理""创业政策解读""市场开发与营销""人力资源管理""税法知识""其他知识"7个类别取值。对"创业意愿"变量与"课程开设方式""聘请课程讲师""开设课程内容"变量进行交叉统计分析,从统计结果来看:在课程需求方面,超过95%的学生认为需要开设创新创业教育课程,42.26%的学生选择了系列讲座形式,35.47%的学生选择了公选课形式,仅17.38%的学生选择必修课程。其中,"有计划并积极准备"学生选择系列讲座、公选课、必修课的比例分别为34.58%,33.75%,27.50%,"有计划"学生选择系列讲座、公选课、必修课的比例分别为38.55%,29.57%,26.09%,"有想法"学生选择系列讲座、公选课、必修课的比例分别为40.74%,38.82%,16.74%,"无想法"学生选择系列讲座、公选课、必修课的比例分别为47.31%,35.48%,11.47%,不同创业意愿的学生选择课程开设方式的比例有较大差别。在师资需求方面,学生选择成功创业者、企业高管和学校讲师三者的比例累计达85.75%,而选择成功创业者的比例就接近六成。此外,"有计划并积极准备"学生的师资需求依次为学校讲师(17.08%)和企业高管(17.08%)、专业技术人员(12.92%)、风投机构人员(4.17%)、创业政策宣讲人员(2.50%)、其他人员(0.83%),"有计划"学生的师资需求依次为企业高管(22.90%)、学校讲师(14.20%)、专业技术人员(7.25%)、创业政策宣讲人员(2.32%)、风投机构人员(1.16%)、其他人员(0.29%),"有想法"学生的师资需求依次为企业高管(14.68%)、学校讲师(10.29%)、专业技术人员(7.68%)、创业政策宣讲人员(1.23%)、风投机构人员(4.25%)、其他人员(0.41%),"无想法"学生的师资需求依次为企业高管(13.74%)、学校讲师(10.39%)、专业技术人员(8.48%)、风投机构人员(3.23%)、创业政策宣讲人员(1.67%)、其他人员(0.96%)。在内容需求方面,"有计划并积极准备"学生的需求依次为创业成功案例分析(32.93%)、创业政策解读(32.50%)、企业经营与管理(16.67%)、市场开发与营销(8.75%)、人力资源管理(5.00%)、税法知识(2.90%)、其他知识(1.25%),"有计划"学生的需求依次为创业成功案例分析(45.22%)、企业经营与管理(22.52%)、创业政策解读(15.94%)、市场开发与营销(8.12%)、人力资源管理(4.06%)、税法知识(1.16%)、其他知识(0.29%)(有部分学生弃选),"有想法"学生的需求依次为创业成功案例分析(39.92%)、企业经营与管理(21.04%)、创业政策解读(17.83%)、市场开发与营销(13.17%)、人力资源管理(4.12%)、税法知识(3.16%)、其他知识(0.41%)(有部分学生弃选),"无想法"学生的需求依次为创业成功案例分析(39.55%)、企业经营与管理(20.19%)、创业政策解读(15.41%)、市场开发与营销(12.43%)、人力资源管理(6.57%)、税法知识(4.42%)、其他知识(1.43%)。高校创新创业教育虽然已经作为必修课程普及并开设,但调查结果显示,学生对必修课程的较低教育需求和对成功创业者、创业成功案例分析等知识比较集中的学习需求,以及不同创业意愿学生明显分化的教育需求,都反映了教育教学改革势在必行。

三、高校创新创业教育自适应学习机制构建

高校创新创业教育发展已经与人力资源强国建设和创新驱动发展战略紧密联系在一起。互联网时代学习的特点是丰富的网络课程资源能够突破学校教学活动的时空限制,为学生自主学习提供无限可能。深化高校创新创业教育教学改革,需要尊重学生的个体差异,完善学习支持系统,积极应对学生不断增长的对高质量教育和个性化学习的需求,最大程度激发学生的学习自觉。

(一)强化"互联网+创新创业教育"理念

当前,高校创新创业教育中,普遍存在着教师"供给"与学生"需求"之间信息不对称的矛盾。互联网技术普及和大数据、智能化时代来临,使得信息资源极大丰富,教育信息化建设成为创新创业教育变革的内生力量。高校必须强化"互联网+创新创业教育"理念,借助网络信息技术和大数据资源优势,加快教育信息化建设,促进网络信息资源与学校教育资源融合发展。一是教学内容要推进"资源集成共享"。要充分整合学校教育教学资源,立足学科专业优势和人才培养目标,丰富创新创业教育内涵,扩大社群支持,"众筹"优质网络资源,不断完善线下线上相结合

的创新创业教育学习平台,积极应对校内资源数量偏少、针对性不强、供给不足的问题。二是教育方法要注重"学教语境相通"。建构主义认为,知识建构发生于教育者和受教育者交互协作的教学情境中。教师的专业知识和业务能力是顺利开展教学活动并保证教学质量的关键因素,丰富的教育资源和共享的学习平台为学习提供便利的同时,也为教师带来竞争性压力和创新性挑战,教师需要不断学习新知识,才能在适应学生需求的过程中与学生互动交流,从而引领学生学习成长。

(二) 加强创新创业教育育人目标建设

以创业带动就业、以创新推动社会经济发展,已经成为世界各国教育理念的共鸣。大学生是创新型人才的主体,创新精神、创业意识和创新创业能力是创新型人才应当具备的综合能力。随着国家创新驱动发展战略实施,围绕创新创业教育展开的理论研究和实践探索快速发展,对创新创业教育的认识不断深入且更加科学系统。就本质而言,创新创业教育是一种创新的素质教育,育人的目的并不止于将学生培养成为创业者这一狭义目的,而是要能够最大程度激发学生的学习自觉和行为习惯,释放学生的创新创业创造潜能,提升学生的综合能力。高校创新创业教育目标就是要充分尊重学生的个体差异,遵循人才成长规律,提供适应学生需求的教育,引导他们成长为主动择业者、技术创新者、自主创业者,并最终成长为终身学习践行者,使得每一位学生都能找到适合自己成长的发展路径。多样性育人目标为应用型高校创新创业教育知识体系构建提供了理论依据。根据创业意愿的强弱,在校学生可以细分为不同的群体。高校创新创业教育需要尊重学生的个体差异,建设通识教育、个性化教育与专业教育相结合的教育模式,实施适应不同学生人群学习需求的精准教育,提升人才培养质量。

(三) 完善创新创业教育知识体系

学习成绩背后反映出的是学生的学习能力和行为习惯。按照培养学生成长为主动择业者、技术创新者、自主创业者、终身学习者这一广义教育目标,应用型高校需要建设包括"新生入学适应教育""职业生涯发展教育""创新思维能力教育""创新创业教育""终身学习教育"等五大知识模块及相应课程集群的创新创业教育知识体系。创新创业教育是一门新兴学科,知识体系建设不会一蹴而就,教学活动是人才培养的主渠道。要达成广义的教育目标,高校需要不断更新和完善创新创业教育知识体系。一是要梳理学校现有创新创业教育资源,整合分散开设的相关课程,从学科建设视角架构创新创业教育课程体系。二是要加强校本课程间的知识衔接,通过课程研讨、课程观摩、集体备课等多形式互动交流,促进创新创业教育相关课程知识相互衔接,系统性建设创新创业教育课程体系的知识脉络。三是要大力提升专职讲师业务钻研能力。一名优秀的教师既要学习创新知识,更要谙习教育规律。"互联网+"教育情境下课程开发是教师面临的一大挑战,必须激励教师自觉学习,主动开展课程开发和教法研习,积极参与实战锻炼和项目合作研发,坚持以学生为本,努力开发更多精品课程,提升课堂教学吸引力,发挥主渠道功能。四是大数据技术和智能化环境日益改变着教育形态,教育信息化的发展更是助推了创新创业教育的革命性变化,要借助信息网络资源优势,积极引入在线优质课程资源,组建兼职讲师团队,开发引进实战类型课程,通过拓宽教育资源来源,众筹创新创业教育课程,打造更受学生欢迎的学习平台,使得创新创业教育焕发活力。五是要将创新创业教育作为一门新兴学科系统建设,尊重学生的个体差异,适应学生需求,营造激发学生学习自觉的平台环境,教师身体力行,学生主动参与,通过坚持不懈的学习实践提升自我,引领学生成长为终身学习理念的宣传者和终身学习行为的践行者,实现可持续发展。

(四)建立创新创业教育自适应学习机制

高校创新创业教育自适应学习,是指基于高校适应学生群体需求与学生适应个性发展需要的一种交互式教育学习机制。即在不断完善的创新创业教育知识体系架构中,高校集中组织适应学生群体需求的通识教育课程,学生自主选择适应个人发展需要的个性化教育课程,通过交互帮助学生实现发展目标迭代、激发学习自觉的一种教育学习机制。高校创新创业教育自适应学习需要相应机制提供保障。一要建立开发新课程的激励机制。创新创业教育作为一门新兴学科,课程内容必须充满"新意",适应学生成长需求,贴近社会发展需要。教师的专业知识和教学能力是顺利开展教学活动并保障课堂教学质量的关键因素。学校必须建立鼓励教师学习和开发新课程的激励机制,帮助教师逐渐转变为教育的研究者、课程的开发者、资源的整合者、学习过程的分析者,激发教师创新知识和研发课程热情,提升课程吸引力,彰显课堂教学主渠道作用。二要建立学生自主学习的引导机制。目前,学校已经开设有职业生涯规划、就业指导、创业教育等必修课程,还有第二课堂、新生转型、专业导读、创新大赛、创业实践等辅助课程要求,相关课程门类较多且开设分散,无法形成合力。系统性研究开设创新创业教育相关课程,正是应用型高校深化创新创业教育改革的重要内容。学校需要归并已有课程及学分,完善创新创业教育知识,形成必修通识教育、选修个性化学习、专业教育相结合的课程体系,通识教育完成知识普及任务,专业教育培养专业技能,个性化学习支持学生自主选修自己需要的课程内容,提升学生投入学业的时间和精力,激发学习兴趣和学习自觉,形成引导学生自主学习的有效机制。三要建立学生多途径学习的保障机制。学校要建立成绩认定和学分替代的学习保障机制,激发学生充分利用学习平台和教育资源,根据自身成长目标开展选择性学习,对学生多途径学习的成果予以承认,激发学生参与学习实践的自主性,将传统刚性培养与柔性自主学习相结合,实现自主性选择、个性化学习、多样化发展的特征,始终激发并保护学生的学习热情。四是要建立学生参与的自适应学习流程。奥地利哲学家路德维希·冯·米塞斯在《人的行为》一书中说:"人的行为的最后目的总是行为人的想望之满足。"在开发新课程激励机制、自主学习引导机制、多途径学习保障机制的协同作用下,形成学生参与的自适应学习机制,实现创新创业教育学习方式的"革命"。应用型高校创新创业教育自适应学习流程(详见图1)显示了创新创业教育自适应学习的过程:学生首先接受入学适应教育、职业生涯发展和个人发展目标决策的通识教育,学习目标决策知识,初步选择发展路径;学校根据学生群体学习需求,分别开设职业生涯规划教育、创新思维能力教育、创新创业教育等课程,面向不同学生群体组织相应通识教育必修课程;学生根据自己发展目标,在必修通识课程的基础上,自主选修可修读的个性化课程,其间进行学习适应判断来完成发展目标迭代,或继续学习或更新选修课程知识,实现"我的学习我做主",朝向主动择业者、技术创新者、自主创业者的目标发展;学生在持续的学习适应判断和发展目标迭代过程中,始终保持学习热情,不断强化自觉学习的行为习惯,坚持成长为终身学习的践行者。从学生需求出发,提供适合的教育,为每一个学生提供适宜的学习机会和学习知识,是高校创新创业教育改革的使命追求。

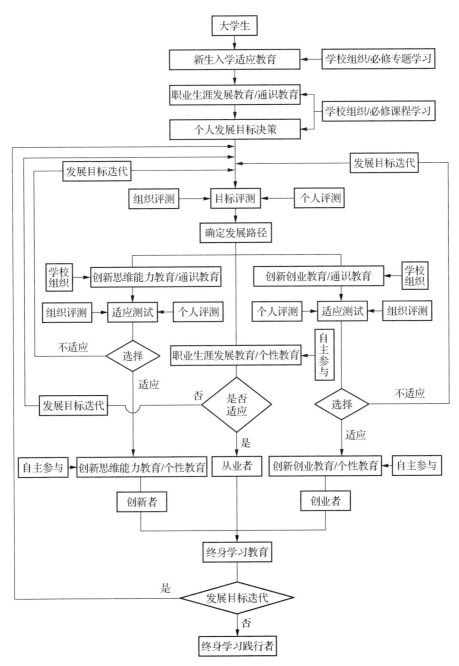

图 1　高校创新创业教育自适应学习流程

未来的教育一定是以互联网、人工智能、大数据、区块链和5G等技术支撑的，开源共创、智慧共生、资源共享的"互联网＋教育"。高校教育发展，"互联网＋创新创业教育"模式必将成为融合优质教育资源、促进教育公平、提高教育质量的有效手段，必将为构建泛在学习环境、促进学生终身学习提供强有力的支持。

（刘彩生）

加强实践引领　建设双创教师团队

我国经济的高速发展和国家政策的牵引，使得创新创业教育成为高等教育的一项重要内容。高校陆续成立创新创业学院，深化创新创业教育改革，期望将创新创业教育融入人才培养的全过程。近几年的实践发现，创新创业师资队伍缺乏和教育水平不高是制约创新创业教育落地生根的重要因素之一。江苏科技大学在创新创业师资队伍建设上进行了初步的探索研究。

一、创新创业师资队伍建设

1. 依托学科和行业特色，打造一支"创新型"创新创业教师队伍

江苏科技大学立足船舶、海洋、蚕桑等特色学科优势，不断提升科技创新能力，全力服务国家重大战略需求。坚持以国家需求为驱动，注重将应用基础研究、技术创新、高新技术成果推广应用紧密结合，主动为船舶工业和经济社会发展作贡献。创新创业的生根落地离不开科技创新，创新创业教育的发展离不开专业技术强的教师团队，为此学校致力于学科群"创新型"教师队伍建设，以船舶、海洋和蚕桑等特色学科为牵引，向相关学科辐射，打造一支科研实力硬、创新能力强的"创新型"教师团队。

2. 依托校办企业和行业合作平台，打造一支"实践型"创新创业教师队伍

江苏科技大学前身是一所隶属于中国船舶工业总公司的学校，校办工厂和实习车间在学校占有相当的比重，改革开放初期学校的产业也一度发展得红红火火，走在了全国高校的前列。在新形势下，为落实好《教育部关于积极发展、规范管理高校科技产业的指导意见》和《关于促进高校校办产业科学发展的若干意见》文件精神，对校办产业进行转型，充分发挥校办产业在学校科技成果转化、创新创业人

才培养、教师实践能力提升方面的作用。在校办产业转型升级中,注重对专业素质高、技能强的高级技能人才进行转型培训,将其打造成一支"实践型"教师队伍。同时,依托与船舶行业的紧密合作关系,与大型船舶企业建立实习、实践、创新合作基地,实现专业教师团队与企业高工团队共建共生,打造一支行业特色性强的"实践型"创新创业教师队伍。

3. 落实政策、鼓励教师创新创业,打造一支"实战型"创新创业教师队伍

创新创业教育是一种体验式教育,授课教师作为教学活动的组织实施者,需要具备实战经验。为提升创新创业教育效果,学校从政策、资金上支持教师进行创新创业活动。同时,落实资金政策、服务政策、评价政策、学分冲抵政策和实践平台政策等措施,重点支持教师和学生到新兴产业创业。教师将创业实践的成功或失败经验反哺教学,学生可以将创业经验和同学们分享,实现在实战中学习,在学习中实战。通过支持教师创新创业,培养一支"实战型"创新创业教师队伍。

4. 强化提升教师创业理论素养,打造一支"理论型"创新创业教师队伍

目前,高校创新创业类课程群主要由辅导员、人文学院和经济管理学院的教师承担,主讲教师的创业理论素养水平还有较大的提升空间。而教师的理论水平直接影响创新创业教育质量,为此学校设立创新创业类课程群主讲教师专业再提升建设项目,选派教师到名校和高水平研修机构进行理论水平再提升,力争打造一支理论水平过硬,教学水平较高的"理论型"创新创业教师队伍。

5. 统筹资源,打造一支"外引型"创新创业教师队伍

尽管高校想方设法培育校内的创业教师队伍,但和庞大的教学需求比较,具有实战经验的教师只是杯水车薪。为此学校借助社会力量,统筹资源,外引成功的创业人士、风险投资商等实践人才作为学校的创新创业导师,参与学校创新创业教育。学校与校外创新创业导师签订指导聘任协议,打造一支"外引型"创新创业教师队伍。

二、创新创业师资队伍建设创新之处

1. 以创业沙龙为牵引,构建双创教师队伍建设的协同平台

创新型、实践型、实战型、理论型和外引型创新创业教师团队各有所长。以创业沙龙为牵引,以系列专题学习讲座和教学研讨为主体,构建双创教师队伍建设的

交流学习协同平台,五种类型的创新创业教师通过协同平台取长补短,共同学习,提升自身创新创业综合素养。

2. 以项目式管理为激励手段,提升创新创业指导教师教育水平

项目式管理是指对具有创业潜质的项目进行立项管理,为项目搭建创业教师团队,推荐其参与创新创业类比赛,建立品牌,给予创业基金扶持,并统筹资源协助其吸引"天使投资",帮助其创办企业。通过项目式管理的方式,激励教师投身于创新创业活动,通过实践提升创新创业教育水平。

3. 依托学校创业园和众创空间,构建虚拟创业生态

虚拟创业生态是指依托学校创业园或众创空间,模拟创业主体、创新环境和创业过程,包含市场、政策、货币、人才、文化以及专业支持等必备要素。教师和学生通过在虚拟创业生态中扮演不同的角色,进行创业演练和学习,开展和实施情境式创业教育。通过虚拟创业生态的实践,使更多的教师和学生实践创业的全过程,扩大创新创业教师实战的受众面。

三、创新创业师资队伍建设实效

1. 实现创新与创业的协同、理论与实战的协同、五型教师队伍的总协同

(1) 创新与创业的协同。创新就是推陈出新,是改旧,对于创业来讲,创新主要体现为新产品或者是新的商业模式。新的产品和新的商业模式一般产出于专业课程教师,而通识类创业课程指导教师是创业教育必不可少的元素。双创师资协同平台的建设,为创新型教师与理论型教师架起一座沟通的桥梁,也为通识类创业课程与专业课程建立了纽带,促进了创业课程与专业课程的融合。

(2) 理论与实战的协同。项目式管理和虚拟生态的构建使得更多的老师可以参与创业实践,解决了教师是"理论的巨人,实践的矮子"这一瓶颈。更多的创新创业教师可以将自己的理论知识运用于实践,同时又能在实践中总结升华理论,从而提高双创教育水平。

(3) 五型教师队伍的总协同。双创教师队伍建设的协同平台的构建使得五型教师队伍聚集到了一起,这也是一种管理形式的创新,同时为创新的产生提供土壤。

2. 创新创业教育教师的教学能力显著提升

学生学习成果是教师教学能力的直观反映。学生创新成果主要体现在创新作

品、论文、专利和高水平竞赛获奖等方面,创业成果主要体现在创业类课程群成绩、虚拟生态系统模拟创业绩效或现实中创业绩效等方面。对创新作品、论文、专利和高水平竞赛获奖等数据统计后发现,创新成果的数量和质量呈增长趋势;对创业类课程群成绩进行难度系数除权,再与虚拟生态系统模拟创业绩效或现实中创业绩效进行累加,取均值后发现也呈增长趋势。

3. 教师对创新创业的研究能力显著提升

从学校近几年的教学比赛、互联网＋创新创业比赛、挑战杯、航行器设计大赛获奖情况,以及科研论文、创新创业类主题论文、专利、项目数量呈逐年增长的趋势可见,教师对创新创业的研究能力得到显著提升。

4. 完善创新创业教师队伍建设的评价体系

鼓励教师创业,加大创新创业类比赛的获奖奖励,学校出台涉及"互联网＋"创新创业比赛、"挑战杯"、数学建模等比赛获奖的职称直接认定办法,为创新创业教师队伍的稳定与发展提供有效保障。

（徐海玲）

整合课程资源　创新双创课程体系

大学生创新创业教育是一项关乎社会持续健康发展,解决年轻人就业问题,提升家庭生活质量的重要工作。培养大学生的综合素质,锻炼大学生的创业能力需要适宜的课题体系作为保障条件。这里,笔者从"课程内容""课程组织""课程考核"等维度出发,整合双创课程资源,构建双创课程体系。

一、构建科学的创新创业课程内容框架

大学生创新创业课程并非新生事物,早在20世纪中期,美国的多所大学就开始创设相关课程,以提高大学生的就业能力,推动社会快速发展;德国、日本等西方发达国家陆续跟随美国的脚步,在本国的高等教育中模仿开设创新创业课程。经过数十年的钻研探索,如今发达国家的大学生创新创业教育已经较为成熟,积累了丰富的经验,构建了完整的体系。我国的创新创业教育于20世纪90年代开始萌芽,迈出了高等教育与自主创作相互协作的第一步。经过二十多年的努力与实践,现已涌现出一大批经教育部认定的创新创业教育示范高校。

（一）开设培养创新创业意识的课程

思想认识指导行为实践这一原理在大学生创新创业教育工作中同样适用。培养大学生的创业能力，首先需要培养其正确的创业意识，而通过开设相关的系列主题课程，可以较好的完成这一任务。高校在人才培养方案中应当有意识的增加创新创业课程群，由专业教师讲授包括"职业生涯规划""大学生就业指导""创新思维培训""创意学"等相关课程，引导大学生从思想认识上完成转变，将被动的依赖型就业观念扭转为主动的创业型观念。

此外，教师和相关工作人员还应当开设涵盖"创业精神""逻辑判断""人力资源管理""市场营销"以及"商业法律"等内容的选修课程，鼓励大学生学习更多的专业知识，为将来自主创业提供必要的支持和帮助。

（二）开设培养创新创业能力的课程

除了意识层面的教育指导，实操技能也是大学生必备的创新创业素养。高校在构建创业课程的过程中，需要有意识地将创业能力作为重点培养的内容。根据创业能力的内涵，可以开设包括"专业应用技能实操""信息化办公""团队组织协作""社交礼仪"等多种课程。关于专业应用技能的内容，需要根据不同的学科和专业开设相应的技能培训活动。增加实践应用课程的比例、提升应用型课程课时，是创新创业课程构建和改革的重要内容之一，其价值和作用不容忽视。

二、制定系统的创新创业课程组织策略

从工作流程的角度分析，设定创新创业课程的框架，构建相应课程的内容，为课程组织与实施工作奠定基础，做好准备。有效地开展课程教学工作，可以从三个维度入手，探究适宜的做法。

（一）常规课堂教学活动

创业课程首先可以通过常规课堂教学活动开展，这部分的教学活动是整个创业教育的基础组成部分，主要的工作任务就是进行系统化的创业知识传授。通过常规教学活动，可以培养大学生正确的创业意识，形成积极的创业情感，激发强烈的创业动力。这部分课程应当列为整个人才培养计划的必修课程部分，规定相应的学习课时,并通过相应的考核要求,使学生从认知层面具备基本的创业素养。

(二) 科研课题转化活动

科研课题转化活动是高校人才培养的重要特色,也是其独有的教育优势。从资源转化和利用的角度分析,众多的实验室和科研项目就是天然的大学生创业创新平台,也是理想的教育教学载体,通过参与科研课题的形式完成教书育人的目标已经成为一些国家的惯常做法。教师和项目的负责人可以充分利用大学生的聪明才智和工作热情,通过实际所需的各种要求对大学生进行筛选,将有创业意识、创业热情和创业能力的大学生充实到自己的科研课题和活动项目之中,一同完成相应的工作内容。在此过程中,大学生可以得到充分的锻炼和提升,获取多种创业所需的实践应用能力;项目负责人则可以获取实践工作所需的人力资源,推动工作进程持续健康、高效优质的发展。这种以科研项目为载体,带动大学生和项目自身共同发展的创业模式,具有双赢的特征和可行的保障,应当是高校和大学生积极探究的重要方向。

(三) 校企联合培养活动

校企合作也是培养大学生创新创业能力的重要路径。所谓"授人以鱼,不如授人以渔",站在教育原理的角度来看,通过企业实习的方式来完成大学生创新创业教育活动,是切实可行的有效做法。校企联合的创业培养活动也是一种课程组织实施的具体形式,这种形式有别于常规课堂的理论讲述,而是强调对实用技能的培训和锻炼。如果说常规课堂教给大学生的是固定程序和范式,那么企业实习带给学生的就是工作的技巧和方法。企业实习过程中,大学生可以遇到各种常规课堂上无法预料的情况,而这些问题和困惑将有助于大学生发挥主观能动性,快速提升解决问题的能力。从一点一滴做起,从每一个细节学起,这是创新创业活动必须经历的过程,不应跨越,不能跨越。

三、采取灵活的创新创业课程考核方法

通过常规教学等多种课程组织形式,大学生可以获得较为系统的创新创业能力,但具体的考核机制还有待继续完善。

（一）建立学分认证制度

建立学分认证制度是保证创业课程实效性的外围保障条件。除了常规课堂教学之外，大学生参与科研课题活动和企业实习或者交流活动需要灵活利用学习时间。当几种学习方式出现冲突的时候，就需要学校提供有效的工作机制来化解现实问题和矛盾，而利用学分制可以较好地解决这个现实问题。高校可以将大学生参加科研项目或者企业实习的时间计入学时，并转化为学分，以保证学生能够通过多种灵活的方式完成学习活动，并具备自己所需的个性化创业素养。

（二）建立成果认证制度

建立成果认证制度是保证大学生学习成果的有效做法。关于科研项目和企业实习活动等形式的成绩，需要高校的相关部门和人员因地制宜、因人而异地制定切实可行的成果认证制度。比如，将大学生完成某项科研任务的工作量直接转化为相应的学分，这样就可以灵活地满足创新创业能力培养的要求。如此也呼应了课程组织形式变革的理念，将教学改革与创新创业课程体系构建有机结合起来，实现教书育人的最终目标。

所谓"教学有法，教无定法"，高校大学生创新创业工作的形式灵活多元，并非只有一条固定的路径。利用高校自身的资源和特色，选择最为适宜的工作方法，需要教师和相关人员不断努力，积极探索。

（谭海波）

汇聚多方资源　搭建双创实践平台

政府高度关注大学生创业实践，制定并施行了一系列扶持大学生自主创业的激励政策，大学生创业进入了快速发展时期。"协同创新计划"的落实，促进了社会企业与高校的深度合作。高校开展创业服务需要充分运用各类社会资源，建立以高校为主体"政府—高校—企业"的良性互动，形成"政策扶持、学校支持、社会资助、企业实践"的互助模式，协同推进，为大学生自主创业提供全面服务。

一、双创实践平台建设概况

高校在开展教育的同时,还需要打造优质的创业服务平台,为学生创业实践提供支持。

1. 依托政校企合作,建设"政府—高校—企业"双创基地

加大建设大学生创业园的力度,以建设"创业教育示范校"为契机,从场地、经费、人力、政策等方面大力建设大学生创业园、创业孵化基地,积极搭建大学生创业项目和信息提供、资金筹集和资助的服务平台,鼓励和扶持大学生在学有余力的基础上主动参与创业实践,规范运行创业园,养成大学生良好的职业意识和职业素养。

实践中,学校自建校内创新创业实践平台21个,其中校企联合实验室1个;学校与行业企业、科研院所共建校外创新创业实践平台4个,拥有企业实习教育基地299个。同时校地联手搭建孵化平台,助推创业项目实体落地。学校与镇江市相关部门开展创业合作,建立高新科技园区大学生创客中心、"江科大-京口区"创业指导服务站和"'京口E客'梦工厂"大学生创业园,为大学生提供创业培训、创业咨询和优惠政策解读,提高了在校大学生的创业能力。

2. 开展大学生科技文化节,营造浓郁的创新创业教育文化氛围

创新创业教育文化建设是创新创业平台建设的一项重要内容。创新创业教育文化是双创教育历史的积累与沉淀,具有巨大的双创教育"场"效应,表现出强大的辐射力和遗传力,影响着行为主体的思想认识和行为表现。大学生科技文化节作为学校工作品牌、双创文化建设的重要内容,在展示学生科技文化活动成果的同时,有效地培养了学生科学精神、创新精神、实践能力和创业基础,营造了浓郁的创新创业教育文化氛围。

实践中,学校以大学生科技文化节为抓手,带动学生日常科技活动开展、培育学生科技活动品牌、扩大学生课外科技活动的影响。大学生科技文化节活动有四个特点,即规划合理、设计系统、针对性强、参与面广。在策划活动项目时针对学生的不同需求和专业特点,满足创新能力培养的不同层次要求,主要围绕科普活动、学术交流研讨活动、科技实践竞赛活动三个层次组织,并明确各类活动项目数量及比例,让不同年级、不同专业的学生都能参与其中。每年,科技文化节累计开展各类科技创新活动近百项,年均参与人数达到学生总数的三分之一。

3. 以本创计划为基础,学科竞赛为抓手,搭建创新创业教育的第二课堂

本科生创新计划的实质是大学生科研训练计划,它的特征可以用"项目化"和"全程化"两个词概括,即采用立项资助的形式展开项目研究,依托项目化的管理达到全过程、全方面对学生创新素质的培养。据最新统计,2017级本科生创新项目参与率达94.57%,实现每个学生在大学四年至少能参加一项竞赛或训练项目。同时,以学科竞赛为抓手,高水平竞赛为牵引,为创新创业教育搭建第二教学课堂。高水平赛事是检验和提高学生创新创业能力的有效途径。以"互联网+"大学生创新创业大赛、"挑战杯"大学生科技作品竞赛、"挑战杯"计划赛等系列学科竞赛为着力点,在实践中检验和提高学生的创新创业能力。

二、双创实践平台建设的创新

通过积极争取当地政府支持、深化与行业协会和企业的产学研合作以及整合校内实践教学资源等方式,搭建三层式的创新创业实践平台体系。

一是实践应用能力培养平台。利用各类实践性教学平台、各类科技社团和科技类协会,构建学生实习、科技训练、项目实训、科技活动等为一体的实践应用能力培养平台。

二是创新创业培养实训平台。通过与企业的深度合作,共建大学生创新实践基地和校级创新创业孵化中心,为学生提供创新创业培养的实训场所,并配套完善的管理制度,保障创新创业能力的培养质量。

三是创新创业孵化实践平台。充分依托当地政府的支持,与当地政府合作共建"众创空间"并落户到学校,形成真正意义上的创业孵化实践平台,为学生提供办公场所,提供思想碰撞和优秀作品展示窗口,以及提供创业项目的孵化资助。

(徐海玲 王勇 刘彩生 徐剑)

典型案例

案例1：成果引领　构建创业软环境

1-1：江科大校友徐鹏登上2019胡润Under 30s创业领袖榜

胡润百富发布"2019胡润Under 30s创业领袖"榜单，江苏科技大学计算机学院计算机科学与技术专业2016届毕业生徐鹏荣登该榜。

"胡润Under 30s创业领袖"旨在寻找中国30岁以下（包含30岁）的创业领袖，弘扬中国的创业精神，鼓励更多年轻人创业。这是胡润百富连续第3年发布Under 30s创业领袖榜，今年共有来自十大行业343家企业的380位青年才俊荣登榜单，他们的平均年龄为28岁。2018年，徐鹏曾入选福布斯中国"30位30岁以下精英"榜单。

作为一名90后，徐鹏在校期间就投身于互联网创业的浪潮中。2013年3月，他带领兼职团队开始"创业"并赚取了人生第一桶金。2014年9月，他和朋友一起创立了镇江占座宝信息技术有限公司，并任总经理。"占座宝"应用软件功能便捷，已为江苏27所高校的在校大学生提供校园生活与学习服务，用户数达20万，荣获镇江优秀创业项目奖和江科大第二届创业大赛一等奖。此后，他联合身边同学及朋友创立了"贝贝帮"，目前公司业务已覆盖上海、南京、苏州三地。

（原载于《京江晚报》，2019年10月11日）

1-2：江科大"丝胶蛋白"成果转化　蘭一化妆品"落地开花"

江苏科技大学传出喜人消息：江科大蚕研所，作为我国唯一的国家级蚕桑专业研究所，其研究成果"丝胶蛋白"目前已经成果转化，相关化妆品"落地开花"并造福爱美人士！

在竞争激烈的上海化妆品市场，一个叫"蘭一"的品牌异军突起，一举拿下了2019年第五届"闪耀之星"上海青少年国际标准舞公开赛的冠名权。由此，引起了消费者和媒体的关注。而这正是江苏科技大学蚕业研究所的一项科技成果——"丝胶蛋白"的成功转化落地项目。

陈青说,丝胶蛋白的研究及应用在我国并不鲜见,但目前市场上的丝胶蛋白主要从缫丝工业废水中分离、提纯而来,存在有毒有害物质残留的风险。另外,提纯过程常采用强酸强碱等化学试剂,对丝胶蛋白的天然活性破坏严重,由此而来的丝胶蛋白质量难以保证,在生物医药方面应用受到很大的限制。位于原江科大西校区的中国农科院蚕业研究所研究的丝胶蛋白,则是由家蚕分泌的一种天然活性蛋白,占蚕茧壳质量的25%左右。该产品含有18种氨基酸(其中有8种是人体必需氨基酸),具有保湿、抗菌、抗氧化、增白(通过抑制酪氨酸酶活性减少皮肤黑色素合成)、抗紫外线、抗炎、高生物相容性和无免疫原性。产品还具有良好的细胞粘附性,可促进细胞的增殖与迁移,促进皮肤损伤愈合且不存在人畜共患病风险,是一种极好的天然护肤品和生物医用原料。

江苏科技大学蚕业研究所张国政研究员告诉记者,江科大蚕研所是我国唯一的国家级蚕桑专业研究所,有着自身的资源和科技力量优势。通过科技攻关,他们从家蚕优质品种中筛选出优良纯丝胶家蚕品种,并解决了丝胶蛋白提取与加工过程中存在的关键技术难题。据此,实现了丝胶蛋白在化妆品、医学敷料、组织工程材料领域的创新性应用。

张国政研究员说,江苏科技大学蚕业研究所历来关注行业痛点,十分重视科研成果的转化。同时,一贯实行应用研究与基础研究并行,以期为行业重大问题的解决提供技术支撑。本次科技成果转化提供的丝胶蛋白,是来自于标准条件下饲养专门生产丝胶蛋白的特殊家蚕新品种,并采用独创的丝胶蛋白提取与加工工艺,最大限度地保留了丝胶蛋白的天然生物活性,具有纯度高、活性强、无有毒有害物质污染等特点。"质量可靠,除可应用于化妆品外,还可应用于生物医学和功能性食品等领域。"

(原载于扬子晚报网,2019年5月17日)

案例2:目标导向　勇攀创新新高地

2-1:中国专利银奖——为攻克"焊缝偏差"装上"神眼"

国家知识产权局公布了第二十一届中国专利奖授奖决定,江苏科技大学的发明专利"窄间隙焊缝偏差的红外视觉传感检测方法及装置"荣获本届中国专利奖银奖。该发明技术被业界称为"攻克焊缝偏差的一只神眼"。

"在实际窄间隙熔化极气体保护焊接过程中,往往受到坡口加工误差、工件装配误差、焊接热变形等因素的影响,导致坡口间隙大小和焊缝中心位置发生变化,出现焊炬中心偏离焊缝中心的情形。"该专利第一发明人、江苏科技大学王加友教授介绍说,"如果不对焊缝进行跟踪控制,焊缝偏差就会累积,那么,即使采用了基于电弧摆动或旋转工艺的坡口侧壁熔透控制技术,也将会影响窄间隙焊接质量。"传感技术是实现焊缝跟踪的关键,相当于给焊接工程师装上一只"神奇的眼睛",而作为非接触式传感方法的代表,视觉传感器因其信息量大、灵敏度高、适用坡口形式多、抗电磁干扰能力强等优点,成为焊接技术研发的热点。

"我们这项发明专利,主要针对现有技术存在的焊缝偏差传感检测精度低、工程实用性不强等缺点,是一种检测精度高、环境适应能力强、适用范围宽、实用性好,特别适用于摇动(或旋转)电弧窄间隙焊缝偏差检测的红外视觉传感检测方法及装置。"王加友教授介绍说,"通过解决窄间隙熔化极电弧焊缝跟踪的共性关键技术难题,推动了摇动及旋转电弧窄间隙焊接新技术的工程应用,在船舶、海洋工程、承压装备、大型机床等制造领域具有广阔的应用前景。"

据了解,"窄间隙焊缝偏差的红外视觉传感检测方法及装置"发明专利还获得第二届中国船舶与海洋工程行业专利奖金奖。该专利2017年6月申请进入美国,2018年2月获得美国专利授权,其授权文本中包含11项权利要求,其中独立权利要求2项。到目前,该专利已许可省内外多家企业实施应用,产生了显著的经济效益和社会效益。

(原载于《江苏教育报》,2020年7月24日)

2-2:江苏科技大学参研项目再获国家科技进步特等奖

江苏科技大学参研项目"海上大型绞吸疏浚装备的自主研发与产业化"获得2019年国家科技进步特等奖,这是该校自2014年度参研项目"海洋石油981深水半潜式钻井平台"获特等奖以来再次获此殊荣。

国家科学技术奖是我国在科学技术方面设立的国家级奖励,包括国家最高科学技术奖、国家自然科学奖、国家技术发明奖、国家科学技术进步奖、国际科学技术合作奖五个奖项。国家奖评审由推荐制调整为提名制,提名数量增加,因实施定额定标评审,使得获奖难度加大。2019年度共评出国家科学技术进步奖185项,其中特等奖3项。

据了解,"海上大型绞吸疏浚装备的自主研发与产业化"项目是上海交通大学联合中交疏浚(集团)股份有限公司等行业主力单位组成产学研用团队攻克挖掘破碎、可靠定位、远距输送、集成监控、总装设计制造等难题,为我国建设海洋强国贡献的"大国重器",推动了我国疏浚技术、装备产业和应用体系的跨越发展。

江苏科技大学是项目的重要参研单位,联合镇江亿华系统集成有限公司持续二十年攻关,研制了海上大型绞吸疏浚装备综合控制和信息化系统,构建了多区域多系统协同运行和疏浚作业集成监控与管理一体化平台,实现了实景智能可视操作、精确疏浚和功率平衡自动调节,解决了疏浚装备在复杂多变工况条件下智能、高效疏浚作业的难题。

(原载于人民日报全媒体平台,2020年1月13日)

案例3:校企联动　搭建双创强平台

3-1:江苏科技大学蚕业研究所入选"江苏省侨联新侨创新创业基地"

江苏省侨联公布20家"江苏省侨联新侨创新创业基地",江苏科技大学蚕业研究所入选。这是江苏科技大学首次入选"江苏省侨联新侨创新创业基地",蚕业研究所将充分发挥基地优势,与时俱进、开拓创新,进一步凝聚侨心、汇集侨智、发挥侨力,更好地服务新侨创新创业,助力江苏高质量发展。

蚕业研究所拥有一支学历层次高、学科专业结构多元、具有国际国内竞争实力的高层次新侨创新人才队伍。现有科教人员109人,其中一年以上海外经历教师占比53.09%。教授、研究员17人,副教授、副研究员44人,博士学位69人。有博士生导师9人,硕士生导师50余人。拥有国家和部级有突出贡献专家3人,国家蚕桑产业技术体系岗位科学家6人,江苏省特聘教授2人,江苏省"青蓝工程"中青年学术带头人培养人选3人、江苏省"青蓝工程"优秀青年骨干教师2人,江苏省"333"工程第三层次培养人选4人,江苏省六大人才高峰人选4人。先后与古巴、印度尼西亚、印度、泰国、埃塞俄比亚、FAO等近50多个国家或国际组织建立了较为密切的关系,中国-古巴蚕桑科技合作中心挂牌该所。

(原载于凤凰网,2019年12月25日)

3-2:镇江台企与江科大共建创新合作平台

科技创新校地合作服务平台揭牌仪式暨新材料行业沙龙在江苏科技大学举行。今后,在镇台企将通过此平台与我市高校开展互帮互助,深化校企合作。

该合作服务平台由市台办、江科大、市台协牵头打造。今后平台将整合高校和企业资源,聚焦人才服务、科技成果转化服务、项目合作服务等协同创新生态,打造深层次校企合作模式和体系。平台的建立标志我市为台企台商服务的水平更上一个台阶。四家台企现场与江科大签订了合作协议。

揭牌仪式上,市台办相关负责人表示,搭建合作服务平台响应了十九大为台湾同胞提供同等待遇的号召。从20世纪80年代第一家台资企业在镇落户,至今我市已有1400多家台企,形成了多行业、多领域集聚格局,一路见证、参与了镇江的发展。今后,服务平台将是台资企业的人才输送平台,高校内的专家也会为在镇台企提高管理效率、保护企业知识产权、企业研发等方面出谋划策。

(原载于金山网,2017年11月20日)

3-3:江科大中船工业现代物流研究中心获授"中国物流学会产学研基地"

由中国物流学会、中国物流与采购联合会、遂宁市人民政府联合主办的2019年(第十二届)物流领域产学研结合工作会对新增设的32家中国物流学会产学研基地进行了授牌。江苏科技大学中船工业现代物流研究中心喜获"中国物流学会产学研基地"授牌,该校中船工业现代物流研究中心执行主任王利教授参加了基地授牌活动。

据介绍,2016年江苏科技大学与中国船舶工业集团公司合作成立江苏科技大学中船工业现代物流研究中心。该研究中心整合了双方相关科研骨干力量与研究资源,是一个集科研、教学、咨询、培训功能为一体的专业机构。研究中心发挥船舶行业背景特色与科研优势,以人才培养、科学研究为依托,重点在行业智库作用发挥、行业骨干企业培训、学术发展引领、智慧物流工程实验室建设等方面形成了研究中心发展的特色和优势。

同时,江苏科技大学以中船工业现代物流研究中心为平台,以船舶物流与供应链为专业特色，面向国家重大战略，紧跟行业和区域需求。期间，坚持创新开放，集聚优势资源，建设中国物流学会产学研基地，并以企业实际案例为背景，组织学生参加大学生物流设计大赛，培养学生创新能力和创业潜质。

同期，还为中船工业成套物流有限公司、江苏诺得物流有限公司、镇江海纳川物流产业发展有限公司、镇江金山物流中心等行业和地方企业的发展提供智库支持，为学校管理科学与工程学科建设和物流与供应链科研团队核心能力的培养提供了实践性支撑，为学校产学研生态系统的构建、地方经济建设和行业发展发挥引领示范作用。

（原载于扬子晚报网，2019年4月28日）

案例4：强化实践 培养双创新人才

4-1：强化大学生创新创业实践 培养创新型人才

江苏科技大学举行第十九届大学生科技文化节闭幕式暨大学生科技创新工作表彰大会。大学生科技文化节期间，共举办各类科普实践、学术交流研讨、科技实践竞赛等科技文化活动90余项。2019年本科生创新创业训练计划立项资助704项，参与人数4000余人。2016级本科生参加创新项目覆盖率达80.25%。

本届大学生科技文化节中，学校按照"抓落实、抓基础、抓成果"的基本思路，围绕新型创新人才培养开展了各项科技创新活动。其中，船海学院构建系统化管理、项目化运作、品牌化发展的运行模式，按照"围绕主题、打造特色、注重实效、弘扬船魂"的活动特色为广大团员青年搭建锻炼交流平台；环化学院在本科生创新创业训练计划的政策保障、过程管理、育人体系的构建上卓有成效，确立了"自主是关键，个性为基点，兴趣是动力，项目为载体"的本创计划工作思路，开拓了创新人才培养的新局面。学校以"学生是主体、教师是保障、扎实推进过程管理"为指导思想，围绕学生主动思考问题、主动开展研究工作、主动想办法解决问题为主线，使学有所长的学生团队在教师指导下进一步深化专业学习认知，有效提升学生创新实践能力，培养符合时代要求的高素质创新型人才。

通过学校大学生课外科技创新活动，培养了大学生的创新思维、竞争意识和团队精神，提高了人才培养质量，带动了学生参加日常科技创新活动的热情。下阶段学校将进一步推进大学生课外科技创新工作,加强宣传引导,营造创新创业的良好氛围,鼓励大学生们主动参与、积极融入,积极投身创新创业实践。

(原载于江苏省教育厅官网,2019年12月17日)

4-2:新生进名企 校企"量身定制"最佳方案

江苏科技大学生物技术学院50余名新生走进位于有"中国茧丝绸之乡"美誉的海安市的鑫缘茧丝绸集团股份有限公司进行新生转型教育,拜师学艺,深入企业了解蚕桑技术,加深对所学专业的认识。

拜师仪式上,该校生物技术学院2019级蚕学专业学生代表向五位企业导师敬茶献花,向老师们表示衷心的感谢和敬意。鑫缘集团党委书记储呈平作为被聘用导师之一,感到无比的荣幸,表示企业定将担负起企业的社会责任,提供更多学习研究和创新创业的机会,与学校一起培养农学新人才。集团相关负责人介绍,对本科蚕学专业以及研究生畜牧专业学生的发展特点而实行的"本科生全程导师制",进一步推进了新农科教育,培养了创新型、复合型、应用型等新型农科人才。

(原载于江苏教育新闻网,2019年11月18日)

第五篇　人才培养创新与实践

综述

当今世界面临百年不遇之大变局,中国特色社会主义现代化建设面临前所未有的机遇与挑战,统筹推进"五位一体"总体布局和协调推进"四个全面"战略布局,建成社会主义现代化强国,实现中华民族伟大复兴,离不开数以千万计的有理想、有本领、有担当的高素质专门人才。建设教育强国是实现中华民族伟大复兴的基础工程,高校承担着为国育才的神圣使命,人才培养是高校五大职能中的首要职能。《教育部关于加快建设高水平本科教育　全面提高人才培养能力的意见》(教高〔2018〕2号)明确提出,要"紧紧围绕全面提高人才培养能力这个核心点,加快形成高水平人才培养体系,培养德智体美劳全面发展的社会主义建设者和接班人"。

近年来,作为一所紧密服务船舶工业和海洋事业的行业特色型高校,江苏科技大学主动适应国家战略发展新需求和世界高等教育发展新趋势,紧紧围绕"培养什么人、怎样培养人、为谁培养人"这一根本问题,坚定落实立德树人根本任务,毫不动摇坚持为我国船舶工业和地方经济社会发展培养更多应用型、创新型优秀工程技术人才的办学使命,紧扣卓越工程师教育培养计划、工程教育专业认证、新工科建设等国家卓越工程创新人才培养的重大部署,以"全人素质培养"为着力点,持续创新人才培养模式,形成了船海行业特色型人才培养的新理念、模式与路径,精准培育船海行业特色工程创新人才。

(一) 坚持立德树人根本任务,坚守人才培养根本初心

学校围绕"新时代中国大学的使命是什么""江苏科技大学的使命是什么""江科大学子如何承担起中华民族伟大复兴的历史重任"这三个命题,将立德树人贯穿

学校人才培养的始终,不断加强学生的理想信念教育,培养学生的家国情怀。以建设"国内一流造船大学"作为学校的不懈追求,以"船魂"精神为底色,坚持船舶、海洋、蚕桑三大办学特色,坚持育海器、铸船魂,通过引导学生涵养个人优秀的品质,设定明确的人生目标,处理好个人与环境、人际的关系,完成从中学到大学的转型,培养江科大学子成为德才兼备的时代新人。

(二)确立全人素质教育导向,明晰人才培养目标规格

学校将多年积淀的"江海襟怀、同舟共济、扬帆致远"的"船魂"精神贯穿育人全过程,通过"把方向、补短板、铸船魂",把好人才培养方向,弥补学生素质短板,明确了"政治过硬、素质全面、扎根行业"高素质人才的培养目标。构建以思想政治素质、专业素质、科学文化素质、创新创业素质、能力素质、身心素质为核心内容的大学生六大素质全人模型。其中,思想政治素质发挥"大脑"机能,起到"把方向"的作用;专业素质似"躯干"支撑,发挥主干作用;科学文化素质、创新创业素质似"双臂",助力素质提升;能力素质、身心素质似"双脚",发挥基础作用。在全人模型基础上,学校从海洋强国战略对人才素质的要求出发,构建了船海类高校大学生素质全人模型,提出船海类高校大学生素质结构要素,以思想政治素质为统领,熔铸于"船魂",统筹专业素质、科学文化素质、创新创业素质、能力素质、身心素质等方面协同发展,从方向性、根本性、助力性、基础性四个层面对素质结构进行系统化设计,牢牢把握人才培养方向,强化历史思维、辩证思维、实践思维和批判思维,促进人才培养供给与产业需求相适应。

(三)实施素质发展促进举措,创新人才培养体系模式

学校全面贯彻落实全国高校思想政治工作会议精神,实施大学生核心素质报告书制度,按照全面实施、局部试点、重点推进、逐步完善、以点带面、点面结合的原则,将六大核心素质的培养分解为分层递进、分类实施的38个学校教育重点和33个学生自我养成要点,明确在素质培养中的学校教育路径与学生自我养成路径,努力构建全员育人、全过程育人和全方位育人的工作格局;持续探索可推广的行业特色型高校人才培养新路径,通过深化产教融合,推动校企协同,五步进阶培育学生扎根行业意识,提升学生解决复杂工程问题的能力,最终形成了以素质发展为导向的系统化、精准化、特质化的"三化"培养模式,涵养"吃得了苦、扎得下根、聚得齐

心、干得成事"的学生特质,培育满足行业发展需求的高质量人才。具体来讲包括三个方面:

一是构建新生教育体系,促进卓越工程人才培养。围绕"卓越工程师教育培养计划"对新生教育提出的新要求,针对当前我国高校新生教育中存在的不足,借鉴国外高校新生教育的成功经验,设计"卓越计划"实施专业新生教育的目标任务,并从四个方面构建新生教育体系。具体如下:第一,坚持思想引领和专业引导并重的原则,构建思想文化教育体系;第二,坚持方法指导与观念熏陶并举的原则,构建学习能力培养体系;第三,坚持工程体验和工程实践齐抓的原则,构建早期工程体验教育体系;第四,坚持学业规划与职业生涯规划共促的原则,构建职业生涯规划教育体系。

二是完善人才培养模式,搭建学生素质发展平台。重点实施卓越工程师教育培养计划,全面推进工程教育专业认证,改革试点大类培养模式。

三是加强教育教学协同,促进学生素质协调发展。坚持理论教育与思想引领,夯实学生的思想政治素质;坚持理论学习与工程实践,增强学生的专业素质;坚持四位一体与四个阶段,提升学生的创新创业素质;坚持通识教育与文化熏陶,涵养学生的科学文化素质;坚持教育引导与自我服务,塑造学生的能力素质;坚持心育与体育并举,锤炼学生的身心素质。

(四) 建立素质报告反馈制度,促进人才培养持续改进

学校构建了系统的素质教育评价体系与标准,并借助核心素质报告书制度这一依托大数据信息技术的开放性平台,通过"自评—会商—反馈—改进—跟踪"全程记录学生素质发展,集学校、企业、家长、学生四位一体,形成一个动态、开放的评价与监测机制,有效集成思想、理念、方法和实践,努力培养六大素质全面发展的人才。

学校通过扎实有效的人才培养举措,实现了人才培养质量的稳步提升。学生在国际、国内各类竞赛中屡获佳绩,连续两届捧得全国"挑战杯"竞赛"优胜杯",毕业生就业率连续保持在98%以上,2020届考研录取率达到25.29%。毕业生扎根船舶行业和海洋、国防事业,涌现出国产航母、核潜艇、大型驱逐舰、LNG船、豪华客滚船、豪华邮轮、极地科考船、极地邮轮总建造师、总工艺师等行业精英;中国船舶集团企业中江苏科技大学的校友最多、最接地气,江苏省地方船舶企业三分之一

以上的技术管理人员是江苏科技大学毕业生。深耕行业数十载,江苏科技大学人才培养质量得到社会高度认可,造就了一大批彰显"吃得了苦、扎得下根、聚得齐心、干得成事"江科大特质的优秀校友。

学校1993届校友、沪东中华LNG船总建造师何江华,1998届校友、杭州新华三技术有限公司路由器产品线总经理曾富贵获评2020年"全国劳动模范"荣誉称号。他们是学校优秀校友的杰出代表,学校号召广大学子向劳模学习,向劳模致敬,大力弘扬劳模精神、劳动精神、工匠精神,将辛勤劳动、诚实劳动、创造性劳动作为自觉行为,为实现国内一流造船大学的梦想不懈奋斗。

探索实践

坚持立德树人根本任务　坚守人才培养根本初心

党的十九大明确提出中国特色社会主义进入了新时代,这是我国发展新的历史方位,这是中华民族从站起来、富起来到强起来实现伟大飞跃的时代,是面对中华民族伟大复兴战略全局和世界百年未有之大变局的时代,是以国内大循环为主体、国内国际双循环相互促进新发展格局的时代,是为实现"两个一百年"奋斗目标而努力的时代,也是比历史上任何时期都更加接近中华民族伟大复兴目标的时代。面对新时代,党和国家对教育的需要比以往任何时候都更加迫切,对科学知识和卓越人才的渴求比以往任何时候都更加强烈。教育承担着为未来30年实现"两个一百年"的伟业培养人才的重任。努力培养出更多更好能够满足党、国家、人民、时代需要的人才,是教育的责任。重视教育才能赢得未来,党和国家对教育的认识与重视程度前所未有——从教育是基础工程到教育是德政工程,从教育是今天也是明天到教育是国之大计、党之大计。

在这样的时代背景下,大学生如何把自己培养成能担当民族复兴大任的时代新人?学校围绕"新时代中国大学的使命是什么""江苏科技大学的使命是什么""江科大学子如何承担起中华民族伟大复兴的历史重任"这三个命题,将立德树人贯穿学校人才培养的始终,不断加强学生的理想信念教育,培养学生的家国情怀。

一、立德树人是新时代中国大学的根本使命

（一）"立德树人"的由来及中国传统德育

在中国的传统文化语境中，"立德"与"树人"理念有着极为悠久的历史渊源。《左传》云："太上有立德，其次有立功，其次有立言，虽久不废，此之谓不朽。"这是"立德"一词首度在中国传统典籍中出现，此后立德、立功、立言成为封建时代许多读书人不懈追求的人生境界。《管子》曰："一年之计，莫如树谷；十年之计，莫如树木；终身之计，莫如树人。"这是"树人"一词的首现。《管子》的树人理念明确指出社会进步的决定性因素在于人的成长与提升。在当代，如何理解"立德树人"的含义？简而言之，"立德"就是育人，坚持德育为先，培养有理想信念、有家国情怀、有良好品行、有崇高思想的人；"树人"就是育才，坚持以人为本，培养德智体美劳全面发展的人，就是要培养有扎实知识、有创新意识和能力、知行合一、身心健康的人。"立德树人"就是育人与育才相统一的过程。党中央和习近平总书记从宏大历史脉络和深远政治考虑上，明确提出"立德树人"这一根本任务，实现了"立德"与"树人"在新时代的高度有机融合。

习近平总书记强调："我们要善于把弘扬优秀传统文化和发展现实文化有机统一起来，紧密结合起来，在继承中发展，在发展中继承。""立德树人"这一重要思想深深根植于我国古代，并在重教崇德的优良传统中延续至今。儒学经典《大学》开篇第一句："大学之道，在明明德，在亲民，在止于至善。"其意思是说大学的宗旨在于弘扬高尚的德行，在于关爱人民，在于达到最高境界的善。《大学》还提出"修身、齐家、治国、平天下"，把个人提高修养作为个人对国家社会发挥作用的起点。中国传统教育弘扬的"德"体现在这样一些方面：一是突出家国情怀。例如，司马迁在《报任安书》中写道"常思奋不顾身，而殉国家之急"；文天祥"人生自古谁无死，留取丹心照汗青"；东晋的祖逖、刘琨为收复中原而闻鸡起舞、枕戈待旦、中流击楫；南宋的岳飞背刺"精忠报国"，他的《满江红》更是千古传诵、千年不息。二是志存高远。例如，南北朝时的宗悫，少年时就立志"愿乘长风破万里浪"；唐代大诗人李白也写下过"乘风破浪会有时，直挂云帆济沧海"的名句。三是仁爱孝道。这是儒家文化的核心思想。"仁者爱人""己所不欲，勿施于人""父母在，不远游，游必有方""老吾老以及人之老，幼吾幼以及人之幼""恻隐之心，人皆有之"，先圣对仁爱的论述我们

都耳熟能详。四是知行合一。《论语》记载,孔子的学生宰予白天睡大觉,孔子曰:"朽木不可雕也,粪土之墙不可圬也!"意思是说烂泥扶不上墙。孔子接着说:"我最初对待一个人,听他说什么,我就相信他可以做到什么;现在我看一个人,不但要听他说什么,更要看他做什么。从宰予开始,我改变了看人的习惯。"明朝思想家王守仁提出来的知行合一,知是指良知,行是指人的实践,知行合一,既不是以知来吞并行,认为知便是行,也不是以行来吞并知,认为行便是知。处事要知行合一,做人要内外如一;说话要言行一致,行为要表里如一;做人要前后一致,做事要老少无欺。

(二) 立德对国家和个人发展的重要意义

国无德不兴,人无德不立。德对于个人、社会都有基础性意义,是整个国家、民族、社会向上向善的力量。"德"具有规范社会行为、维护社会秩序、引领社会风尚的重要作用。只要全社会努力积善成德,只要中华民族一代接着一代追求美好崇高的精神境界,就能为实现中华民族伟大复兴的中国梦凝聚起强大的精神力量和有力的道德支撑。国家有国家的大德,几千年来,每当我们中华民族面临时代巨变、大灾大难、外敌入侵之时,总会有一种集体的精神在支撑我们整个民族。从历史上的鸦片战争、抗日战争,到当代的抗击洪涝灾害、抗击非典疫情、汶川地震救灾,特别是今年的抗击新冠肺炎疫情,中国人民总能风雨同舟,总有一种力量,让我们感动,让我们万众一心,让我们众志成城!这次抗击新冠肺炎疫情之中,我们举全国之力实施规模空前的生命大救援,用10天10夜的时间就建成火神山医院,全国人民都自觉服从疫情防控大局需要,主动投身疫情防控斗争。这是一种群体性道德、公共道德,国之大德正是由千千万万的个体共同体现出来。

纵览古今,从中国古代数不胜数以德著称的历史人物,到当今的感动中国年度人物——诺贝尔奖获得者屠呦呦、失去双手双眼的排雷英雄杜国富、用生命践行初心使命的扶贫干部黄文秀,到钟南山、张伯礼、张定宇、陈薇等抗疫英雄,我们看到了个体的道德光辉。只有每个人都从个人做起,树立起个人良好的德行,才会形成整个社会、国家的大德。人人从我做起,修身、齐家,才能国家治而天下平。做事先做人,做人是做学问、干事业的前提,立德是一个人做人的基础。习近平同志指出:"人而无德,行之不远。没有良好的道德品质和思想修养,即使有丰富的知识、高深的学问,也难成大器。"党和国家的用人标准是"德才兼备、以德为先",因为德是首要的,是方向。

(三)立德树人是新时代教育的根本任务

党的十八大首次提出:"把立德树人作为教育的根本任务,培养德智体美全面发展的社会主义建设者和接班人。"党的十九大提出:"要全面贯彻党的教育方针,落实立德树人根本任务,发展素质教育,推进教育公平,培养德智体美全面发展的社会主义建设者和接班人。"

习近平总书记历来重视教育、重视立德树人,把立德树人作为教育的中心环节,先后在多个重要会议上从学校的根本任务、立德树人的内涵、如何立德树人等方面对立德树人做出了全面系统的阐述和指示。在2016年全国高校思想政治工作会议上,他指出:"高校立身之本在于立德树人。"在2018年北京大学师生座谈会上,他指出,"大学是立德树人、培养人才的地方,是青年人学习知识、增长才干、放飞梦想的地方""要把立德树人的成效作为检验学校一切工作的根本标准,真正做到以文化人、以德育人,不断提高学生思想水平、政治觉悟、道德品质、文化素养,做到明大德、守公德、严私德""要把立德树人内化到大学建设和管理各领域、各方面、各环节,做到以树人为核心,以立德为根本"。在2018年全国教育大会上,他指出:"要把立德树人融入思想道德教育、文化知识教育、社会实践教育各环节,贯穿基础教育、职业教育、高等教育各领域,学科体系、教学体系、教材体系、管理体系要围绕这个目标来设计,教师要围绕这个目标来教,学生要围绕这个目标来学"。在2019年学校思想政治理论课教师座谈会上,他指出:"思政课是落实立德树人根本任务的关键课程。"

(四)新时代中国大学"立德"的基本内涵

新时代的新人在"立德"方面有其特定的道德要求。根据习近平总书记关于教育和思想道德建设的重要论述,新时代中国大学在"立德"方面需要做到以下几个方面:一是构筑共产主义理想信念。人民有信仰,国家才有力量,民族才有希望,要树立为共产主义远大理想和中国特色社会主义共同理想而奋斗的信念和信心。二是牢固确立社会主义核心价值观。把富强、民主、文明、和谐作为国家层面的价值目标,把自由、平等、公正、法治作为社会层面的价值取向,把遵守爱国、敬业、诚信、友善作为公民层面的价值准则,内化于心,外化于行。三是厚植中华传统美德。传承中华优秀传统文化蕴含的孝悌忠信、礼义廉耻、自强不息、敬业乐群、扶危济困、见义勇为等传统美德,让中华文化基因更好地成为精神生活、道德实践的鲜明标识。四是弘扬民族精神和时代精神。继承发扬以爱国主义为核心的伟大民族精神,大力倡导在时代发展中产生的"两弹一星"精神、铁人精神、改革开放精神、女排精神、抗洪精神、载人航天精神、抗震精神、抗疫精神、工匠精神等等,保持昂扬向上、奋发有为的精神状态。五是树立全球观念和生态意识。构建人类命运共同体意识,树立开放、尊重、协商、多样、包容、共赢的理念;绿水青山就是金山银山,树立保护自然的生态理念,养成节约、环保、劳动的习惯,践行健康的绿色生活方式。

(五)新时代中国大学"树人"的基本内涵

对于新时代而言,德智体美劳全面发展的社会主义建设者和接班人还应成为"担当民族复兴大任的时代新人"。对高校来说,应该从以下三个方面树时代新人:一是树德智体美劳全面发展的人。在2018年全国教育大会上,习近平总书记提出了"德智体美劳全面发展"的新表述,并从坚定理想信念、厚植爱国主义情怀、加强品德修养、增长知识见识、培养奋斗精神、增强综合素质六个方面阐述了新时代德智体美劳全面发展的具体表现。二是树担当民族复兴大任的时代新人。党的十九大报告首次提出"培养担当民族复兴大任的时代新人"的要求。当代大学生是第二个百年的见证者、亲历者、建设者,责任重大,使命光荣,应努力成为"担当民族复兴大任的时代新人"。三是树社会主义事业的建设者和接班人。在2019年学校思想政治理论课教师座谈会上,习近平总书记再次强调,我们党立志于中华民族千秋伟业,必须培养一代又一代拥护中国共产党领导和我国社会主义制度、立志为中国特色社会主义事业奋斗终生的有用人才。我国是中国共产党领导的社会主义国家,这就决定了我们的教育必须把巩固和发展中国特色社会主义制度作为重要使命。

二、江科大如何坚持"立德树人"

(一)船舶工业发展史是中国近现代史的缩影

我国有着悠久的造船航海历史,早在15世纪初就有郑和七下西洋的壮举,当时宝船的排水量为一两千吨,最大的可能达到四五千吨,跟今天的中型军舰差不多。此后,明清两代实行闭关锁国的海禁政策。到了19世纪初,由于社会制度的落后,西方列强用坚船利炮轰开了中国的大门。为挽救当时摇摇欲坠的清王朝,封建统治者们发起了洋务运动。1865年,曾国藩和李鸿章在上海创建了江南机器制造总局,开启了中国近代工业特别是船舶工业的发展史,今天的江南造船集团就是源自江南机器制造总局。1866年,左宗棠和沈葆桢在福州创办了福州船政局和船政学堂,成为中国船舶工业教育的源头,1953年院校调整时,源自福建船政学堂的福建高级航空机械商船职业学校造船科并入上海船舶工业学校。

  新中国成立初期,国家一穷二白。毛泽东曾感慨地说:"现在我们能造什么?能造桌子椅子,能造茶碗茶壶,能种各种粮食,还能磨成面粉,还能造纸,但是,一辆汽车、一架飞机、一辆坦克、一辆拖拉机都不能造。"当时的中国,更不用说建造一艘复杂庞大的船舶了。但仅用30年的时间,我国就建立了比较完整的船舶工业体系,又用了20余年时间,就发展成为举足轻重的世界第三造船大国。1958年,第一艘5000吨级沿海货轮"和平28"号下水;1965年,第一艘万吨远洋货船"东风"号下水;1982年,2.7万散货船交付,这是新中国第一艘按照国际通行标准建造的出口船;1983—1984年,出口埃及2艘"江湖"号、4艘033常规潜艇、4艘024导弹艇、8艘037猎潜艇;2004年,我国造船完工量首次突破1000万DWT;2005年,我国造船完工1212万DWT,新承接船舶订单1699万DWT,手持船舶订单3969万DWT,承接新船订单当年首次超过日本,位居世界第二;2007年,我国船舶制造新接订单9800多万DWT,居世界第一位,手持船舶订单15800多万DWT,居世界第二位;2008年,我国造船完工量为2881万DWT,承接新船订单5818万DWT,手持船舶订单超过2亿DWT,分别占世界市场份额的29.5%、37.7%、35.5%,三大指标已全面超越日本,位居世界第二;2010年,我国造船完工量6120.5万DWT,新接订单5845.9万DWT,手持船舶订单19291.5万DWT,分别占世界市场份额的41.9%、48.5%、40.8%,造船三大指标第一次全面位居世界第一;2015年第一艘出口LNG船命名交付;2019年10月,我国首艘自主设计的国产大型邮轮在上海开工建造。尤其值得骄傲的是,2012年,我国首艘航空母舰"辽宁"号正式入列,几代中国人的航母梦终成现实;2019年,我国首艘国产航母"山东"号也正式入列。

  除了传统的船舶建造,我国在深远海开发装备、海洋科考装备等智慧海洋装备上创造了多个世界第一。例如,自主设计建造下潜深度达7062米的载人深潜器"蛟龙"号;自主设计建造首艘载人潜水器支持母船"深海"一号;世界最先进的钻井平台"981"等大型海上浮岛平台、超大重型自航绞吸船"天鲲"号等最高端前沿的海洋工程装备研发正在不断取得新突破;大型驱逐舰、核潜艇等海军国防装备的国之重器已进入世界先进行列;等等。这些大国重器和高精尖船舶海工装备几乎都有江科大老师或毕业校友参与研发,更有许多先进海工产品就出自江科大,令所有江科大人引以为傲。

学校副校长俞孟蕻教授团队研发的大型挖泥船综合控制与关键装备保障一体化系统就运用于亚洲超大重型自航绞吸船"天鲲"号,并随"海上大型绞吸疏浚装备的自主研发与产业化"项目获得了2019年国家科技进步特等奖;此外"981"平台项目获得了2014年国家科技进步特等奖,学校也是参与单位之一。5年时间内二次获得国家科技进步特等奖,这是十分难得的,在全国高校中也是少有的。此外,学校副校长嵇春艳教授团队参与研究的大型浮体项目,在2019年已交付使用。

可以自豪地说,从曾经的"一穷二白"到成为世界第一造船大国,从昔日的"有海无防"到如今跻身世界前列的海上力量,中国船舶工业走出了一条从无到有、从弱到强、从跟跑到领跑的发展之路,这其中离不开江科大的贡献。而船舶工业的巨大发展,最能激发中国人民的自豪感和爱国心,也最能说明中国共产党是伟大、光荣、正确的党。

(二)"国内一流造船大学"是江苏科技大学的不懈追求

1. 江苏科技大学的历史与现状

江科大是一所充满历史底蕴的大学。学校源自1933年上海大公职业学校,1953年组建上海船舶工业学校,这是新中国历史上第一所造船中等专业学校,1970年迁至"千古江山"镇江,先后更名为镇江船舶工业学校、镇江船舶学院、华东船舶工业学院,2004年更名为江苏科技大学,并沿用至今。学校在长期办学过程中,管理体制也历经着变化。1999年前,学校隶属中国船舶工业总公司;1999年后以江苏省管理为主,实行省部共建。2002年江苏省人民政府与原国防科工委共建学校;2012年,江苏省人民政府与原中国船舶工业集团公司、原中国船舶重工集团公司共建学校;2016年,江苏省人民政府与国家国防科技工业局共建学校;2016年和2017年,中船集团、江苏省粮食局分别与学校签订了全面战略合作协议;2020年,江苏省人民政府与中国船舶集团有限公司签署战略合作协议,把双方共建江苏科技大学作为协议内容的一条,江苏省人民政府与中国船舶集团有限公司共同支持学校建设具有船舶特色的一流大学。

学校在镇江有两个校区,大一新生整体入驻在梦溪校区,新校区长山校区占地

2650 余亩，作为主办学功能区。学校还拥有张家港校区和苏州理工学院，未来将形成"一体两翼"的办学格局。目前，学校设有 16 个学院、6 个科研单位；拥有 3 个博士后流动站、4 个一级学科博士点、20 个一级学科硕士点，3 个学科进入 ESI 前 1‰；全日制在校普通本科生 18000 多人，博士、硕士研究生 3900 多人，本、硕、博全日制学历留学生 800 多人；另外，江苏科技大学苏州理工学院在校普通本科生 7100 多人。学校已发展成为以工为主，理、工、农、管、文、经、教、法等多学科协调发展的行业特色型大学。学校第三次党代会提出的奋斗目标是：到 2023 年，学校综合排名进入全国高校前 150 位；到 2033 年，全面建成国内一流造船大学。

2. 江苏科技大学的特色与未来

学校坚持船舶、海洋、蚕桑的办学特色优势。船舶领域包括有船舶工程技术、舰艇装备技术、船舶工业管理等；海洋领域包括有海洋工程技术、海洋工程装备、海洋产业经济等；蚕桑领域包括有蚕桑产业科技、蚕桑种质资源、蚕桑发展战略等。

一是"船舶"特色。学校是江苏省唯一一所以船舶与海洋工程装备产业为主要服务面向的行业特色型大学，是全国相关高校中船舶工业相关学科专业设置最全、具有船舶特色整体性和应用性优势的高校之一。设置的船舶与海洋工程、轮机工程、热能与动力工程、机械设计制造及其自动化、机械电子工程、电气工程及其自动化、电子信息工程、水声工程、通信工程、焊接技术与工程、金属材料工程、信息管理与信息系统等专业形成了鲜明的特色与优势，66 个本科专业及方向涵盖了造船所有领域。学校是行业内校友最多的高校之一，遍布中国船舶行业各科研生产单位，被誉为"中国造船工程师摇篮"。多年来，献身国防、扎根船舶行业的毕业生持续增加，培养了一大批行业精英、技术骨干，为国家重点重大工程作出了重要贡献，形成了"吃得了苦、扎得下根、聚得齐心、干得成事"的鲜明特质，得到船舶行业高度认可。中国船舶集团企业中江苏科技大学的校友最多、最接地气，江苏省地方船舶企业三分之一以上的技术管理人员是江苏科技大学毕业生。

二是"海洋"特色。学校在船舶特色基础上，积极响应国家"海洋强国"战略和"一带一路"倡议，加大技术储备，拓展发展领域，在海洋工程装备、海洋资源开发、海洋信息感知、海洋产业经济等方面聚力作为。学校大力培养海洋工程装备技术人才，开展深海空间站、超大型海洋浮式结构物、第七代超深水半潜式钻井平台、海上油气开发装备和海上风力发电装备等国家重大海洋工程装备的研发工作，在大型海上浮式平台、水下机器人、海洋能源利用、海洋生态与环境监测、水声通讯、水下信息安全、深海采矿等领域形成了鲜明特色。牵头主持国家重点研发计划项目"深海关键技术与装备"重点专项2项。参研项目"海洋石油981钻井平台"获2014年国家科技进步特等奖;2019年参研项目"海上大型绞吸疏浚装备的自主研发与产业化"再获国家科技进步特等奖,这是为我国建设海洋强国贡献的"大国重器",推动了我国疏浚技术、装备产业和应用体系的跨越发展。编制了我国首个"中国船舶与海工装备制造业专利指数",对我国船舶与海工装备制造业专利发展水平进行客观评价。加强海洋经济产业、大海工装备产业研究,多个研究报告得到江苏省领导肯定性批示。

三是"蚕桑"特色。学校蚕业研究所(中国农业科学院蚕业研究所)是我国唯一的国家级蚕桑科研机构,是世界蚕桑种质资源保存与研究中心、蚕桑科技研发中心和国际蚕桑合作与交流中心,研发提供了我国乃至世界主要的蚕桑品种与栽桑养蚕技术。蚕研所多年来培育了一大批家蚕新品种和优良桑品种,研发推广了一系列栽桑养蚕新技术,为我国蚕桑产业恢复世界第一地位发挥了核心科技支撑作用。获得国家级奖励17项,其中国家科技进步二等奖11项。2014年习近平主席访问古巴期间,赠送给古巴革命领袖菲德尔·卡斯特罗的桑树种子就来自该所。中古蚕桑科技合作中心就落户于蚕研所,为学校融入"一带一路"倡议提供了新契机。蚕研所还与古巴、印度尼西亚、埃塞俄比亚等国家开展蚕桑科技合作,开展养蚕技术培训,推广优质蚕种,提供技术咨询。近五年,蚕研所承担了商务部发展中国家蚕桑援外培训工作,培训了格鲁吉亚、越南、菲律宾、泰国等十多个国家近百名技术官员,为全球蚕桑产业技术服务能力提升作出了卓越贡献。

(三)"船魂"精神是江科大人的家国情怀

1. 育海器

从新中国第一所正式组建的造船中等专业学校,到今天的江苏科技大学,学校形成了完整的本、硕、博人才培养体系。虽然学校几经更名、校址变迁、隶属关系更迭,但始终有着强烈的兴船报国情怀,始终与中国船舶工业的发展同呼吸、共命运,始终保持鲜明的船舶行业特色,坚持为船舶工业服务的初心始终不变。

据不完全统计,学校已培养了17.1万余名应用型创新性高级人才;是行业内校友最多的高校,毕业生遍布中国船舶行业各科研生产单位;全国知名船企管理和技术骨干中江科大毕业生占比最高;先后为部队输送国防生1100余人。近10年来,数万名毕业生扎根船舶行业和海洋、国防事业,其中,26人被选拔投身于航母、50人参与大型驱逐舰、108人参与"海洋石油981"钻井平台、7人参与"蛟龙"号等国家工程建造。无数江科大学子到祖国最需要的地方建功立业,把个人的理想追求融入国家和民族事业中,与船舶行业一路同行。

尤其值得江科大学子骄傲的是,目前在建的、技术含量高、建造难度大的航母、核潜艇、大型驱逐舰、LNG船、豪华邮轮、极地探险邮轮、豪华客滚船、雪龙2号,它们的总建造师都毕业于江科大。"海洋石油981"钻井平台、"蛟龙"号载人深潜器、大型挖泥船等等,这些大国重器的背后都融入了江科大人的才智与汗水,彰显了江苏科技大学走向深蓝、筑梦海洋的豪迈情怀。可以说"哪里有船,哪里就有江科大人"。这与学校长期的人才培养定位是一致的,学校始终致力于培养工程应用型人才。今年是学校从上海迁址镇江办学50周年,学校从成立以来都没有离开"船舶"二字,历史凝结成了学校与国防建设和船舶工业间的血脉亲情。没有国防建设,没有船舶工业,就没有今天的江科大,是船舶工业和国防建设成就了江科大。

2. 铸船魂

在长期的办学实践中,历代江科大人凝结了鲜明的船舶情结,形成了"江海襟怀、同舟共济、扬帆致远"的"船魂"精神。"江海襟怀"指的是心态洒脱、开放包容的江海文化,意味着大家要拥有江海的视界和开阔胸怀;"同舟共济"指的是艰苦奋斗、执着坚韧、顽强拼搏、众志成城、团队至上的造船文化,意味着大家要齐心协力实现共同愿景目标;"扬帆致远"指的是以船为媒、纵横四海的船舶文化,意味着大家要不断超越自我,实现理想。学校形成了"笃学、明德、经世、致用"的校训。当前,国家"海洋强国"战略、"一带一路"倡议深入实施,中国正在由世界第一造船大国向造船强国迈进。学校"立足于船舶行业,服务于江苏经济发展,辐射全国,面向世界,重点为船舶工业和海洋资源开发领域服务"的发展理念与目标追求,深度契合国家、行业的发展战略。更加积极地建设海洋强国、深化"一带一路"倡议的实施,是实现中华民族伟大复兴中国梦的重要组成部分。江苏科技大学作为一所行业特色型高校,服务船舶工业、国防事业始终是学校崇高的使命责任。只有更加坚定地发扬"船魂"精神,才能更好地担负起兴船报国、服务国家重大发展战略的重任。

三、成为德才兼备的时代新人是江科大学子的人生追求

"立德树人"根本目标的实现,对应到广大江科大学子身上就是都要成人成才,做一名"德才兼备"的江科大学子。大学是一个舞台,在江科大这个大舞台上,广大学生既是导演也是主角,要想点亮自己的人生,就要从以下四个方面实实在在地度过这四年时光,不断发现自我、发展自我、完善自我。

(一) 涵养个人优秀的品质

四年大学生活是人生中最宝贵、最美好的时段,如何度过这黄金四年,最重要的是要养成优秀的习惯,正如古希腊哲学家亚里士多德所说的,是"我们的习惯造就了我们,优秀不是一次行为,而是一种习惯"。优秀的习惯可以让我们终生受益。要坚持一个人生目标;坚持社会主义核心价值观;坚持从小事做起;坚持每学期至少读2~3本经典著作;坚持每天上网娱乐不超过1小时;坚持每天锻炼1小时,走下网络、走出宿舍、走向操场、走进图书馆;坚持听好每节课,完成每次作业和做好每一个实验;坚持独立思考,树立批判精神、创新意识;等等。

一是要树立坚定的理想信念。心中有理想,人生才有高度。革命理想信念高于天,理念信念是中国共产党的政治灵魂,是取得革命胜利的精神支柱。广大学子要继承先辈们崇高的理想信念;要树立正确的世界观、人生观、价值观,树立共产主义远大理想和中国特色社会主义共同理想;要积极践行社会主义核心价值观,知校爱校荣校争奉献。今年新冠肺炎疫情发生以来,学校有很多同学主动放弃假期,全身心投入到抗疫工作中。研究生党员葛骊超、徐彤,本科生预备党员张泽炜等一批学生党员主动请缨到抗疫一线,战疫情、保家乡;2017级"深蓝"学子杜逸雯自购3000只口罩捐助学校助力战疫复学,她的爱心举动不仅在一定程度上缓解了学校筹备疫情防控物资的压力,更体现了当代大学生的责任担当,值得我们点赞!

二是要增强良好的德性修为。大学生不能局限于做一个专业技术人才,更要做一个心智健全的人和有人文关怀的人。荀子说:"古之学者为己,今之学者为人。君子之学也,以美其身;小人之学也,以为禽犊。"意思是说,古代学者学习的目的在修养自己的学问道德,当下学者学习的目的却在装饰自己,给别人看;君子学习是为了完善自我,小人学习是为了卖弄和哗众取宠。这句话充分表明了中国传统的教育思想,定义了教育的目的:教育的意义在于个人自身的进取。个人道德的完善

与由此得到的喜悦,即是教育的主要目标。"谦谦君子,温润如玉",自古以来,君子人格就是中国知识分子的不懈追求。何为君子人格?《论语》说,君子务本,君子不重则不威,君子不器,君子喻于义,君子坦荡荡,君子成人之美,君子和而不同,君子以厚德载物,等等。君子在西方就是"绅士",无论是君子、绅士,都是有气质、有追求、有坚守、有行为规范。广大学子要修家国情、怀君子之品,做诚实正直、堂堂正正、光明磊落、悲天悯人、一身正气、温暖世界的君子;要从眼界、胸怀、意志、骨气四个方面提升自己;要明大德、守公德、严私德,将社会主义核心价值观和学校主流价值观内化于心、外化于行,踏踏实实做一个诚信、友善的人。

三是要学好扎实的专业知识。高等教育从本质上说是培养具有独立探索精神和自主学习能力的高级专门人才的一种活动。广大学子要具备扎实的理论知识,提升综合运用专业知识的能力,使理论与实践融会贯通;要多进实验室,多参加各类实践活动,多参与各类竞技赛事,培养自己的专业能力。"业精于勤而荒于嬉",要实现目标,要取得成绩,就一定要付出艰苦的努力,需要严谨务实的学风。

四是要培养不竭的创新精神。创新是一个民族的不竭动力。学校将学生的创新意识培养和实践水平提升纳入培养高水平应用型人才的重要一环,结合人才培养实际,构建了"教学—实训—竞赛—孵化"四位一体的创新创业教育培养体系。学生在校期间至少都要参加一次创新项目,实现创新项目全覆盖。

五是要磨练良好的身心素质。健康的身体和强大的心理素质,是获得成功不可缺少的要素。93岁的中国工程院院士黄旭华是我国第一代攻击型核潜艇和战略导弹核潜艇总设计师,作为中船重工第七一九研究所名誉所长,直到今天,他仍然会准时出现在办公室,为年轻一代答疑解惑、助威鼓劲。"杂交水稻之父"袁隆平90大寿时,他这样说道:"我现在已经从'80后'变成了'90后',我希望自己能活到100岁!我对祖国的未来充满信心,我要为祖国的繁荣作出更多的贡献!"屠呦呦发现并提炼出青蒿素,并且自愿以身试药,攻克了一个世界性的健康难题,挽救了数百万疟疾患者的生命,2016年她获得国家最高科学技术奖,2019年被授予"共和国勋章",而为我国中医药事业培养更多的后继人才成为她90岁以后的新目标。赵亚夫,55年扎根茅山革命老区,坚持"把论文写在大地上",和农民一块苦一块干,先后推广农业新品种新技术250多万亩,给16万农民带来200多亿元直接收益,带领群众走出了一条苏南丘陵山区脱贫致富的小康之路,践行了一个共产党员的信仰、一个农业科技工作者的担当。不管春夏秋冬、不问南方北方,王泽山始终在实验现场第一线的习惯坚持了几十年。在 80 岁高龄时,他还带着研究生在内蒙古、东北等靶场进行野外实验。冬日的北方室外温度近零下 30 ℃,可他还和年轻人一样在外面一呆就是一整天,并开玩笑地说:"就是因为我自己天生低温感,所以才能发明低温感含能材料。"这些成大事者早已进入古稀之年,但他们还在为国家为人民贡献着自己的力量,这是因为他们都有非常好的身心素质。他们取得这么大的成就并不是偶然的,因为胜利者最后比拼的不仅是知识、能力,还考验大家的身心素质。成功不可能一帆风顺,大学中的任何一次挫折和失败都是人生重要的经历。要学会从挫折中成长,勇敢面对各种失败,让坚韧成为一种精神。

六是要涵养江科大学子的鲜明特质。不同的大学文化有着不同的人才培养定位,培养出的毕业生具有不同的特质。一直以来,广大用人单位对江科大毕业生的评价是综合素质高、发展特质鲜明。他们行业思想坚定,吃苦耐劳;自身定位明确,务实勤恳;专业素质过硬,善作善成。众多江科大学子通过自身的拼搏与努力,彰显了"吃得了苦、扎得下根、聚得齐心、干得成事"的江科大特质,得到了业内的高度认可。

(二) 设定明确的人生目标

人生目标至关重要,没有目标的个体将几乎同时失去机遇、运气和他人的支持。哈佛大学一项做了 25 年的实验发现:27% 的人没有目标,生活在了社会的最底层;60% 的人目标模糊,生活在了社会的中下层;10% 的人只有短期的清晰目标,生活在了社会的中上层;而 3% 的具有长期清晰目标的人成为了社会精英领袖。其实,人与人之间的差别不在于学历、能力、环境,而在于是否有明确的目标和详细的规划。每一个大目标都是从小目标做起的,有了小目标,再设立更高的目标,如此目标才会转变为计划,计划才会转变为行动。不同阶段,大学生的目标应不一样:在一年级要适应大学生活,树立规划意识;在二年级要确定主攻方向,培养综合素质;在三年级要提升专业潜能,积累专业经验;在四年级要充分掌握资讯,实现毕业目标。

(三) 处理好个人与环境、人际的关系

大学生来自五湖四海,如何处理好同学之间的关系也是一门大学问。要正确认识自己,重新估价自己,主动接纳自己;要摆正自己的位置,既要看到自己的实

力,树立自信心,也要看到自己的不足;要扬长避短,以长补短,做最好的自我。具体来说,要做到"1234"四个方面。一个目标:相互欣赏、和谐相处、取长补短、共同提高。二个法则:人际交往黄金和白金法则。想别人怎样对你,你就怎么对人;要明白别人的需要,适当给予所需。三个一点:主动招呼大声点、真诚微笑多一点、聆听说话专注点。四个角度:把自己当成别人——换位思考;把别人当成自己———视同仁;把别人当成别人——保持距离;把自己当成自己——自我满足。

(四) 完成从中学向大学的转型

大学生刚从高中毕业,要尽快完成从高中生向大学生的转型。转型也是一门学问,涉及学习、生活的方方面面。首先,要掌握大学的学习特点和方法,培养自主学习和独立发现问题、思考问题、分析问题、解决问题的能力,这是大学阶段学习的重要特点,要学会带着问题学。其次,要树立新的学习理念。大学学习要求大学生必须独立,要学会质疑,要广泛地学,终身地学;要改变学习方式,大学学习不能还和高中阶段一样伏案埋头学,而是要学会站起来,四面观望。最后,要改变学习模式,从"要我学"转换为"我要学"。具体而言,就是要从大学生的学习目标、学习内容、学习方式、社会实践等方面学会改变。学校实行"1234 新生转型教育模式",即彰显一个特色——彰显各学院学科或专业特色;围绕两个重点——做人、成才;培养三个认同——专业认同、学校认同、行业认同;实现四个工作目标——思想认识转型、学习模式转型、促进身心和谐、增强专业学习兴趣。这些将进一步帮助学生完成从高中生向大学生的转型,让他们更好地适应大学的学习和生活。

学校开出了 100 本书单,引导广大学生养成多读书、读好书的好习惯,让读书成为学生生活的一部分;引导广大学生培养一项特长或爱好、加入一个社团、参加一个创新项目,守好大学生活的底线。

总之,要做一名全面发展的大学生,在学识上,要努力学习专业知识、文化知识;在技能上,要提高文字表达能力、提升信息素养;在素质上,要有健康的体魄和抗压抗挫的心理。要学会学习,不会学习就不会成为一个合格的学生;要学会做人,与人和谐相处,要对社会有价值;要拥有批判精神,这是社会进步的源泉;要向往未来,这是学习和生活的动力;要保持对成功的渴望和对所取得成绩的从容;要有底线的生活。

做一个仰望星空的人:有理想、有境界、能思考、能成事,个体的思想政治素质

达到什么样的程度,决定了个体未来人生的高度;

做一个勤勉工作的人:有知识、有担当、能吃苦,个体的专业素质达到什么样的程度,决定了个体未来人生的宽度;

做一个开拓创新的人:有理念、有胆魄、会建构,个体的科学文化素质与创新创业素质达到什么样的程度,决定了个体未来人生的厚度;

做一个热爱生活的人:有健康、有情趣、能感恩,个体的身心素质与能力素质达到什么样的程度,决定了个体未来人生的风度。

(葛世伦)

确立全人素质教育导向　明晰人才培养目标规格

一、行业特色型高校人才培养的现状

行业特色型高校是我国高等教育体系中的重要组成部分。我国著名教育家潘懋元曾提出,行业特色型大学"是与市场、产业、行业和岗位群密切联系的大学,依据普通院校本科办学的基本规律,围绕学科建设,针对行业、岗位与技能需要设置专业,以培养专业性高级人才"(潘懋元,车如山,2008)。

当前世界范围内兴起了新一轮产业革命和科技革命,在我国创新驱动发展和"中国制造2025"等重大战略部署下,以新技术、新业态、新产业为特点的新经济应运而生,这为行业特色型高校的教育改革与发展提供了难得的机遇。行业特色型高校在人才培养方面取得了长足的进步,但在课程设置、人才培养模式、素质教育和产学联合培养等方面仍然存在一些问题和不足。具体体现在,"一是课程体系设置不能满足培养创新人才的要求。专业主干课程薄弱,有机衔接不够,注重单门课程的系统性、特殊性和具体规律,忽视了各课程之间的关联性、整体性和普遍规律,对知识的整合、集成应用欠缺,不能满足创新人才知识体系的需求。二是人才培养模式单一,培养方式落后。特别是教学模式和教学方法仍然以'灌输式'为主,以教师为主导、以学生为主体的研究型教学模式还没有完全建立;在操作层面的有效措施不足,推动的力度不够,学生被动学习多,主动参与少。这种知识传授方式禁锢了学生的思维和发展,不能有效地激发学生的学习兴趣,造成了学生主动性不够、奋发的活力不够。三是全面素质教育仍需加大力度。在能力培养上,学什么设计的多,而为什么学和怎么学设计的少,缺少对学科和科学研究方法的系统教育,缺少科学研究的系统训练;在工程素质培养上,从专业、职业的角度进行工程素质训练的整体设计不足;实践环节仍显薄弱。四是工程教育中产学联合培养不足。特别是高等教育体制改革、行业高校划转,行业企业不能有效地参与人才培养过程,造成了工程性实践的缺失"(王永生,2011)。"过于去行业化,与行业企业联系弱化,行业部门和企业支持高校开展人才培养的意愿和责任感下降;过度专注于培养学生特定的学科专业技能,对通用能力重视不够,难以适应新时期多样性复合型人才需求。这些都导致了行业高校的学生实践能力不强,创新能力不足,跨界能力和适应能力很弱,无法适应社会快速变革"(白逸仙,邓艳明,2018)。船海类行业特色型高校学生素质教育也存在一定的不足,具体体现如下:大学生政治意识淡化,报国情怀弱化,素质教育碎片化且协同性不够;人才培养定位难,找短补差难,教学与实践脱节;学生解决复杂工程问题的能力弱,扎根行业意识不强,吃苦精神不足;等等。

二、构建船海类高校大学生素质全人模型

针对当前船海类行业特色型高校人才培养的不足,学校立足于自身的办学特色,根据大学生素质构成的复杂性和多样性,构建了六维结构的大学生核心素质全人模型。六维结构分别为思想政治素质、专业素质、科学文化素质、创新创业素质、能力素质和身心素质等六大素质。在这个全人模型中,不同素质具有独特的结构、性质和功能,按照一定的机制形成了交互的、立体多元的整体,共同构成了个体素质的复杂系统。其中,思想政治素质处于主导地位,发挥"大脑"机能,引领大学生核心素质提升,决定了高校"为谁培养人和培养什么人"的问题;专业素质发挥"躯干"作用,支持大学生核心素质提升,是大学生最核心的竞争力;科学文化素质和创新创业素质发挥"双臂"作用,助推大学生核心素质提升,促进其他素质的有机融合、共同发展;身心素质和能力素质发挥基石作用,保障大学生核心素质提升,是一切素质形成和发展的基础。

学校进一步将六大核心素质细化为15个二级素质和43个三级素质。其中思想政治素质包括思想素质(世界观、人生观、价值观)、政治素质(政治意识、政治观点)和道德素质(社会公德、职业道德、家庭美德、法纪观念)等3个二级指标、9个三级指标;专业素质包括知识水平(公共必修知识、基础知识、专业基础知识、专业

知识)、技能素质(专业实践技能、专业拓展技能)等2个二级指标、6个三级指标;科学文化素质包括科学素质(科学精神、科学思维、科学知识)、人文素质(人文精神、人文知识)等2个二级指标、5个三级指标;创新创业素质包括创新创业意识(创新创业意愿、创新创业动机、创新创业价值观)、创新创业品质(创新创业道德素质、创新创业心理品质)、创新创业能力(创新创业思维能力、创新创业知识素养、创新创业实践能力)等3个二级指标、8个三级指标;能力素质包括学习能力(知识获取能力、知识运用能力、信息技术能力)、领导能力(团队合作能力、人际交往能力、表达能力)、管理能力(计划能力、协调能力、执行能力)等3个二级指标、9个三级指标;身心素质包括身体素质(身体形态、机体能力、健康意识)、心理素质(认知素质、个性素质、社会心理素质)等2个二级指标和6个三级指标。

在全人模型基础上,学校从海洋强国战略对人才素质的要求出发,构建了船海类高校大学生素质全人模型,提出船海类高校大学生素质结构要素以思想政治素质为统领,熔铸于"船魂",统筹专业素质、科学文化素质、创新创业素质、能力素质、身心素质等方面协同发展,从方向性、根本性、助力性、基础性四个层面对素质结构进行系统化设计,牢牢把握人才培养方向,强化历史思维、辩证思维、实践思维和批判思维,促进人才培养供给与产业需求相适应。

三、完善人才培养顶层设计,优化人才培养标准

紧密围绕大学生核心素质的培养,提出培养"综合素养发展水平高,基础知识扎实,工程和社会实践能力强,专业适应面宽,富有社会责任感的应用型、创新型高级专门人才"的总目标,并对各专业提出了人才培养的九条通用标准。具体如下:第一,具有正确的世界观、人生观和价值观以及高尚的公民道德修养;第二,具有较强的社会责任感,怀有为国家服务的志向和理想;第三,具有较宽的学科视野,较高的综合文化修养及科学、人文精神;第四,具有独立、清晰的思维、表达和写作能力,养成勤于思考、乐于钻研的习惯;第五,扎实掌握本专业所需的基础知识和基本技能,了解最新的专业前沿知识,形成初步的学科思想,具备初步的科研能力;第六,具有一定的社会实践或工程实践经验,具有自主学习能力和终身学习意识;第七,善于应用所学知识独立发现问题、分析问题并提出解决问题的策略、方法,具有开拓创新精神;第八,具有国际意识,能够较好地使用外语进行交流;第九,养成终身体育锻炼的意识和习惯,具有强健体魄、健康心理和健全人格。各专业人才培养方

案结合各学科专业特点,立足学生素质发展,形成各自的专业标准。

(汤建　周春燕　薛泉祥　崔祥民　等)

实施素质发展促进举措　创新人才培养体系模式

一、构建新生教育体系,促进卓越工程人才培养

(一)开展新生教育的重要意义

1. 新生教育对新生成功具有特殊意义

大学新生作为"正准备步入知识殿堂,在不同系科接受现代研究熏陶的新生力量"(哈瑞·刘易斯,2012),面临着"适应性转变和学术性转变"(刘俊霞,张文雪,2007)等发展任务。因此,新生年被认为是本科四年的奠基年,对大学生四年的学业成功具有特殊意义。新生教育是指高校有目的、有计划地帮助大学新生完成从中学生到大学生的角色转型并适应大学生活所实施的一系列教育、管理和服务的过程。新生教育是高校人才培养的重要一环,积极有效的教育能帮助新生奠定大学成功的坚实基础。它要求高校"超越课程教学的范畴,更加全面地认识和理解学生学习,将学生在校全部生活经验视为具有教育学意义和价值的整体,帮助学生进行学术整合和社会整合,并最终指向教育目标的实现"(史静寰,文雯,2012)。

2. 我国高校缺乏健全的新生教育体系

当前,我国很多高校已经将大学新生教育作为一项重要的教育内容,部分研究型大学通过新生研讨课、学习共同体等,加强师生、生生课堂内外的交流和互动,引导新生适应大学生活,并初步接触学术研究。但多数高校仍把新生教育当作一项例行工作来做,存在理论研究不扎实、教育时间跨度短、教育内容不系统、教育体系不健全、教育主体单一、教育成效参差不齐、评估尚无统一标准等一系列问题。具体表现如下:教育方案、时间安排和方式方法缺乏科学、系统的顶层设计,随意性大、针对性不强、扎堆现象严重;工作开展主要由学生处、辅导员、班主任承担,难以形成全员、全方位、全过程育人格局;教育大多采取集体听报告、主题活动等方式进行,学生疲于应对,活动质量不高;各类教育活动持续性不强,缺乏科学有效的反馈评价机制。新生教育的缺位容易导致新生在社会性交往、安全感建立、自我认同感

发展、学术环境适应等方面面临困境,容易出现自我认同混乱、目标迷茫无方向、学习困难不适应、人际交往有障碍等不良表现,难以实现从高中生向大学生的成功转型。

3. 国外高校新生教育的成功经验

国外许多高校都非常重视新生教育,美国提出并成功实施了"本科新生体验计划"(The First Year Experience Program,简称FYE)近40年。目前该计划已经发展为包括"所有关于帮助新生从中学过渡到大学及成功学习的政策、战略、课程以及服务的活动,是新生们在本科第一年中的经验总和"(韩映雄,林倩仪,2009)。迄今,美国本科新生体验计划已形成生态化的教育理念,强调全面、系统、开放地思考转型问题,认为将学术事务与学生事务有机融合、校内外活动有效综合、各种教育资源优化组合、调动各方积极性实现教育主体多元化,更有利于新生的转型发展。因此,该计划涵盖了新生的入学服务、学术援助、课程活动、课外活动等四类教育活动内容。这四类教育活动并不是将新生的各种学习经验孤立开来,而是将各项活动相互贯穿并紧密联结,以达到一种有效的融合,来满足新生各个阶段的不同需求,为新生创造出融学习与社交为一体的教育环境。美国FYE计划的成功经验启示我们,新生教育要转变教育理念、完善组织制度、整合教育内容、构建教育体系,为新生提供全方位多层次的管理、服务与指导。

4. 卓越计划给新生教育提出的新要求

"卓越工程师教育培养计划"(以下简称"卓越计划")旨在通过创立高校与行业企业联合培养人才的新机制,教育界与工业界联合制定人才培养标准等举措,培养造就一大批创新能力强、适应经济社会发展需要的高质量各类型工程技术人才。"卓越计划"给工程人才培养带来的变化主要体现在以下几个方面:一是树立了现代大工程观的人才培养理念,强调从"科学模式"回归"工程模式",即"以工程应用型人才培养为目标,以实际工程为背景,以工程技术为主线,融工程意识、工程素质和工程实践能力培养于一体,将工程教育、自然科学与社会科学教育相融合的现代工程教育观"(闫广平,2012);二是确立了多层次的人才培养目标,《教育部关于实施卓越工程师教育培养计划的若干意见》(教高〔2011〕1号)提出"卓越计划"实施层次包括工科的本科生、硕士研究生、博士研究生三个层次,培养现场工程师、设计开发工程师和研究型工程师等多种类型的工程师后备人才;三是创设了综合性的人才培养模式,学生通过"基于问题的学习、基于项目的学习、基于案例的学习等多种研究性学习方式"开展学习活动,更加强调学科知识的交叉融合性及学习的实践性、研究性和合作性,"本科及以上层次学生要有一年左右的时间在企业学习","深入开展工程实践活动,参与企业技术创新和工程开发,培养职业精神和职业道德";四是制定了多元的人才培养标准,按照通用标准、行业标准和学校标准三层次标准培养工程型人才,既让本科层次卓越工程师后备人才具备合理的知识结构和较高的专业素质,具有国际视野、远大抱负和创新精神,又能体现不同行业背景工程人才在职业技能和素质结构方面的特点,更能彰显不同类型层次、满足不同市场需求的工程人才的鲜明特色。

(二)新生教育的目标任务

新生要实现学业成功面临多方面发展任务,主要包括发展智力和学习能力,开拓和保持良好的人际关系,找到自己的定位并往此方向发展,探索自身定位、身份、个性的发展,为将来的工作(职业)作决定、保持身心健康和生活品质、考虑精神生活或信仰方面的问题、发展多元文化意识、展现公民责任等(韩映雄,林倩仪,2009)。"卓越计划"新生教育应遵循引导性、参与性、体验性原则,从本科人才培养的一般规律出发,结合创新型工程人才培养的特殊规律及要求,以灵活多样的课程组织形式,通过课程化设计、阶段化实施、学分制量化,建立以适应性教育为基础、以思想文化教育为核心、以体验性教育为主体、以成功教育为目标的贯穿本科第一学年的全方位、多层面教育引导体系,为新生未来大学学业成功和个人职业成功奠定坚实的一步。

(三)"卓越计划"下新生教育体系的构建

1. 坚持思想引领和专业引导并重的原则,构建思想文化教育体系

坚持思想引领与专业引导并重,建立分阶段实施的新生专业教育引导体系,能帮助新生对工程专业及工程师职业有一个宏观的了解。首先,以工程认知为基础,以工程理念为核心,开展工程文化通识教育。围绕"工程的社会影响及价值""工程师的角色和职责"等工程领域、工程教育的共性问题,从工程伦理、工程管理、工程设计等方面构建贯穿大学四年的系统的工程文化通识教育课程体系,分阶段引导新生了解和认识工程的本质与特征、工程师的价值标准与职业操守等,帮助新生理解工程文化所特有的"知识、思维、方法、原则、精神"(杨叔子,2008)。其次,以专认知为基础,以专业精神为核心,开展专业认同感教育。美国普渡大学工学院新生培养计划中,每周由从事不同研究方向的一位专业老师介绍其研究领域,包括研究方向、课程设置、与企业界的联系、学生联合培养计划等,并邀请企业界的优秀校友和杰出人士参与讲座及与学生的互动(雷庆,巩翔,2009)。"卓越计划"实施高校可围绕各专业的学习内容、培养体系、服务领域和人才需求,充分利用合作企业的资源,通过多种形式的活动对所学课程进行整体性介绍和方法论指导,促进新生从宏观上把握知识体系,了解所学课程,树立良好的"专业价值观"。再次,以职业规范为基础,以职业素质为核心,开展职业理想教育。结合我国工程发展现状,帮助新生充分认识"卓越计划"实施的重要意义及对自身的积极影响,进一步明确卓越工程人才所应该具备的"创新能力、人文情怀、多学科视野、跨文化交流沟通能力、团队协作能力"(李培根,2011)等能力素质要求,坚定"主动面向工程领域的生产、建设、管理、服务等第一线岗位"的职业理想,提高"服务国家和人民的社会责任感和使命感",并逐步内化为自身的行为品质和内在追求。

2. 坚持方法指导与观念熏陶并举的原则,构建学习能力培养体系

美国欧林工学院提出,"工程不仅是一种以开发新技术为目标的、高度专业化的职业机会,更是一种学习和思维的方式"(王孙禺,曾开富,2011)。与其他学科门类相比,工程专业的学习更强调学习者要善于开展团队式学习、跨学科学习、实践学习,掌握独特思维方式、方法体系和学习能力。具体可以从三方面培养:首先,培养学习理念。"卓越计划"打破了传统的以学科、课程为单位的学习模式,学生需要了解和认识项目式、问题式、探究式学习及团队学习、实践学习的特点和要求,树立基于一定的文化、艺术、管理、法律等方面知识背景开展跨学科学习的理念,树立面向工程实践,基于一定的企业环境和产品生产过程开展学习实践活动的理念。其次,构建学习共同体。构建新生学习共同体能帮助新生适应学习环境、人际关系等方面变化带来的挑战,学习共同体所创造的团队学习模式还能为新生提供"共享知识,共享认识,共同分担责任"的学习环境,促进深度交流,提高学习效率。构建新生学习共同体,可以围绕新生日常生活、活动开展、学习任务等,发挥学生公寓、学生社团等作用,构建生活-学习共同体、活动-学习共同体、课程-学习共同体等,将团队学习的理念与模式运用到社团组织与活动开展、课程学习与项目研究等学习生活中去,在团队学习中提升团队解决复杂性、实践性、协作性、系统性问题的能力。再次,掌握学习方法。工程专业具有自己独特的方法体系,案例、项目是工程

专业学习的重要组织单元,批判反思、归纳推理、综合分析等是重要学习方法。其中以 CDIO 为代表,CDIO 代表构思(Conceive)、设计(Design)、实现(Implement)和运作(Operate),它要求学习者在学习中从工作方案的构思与设计、实施与优化、实现与检验等环节开展工作,掌握学习方法,进而培养自身对复杂系统构思与设计、实施与操作的能力。

3. 坚持工程体验和工程实践齐抓的原则,构建早期工程体验教育体系

美国国家科学基金会(NSF)的负责人 Borogna 曾经指出:"大一、大二本来是刺激学生学习兴趣的阶段,但是我们的学生发现他们只是进入了一所超级高中而已,逐渐丧失学工程的兴趣。实际上,并不是这些学生没有能力接受工程教育。"(王孙禺,曾开富,2011)在本科一年级开设工程体验与实践课程,能帮助新生获得早期的工程体验,为更深入地开展工程专业学习提供经验。

首先,开展广义工程教育,保持新生对非工程领域的广泛兴趣。正如原浙江大学校长、"两院院士"路甬祥所说:"工程不仅与一门技术学科有关,而且往往涉及多门学科的综合知识,还要涉及政治的、经济的、社会的、法律的、地域的、资源的、水文和气象的、心理和生理的因素。"(魏昌廷,何敏,2012)学校在多样化的校园文化活动中应保持新生对艺术、社会、管理、经济等学科领域广泛的兴趣和学术倾向性,使他们获得自由艺术、创业文化的熏陶,初步建立技术学科与非技术学科之间的联系。其次,开展工程实践活动,帮助新生从经验出发认识工程。欧林工学院"把工程视为一种与音乐、戏剧、视觉艺术、体育等相类似的'表现艺术',从经验开始,先经验后理论、先感性体验后理性认识、先形成兴趣后逐渐专业化"(王孙禺,曾开富,2011)。"卓越计划"实施高校应充分发挥工程训练教育中心的教育资源和师资力量,以课程化学分制的形式,为新生开设实践操作性强、参与面广的工程设计项目或工程实践操作比赛,"通过对项目的构思、设计、制作和运行,帮助新生理解各种基础知识和专业知识及其在工程科学中的位置和作用,理解理论与实际的关系、知识与能力的关系,发现自己的优势和兴趣"(费跃农,邱建,李卫民,等,2008)。

4. 坚持学业规划与职业生涯规划共促的原则,构建职业生涯规划教育体系

一年级是大学生职业生涯的探索期,良好的自我评价、充分的信息资源和专业的教育引导是帮助新生做好职业生涯规划的重要因素。学校通过多种形式开展新生生涯规划教育,引导新生积极探索"想成为一名什么样的大学生""如何成为一名优秀的大学生"等学业和职业规划问题,帮助新生找准目标、准确定位。首先,帮助

新生树立职业生涯规划意识,掌握职业生涯规划基本知识。要帮助新生明确职业规划与个人成长成才、职业发展的关系,了解和掌握职业生涯规划的基础知识。其次,引导新生全面认识自我、了解职业。通过霍兰德职业兴趣模型等帮助新生评定自我个性特征和动机需求水平,了解职业兴趣和倾向性;帮助新生了解未来自己可从事的职业类型和职业层次,了解不同职业类型、层次对人才的要求及应具备的职业素质。如卓越工程人才未来可从事的职业"有侧重于技术研究和产品开发的工程师,有侧重于工程及产品设计的工程师,有侧重于一线生产制造和经营管理的工程师"(韩立强,张鸣放,黄金林,2007)。再次,帮助新生获得初步的职业体验,并建立与学业规划的联系。充分发挥"联合培养企业"的企业资源和企业导师的教育资源,组织新生深入企业实际生产过程,了解生产工艺、技术指标、经济效益等,开展职业体验教育、企业文化教育,进一步明确自己的职业兴趣和专业发展方向;引导新生根据专业背景、社会需求和自身特点,结合各方面的职业体验,确立自己未来的工作领域、职业类型、职业层次;根据每种职业和工作岗位对个体职业素质和核心能力的要求,设计规划相应努力方向和实现路径,并在此基础上按相应的职业要求来规划大学四年学业。

二、完善人才培养模式,搭建学生素质发展平台

(一) 重点实施"卓越工程师教育培养计划"

作为教育部批准设立的"卓越工程师教育培养计划"试点高校,学校以"船舶与海洋工程""机械设计制造及其自动化"和"自动化"3个教育部试点专业及"软件工程""电子信息工程"等8个江苏省试点专业建设为抓手,树立以工程应用型人才培养为目标,以实际工程为背景,以工程技术为主线,融工程意识、工程素质和工程实践能力培养于一体,将工程教育、自然科学与社会科学教育相融合的现代工程教育观,改革和创新工科专业人才培养模式,创立学校与行业企业联合培养人才的机制,强化学生服务国家和人民的社会责任感,提高学生的工程意识、工程素质和工程实践能力。实施"3+1"人才培养模式,编制"学校与企业学习相结合""科技与人文相结合""课内主渠道教学与课外养成教育相结合"的一体化专业人才培养方案,通过聘请企业工程师担任专业兼职教师,组织校内教师到企业挂职等举措,加强双师型教师队伍建设。创立校企联合培养人才育人机制,学校先后与上海外高桥造

船有限公司、沪东中华造船(集团)有限公司等多家国内知名企业签署"卓越计划"工程实践教育中心共建协议。在合作框架下,企业不仅参与制定人才培养目标,参与课程体系、教学内容建设,而且参与培养过程及培养质量评价,承担学生到企业学习阶段的培养和管理任务。

(二)全面推进工程教育专业认证

学校以工程教育专业认证作为工程教育改革的突破口,紧密围绕学校办学特色,积极贯彻"学生中心、产出导向、持续改进"的理念,构建以学生为中心、以目标为导向的专业人才培养体系,推动教学模式改革,构建有效的人才培养质量评估监控及跟踪反馈机制,形成可持续改进的工作机制,不断完善持续改进的质量文化,强化专业内涵建设,提高人才培养质量。以工程教育专业认证为指导,以学生核心素质培养为导向,以立德树人为根本任务,统筹通识教育和专业教育,强化创新创业教育。目前学校有机械设计制造及其自动化、土木工程、环境工程、港口航道与海岸工程、建筑环境与能源应用工程等5个专业通过工程教育专业认证。

(三)改革试点大类培养模式

为实现学生核心素质的全面协调发展,学校制定《江苏科技大学本科生大类培养实施办法》,实施"基础知识厚、专业素质突出"的大类人才培养模式。首先在经济管理学院、机械工程学院的部分专业进行试点,学生进校后两年内淡化专业方向,加强基础课程教育。在第一、第二学年打通公共通识基础课程和学科基础平台课程,为学生合理搭建宽口径的知识、素质和能力结构;从第三学年开始,学生自主选择专业,进行专业课程的学习。大类培养模式的实施,在强化基础教学、拓宽专业人才适应性、培养创新型人才等方面起到了积极作用。2020年,在试点专业已有成功经验的基础上,学校从2020级新生开始将大类培养模式扩大至17大类,包括海洋工程类、机械类、电子信息类、计算机类、管理科学与工程类、工商管理类、经济学类、材料类、食品科学与工程类、农生类、能源动力类、环境类、公共管理类、数学类、物理类、外国语言文学类、体育类等。

三、加强教育教学协同，促进学生素质协调发展

（一）坚持理论教育与思想引领，夯实学生思想政治素质

坚持课堂教学主阵地、主渠道作用，加强学生的政治理论教育。引导授课教师学大纲、学教材，做合格思政理论课教师，明确不同课程的基本知识点在培养学生思想政治素质中的作用；引导授课老师备好课、讲好课，做学生喜欢的思政理论课教师，做到讲者真懂真信；以"形势与政策"课程为突破点，探索专题式教学改革，实行主讲教师制，将国内外形势与政策讲精讲细讲透；大力推进思政理论课实践教学。坚持"船魂"的精神底色，加强学生的理想信念教育。将海洋文化融入学校校园文化建设中，培育一批具有鲜明特色的校园文化活动和品牌，遴选一批优秀教师组建"船魂"精神宣讲团，结合国家海洋强国战略与学校发展目标，精心培育"中国梦·海洋梦·青春梦"品牌专题讲座，并纳入新生教育的重要内容，通过系列专题讲座，加强学生的海洋意识教育，增强学生对学校和行业发展的认同感，促进学生对海洋及其价值的认识，着力提高学生服务船舶与海洋事业的责任感和使命感。坚持创新教育载体，加强学生的社会主义核心价值观教育。2015年以来，学校主要领导带头在学生中巡回宣讲"爱国、敬业、诚信、友善"社会主义核心价值观，形成有代表性的文化品牌。构建以诚信教育为核心，以学生的学业诚信、就业诚信、生活诚信、经济诚信为模块，以制度、舆论场、督导与管理、自我教育为驱动，以职能部门、各学院、教师、学生协同的"一核心四模块四驱动四协同"诚信教育工作体系，综合运用教育教学、实践养成、文化熏陶、制度保障、研究宣传等方式，落实到教育教学和管理服务各环节，形成培育和践行大学生诚信教育工作长效机制，帮助和引导学生树立诚信意识，使广大学生自觉将诚信内化于心、外化于行。首先，系统规划，整体设计诚信教育组织实施。学校制定《江苏科技大学学生诚信记录管理办法》，明确学生诚信记录的构成、建立与管理、使用，让诚信教育有章可依，将学生在校期间的学业诚信、经济诚信、就业诚信、生活诚信等4个方面的12项重要指标进行描述性记录，形成纸质文档归入学生的档案。其次，促进协同，整体推进诚信教育组织实施。学校构建第一课堂与第二课堂相互协同的诚信教育实施体系。不仅通过大学生诚信承诺书签订仪式、诚信超市、诚信专题报告会等多种形式的诚信主题教育和第二课堂活动，营造宣讲诚信、恪守诚信、践行诚信的良好校园文化氛围；更为

重要的是将诚信文化作为大学生思想政治理论课、党课、团课的重要内容,通过课堂讲授将我国传统诚信文化的内涵和精髓讲透、讲深,不断提高学生对诚信的思想认知。学校将"友善"价值观和"船魂"精神的"同舟共济"有机结合,通过友善价值的认知教育、友善习惯的养成教育、友善行为的实践教育三个途径,树立"尊敬师长、友爱同学、团结互动"的良好风气,培养大学生"心怀善意、友爱待人、和谐相处、助人为乐"的精神,不断提升学生的思想政治素质。近年来,学校始终坚持以立德树人为根本任务,不断创新教育教学载体和形式,切实加强社会主义核心价值观教育。

(二)坚持理论学习与工程实践,增强学生的专业素质

围绕船舶工业对高级工程技术人才的需求,学校设置了船舶与海洋工程、轮机工程、焊接技术与工程等近三十个直接与船舶设计、制造相关的工科专业。全校工科专业占专业总数的比例接近60%,工科专业学生数占在校生总数的比例接近70%。学校从七个方面着手,增强工科学生的专业素质。一是突出实践教学重要地位,科学构建工程实践教学体系。学校围绕工科专业人才培养总目标,坚持理论教学与实践教学紧密结合,以培养学生的工程意识与工程实践能力为核心,以能力达成为导向,系统设计实践性教学环节,形成了以实验教学、课程设计、实习实训、毕业设计等第一课堂为主线,以社会实践、学科竞赛、创新创业训练等第二课堂实践为辅助的多层次、多模块的校内外融为一体的实践教学体系,将四层次工程训练开放性地融入到本科教学全过程中,实现"工程训练四年不断线",在实践中不断强化学生的"大工程"意识。二是依托船舶行业及战略性新兴产业,以"需、特、强"为原则,积极推进"卓越计划"和工程教育专业认证,开展工程应用型人才培养模式综合创新、改革试点工作。以传统的船舶工程、机械工程、焊接材料工程等优势特色学科及海洋工程与技术、物联网工程等战略性新兴产业相关专业为主要突破领域,开展工程应用型人才培养模式综合创新和改革试点工作。目前学校有3个国家级、8个省级和11个校级"卓越计划"试点专业,5个专业通过工程教育专业认证。三是构建校企产学深度合作关系,创立合作培养工程技术人才的新机制。学校先后与上海江南长兴重工有限责任公司、上海外高桥造船有限公司、沪东中华造船(集团)有限公司等10余家著名造船企业签署"卓越计划"工程实践教育中心共建协议,学校还与200多家企业联合创建了稳定的校外实习基地。在企业化工程实践教学中,实施双导师制,校内导师与企业导师联合指导学生的生产实习、毕业设

计等教学环节,提高学生的工程实践能力和创新能力。四是深化教育教学改革,提升工程教育质量。学校组织多个学院联合开发建设跨学科的"工程导论"课程,并将其正式列为试点专业通识教育必修课程;充分挖掘校内实验实践教学资源,组织全校性实验室联合开放日活动;坚持 CDIO 工程教育理念,大力推进课程教学模式和考核方法改革,强化学生的工程实践教育环节。五是加强专兼职师资队伍建设,提升实践育人能力。学校成立"江苏科技大学教师教学发展中心",制定《江苏科技大学青年教师工程实训管理暂行办法》《江苏科技大学卓越工程师计划校外兼职教师聘任与考核管理办法》等系列政策文件,与南通中远川崎船舶工程有限公司副总经理潘志远等 5 位首批"江苏省产业教授"签订聘用合同。六是加强实践教学投入,完善工程教育条件。在校内建设船舶制造技术仿真实验平台、船舶水池、船舶机舱数字化交互式实训平台、影子工厂等一批具有行业特色的实验室,建设 3 万平方米的校内工程实训中心。学校目前拥有国家级"船舶与海洋工程实验教学示范中心"2 个、"船舶机械装备工程实践教育中心"省级实验教学示范中心 13 个、国家级大学生校外实践教育基地 1 个。七是加强国际合作,积极探索跨国联合培养机制。学校通过加强与乌克兰、法国、英国、印度等国家的高校和教育机构的合作办学,积极引进和借鉴国外优质的工程教育资源和先进的工程教育理念,探索工程人才培养的新模式。如 2012 年,学校与乌克兰马卡洛夫国立造船大学合作设立船舶与海洋工程专业的联合培养专业。

(三) 坚持通识教育与文化熏陶,涵养学生的科学文化素质

一个卓越的船舶类工程技术人才不仅应该具备较强的创新、实践能力,同时还要有强烈的社会责任感、良好的职业道德,具备扎实的文化基础和深厚的人文底蕴,将来才能适应船舶行业发展需求。学校从三个方面涵养学生的科学文化素质。首先,坚持多学科视野培育通识教育课程。通识教育在培养学生的健全人格和社会责任感、科学素养和人文情怀、创新精神和国际视野等方面发挥了重要作用。学校以学生核心素质提升为目标,通过科学规划、精心管理和重点建设,充分发挥通识教育课程在培养学生科学文化素质等方面的重要作用。学校通识教育选修课程分为"自然科学、社会科学、人文艺术、工程技术和创新创业教育"五个模块,学生在校期间必须完成 10 个学分的通识教育课程才能毕业,引导学生通过文学、历史、哲学、艺术等相关知识的学习、熏陶和培养,形成正确的价值观和人生观以及良好的

生活态度。不仅如此,学校还将海洋文化课程纳入通识教育课程体系中,构建提升大学生海洋意识的教育体系。搭建一套"板块＋核心课程＋专题课程"的课程体系,深入推进教学方法改革,完善课程管理,严格规范课程遴选,进行课程群建设,建设几门精品课程,学业导师全程指导学生选课。通过五个模块的课程,引导学生广泛涉猎不同学科领域的知识,增强对自身、社会、自然及其相互关系的了解,提高学生的科学素养和探索精神、文化素养与人文精神、工程意识和工程素养、创新精神与实践能力。其次,利用多元阵地丰富校园文化氛围。学校在坚持高、雅、精的基础上,追求寓教于乐,有教有乐,连续举办了三十七届校园文化艺术节,每年开展活动200余项。艺术节将中华优秀传统文化、社会主义先进文化、专业文化、时尚文化等有机融合,让学生在丰富多彩的校园文化活动中增强文化艺术修养。再次,实施读书明德工程提升学生人文素养。根据人文社科、理工科等不同学科专业学生的知识结构和素质特征,组织实施读书明德工程。学校组织各学科背景的专家精心遴选"大学生素质教育推荐书目",推荐100本书供学生学习阅读,每位学生在校期间必须从中选出8本书进行精读,并将学生读书情况纳入第二课堂必修学分。学校图书馆、学生处、团委等相关职能部门联合各学院组织开展"悦读经典"读书节、读书沙龙和读书演讲会等活动,为学生提供读书交流、展示的机会,营造爱读书、读经典的良好校园文化氛围。

(四)坚持四位一体与四个阶段,提升学生的创新创业素质

作为一所以工科为主的高校,学校历来重视学生的创新创业教育,着力培养学生的探索精神、求真精神、创新精神和实践能力,营造乐于创造、热爱创新的校园文化氛围。学校坚持整体性、发展性、开放性和层次性原则,构建"教学—实训—竞赛—孵化"四位一体的创新创业教育体系,通过创新引领、创新培育、创新实训、创新实践四个阶段,将大学生创新创业教育贯穿于大学四年,保证学生创新创业实践参与的可持续性,实现学生创新创业能力素质的逐步提升。具体来说,"四位一体"是指:以教学为基础,开设大学生创新创业必修课程;以本科生创新创业训练计划项目、创新创业学生社团等为载体,以"挑战杯""互联网＋"等各类高水平学科竞赛为牵引,以创业项目孵化为重点,整合资源,搭建平台,助推项目实体落地。"四个阶段"是指:首先,在创新引领阶段,充分发挥创新创业学生社团和学生科技文化节在学生创新创业基本知识技能学习培训和活动参与体验中的引领作用;其次,在创

新培育阶段,通过开放实验室等创新创业活动阵地的建设,为二年级具有较强学习主动性和发展潜力的学生提供丰富的学习资源和稳定的学习场地,学生以团队为单位,根据自己的学习兴趣分领域深入开展理论学习和实训项目,并逐步进入以高年级学生为主体的研究项目和学科竞赛团队;第三,在创新实训阶段,以创新创业训练计划项目和高水平学科竞赛为载体,以三年级学生为参与主体,在教师指导下开展综合性创新创业实训活动;第四,在创新实践阶段,充分发挥校企合作基地和创业孵化基地作用,推荐和引导四年级优秀创新创业人才走进企业、走向市场,充分发挥企业导师和创业导师的指导作用,引导他们将专业知识应用到某一具体创业领域,将自身的创新创业能力转化为服务企业生产一线的生产力。

(五)坚持教育引导与自我服务,塑造学生的能力素质

首先,实施文明修身工程。学校通过实施以"课堂45分钟文明行动"和"宿舍基础文明行动"为主要内容的两个文明行动,建立文明修身长效管理育人机制。"课堂45分钟文明行动"从教师、学生两方面规范课堂秩序,严格执行《课堂秩序反馈制度》;成立青年文明岗,引导学生骨干参与学生日常管理,定期通报青年文明岗、课堂秩序执行情况。"宿舍基础文明行动"通过制定《学生宿舍六不准》,规范学生宿舍生活、学习、人际交往,加强对学生宿舍的卫生督促、文化熏陶和学风培养。通过抓基础文明修养,组织"文明礼仪校园行"系列活动,倡导全校学生"文明课堂""文明晚自习""文明出行""文明上网",引导学生自律、厚德、端行,不断增强文明修身的自觉性。其次,实施团学组织活力提升工程。积极发挥共青团、学生会、研究生会、学生社团等群团组织作用,构建党委领导下的"一心双环"团学组织格局,深入实施高校基层团支部"活力提升"工程,构建"多重模式、多重覆盖"的团建创新机制。坚持普遍培养与重点培养相结合、坚持教育培训与实践锻炼相结合、坚持集中培训与自主学习相结合、坚持阶段培训与长期培养相结合、坚持校内教学和校外实践相结合,通过构建科学有效的培养体系,搭建多元全面的成长平台,营造轻盈灵动的成才氛围,打造长效发展的品牌项目,为学生提供自我管理、自我教育、自我服务的平台,促进学生能力素质的和谐发展。

(六)坚持心育与体育并举,锤炼学生的身心素质

一是实施和谐心理工程,完善大学生心理健康教育工作机制。充分发挥教师队伍和学生队伍两支心理健康教育主要力量,前者主要包括学校心理健康教育中

心专职教师、学院心理辅导员和兼职心理咨询师,后者主要包括班级心理委员和大学生心理协会;构建三类"大学生心理支持圈",具体是以"积极地相互支持的群体关系"为主题的班级建设圈、以"关爱他人,共同成长"为主题的心理社团建设圈、以"特别的爱给特别的你"为主题的心理辅导平台建设圈;实施四大工作举措,即拓宽心理健康教育宣传渠道、注重朋辈心理互助体系建设、打造心理健康教育精品活动、夯实二级学院心理辅导站建设。二是实施健康体魄工程,营造强身健体育人氛围。学校始终坚持"健康第一"的教学理念,帮助学生在体育锻炼中享受乐趣,增强体质,健全人格,锤炼意志。学校连续举办了40届运动会,在竞技项目和趣味健身项目中,引导学生充分发扬"更快、更高、更强"的体育精神,奋发进取,不断超越自我;把"一操、一拳、一泳"的教学特色进一步完善,把"淡化竞技、重视能力、积极参与、强化育人"视为学校体育工作改革的主题目标,把大学公共体育自主建构课程模式作为课程改革的重中之重;在群体工作方面始终"坚持面向全体师生,坚持小型多样,坚持经常持久,坚持健身育人",学生早操四十年不间断,重在培养学生养成自觉锻炼身体的习惯,树立终身体育的观念,为学生走出校门形成健康的生活方式打下了良好的基础。

学校围绕学生六大素质培养而开展的特色教育教学活动如图1所示:

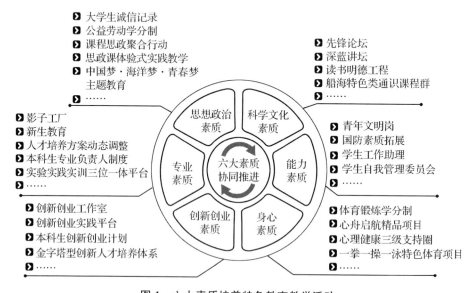

图1 六大素质培养特色教育教学活动

(程荣晖 周志辉 郭昭昭 唐亮 等)

建立素质报告反馈制度　促进人才培养持续改进

一、细化大学生核心素质教育重点和养成要点

学校创造性地设计了大学生核心素质报告书制度,遵循全局性、及时性、满意度、阶段推进、问题导向等五个原则,将大学生核心素质培养过程细化为38个教育重点和33个养成要点,分层递进,贯穿大学教育教学全过程,实现六大素质和教育教学活动的精准对接。根据教育重点和养成要点设置观测点,针对不同年级学生的特点,设计"启航、扬帆、济海、致远"四个版本的大学生素质报告书,对素质观测指标、教育重点和养成要点与日常管理各相关环节进行关联,按照分层次、递进式的原则合理设置素质观测指标内容,细化评测依据,实现高校人才培养各相关教育元素在报告书平台的"入驻"和有效集成。通过"自评—会商—反馈—改进—跟踪"的工作机制以及教师评价、学生自评、同学互评等方式,动态实现学生素质评估、反馈和调整,形成了可推广的大学生核心素质报告书制度。在此基础上,学校构建了"1621"标准化人才培养体系——"1"指"船魂"精神,"6"指六大核心素质,"2"指教师教育要点、学生自我养成要点,"1"指四年一贯制的大学生核心素质报告书制度,最终涵养学生"吃得了苦、扎得下根、聚得齐心、干得成事"的特质(如图1所示)。

二、实施大学生核心素质报告书制度"六步"工作法

从大学生核心素质报告书制度的理念出发,对建构大学生核心素质报告书制度进行了总体性思考,提出"六步"工作法——强宣传,促认知;定标准,细实施;重指导,促参与;挖数据,画好像;抓两头,促中间;出谋略,献计策。进而对报告书制度的设计原则进行深入分析,通过报告书制度在四个方面发挥作用——为全面提升高校人才培养质量提供抓手,为实现高等教育的根本宗旨提供保障,为高校综合改革提供决策参考,为社会各界参与高校人才培养搭建新平台。

三、建构大学生核心素质评价指标体系

素质测评是大学生核心素质报告书制度的重要组成部分,是检验教育生态场

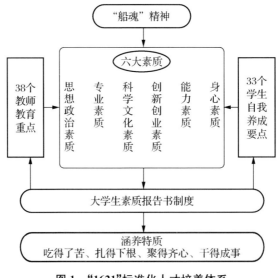

图 1 "1621"标准化人才培养体系

对大学生核心素质浸润效果的重要手段。学校深入研究了素质评价方法选择的依据,为素质测评方法的选择奠定了理论基础,然后从素质表现形式出发,探讨了由客观测量方法及主观测量方法构成的测量方法体系,通过信度、效度检验,科学组合,构架了由水平评价、均衡评价和协同评价构成的大学生素质评价指标体系,提出了大学生核心素质测评实施步骤。

四、构建了大学生核心素质报告书制度信息平台

借助大数据分析,实施各类数据集成,针对不同群体的测评状态构建了学生主体数据库,开展菜单式教育教学活动,以更加科学和客观的评估方式对学生素质发展进行有针对性的指导,实现了共性教育和个性化指导的有机结合。大学生核心素质报告书制度信息平台如图2所示,其易操作、便捷实用,具有高度的开放性,集学校、企业、学生家长、学生为一体,共同参与人才培养,实现全员、全方位、全过程育人,保障素质教育可检测、可反馈、可调整,实现了六大素质与教育教学实践的精准对接。

大学生核心素质报告书制度是"育人生态场浸润理论"得以落地的有效载体。通过核心素质报告书制度的实践,育人生态场中的行动,以及在教育的根本方针和先进文化的引领、浸润、环绕下不断烘托六大核心素质的重要性,教育者和受教育者对核心素质的教育重点和养成要点产生一致共鸣,进而自觉认同、自主实践和自

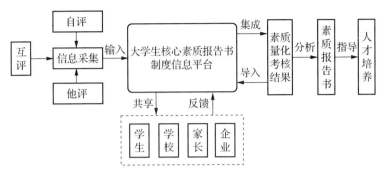

图 2　大学生核心素质报告书制度信息平台

行提升,形成具有特色的育人生态场。通过大学生核心素质报告书制度系统梳理育人过程的各个环节,根据学生个性化成长发展的需求,对教育教学工作进行根本性的再思考和关键性的再设计,从而有效整合各类教育力量,形成育人的合力。通过实行项目化运作,借助大数据分析,动态测评学生素质,开展菜单式教育教学活动,促使协同育人机制真正形成并发挥有效作用。

（周宏根　刘占超　徐代勋　白旭　等）

典型案例

案例1：四项指标明规范　思想育人有实效

"端正考风,严肃考纪,遵守考场纪律;科学求真,脚踏实地,独立完成作业、论文;借贷守信,恪守诺言,及时偿还信用贷款……"日前,江苏科技大学300多名新生代表郑重宣誓,并在大学生诚信承诺书上郑重签字。2015级新生一入学,江苏科技大学立即出台《大学生诚信档案管理办法(试行)》,将大学生学业诚信、就业诚信、生活诚信、经济诚信作为主要指标写进诚信档案,所有江科大毕业生将拥有一份诚信档案,并作为毕业档案的一部分跟随一生。据该校学生处副处长介绍,学校的诚信教育包括很多内容,诸如不抄袭他人作业;撰写论文不剽窃他人成果、不伪造实验数据等;考试不违纪、不作弊;不向用人单位提供虚假的证书及求职材料;不恶意违约;不恶意损坏学校及社会公共设施;不赌博;不偷窃;不诈骗;不编造虚假信息骗取各类奖励和资助;不恶意拖欠学校费用和他人财物;按时偿还各项借款、贷款等。学校为创设校园诚信的良好环境氛围下大力气、动真格的,激发诚信正能量,带动学生提高综合素质。2014年7月,该校从学业诚信开始加大对学生诚信教育的力度,实行重点工作牵引,主抓考试工作,既抓学生作弊也抓老师不作为,抓考风,净学风,让诚信美德真正内化为学生的自觉行为习惯。学校素质提升六大工程里专门提出诚信教育工程,从不敢作弊、不能作弊、不想作弊三方面三管齐下,以学风建设为中心,强化考风考纪,将考风考纪直接与学生奖学金评定、就业、考研挂钩,带动学校学风、校风的好转。学生处副处长表示,学校出台诚信档案管理办法后,将对不诚信行为说"不",并进行严肃处理,力求不留死角。为创新诚信教育的形式和内容,增强大学生诚信意识,学校试点运行"诚信超市",以低于校外超市的成本价出售日常生活用品和学习用品,学生选购、付款、找零全部自觉自助。据介绍,"诚信超市"主要由学生会打理,专人负责每天收集反馈售卖信息,及时联系合作经销商补货并搜集校园内学生对此活动的看法及好的建议,与经销商每周结算一次钱款,对"诚信超市"售卖情况进行通报发布,建立诚信公告榜,鼓励学生讲诚信,引导学生诚实做人、守信做事,争当社会主义核心价值观的弘扬者和践行者。数理学院学生吴芳燕表示,在"诚信超市",自己选购,自己付款、找零,人与人之间是一种完全的信任,在这种氛围里,自己也会提醒监督自己要讲诚信。

(原载于《中国教育报》,2015年10月17日)

案例2:五个坚持构体系 管理育人有机制

近年来,江苏科技大学坚持"育人为本、笃学明德、经世致用"的人才观,不断探索人才培养的新机制,形成了一套符合时代要求,具有"船魂"精神特色的学生教育管理工作模式。

一、坚持立德树人,加强诚信教育。学校切实加强大学生社会主义核心价值观教育,将大学生的全面发展与诚信教育有效融合,形成"一核心四模块四驱动四协同"的大学生诚信教育工作长效机制。第一,系统规划,注重诚信教育设计。学校制定《江苏科技大学大学生诚信档案管理办法》,将学生在校期间的学业诚信、经济诚信、就业诚信、生活诚信等4个方面的12项重要指标进行描述性记录,归入学生档案。第二,整体推进,重视诚信教育宣传。学校专门组织召开大学生诚信承诺书签订仪式,与全体学生签订诚信承诺书,校长率先示范,多次为学生做诚信专题报告,各学院采取多种方式引导大学生讲诚信,践行诚信。第三,整合资源,汇聚诚信教育合力。将诚信教育融合到专业课中;开展诚信主题社会实践,实现自我教育。第四,创新品牌,营造诚信校园文化。学校采用大学生喜闻乐见的形式,开展"我为诚信代言"微电影、诚信故事典诵读等多项活动,利用学校官方微信、微博推送诚信教育活动,形成"互联网+"的宣传模式。2015年以来,中国教育报、新华日报等媒体连续报道江科大学生诚信教育工作情况,该项工作还受到扬子晚报、现代快报、中国新闻网等媒体热力追踪。2016年1月,中央电视台新闻频道以"患癌女大学生捐出42.6万余元善款"为题深度报道江科大学子张耀笑"一诺千金"的事迹,同年张耀笑入选"感动江苏十大人物"。

二、坚持船海特色,彰显价值追求。学校一贯坚持以"船魂"为精神底色,努力打造精神文化"高地"。2015年以来,学校党委书记、校长等学校领导带头分别在各个校区巡回宣讲社会主义核心价值观,不断强化学生的思想政治素质,引导大学生爱校、爱国、爱海;组建深蓝学院,实施"1+3+X"个性化人才培养模式,培养船海类精英人才,发挥引领示范作用;遴选一批优秀教师组成宣讲团队,结合国家海洋强国战略与学校发展目标,精心打造"中国梦·海洋梦·青春梦"品牌讲座,开展多场次巡讲,加强学生海洋意识教育,强化学生对学校、对行业发展的认同感。学校坚持为立志海洋事业的青年人搭建创新平台,承办全国海洋航行器设计与制作大赛、大学生海洋装备创新设计大赛、江苏省柴油机拆装大赛等多项赛事,吸引了来自全国的40余所高校数千名学子参赛。

三、坚持全面发展,提升综合素质。学校坚持每年在新生中实施转型教育,实现新生从中学到大学的"思想认识转型、学习模式转型、促进身心和谐、增强专业学习兴趣"。学校在大学生中广泛开展素质教育六大工程活动,营造有利于学生奋发向上的校园氛围。第一是文明修身工程:开展"课堂45分钟文明行动"和"宿舍基础文明行动";第二是诚信教育工程:综合运用实践养成、文化熏陶、制度保障等方式,使广大学生自觉将诚信内化于心、外化于行;第三是读书明德工程:开列100本"大学生素质教育推荐书目",在全校形成浓厚的读书学习风气;第四是素质提升工程:学生每年至少参加1次社会实践活动,在校期间至少参加1个学生社团组织,至少参与策划或组织1次班级活动;第五是和谐心理工程:举办形式多样、富有成效的心理健康教育活动,对有心理异常的学生干预及时、精准,近年来,学校未发生一起因心理问题引发的突发事件;第六是助学励志工程:从物质帮困、精神济困、成才脱困、感恩图报四个方面构建"大助学"运行模式。学校通过实施素质教育六大工程培养江科大学子"吃得了苦、扎得下根、聚得齐心、干得成事"的特质。

四、坚持四位一体,培养创新精神。学校注重对大学生创新创业教育工作的扶持,建立了"四位一体"的教育体系,即以教学为基础,完善创新创业教育课程;以实训为载体,扶持创新创业学生社团,大力开展本科生创新创业训练计划等活动;以竞赛为牵引,重视"挑战杯""创青春"等高水平创新创业赛事,发挥导向作用;以孵化为重点,整合资源,搭建"创孵"平台,助推项目实体落地,全面构建"教学—实训—竞赛—孵化"四位一体的创新创业教育体系。教学方面主要是创建了三个创新创业教育课堂。第一课堂:开设大学生就业导论和创业基础两门必修课;引进"锦程职业发展教育平台"网络课程;举办大学生创业SYB培训班。第二课堂:邀请知名企业家、成功创业者、校友企业家、职业经理人,开展各类专题活动。第三课堂:定期举办大学生创新创业大赛。实训方面主要是搭建了各类大学生创新创业实践平台。建立实训基地、校外实践教育基地、实习基地和创业示范基地;资助本科生创新创业项目研究;针对学生不同需求和专业特点,开展有针对性的科技创新活动。竞赛方面主要是构建了"金字塔"型大学生科技创新工作体系。以"挑战杯"为龙头,组建专业化的指导教师团队,为大学生提供专业化的指导。孵化方面主要是建立了"江科大-京口区"创业指导服务站。通过整合资源、优势利用,助力学生创新创业。2015年,学校获"挑战杯"竞赛全国一等奖2项、二等奖3项、三等奖1项,首捧"优胜杯"。

五、坚持自我教育,强化骨干培养。学校积极探索学生自我管理、自我服务的新模式,努力提高大学生教育管理工作的实效性,以学生骨干培养为重点,着力加强大学生自我管理、自我服务能力的培养,将传统的学校管理(他律)转变为学校管理(他律)与大学生自我管理(自律)的结合和统一。学校实施学生骨干"4456"培养工程,按照4个层次、4个类别,通过5大平台,重点打造6大品牌项目,培养学生骨干的综合能力。如学校从2015年起推行学生工作助理制度,提升学生骨干综合能力,学生工作助理经过系统培训、考核合格后"持证"上岗,担任班主任、辅导员助理或班主任助理,指导低年级学生的学习和生活。近年来,接受过系统培训的学生骨干中涌现出一大批先进典型,如2011届校友潘卫国,在校期间曾任计算机协会会长,现任南京小西网络科技有限公司董事长,他毕业三年就成为身家千万的手游界新秀,并且还带着自己的公司回母校招纳人才,为学弟学妹提供就业岗位。

(原载于《江苏教育工作简报》,2016年12月14日)

案例3：六类素质塑全人　精准育人有保障

近日，江苏科技大学5000多名大一学生分别收到一份特殊的核心素质报告书。报告书里有学生基本信息，有包括思政素养、诚信意识、友善意识、专业认知等在内的基本素质情况调查，有宿舍状况、消费情况的动态监测，还有教师对于学生专业发展的指导意见。

从今年4月学校举办新闻发布会正式发布核心素质报告书，到如今报告书真正"落地"，一份小小的素质报告书既是江科大实施"全人模式"大学生核心素质培养工程的重要体现，也是其贯彻落实全国高校思想政治工作会议精神的有力举措。如今，它的育人成效正渐渐显露。

以"全人模型"为基础，同时面向4个主体

如何培养大学生核心素养？这是一个见仁见智的问题。在江科大党委书记看来，核心素养的主要内容应当包括思想政治素质、专业素质、科学文化素质、创新创业素质、能力素质和身心素质6个方面。"这就好比一个'全人模型'，思想政治素质武装人的头脑，把握大方向；专业素质好比人的身体，是立业的根本；科学文化素质和创新创业素质就像一双手，是推动人不断发展的有力助手；而能力素质和身心素质好比人的一双脚，是一切的基础。"

在这样的理论框架下，江科大近年来围绕"建设国内一流造船大学"定位，以学校"船魂"精神为主线，形成系统化、精准化、特质化的大学生核心素质教育培养模式，旨在培养学生"吃得了苦、扎得下根、聚得齐心、干得成事"的特质，3万余名学生参与其中。他们的综合素质得到提升，也得到用人单位的积极评价。在此基础上，大学生核心素质报告书的出台就有了更为深刻的意义。

据了解，江科大大学生核心素质报告书一共分为4个版本，从大学一年级到四年级，分别是启航版、扬帆版、济海版和致远版。它以一个学年为评价周期（大一学年评价两次），从学生进校到毕业共进行5次统一评价，最终形成的报告书将同时面向学生、家长、学校和用人单位4个主体。

"报告书对学生来说，可以认知自己的综合素质；对家长来说，可以了解子女在

校培养情况;对学校来说,可以根据报告书内容进行精准指导;而对用人单位来说,这也是他们了解学生最简便的途径。"校党委书记说。

多重指标相结合,准确反映个人素质

一份报告书,怎样才能真实、全面地呈现一个人的核心素质?江科大深蓝学院副院长一直在思考这个问题。目前,整个报告书将核心素质评价模块分为"全人模型"6个一级素质指标,一级指标又向下分解为15个二级指标和43个三级指标。比如思想政治素质分解为思政素质、责任意识、组织纪律、道德素养4个方面,而思政素质则又包含爱国精神表现、时政动态关注度、法纪观念与表现3个部分。

为了让评价更加客观公正,核心素质报告书将"自评""互评"和"会商"3种形式相结合。"有些内容很好评价,比如专业成绩;但有些内容,比如'时政动态关注度',学生自己很难给出准确评价。"深蓝学院副院长说,"在自评基础上,我们会组成一个包括班主任在内的10人小组,大家互相评价。而会商则是由辅导员、学业导师、学生代表等组成的团体评价。我们试着按照这样的程序操作了几次,大家一致反映,最终结果是令人信服的。"

据介绍,报告书中还加入诸如宿舍文明状况、个人消费情况、大学生诚信记录、大学生友善积分情况、图书借阅情况和课堂学习状况评价等内容。对此,江科大学生处思政科科长告诉记者,之所以将这些内容加入进去,是因为这些细节能够很好地反映一个人的品行状况和生活状态。"比如一个学生这段时间在读什么书,是专业书籍、经典名著还是其他?答案能客观地反映出学生这段时间的精神状态。"

不断探索,让报告书真正"落地"

目前,大学生核心素质报告书已在江科大大一学生中全面铺开,部分学院也在大二、大三年级进行试点。对于大一学生来说,第一学期素质报告书的主要任务是搜集每个学生的基本信息,学校将根据反馈情况调整教学内容。"启航版的报告书里有一个问卷调查表,就调查表的反馈结果来看,30%的大一新生希望在大学期间提升人际交往能力。所以,今后我们会加强这方面的辅导。"深蓝学院副院长说。

对于大二、大三学生来说,素质报告书起到了指引发展方向的作用。"我可以清晰地将素质报告书中的模块与自己的日常行为进行对照,发现自己的不足之处,而后加以弥补。"江科大金属材料工程专业大二学生李言成说。

在江科大理学院党委副书记看来,想要让核心素质报告书真正"落地",必须将其与日常的教学生活紧密结合。"比如,报告书中有诚信记录,我们在平日就要注重对学生的诚信教育。又比如,我们一直鼓励学生每年制作一份个人简历,然后再将其与去年的简历对照,来考量自己的发展情况。现在,我们可以将素质报告书里面的指标加入进去,这样的考量更全面。"

"素质报告书里面的数据录入与统计工作量非常大,建立一个行之有效的系统,将其与学校现行的系统进行整合是我们现阶段的任务。"深蓝学院副院长说。例如要查看学生的消费情况,就要与校园一卡通系统连接;要查看图书借阅情况,就要与图书馆网络连接。"这个系统预计明年四五月份建成,投入将达100万元。"

如今,核心素质报告书已被江科大的师生熟知并接受,与之相关的一系列制度也在不断完善中。校党委书记表示,一份成熟的报告书应该能全面而准确地反映一个学生大学4年的成长状况,让人一目了然。他期望,核心素质报告书不仅是江科大促进人才培养制度完善的一个抓手,也能为其他学校提供借鉴。

(原载于《江苏教育报》,2017年12月22日)

案例4:扎根行业育人才　碧海深蓝写丹心

"海洋石油981"深水钻井平台、"蛟龙"号载人深潜器、大型挖泥船、FLNG装置紧凑高效换热器、船载无人潜水器收放系统……一个个圆梦工程彰显了走向深蓝的大国情怀。鲜为人知的是,这其中也凝聚着江苏科技大学200余名毕业生的力量。从江苏科技大学扬帆起航,数万名毕业生心怀报国志向,积极投身船舶行业和海洋、国防事业,在祖国的碧海深蓝坚定地刻下了"江科大印记"。

近年来,江苏科技大学抢抓国家建设"海洋强国"的战略机遇,以国家及行业重大战略需求为牵引,以学生为本,创新人才培养模式,提高人才培养质量,着力培养学生"吃得了苦、扎得下根、聚得齐心、干得成事"的特质,造就了一批又一批适应船舶行业和海洋、国防事业需求的高素质应用型人才。据统计,5年来,近万名毕业生投身船舶行业和海洋、国防事业,占毕业生总数的47.5%。在中国船舶集团企业中江苏科技大学的校友最多、最接地气;江苏省地方船舶企业中,江苏科技大学的毕业生一直发挥着领头羊的作用,三分之一以上的技术管理人员是江苏科技大学的毕业生。

构建教育教学协同融合的育人体系

江苏科技大学将立德树人作为学校的根本任务,坚持以人才培养工作为中心,把促进学生全面发展作为学校教育教学工作的出发点和落脚点。

坚持党委统一领导人才培养工作,注重人才培养工作的顶层设计,颁布实施了《关于全面提升本科人才培养质量的若干意见》,制定了本科专业结构优化与发展规划。强化了学院在人才培养工作中的主体责任,加强了专业负责人队伍建设,以工程教育专业认证的核心思想和新工科建设理念为指导,大力抓好人才培养方案重构和教学大纲编制工作。

教学质量是学校的生命线。5年来,江苏科技大学深入实施"教学改革与质量提升工程",以审核评估为契机,积极迎评促建,持续加强教学改革与教学基本建设,制定并实施了教师教学业绩年度考核与奖励、教学名师培育、评选与表彰等一系列鼓励教师致力于一流本科教学的政策和制度,教学质量和专业建设水平不断提高。

校企深度融合,重大科研成果和企业专家进课堂

随着国家"海洋强国""造船强国"战略的深入实施,对船舶与海工类人才的培养要求越来越高。为适应船舶与海工类人才"多学科交叉、强系统思维、重跨文化交流"的培养需求,江苏科技大学构建了一套人才培养模式长效动态优化调整机制,不断优化调整人才培养模式中的培养目标、培养体系、培养方法等核心要素,满足船舶与海工行业发展和技术进步对复合型高素质人才的需求。

聚力行业特色型人才培养。学校构建了行业需求引领,自有科技型企业牵引的多元平台协同、工程应用软件全覆盖的开放式、模块化课程体系,突出先进制造技术方向优势和舾装方向特色,强化系统思维,培养解决复杂工程问题的创新性人才。优化第一课堂教学,创设以"近代船舶工业发展与中国崛起""近代海军发展"为代表的船海特色类通识课程群,建成"通识教育+学科基础+专业教育+自主课程"的模块化课程体系。通识教育类课程培养学生思维能力和主动获取知识及表达的能力,学科基础类课程培养学生掌握船舶与海工的基础知识,专业训练课程培

养学生掌握复杂工程先进设计制造等专门知识。

结合"海洋石油981"深水钻井平台及"蛟龙"号等国家重大科技专项,采用"教学内容与工程项目动态对接""课堂与企业对接"的案例式教学,聘请企业教授承担教学任务,实现了理论知识与工程实践的密切结合。以解决船舶与海工复杂工程问题能力培养为目标,以自有科技型企业为桥梁,以科技合作与服务为纽带,与数百家行业骨干企业深度融合,获得长期可靠的实践教学基地和大量鲜活的教学案例。

构建虚实结合的实验教学体系,强化系统思维培养。系统构建了覆盖设计、制造、生产管理、性能分析与动力装备全过程、"虚实结合"的"三层次、四平台、五结合、多辐射"动态的实验教学体系,强化了学生系统思维和创新意识,实现解决复杂工程问题能力培养全覆盖。

以"中乌合作办学"项目为抓手,打造了乌克兰马卡洛夫国立造船大学及英国斯特拉斯克莱德大学等船舶与海工类人才联合培养基地。通过"讲学—合作—聘用",递进引入7名国际顶级专家为本科生授课。采用与世界一流大学建立深度合作关系、在世界知名高校设立培养基金等方式,"定向培养"教师实施双语教学。通过全额资助学生赴国外知名大学开展夏令营和短期课程研修等方式,为学生营造国际化培养氛围,让其在学习到国际先进技术的同时,也提高了跨文化交流能力。

将"船魂"精神融入实践育人

结合学校办学特色和人才培养定位,江苏科技大学将"江海襟怀、同舟共济、扬帆致远"的船魂精神贯穿育人全过程,把好人才培养方向,弥补学生素质短板,将爱国、立德注入学生心灵,培养"政治过硬、素质全面、扎根行业"的高素质人才,涵养江科大学生特质。

配合第一课堂,将"船魂"精神融入实践育人过程。一年级"转型教育,了解行业",开展船舶发展史教育,引导学生认识船舶产业与海洋强国战略的关系;二年级"活动育人,感知行业",开展大学生海洋装备创新设计大赛等品牌特色活动,培养行业认同感;三年级"走进船企,熟悉行业",组织学生深入船企,使学生了解行业最新发展;四年级"毕业实习,热爱行业",将"船魂"精神融入实习教育中,有效提高学生政治素质和职业素养,引导学生毕业后"融入船企,扎根行业"。

以"中国梦·海洋梦·青春梦"为主题,培养学生海洋意识。通过"深蓝讲堂",

举办"中国梦·海洋梦·青春梦"系列讲座,承办全国海洋航行器设计与制作大赛、大学生海洋装备创新设计大赛、江苏省柴油机拆装大赛等一系列活动,成立国防教育拓展班,彰显对"船魂"精神的价值追求。

建立"金字塔"式科技创新培养体系,开展创新创业教育。塔基:开展各类普及性的科技文化实践活动,分科普活动、学术交流研讨活动、科技实践活动三个层次组织,让不同年级、不同专业的学生都能参与其中;塔腰:依靠校内各实验中心、基础实验室、专业实验室和工程训练中心构建创新创业实训基地;塔顶:坚持从创新创业计划优秀项目中遴选项目,做好校赛、省赛、国赛三级竞赛的组织工作,借助"挑战杯""创青春"赛事的影响力,有效带动校园科技活动的开展。

学校开启大学生素质培养的新探索,创立大学生素质报告书制度,有力支撑了人才培养,学生素质明显提高。在全国大学生"挑战杯"竞赛中,两捧"优胜杯",跻身全国前20强;2017年创新创业类团队共计685个,近7000名学生参与各类创新创业活动;连续举办十二届船舶与海洋工程设计大赛,获全国大学生船舶与海洋工程设计大赛特等奖2项;创设内燃机设计与拆装技能大赛,覆盖省内外30余所高校,成为大学生科技创新品牌活动。

享有"中国造船工程师摇篮"之美誉

尽管近年来大学生就业压力较大,但江苏科技大学的毕业生却供不应求,就业率连续5年保持98%以上。毕业生有着强烈的兴船报国情怀和扎根行业的意识,深受我国各大船企好评。每年各大船企均到江苏科技大学,针对船舶与海洋工程专业召开专场招聘会,竞相争抢人才。美国ABS船级社及日本NK船级社等国际知名船级社和招商局集团有限公司、中船黄浦文冲及浙江扬帆集团等国际知名企业均在校设立奖学金抢夺毕业生。

除船舶与海洋工程、轮机工程等行业面向性较强的专业外,学校其他的工学、理学、管理学专业,也都大多设置了与船舶工程设计、制造、管理、经营有关的专业方向课程,使学生在知识、能力结构上接受具有行业特色的专业人才的系统培养,以获得社会就业适应性的跨行业延伸、拓展和发展能力。学校在长江三角洲、河南洛阳等地建有近百个与船舶制造行业相关的企业工程实践教育中心和实践教学基地,为全校各专业学生的校外工程认知实习、工程生产实习、工程科研训练等提供了良好条件。

校长周南平表示,作为一所行业特色型高校,多年来,江苏科技大学一直致力于为行业培养优秀人才。面向新时代高等教育的发展和国家海洋强国战略,学校将继续传承多年办学经验,完善以学生为本的教育教学培养体系,融合新工科元素,增强大学生创新意识和能力,努力提升大学生综合素养,培养具有江科大特色的高水平应用型人才。

在海洋强国战略的浩浩征途中,江苏科技大学秉承培养特质人才、服务船舶行业的使命,向着更开阔的航程笃志前行。哪里有船,哪里就有江科大学子。

(原载于《新华日报》,2018年12月24日)

第六篇　师资建设创新与实践

综述

师资队伍作为高等学校科学研究和人才培养的主体，是高校实现高质量发展的核心力量。2020年9月9日，在第36个教师节来临之际，习近平总书记代表党中央，对广大教师提出"不忘立德树人初心，牢记为党育人、为国育才使命"殷殷期望，充分体现了党中央对教育事业的高度重视和对广大教师的特殊厚爱。

2015年10月，国务院发布《统筹推进世界一流大学和一流学科建设总体方案》，是继"985工程""211工程"之后，党和国家在高等教育领域的又一重大战略布局，开启了我国高等教育改革与发展的新征程。《方案》要求坚持"以一流为目标、以学科为基础、以绩效为杠杆、以改革为动力"四个基本原则，明确提出以"建设一流师资队伍"为首的五大建设任务。

江苏科技大学积极响应党和国家号召，坚持发展以船舶与海洋工程装备产业为主要服务面向的行业特色，锁定以"建设国内一流造船大学"为最终目标，大力推进"引优才、育好才"的师资队伍发展双促进措施，按照"积极引进、重在培养、改善结构、提高水平"的建设原则，全面推进师资工作内涵建设，以高层次人才引领为重点，中青年教师队伍建设为突破口，积极创新人才与师资队伍建设机制，重点培养一批专业带头人和青年骨干教师及相应的教学和科研团队，不断提高专业教师科研能力和社会服务水平，提升师资队伍的专业水平和整体素质，为学校改革、建设和发展提供有力的人力资源保障。

江苏科技大学立足制度建设，加强"师资建设"创新与实践，深入推进人才强校战略，全力确保"引优才、育好才"各项举措落地见效。

（1）师德师风制度建设。成立党委教师工作部，进一步加强教师思想政治与师德师风建设,引导广大教师以德立身、以德立学、以德施教。2014 年学校在全国高校中率先出台《江苏科技大学师德公约及实施细则》,引起了广泛的关注;2018 年制定出台《江苏科技大学师德、思想政治考核实施办法(试行)》;2019 年制定出台《江苏科技大学师德失范行为处理办法(试行)》。至此,初步完善了师德考核评价体系,建立了师德负面清单及师德失范行为调查处理机制,并在职称评审、人才工程、评奖评优、年度考核等各项工作中着重强化师德考核,逐步推进师德建设工作常态化、长效化发展。

(2) 人才培养制度建设。实施"深蓝人才计划",依托省"特聘教授"、省"333 工程"、省"双创计划"、省"青蓝工程"等省部级人才培养计划,积极实施高层次人才的校内培养。截至目前,学校已遴选资助了两批共计 55 位优秀青年人才,均取得了丰硕的成果。

(3) 人才引进制度建设。自 2016 年实施"533 人才工程"以来,学校每年修订《江苏科技大学人才引进政策和优惠待遇实施方案》,确定引才类别、应聘条件、引才待遇;同时全面开展人才招聘宣传工作,积极开展人才签约洽谈工作,大力引进国内外高水平年轻博士(后),做好高学历人才储备工作。

(4) 职称评审制度建设。落实中央"破五唯"精神,不断思考和推进职称制度改革,激发教师队伍教育教学、科学研究和服务地方经济活力的同时,拓宽各类人员职称晋升通道。先后制定出台《江苏科技大学高级专业技术职务任职资格直接认定办法(试行)》和《江苏科技大学高级专业技术职务评聘资格条件》,一方面打通高层次和急需紧缺人才评价绿色通道,另一方面鼓励基础学科教师潜心教书育人,在平凡的岗位上做出重要贡献。2019 年执行新文件以来已有 71 位教师通过直接认定通道晋升高级专业技术职务,其中多有科研能力突出的年轻教师,也不乏多年潜心基础课程教学、教学业绩突出的年长教师。2019 年起,对于同行送审代表作亦打破常规,不再唯论文,教师可根据个人专长任意选送代表本人学术水平的成果。

(5) 海外进修制度建设。不断加强和推进中青年教师海外进修培训,推动师资队伍国际化进程,海外研修管理由任务管理向项目管理转变,由派出管理向研修过程管理转变,由经费来源单一向多层次转变,由任务模糊向指标考核管理转变。近年来,学校积极争取国家及省公派计划,逐步扩大学校公派规模,提高一年及以上期限的海外进修人员比例,对于政府公派不足 1 年的人员按照学校公派标准补足 1 年资助。在加大资助力度的同时,加强对海外进修人员的考核管理,极大地拓展了学校教师的国际化视野。

(6) 工程实训制度建设。实施青年教师"三个一"工程,加强青年教师对先进工程应用技术的了解,促进产学研合作,鼓励中青年教师以挂职锻炼、工程实训、社会实践等多种方式深入企业,在打造师资队伍的同时,不断提升学校服务地方经济和社会发展的能力。

(7) 人力资源评价和考核制度建设。不断探索创新教师分类评价和考核机制,完善分层次、重实效、高端引领、人岗相宜的选人用人机制,为不同类型的高质量人才队伍建设提供制度保障并规范用人管理,完善高质量人才队伍建设措施,适应学校人才发展需要。

探索实践

完善机制　创新师德建设方法与途径

教师职业道德是教师在长期教育实践活动中形成的比较稳定的道德观念、行为、规范和品质的总和,是一定社会对教师职业行业行为提出的基本道德要求。"百年大计,教育为本;教育大计,教师为本;教师大计,师德为本",师德建设作为师资队伍建设的核心部分,是教育界的永恒话题,随着社会的发展越来越受到各界的关注。当前,教师师德的总体现状是好的,但是,教师队伍中也的确存在师德问题,因此,如何加强师德建设已成为高校面临的共同课题。2014年7月,学校在全国高校中率先出台《江苏科技大学师德公约及实施细则》,在社会上引起了广泛的反响,具有很强的实践意义和推广价值。本文重申师德建设的重要意义,分析当前师德建设存在的问题,并以江苏科技大学为例,对师德建设提出建设性的对策。

一、师德建设重要性的重申

教师被誉为"人类灵魂的工程师"。俄国教育家乌申斯基曾说:"教师是过去历史上所有高尚而伟大的人物跟新一代之间的中介人,是过去和未来之间的一个活环节。他的事业从表面看虽然平凡,却是历史上最伟大的事业之一。"的确,正是无数默默奉献的教师,才托起了人类社会发展的脊梁。

"师者,传道授业解惑也。"教育事业对于社会发展的推动作用不仅表现在教师是解释疑惑的"师",更体现在教师是传道做人的"表"。也就是说,教师作为人类灵魂的工程师,不仅要教好书,更要育好人,要为人师表。从本质上来讲,师德是教师素质的灵魂。习近平总书记在致全国教师的慰问信中说:"希望全国广大教师牢固树立中国特色社会主义理想信念,带头践行社会主义核心价值观,自觉增强立德树人、教书育人的荣誉感和责任感,学为人师,行为世范,做学生健康成长的指导者和引路人。"所以说,加强师德建设是提高全民族素质的一项基础性工程。

"中国正处在一个民族复兴的伟大时代",在中国梦的实现旅程中,教师这一群体发挥着独特的、不可替代的作用,教师不仅是人才培养的主体力量、是教育改革的推动者,还是文明的传承者和创新者。教师将前人积累的文明成果,经过消化吸收、扬弃创新,传递给青年学生,既用先进文明成果培育新人,又通过育人传承与创新文明。教师作为价值坚守者,率先垂范,弘扬正气,在人们心中树立价值的时代标杆,成就一个社会的高度,传播先进文明的火种。可以说,教师是先进生产力的开拓者,更是民族素质提高和社会主义精神文明建设的奠基者,在物质和精神两个维度上,教师推动着中华民族走上国家富强、民族振兴、人民幸福的强国之路。而只有师德高尚之人才可能担此大任,通过言传和身教,用人格魅力感染学生,用知识指引学生,潜移默化,真正传承和创新文明。

二、师德建设形势的紧迫性

当前师德的总体现状是好的,但是不可否认,在拜金主义浪潮的冲击下,部分教师的人格精神和道德素养出现了问题,主要表现有以下几点:

(1) 部分教师道德意识淡化,缺乏爱岗敬业精神。在改革开放和市场经济背景下,拜金主义盛行,部分教师道德意识淡化、敬业意识淡薄,把自己所从事的工作仅仅看作是一种谋生的手段,而没有把它看作是传承人类科学文化知识、传播崇高理想的一项事业,授课照本宣科,工作敷衍了事。还有的教师以挣钱为目的,热衷于有偿家教、有偿兼职。部分大学教师一门心思搞科研,常常"身在曹营心在汉",对教学本职工作精力投入不足,敷衍了事,造成教师"隐性流失"。

(2) 部分教师存在单纯的专业教学思想,育人意识淡薄。教育的根本目的是塑造人,不仅要培养学生的做事能力,更要教育学生学会做人。这一任务主要是靠教师来完成的,但有不少教师认为自己的职责就是教书,把教书和育人割裂开来,只满足于完成课堂教学任务,对于学生的道德素质教育、身心素质培养则毫不关心,认为那是政工人员的事,与己无关。

(3) 不注重教师形象,言行不一,示范作用降低。教师教育学生,经常要通过言传身教,教师的行为和形象具有显著的示范性和教育性。然而,有些教师师表意识淡薄,缺乏自尊自爱精神,对自己的要求极不严格。有些教师在课堂上或校园内衣着不整,语言粗俗或乱扔杂物,全然不顾教师应有的语言举止文明;有个别教师自由主义思想泛滥,信口开河,借个人成见随意表露不满情绪;少部分教师利用教师职权弄虚作假欺骗学生、侮辱学生,更有甚者对学生进行人身侵害;还有的教师在遵守学校的规章制度上自觉性较差,以身作则不够,自身素质与一个教师的行为准则要求还有很大差距。上述这些表现,在学生中造成了不良影响。

三、加强师德建设的方法和途径

上述种种表现虽然不是普遍现象,但它严重削弱了教师的人格教育力量。因此,必须开辟新途径、探索新办法、创造新经验,不断加强师德师风建设,用平凡而崇高的师德之光照亮学生纯净的天地。江苏科技大学高度重视师德建设,在全国高校率先推出《江苏科技大学师德公约及实施细则》,在师德建设中敢于突破和创新,为其他学校提供了借鉴的样本。概括来说,有以下几点:

(1) 加强教师修养,将教师个人理想与国家梦想相结合,树立良好的师德形象。在日常管理中,江苏科技大学注重强化为师者的事业心、责任感,强化为师者的敬业意识、乐业意识和勤业意识,增强教师的人格魅力。要求教师注重师德修养,注重自我觉悟、自我学习、自我修炼、自我约束、自我调控。要求教师坚定理想信念,强化奉献精神,为国家发展、民族复兴培养优秀人才;学习教育理论,更新教育观念,遵循教育规律;学习专业知识,优化教学过程,提高教学效率;学习教育法规,增强法律意识,严格依法执教。依据《江苏科技大学师德公约及实施细则》,江科大教师郑重承诺:"敬持国法师心,绝不传播糟粕;维护教育公平,绝不以教谋私;恪守学术诚信,绝不抄袭剽窃;遵从师生伦理,绝不违背操守。我们将让教育更纯粹更真诚,更好地影响未来有影响力的人。"

(2) 引导教师以职业为荣,关爱学生,树立以人为本的教育教学工作理念。习近平总书记在致全国教师的慰问信中指出:"全社会要大力弘扬尊师重教的良好风尚,使教师成为最受社会尊重的职业。"《江苏科技大学师德公约及实施细则》强调:

"我们是大学教师,我们以自己的职业为荣。我们重视每一堂课;我们关爱每位学生;我们推崇爱与尊重。"一方面,学校强化以人为本,尊重和理解教师,注重对教师的培养,摆正教师在学校中的主导地位,努力创造有利于教师工作、学习的环境;另一方面,引导教师要自觉增强职业荣誉感和使命感,对教育事业心存敬畏之情,关心学生,爱护学生,因材施教,引领学生健康成长,让自己有价值、有尊严的活着,让教师职业真正成为令人羡慕和富有内在尊严的职业。

(3) 完善机制,加强保障监督。师德建设是一项全局性的、长期性的工作,要真正落到实处、收到实效,必须使其制度化,成为一项可操作的常规工作。为此,江苏科技大学出台《江苏科技大学师德公约及实施细则》,让师德建设内容明确化并具备可执行性。一是把师德建设作为教育教学工作考核的重要内容,实施细则规定每逢期末对每位教师的师德表现情况和师德公约践行情况进行全面考核。二是建立科学的、可操作的师德评估指标体系,实施细则上明确表示考核将采取自评、他评(教师互评、学生评价、家长评价、督导组评价)相结合的方式,确保考核的真实性。三是建立公正合理的政策导向机制,建立教师师德档案,把师德作为一项重要指标,并以此作为衡量优秀教师的标准,将教师师德评价结果真正与教师的职称评定、职务晋升、评奖评优挂钩。实行师德标准"一票否决"制度。比如:两学期考核均不合格,取消该教师当年度一切评优资格;对于严重违纪、师德败坏的教师,启动退出机制。四是明确师德违纪行为的纪律处分办法。将一些常见的师德违纪行为以"六不准"形式列出,包括利用考试等教学学术资源进行不正当交易,在教育教学中散布不当言论,抄袭、剽窃、侵占他人学术成果,歧视、侮辱、体罚学生,对学生实施性骚扰或性侵害等。每项条款后均附有详细的处分办法,其中收受财物一项,"收受学生财物价值在五百元以上,不满三千元的,给予记过以上处分"。

《江苏科技大学师德公约及实施细则》将师德建设制度化的做法,为学校师德建设提供了可资借鉴的经验。总之,师德建设是一项复杂的系统工程,在社会转型阶段,有效杜绝教师道德缺失、加强师德建设面临着艰巨的挑战。但是,只要我们坚持以教育为基础,以机制做保障,就可以使我们的教师提升为人师表、廉洁从教、爱生如子、爱校胜家的高尚思想道德情操,从而为我们的民族和国家带来无限的生机和希望。

(史文芬)

过程管理　创新海外进修监督与管理

随着政治、经济、文化、信息的全球化,国际化已成为高等教育发展的必然趋势,实施国际化战略是高校发展的必然要求与战略选择,而师资队伍国际化则是高校国际化建设的重中之重。高校实现师资队伍国际化,除了"引进来","走出去"也至关重要。教师公派出国进修是"走出去"的主要途径,其根本指导思想就是使教师通过公派出国进修加入到国际学术体系中,通过学习、借鉴和创新形成后发优势,最终提升国内高校在国际上的竞争力和影响力。教育部在《国家中长期教育改革和发展规划纲要(2010—2020年)》中强调,要通过不断加强培训和学术交流来提高教师的专业水平和教学能力,造就一批教学名师和学科领军人才。因此,通过科学有效的管理,促进教师公派出国进修成效提升,充分整合利用教育资源,提升高校师资水平,实现人力资本投资收益最大化,显得尤为重要。

由于社会、经济和文化背景的差异,近年来我国高校教师公派去欧美发达国家一流高校进修的情况普遍存在,但欧美发达国家通过公派方式来中国留学的教师为数不多,因此国外关于这方面的研究相对较少。国外研究集中在对高等教育国际化的研究上,研究者主要从国际教育资源需求、供给方面或从人力资源管理和变革创新的角度进行分析:有的学者将其定义为一个过程;有的学者则将其与全球化联系起来,认为是一种关系;还有学者把高等教育国际化看作是涵盖一系列活动和现象的统称;等等。这些研究给国内教育国际化研究提供了很好的分析视角。与国外研究相比,国内近年来关于高校教师公派出国管理的研究还是较为丰富的。研究主要集中在两个方面:一是对出国进修政策的研究。现有研究主要概述了出国进修政策的演变,如陈昌贵的《1978—2006:我国出国留学政策的演变与未来走向》,主要对改革开放以来我国留学政策演变的三个阶段进行了分析和评价,并对我国留学政策的未来走向提出了一些思考和建议;刘艳的《新中国出国留学政策变迁研究(1949—2014)》,主要从中国留学政策变迁的理论基础、留学政策的变迁历程、留学政策变迁过程中存在的问题和成因以及促进留学政策新均衡的措施等方面对我国留学政策的演变进行了系统研究。二是对教师公派出国进修管理方面的研究。现有研究包括公派进修的必要性、选派程序、在外管理、政策保障等方面。如河北金融学院赵惠娟、安文广、徐方方提出加强地方高校公派出国留学工作的建议,即制订学校学科和梯队发展的长远规划,加大公派留学项目的宣传力度,拓宽公派出国留学渠道,健全合理的激励机制,加大公派出国留学人员的服务和政策倾斜力度等。除此之外,上海交通大学张柳在《高等学校教师公派出国留学的现状及对策研究》一文中也对我国高校教师公派出国进修工作进行了系统阐述。

综上所述,目前关于高校教师出国管理的研究虽多,但结合高校公派实际情况进行实操对策研究的并不多。因此,从这方面入手对高校教师公派出国管理工作中存在的问题及解决对策进行分析与研究是非常有必要的,对于高校教师出国管理实践具有一定的借鉴意义。

一、高校教师公派出国进修现状

教师公派出国进修是目前我国高校"走出去"的主要途径,也是高校国际化建设工作的重要内容。高校通过教师出国进修引进了大量的新教材和新教学理念,开设了大量的新课程,更新了原有的学科知识,同时还开创了一批新兴学科,有效促进了人才培养质量的显著提升。

正因为教师出国进修产生了良好效益,近年来,国家不断加大资金投入,强化政策保障,教师公派出国进修的途径也日益增多。目前,我国高校教师公派出国主要有以下几类:

一是由国家留学基金委或政府间交换项目资助的国家公派。所谓国家公派出国进修,是指根据国家的统一规划,由国家统一选拔、派遣并承担费用的进修形式,目前主要是依托国家留学基金委员会进行相关项目的选派、资助与管理。根据建设创新型国家、国家中长期科技发展规划等战略对特殊和高层次人才的需要,国家公派不断改革创新选派机制,侧重于按项目进行选派,基本按照"个人申请、专家评审、平等竞争、择优录取、签约派出、违约赔偿"的选派管理办法,重点满足国家重大发展战略、重大工程、重大项目及未来经济社会发展对高层次创新人才培养的需求,逐渐形成了以访问学者和研究生为主,兼顾其他类别的多模式、多渠道、多层次的选派格局。

二是由各级地方政府、教育部门或其他部门资助的政府公派。除国家公派外,为进一步推进教育国际化,各级地方政府、教育部门或其他部门参照国家公派选派模式,依靠地方财政对高等学校、企事业单位、行政机关、科研机构的工作人员和在校学生进行出国留学项目资助,其中高等院校教师依然为主要资助对象。

三是由高校事业经费资助的学校公派。在国家和政府类公派资助之外,各高校可根据自身学科发展和师资队伍建设需要,利用学校事业经费资助教师出国进修。目前这仍是教师公派出国进修的主要途径。

四是由教师个人科研项目经费或外方经费等资助的自费公派出国进修。

根据教育部相关统计数据,改革开放40年来,通过各类途径出国留学人员累计已达519.49万人,目前有145.41万人正在国外进行相关阶段的学习和研究。2017年,我国出国留学人数首次突破60万大关,达60.84万人,同比增长11.74%。据悉,国家公派出国留学人员(含高校教师)呈常年稳定增长趋势,培养了一大批具有国际视野和竞争力的紧缺人才和战略后备人才。2017年国家公派出国留学人员达3.12万人,分赴94个国家。其中,访问学者1.28万人,占派出总数的41.03%;硕博研究生1.32万人,占42.31%。单位公派留学瞄准行业需求,派出人数达到3.59万人,增幅119.71%。在2017年出国留学人员中,自费留学共54.13万人,占出国留学总人数的88.97%。

二、高校教师公派出国管理工作存在的主要问题

目前,各个高校均已意识到师资队伍国际化培养的重要性,业已通过国家、政府、学校公派等途径加大选派优秀教师出国进修力度,以期实现高校的国际化发展。但是,随着教师公派出国进修活动日益频繁,高校教师公派出国在"选、出、归"三个环节管理中的问题也不断凸显。出国前选派统筹规划缺乏、选派目标不明,教师在外过程管理缺位,回国后考评机制缺乏,合作平台建设薄弱等等,这些问题在一定程度上制约了教师公派出国的成效。

(一)统筹规划缺乏,选派工作目标不明

近些年各高校纷纷根据学校实际情况,制定了相应的教师公派出国进修政策,鼓励教师出国进修,并将其作为职称晋升的必要条件,逐步提升教师队伍出国进修比例。但由于教师出国进修成效显现较为滞后,需要一个过程,导致大部分高校在追求国际化率时并未真正从根本上对教师出国进修工作进行整体分析与规划,对选派工作目标、教师队伍国际化率的提升和教师出国进修效果的协调平衡未做深入探讨。

笔者在对江苏部分高校教师公派出国管理工作的调研中发现,目前教师出国

进修的主要渠道还是通过申请国家留学基金、江苏政府留学奖学金、省高校优秀中青年教师和校长赴境外研修项目以及各校自行选拔的学校公派与自费公派等。各项目选拔时较为注重是否获取外方邀请函、外语水平、年龄、职称、学历等，有的项目对访学学校及学科排名等也提出了要求，但除了这些基本条件外，各项目对教师访学的必要性、进修专业是否吻合以及预期成效等关注较少，在选拔时较难把握。而高校作为直接管理者，对教师公派出国进修一直持"放任"态度，即鼓励教师凭自己能力申请，若获得资助则同意出访。但部分高校在积极完成上级部门下达的各类公派申报工作任务的同时，并未深入参与教师公派出国进修的全过程管理，也未能从学科发展、教师发展的角度对教师公派出国进修工作进行统筹规划。对于教师个人而言，在资助项目类别以及申请进修访学国家、学校、专业、导师的选择方面也均以个人意愿为主，容易受其他因素影响。因此，虽然每年教师公派出国进修人员越来越多，但从整个管理工作角度来看，缺乏统筹规划，人员派出随机性较强，随意性较大。以其中某高校为例，2015—2017年教师通过申请各类公派出国进修141人，经了解，几乎都是通过个人联系外方获取邀请函，而在个人联系外方的过程中，有将近20%的教师因为申报时间较紧、中意学校答复不及时等原因，放弃了与其研究方向较为一致的学校或导师。此外，消费水平、语言问题等也在很大程度上影响了教师对访学学校及导师的选择。

(二) 过程管理缺位，实施计划监督较难

由于空间、时差、通信等因素限制，高校对公派出国进修教师在外期间的管理存在一定难度，进修计划实施进度与阶段效果不易实时掌控。目前，教师公派出国进修的在外管理一般依赖于中国驻外使领馆，由于人员众多，使领馆有时也无法全程顾及，国外导师和访学学校亦不便于管理，计划监督实施较难，因此教师公派出国进修很大程度上取决于教师本人的自觉性，从而难以避免少部分教师被国外新鲜事物所惑而忘记了研修的主要目的，导致研修活动变成了"游学"，也存在少数教师因为不适应国外生活、思乡情切而擅自归国的情况。同时，高校内部管理部门和院系之间在教师出国进修期间的管理上也存在职责不清的问题，管理部门和院系均不清楚自己应该管的是哪些方面，也没有详细的管理方法和规定，因而造成管理上的缺位。

（三）考评机制缺乏,衡量标准笼统单一

长期以来,由于缺乏统筹规划,教师公派出国进修工作一直存在重选派轻考核、重数量轻质量的现象。笔者对当前选派部门相应政策进行研究时发现,从选派项目来看,无论是国家还是地方政府或是高校自身,都未真正建立教师公派出国进修的成效考评机制,只是要求教师回国后提交留学回国总结、留学回国证明等,对教师留学期间或回国一段时间内的成果产出、研修计划执行是否一致以及相应的奖惩措施等未作明确规定。例如,《2019年国家公派高级研究学者、访问学者、博士后项目选派办法》对派出人员管理与考核作出如下规定:"推选单位应制定本单位国家公派访问学者出国留学管理办法,统筹考虑'选拔、派出、管理、回国'各环节,对留学人员加强目标和过程管理,具体工作应有专门机构和人员负责。"按此《办法》,对公派出国教师管理与考核的责任主要在高校,而高校对派出人员回国考核的积极性与重视程度明显弱于申报管理,即便在相应管理办法里设定了考核的相关要求与标准,也往往偏于形式,衡量标准笼统单一,可执行性较弱。因此,考评机制的缺乏直接导致一些派出教师只重公派出国进修名义而缺少任务导向。一些派出教师虽做了一定工作,却与拟定的进修计划严重不一致。凡此种种,使得教师公派出国进修在投入与预期产出之间难成比例,造成资源投入一定程度上的浪费。

（四）合作意识不强,交流活动难成体系

随着国家影响力日益增强和高校公派出国进修工作日益深入,教师出国进修的目的地国家和学校的可选择范围日益扩大,高校教师出国进修活动的频次和人数日益增加。但高校除了提供经费资助、协助办理派出手续外,对教师出国进修的目的地国家、学校的选择干预过少,对外合作意识不强,不重视合作平台建设,导致整个出国进修活动数量不少但管理较为松散,访学学校层次不一,交流活动难成体系。依然是以上述某高校为例,对其2015—2017年出国进修教师的数据进行分析得知,141名教师访学国家主要集中在美国、英国、澳大利亚、加拿大、新加坡等(见表1),相关学校多达90余所,但泰晤士世界排名前200高校不多,只有37所,占比仅为40%左右。同时,国外高校中仅有3所学校与该校相关学科建立了长期合作交流关系,且定期会选派教师前去学习进修,但该校其他学科并未及时利用现有资源,通过教师公派进修来增强海外合作平台建设。

表1 某高校2015—2017年教师出国进修人数分布情况

访学人数	美国	英国	澳大利亚	加拿大	新加坡	其他国家	总计
访学总人数	65	30	8	12	9	17	141
泰晤士排名前200高校访学人数	27	20	2	2	9	7	67

三、高校教师公派出国管理效果提升对策

(一) 加强人员选派统筹规划

1. 加强顶层设计,科学制定教师公派出国进修计划

高校要及时转变观念,加强师资队伍的国际化培养,要立足办学定位,综合考量各学科及人才梯队的发展需求,从长远发展的角度加强顶层设计,科学制定教师公派出国进修计划。对选派人员进修的学科方向、培养目标、指标分配、预期成果、过程管理、考核要求、配套保障等进行合理规划,并分解落实到各院系及相关职能部门;将国际化指标和任务纳入各部门年度工作计划及聘期考核体系,做到规划先行,使进修人员所在学院可以更好地做好教学安排与任务分配;教师个人则能够有计划地联系访学单位并参加外语考试,以免因时间仓促而错失公派申报机会或扰乱正常的教学、科研秩序。具体如图1所示。

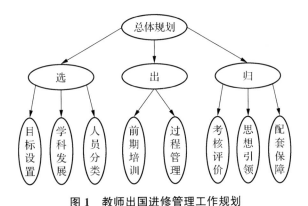

图1 教师出国进修管理工作规划

2. 实行分类选派,科学制定公派出国进修目标

在公派出国进修人员选派过程中,高校要科学规划和统筹各学科、各类型教师的研修目标和方向,实行分类选派,做到各有侧重。从学科角度来看,可以适当偏

向学校重点建设的学科和专业,在推荐指标、选拔条件、经费投入、考核指标等方面有所侧重,对于其他学科发展需求也应合理平衡。从人员类型角度来看,可分为科研型、教学型、管理型三种,科研型教师选派应以科研能力与发展潜力为主要依据,教学型教师选派则应以教学成果、双语教学及前沿课程开设等情况为主要依据。同时,高校也应加强科技、学科、教务、人才引进与培养、国际交流等主要职能部门相关管理人员的公派出国进修工作,督促其学习国外先进的管理理念与方法,加强国际交流合作,实施国外优秀人才引进计划。

3. 坚持精选精派,高度契合学科发展实际需要

在公派出国进修人员的选派过程中,高校要从学科发展的长远与实际出发,严格坚持精选精派原则,有计划地选派学科带头人、具有学术潜力的青年骨干教师以及合适的学术团队,进一步促进学科发展人才梯队的形成。学科带头人是其所在研究领域具有同行领先水平的关键人物,是科研的主力军,是学科发展的关键,能够带领、指导整个学科的发展并取得学术成果;青年骨干教师正处于个人学术研究的上升期,需要掌握国际学术前沿动态,需要从事大量的科学研究并累积学术资源,从而成为学科发展的生力军和后起之秀。因此,有计划地选派这两类教师到国外一流大学或科研机构参与学术前沿研究项目,无疑对学科的发展与创新有莫大利好。同时,高校也应根据学科建设需要,以学科梯队和学术团队的形式分年度、有计划地派出教学和科研人员,进行定点研究或项目合作,从而扩大学术影响力,提高知名度,进一步强化学科梯队和学术团队建设。

(二)注重人员派出过程管理

1. 强化培训指导,增强教师在外适应性

高校应优化教师派出手续办理流程,加强对教师国外生活技能的培训与指导。特别是对首次出国的教师,学校外事机构或相关部门应组织培训班对他们进行专门的指导和培训,配备专门人员协助教师办理出国手续,同时应积极组织这些教师与以往的出国人员进行经验交流与分享,帮助他们尽快熟悉国外的学习与生活。

2. 注重定向追踪,及时掌握研修人员在外动态

在加强对公派出国进修人员在外管理方面,高校必须从关怀角度出发,探索有效的过程跟踪管理机制,做到以人为本,定向追踪。第一,应及时、全面地掌握出国进修人员的通讯信息,包括通信地址、电话、邮箱、QQ、微信等,完善出国进修人员

网络信息管理平台建设,为及时沟通建立尽可能多的渠道;第二,高校应指定专人通过网络定期与出国进修人员进行联系,及时了解其在外生活、学习、科研情况,帮助其解决实际困难,表达关心,让他们感到温暖,增强出国进修人员归国服务的向心力;第三,应要求出国进修人员定期提交出国进修工作小结和国外导师出具的综合评价意见,确保教师个人、国外导师及派出高校三方对教师进修期间的学习、工作情况有明确了解,以便加强监督;第四,可以充分发挥海外合作单位或海外当地华人专家、学者的作用,建立出国进修沟通合作的纽带,形成人才资源库,建立综合帮扶网络。

(三) 完善回国考评管理机制

1. 强化目标管理,科学实施进修成果考核评价

在教师公派出国管理过程中,高校应始终强化目标管理,将目标管理理念贯穿于计划制定、人员选派、在外管理、考核评价及作用发挥的全过程;积极制定和规范出国进修的申报、选拔及考核机制,要求教师出国前明确进修任务,促使其能够产出高水平成果,实现出国进修成效最大化。目前,大部分高校已开始对教师公派出国进修成果进行考核评价,并形成了相应的考核文件,但在评价指标针对性方面还有所欠缺。对于不同类型的教师,高校应制定相应的成果考核指标,包括科研、教学、人才引进、对外合作等各个方面。考核指标应各有侧重,科研型教师以科研成果量化为主,教学型教师以教学成果量化为主,管理型教师以促进人才引进与对外合作为主。在此基础上,教师在公派出国进修前就可以明确个人需要完成的进修任务,并根据任务制定进修计划并督促自己按计划完成。同时,因成果产出具有一定的周期性和规律性,高校也应科学、合理地设定考核周期,不能急于求成。对于考核合格且出色完成进修任务的教师,高校应给予适当奖励,并注意发挥其模范作用;对于考核不合格的教师,高校也应给予相应惩戒,以儆效尤。

2. 注重"以人为本",进一步加强思想政治教育工作

在进修过程中,由于受西方文化、价值观念及工作和生活软硬件条件等影响,部分教师归国后可能会出现心理上的不适应状况和心态变化。针对此种情况,高校要时刻关注归国教师的心理状况,加强思想政治教育工作,弘扬社会主义价值观,坚定他们服务祖国、报效祖国的信心和决心。要注重思想政治教育的方式方法,实事求是、客观地分析国内外文化和形势差异,在尊重个体价值和尊严的基础

上引导教师有意识地防范意识形态渗透,使他们能够正确对待国内外环境和条件上的差距,树立克服困难、开拓进取的勇气,同时还应让他们认识到国内学科的落后之处正是他们奋发进取的动力源泉。相关管理部门也要进一步强化服务意识,真正做到"以人为本",注重与他们的情感沟通,真诚为他们提供帮助和服务,协助他们顺利度过不适期。

(四) 加强教师公派管理保障

1. 构建合作平台,切实推进进修成效最大化

高校在加强教师公派出国进修工作的过程中,必须注重发挥学院在教师国外进修过程中的作用,推动学院利用教师出国进修的机会,以学科为方向,积极构建长期而稳定的对外合作交流平台,建立长期的合作交流关系。对外合作交流平台的建立可以使本学科教师的出国进修活动便捷化、整体化、系统化,使出国进修成效在本学科领域内更易相互交流、分享与促进;另外,对外合作交流平台的建立也便于定期邀请国外相关专家、知名教授前来指导、交流,进一步促进对外合作及成果产出,便于国外先进技术和人才的引进。因此,以学院为单位,积极构建对外合作交流平台,不仅可以很好地解决目前教师出国进修活动分散化、国外学校选择盲目化的现状,还可以在"引进来"和"走出去"的互动中建立教师出国进修工作的长效机制,实现收益最大化。

2. 完善配套保障,逐步优化人才发展环境

在加强对出国教师的选派、管理、考评与引导的同时,高校还应从学校实际出发,尽可能地完善相关配套保障,为人才发展创造良好的环境,从而留住人才,发挥人才功效。首先,要优化政策环境,不断探索和完善有利于归国人才发展的相关政策,保障归国人员利益,使其愿意留在国内发展,服务学校,服务祖国;其次,要优化工作环境,为归国教师提供良好的科研环境,增加科研经费及实验室、实验设备等科研基础设施的投入,同时营造校内文化氛围,对其进行引导与熏陶;再次,就是优化生活环境,主动帮助归国人才处理人际关系问题,及时了解他们的心理动向,帮助他们做好心理调适,解决他们生活中遇到的问题;此外,积极发挥留学归国人员联谊会的作用,搭建人才之间沟通的桥梁,促进人才相互融合以及学科的交叉发展。

总之,教师公派出国进修已成为高校实现教育国际化的重要途径,各高校应从

自身实际出发,切实加强教师公派出国进修管理力度,加强人员选派、管理、考核与保障机制建设,进一步促进教师公派出国进修工作取得更大成效。

(徐文睿　陆艳)

高端引领　创新师资引培实践与路径

教师作为高等学校科学研究和人才培养的主体,是高校的核心力量,师资队伍的国际化必然成为高等教育国际化的核心部分,同时,师资队伍国际化是建设一流大学的基础、是建设一流学科的保证、是开展国际科研合作和学术交流的前提、是实现大学课程国际化的中介、是实现学生国际化的桥梁。

江苏科技大学船舶与海洋工程学院坚持"面向国际,联合发展"的方针,将国际化上升到引领学院整体发展的优先战略,特别将师资队伍建设纳入国际化的重要维度中统筹布局,以建设船舶与海洋工程学科为龙头,建设一流合作机构为依托,一步步走向开放、共享的师资队伍国际化发展新常态。

一、注重高端引领,打造"高层次海外学者+团队"引进新模式

学院强化人才引进工作的全球意识和"不求所有、但求所用、更求所为"的战略思维并形成共识,根据学科、专业重点研究方向及研究基础,梳理国外船舶与海洋工程学科具有影响力的知名学者,通过积极联络,采用"讲学—合作—聘用"的阶梯式递进合作方式,达到为船舶与海洋工程优势学科服务的目标。

(一) 坚持"引进来"

对话一流,重点开展海外高层次人才的引进工作,采取"一人一策"的超常规举措,集中力量,实现了标志性人才引进的重大突破:全职引进挪威科技大学 Oleg 教授。Oleg 教授积极承担推荐优秀海归博士、为本科生和研究生开设课程及主办国际学术研讨会等工作职责,大大提升了江苏科技大学"船舶与海洋工程"学科的国际化水平。从目前所取得的成绩来看,引进是成功的,远远达到了引进初衷和目标。

在 Oleg 等教授牵线搭桥下,学院完成了英国劳式教育基金会首席专家、伦敦大学机械工程系吴国雄教授(2015 年中国高被引学者榜单中"海洋工程"学科排名

第一)的引进工作,并正着手国际船舶与海洋工程领域著名专家 Torgeir Moan 教授的引进工作。

(二) 坚持"请进来"

学院柔性引进英国斯特拉斯克莱德大学黄山教授、美国船级社(ABS)高级分析部及中国海洋工程技术中心主任王革教授等国际船舶与海洋工程知名专家,组建科研团队,联合申报国家或国际科技项目。其中黄山教授于 2011 年获批江苏省特聘教授,2012 年获批国家自然科学基金面上项目 1 项,王革教授于 2012 年获批江苏省特聘教授。

积极举办高端讲座和国际学术会议。2015 年底学院主办召开国内首届"冰区船舶国际研讨会",这是校内举办的最高规格的国际会议之一,来自德国、法国、英国、美国以及乌克兰等国冰区船舶与极地技术领域的专家学者为广大教师和学生搭建了探讨"冰区船舶关键科学问题"的国际平台。国际著名专家 Arvid Naess 教授、Carlos Guedes Soares 教授、朱庭耀博士等相继来学院举办多场高端学术讲座,拓展了教师和学生的国际视野,其中朱庭耀博士每年来学院举办两次学术讲座,并已坚持多年。

学院目前正启动"海外引智"工程,计划邀请 6 名国际知名专家赴学院在为期 1 个月的时间内为船舶与海洋工程专业本科生开设 8 门专业课程(目前课程已通过教研活动广泛讨论确定),打造本科生人才培养国际化师资队伍超强团队,最大程度扩展学生的国际视野。

二、拓宽教师国际化培养途径,大力推进师资队伍国际化发展

(一) 瞄准一流,打造国际化师资培养新平台

学院积极与世界一流大学共建国际化的科研机构,为本土教师着力打造高水平科研平台和培养基地。

(1) 与世界一流大学建立深度合作关系。依托"船舶与海洋工程"江苏省优势学科,积极联合挪威科技大学、葡萄牙里斯本大学成立"冰区船舶国际研发中心",与乌克兰马卡洛夫国立造船大学成立"中-乌船舶与海洋工程产业"江苏跨国技术转移中心(该跨国技术转移中心 2013 年获批国家级跨国技术转移中心),为广大教

师搭建国际科研合作平台。目前已有1名教师完成与葡萄牙里斯本大学科研合作项目回国。

(2) 在世界知名高校设立培养基金。学院积极开展与世界知名大学间的合作,在英国斯特拉斯克莱德大学利用"4+0"及"1+1.5"合作办学协议设立教师教学研修和高级访问培养专项基金,开展国际化师资"定向培养",目前已有2名教师完成教学研修和高级访问任务。

(二) 孕育一流,提高本土教师国际化能力

鉴于船舶与海洋工程学科的特点以及学校学科平台、资金方面的限制,大规模招聘世界一流和知名大学的教授来学院任教这条"引进来、请进来"途径可能还存在较大的困难。

结合当前我国高等教育国际化的大背景,以及学院的具体情况与师资现状,深耕细作"走出去"战略,开创了学院师资队伍国际化"走出去"方面的"VS—IP—ICM—ICE—ODD"模式。

(1) VS(Visiting Scholar)渠道:学院根据学科建设和专业发展的需要,选取世界一流大学如挪威科技大学、葡萄牙里斯本大学的相应学科和核心基础课程,形成学科和专业资源库,并结合教师个人的职业生涯规划,制定教师的出国(境)研修规划,鼓励他们申请国家、省出国留学基金等计划,推荐他们赴以上国外知名大学进行访学。同时鼓励具有优秀科研成果的教师自费公派,以院际交流的形式出国访问交流、合作科研。目前已有多名教师完成科研合作交流。

(2) IP(International Project)渠道:学院出台相应的措施鼓励、引导教师与国际一流大学的研究学者共同申报科研课题,学院给予相应的经费支持,培养教师在全球范围内寻找合适的学术资源及进行资源整合和相应配置的意识,通过与一流大学的学者进行项目合作来促进教师科研国际化能力的提升。目前已有2名教师完成国际合作项目研究工作,取得丰硕的科研成果。

(3) ICM(International Curriculum)渠道:通过国际化课程来加快学院师资队伍国际化建设步伐。课程国际化是世界一流大学的主要特征之一,师资队伍国际化则是实现大学课程国际化的中介与有力保障。学院依托中外合作办学项目,每年派遣2名教师赴美国印第安纳普渡大学等知名高校进行为期3个月的教学研修,使得教师感受到了世界一流大学的教学理念、方法和氛围,有效提高了教师的

外语应用能力,同时有效促进了学院全英和双语课程的开设。

(4) ICE(International Conference)渠道:通过资助参加国际会议大大增强学院师资队伍国际化自信心。积极鼓励广大教师出国参加学术会议,费用学院全额(2013年前)或50%(2013年后)资助。在国际船舶结构力学领域最高级别大会(ISSC)上,学院有3人(中国区14人)连续5届担任委员,他们通过会议不但就船舶行业热点问题发表看法,还表达了中国学者的价值立场,赢得了充分尊重,扩大了江苏科技大学及学院的国际影响力。

(5) ODD(Overseas Doctoral Degree)渠道:学院会同人事处,积极鼓励和资助教师赴国外知名大学攻读博士学位。目前1名教师在英国城市大学已完成学业并取得博士学位(是学校培养的第一位海外博士),另有2名教师分别在英国斯特拉斯克莱德大学、乌克兰马卡洛夫国立造船大学攻读博士学位。

(周宏　嵇春艳)

问题导向　创新分类评价制度与保障

教师队伍是高校办学实力和学术水平的关键影响因素,教师队伍的壮大与优化是高校发展与建设的重要内容。教师评价体系作为高校人才培养、岗位聘任、薪酬设计等环节的重要依据,对教师队伍的建设发挥着重要的引导、监督与激励作用。

我国教师评价经历了从改革开放到20世纪80年代中后期的合格评价阶段、20世纪80年代后期体现择优评价的职务评审导向阶段、20世纪90年中期至今的择优评估和分配导向阶段。评价方式从定性发展到定量,又发展到目前的定性与定量相结合,评价思想从仅考虑绩效的奖惩性评价转化为融合教师个人发展目标的发展性评价,评价体系逐步发展为目前的以职称及岗位为基础、以高校三大社会职能为指导、以教师个人素质及愿景为目标的教师分类评价体系。

针对高校教师岗位设置及分类评价问题,国家先后出台了一系列指导性文件,包括《事业单位岗位设置管理试行办法》《关于高等学校岗位设置管理的指导意见》及《教育部关于全面提高高等教育质量的若干意见》,其中在关于全面提高高等教育质量的若干意见中,明确要求完善教师分类管理与评价办法,要求针对不同类型教师的岗位职责与任职条件制定相应的聘用、考核、晋升及奖惩办法。

一、当前国内高校教师分类评价实施情况

在社会经济体系逐步完善、人才培养机制日益成熟、国家人事部门强力推动的形势下,各高校结合学校定位及发展目标,逐步开始推行人事制度改革,积极推动岗位设置与教师分类管理的各个环节不断向前运行。目前,以浙江大学、武汉大学为首的部分高校已顺利完成首个聘期的岗位聘任工作。

(一)研究型大学基本完成教师分类评价的岗位聘任工作

以浙江大学、武汉大学为代表的部分研究型大学已经完成教师分类评价、分类管理的岗位聘任工作。2010年,浙江大学按照"人尽其才,才尽其用"的基本原则,坚持"分类引导、科学评估、强化激励、动态调整",设置以教学为主、以研究为主、教学科研并重、团队科研与教学、社会服务与技术推广等教师岗位。武汉大学在科学合理设置岗位、优化人才与学科结构的基础上,将教师岗位分为科研为主型、基础教学型、教学科研并重型三个岗位类型。复旦大学针对教学为主的教师,单独在高级岗位中设置"高级讲师"和"正高级讲师"岗位。

(二)教学研究型及教学型大学已开始探索,但实施率较低

"以教学、研究相结合,研究为重点"的教学研究型大学和"以人才培养为重点"的教学型大学由于教师结构相对单一,同时因学校整体办学水平所限,目前正根据学校实际情况有重点、有策略地逐步推行人事制度改革,积极探索教师分类管理,但实施尚需时日。例如,东华大学结合学校自身实际对教师实施按岗设置、分类管理,以科学设岗、优化结构、按岗聘用等原则,将学校教师岗位明确分为专业技术岗位、管理岗位和工勤技能岗位,但其对专业技术岗位的教师并没有实施教学与科研类型的进一步分类。

二、当前国内高校在实施教师分类评价过程中存在的问题

目前部分高校已经完成教师首个聘期的岗位聘任工作,通过对这部分高校岗位聘任及分类管理的过程进行分析,加之我国一直存在的高校自身类别不明确及国内高校教师绩效评价偏重科研等弊端,国内高校在实施教师分类评价过程中存

在部分问题。

（一）高校分类不明确，高校发展目标定位不明晰

类别不同、层次不同的高校在科研水平、人才培养、社会服务等方面扮演着不同的角色，具备明确的分工。我国目前高校分类不清，虽然国家提出建设研究型、教学研究型、教学型等不同类型的高校，但由于国家政策及利益导向，各高校均向综合性、研究型院校看齐，一方面重复建设造成国家资源巨大浪费，另一方面高校尚未结合自身条件进行准确定位，发展目标定位不明晰，导致高校在师资队伍建设方面同样存在着定位不清、目标不明的问题。

（二）高校教师绩效评价环境不成熟，重科研轻教学思想依然占主流

目前我国高校教师绩效评价环境尚不成熟，由于长期以来在职称评审、科研项目申报、教师考核、职务晋升等环节树立以科研为重的基本思想，导致高校向科研能力、科研成果倾斜较为严重。高校在教师绩效考核时，主要考查教师论文、项目、获奖等与科研密切相关的指标，对于教师教学能力、教学水平、教学改革等方面的投入缺乏同等级别的对待，导致高校教师不顾个人情况与理想，投入主要精力去进行学术科研，而教学的投入则相对缺乏热情与积极性。

（三）分类评价标准缺乏高层指导

目前，我国虽然已经出台有关文件指导高校教师分类管理，但依然是各高校独立运作教师分类评价及管理。显然，高校教师的分类管理绝不是一所高校乃至几所高校的任务，整个高等教育系统义不容辞。国家对于高校教师分类评价标准缺乏指导，不同高校的教师分类各不相同，导致高校教师在人才流动过程中遇到问题，最终将影响高校教师的分类管理与长远发展。因此，构建政府层面切实可行的高校教师评价制度与方法迫在眉睫。

（四）薪酬、奖励等配套体系不完善

在实施高校教师分类评价过程中，教师会结合自身素质与情况选择合适的教师类型及岗位，但由于薪酬和奖励等配套体系不完善，将直接影响教师的选择与发展方向。对于选择教学型的教师来说，不但缺乏科研型教师的科研经费，而且无法

获得科研项目、获奖、高水平论文等方面的科研奖励;对于科研型教师特别是从事基础学科科学研究的教师来说,基础理论研究的长期性与每年都要进行的科研绩效考核冲突严重。

三、国内高校教师分类评价对策分析

(一) 实现高校科学分类,明确高校发展目标

高等学校分类本身就是一个复杂问题,我国以政府为主导的分类评价必须尽快实行,尽快解决高校分类标准设计等关键问题,形成不同的高等学校分类框架与方案,促进高校分类、分层次建设与发展,以满足社会大众对于高等教育的多样性需求。高校应结合自身特点,根据分类框架制定发展目标与中长期规划,发展自身特色,这样才能对高校教师的分类提供指导与引领作用。

(二) 明确高校教师分类评价目的,激发教师积极性

教师评价体系本身是通过评价过程的反馈、调控作用,发挥教育评价的导向、激励和促进功能。教师分类评价的根本目的在于根据高校的定位以及高校教师的职称、研究领域、发展方向等对教师进行合理的区别与分类,明确其任务及目标,在促进教师个体发展的同时兼顾学校师资队伍不断发展,做到人尽其用、人尽其才,同时明确不同类别的教师只是发展方向不同,无论教学或科研,为学校做出的贡献同等重要,从而最大限度地激发教师工作的积极性。

(三) 建立高校教师分类评价动态平衡机制

高校分类评价在实施过程中不是固定不变的,应当建立动态平衡机制。一方面,在高校实施教师分类管理过程中,不断调整评价指标、考核体系等,确保学校在教学和科研方面人力配置均衡,不会出现某种类别过热的现象;另一方面,对于教师在教学和科研方面的发展,学校应当灵活处理。教师的类型不是固定的,根据教师意愿,其发展符合某个类别的要求,就按照相应的类别进行考核,这样教师才能安心进行教学与科研,保持持续的积极性。

(四) 完善保障与配套体系

完善的教师分类评价保障与配套体系是高校教师分类评价顺利实施的基础,

教师分类评价是否科学合理也是依靠分类评价配套体系来检验。教师分类评价保障与配套体系包括薪酬、奖励、晋升、职称评定等内容,不仅要满足高校教师的经济利益,还要满足高校教师的心理需求及社会影响力。

四、总结与展望

基于国内高校教师分类评价实施现状,本文深入分析了高校教师分类评价过程面临的问题与难点,从宏观层面指导高校分类管理,从微观层面明确高校教师分类评价目的,为高校建立教师分类评价动态平衡机制、保障与配套体系等提供对策与建议。

(李锋　尹洁)

典型案例

案例1:深化内涵　打造优质队伍

青年教师不仅是高等教育人才培养的生力军,更是高等教育提升内涵的排头兵。大学的师资决定了学校的层次和人才培养的效果。江科大以深化内涵建设为指引,以强化师资队伍建设为核心,以提高教育教学水平为根本,全面实施本科教学改革与质量提升工程。

课前:以老带青,行知合一

为了应对高等教育日新月异的变革形势,江科大成立了教师教学发展中心,挂靠学校教务处,中心服务的对象是全校中青年教师、课程负责人以及专业带头人,引领并带动他们更新教学理念,提高教学水平。中心每两年举办一届青年教师发展研习班,有计划地对青年教师分批进行教学能力、业务等方面的培训。同时出台支持政策,鼓励教师增强工程实践锻炼和出国深造。

上课:优化过程,改革考核

江科大是全国高校中船舶相关类学科专业最全的高校之一,是具备为船舶行业提供全方位服务的高校之一,也是具备船舶工业人才科技整体性和应用性优势的高校之一,被誉为"中国造船工程师摇篮"。新世纪提出创办一流造船大学长远目标后,学校将培养高质量、高素质的创新型人才和产出高水平的科技成果作为实现宏伟愿景的重要路径,不断加强课程教学改革力度,推进人才培养模式创新,实施教书育人新的考核机制。

课后:学生评价,教学相长

上课好不好,老师好不好,毕业生最有发言权。两年一次的教学模范评选活动,江科大一改以往由学校或学院推荐、学生投票的方法,独具匠心面向全体毕业生征集优秀教师提名。每次最多提名2名专业课和2名专业基础课老师、1名公共课老师,年龄、职务、职称均都不限。毕业生对所有给自己上过课的老师进行回顾,只凭对老师教书育人的直接感受提名。该方案首次推选,全校1100多名教师中有120多人被毕业生"青睐",名单一经公布,激励了所有年龄段的老师。除了毕业生评价,学校还建立健全了学期中、学期末学生评教机制。据统计,近年来学校学生"评教"中绝大多数教师总体得分都在90分以上,学生评价良好和优秀的老师占到90%。

(原载于中国江苏网,2014年6月19日)

案例2:涵育师德 厚植教育根基

师德是教书育人的根本,江苏科技大学历来非常重视师德建设。6年前,学校一纸"师德公约"开全国先河,"让教育更纯粹更真诚,更好地影响未来有影响力的人!"一言诺,一诺行。6年来,学校优秀教师典型次第涌现,他们投身教学、献身教育、爱生如己,已然成为学校师德师风建设一道亮丽的风景。如今,"让每一名教职工都拥有人生出彩机会"倡议深入人心,至善师德风尚蔚然成风。

强化思想价值引领,"以本为本"秉承初心。学校连续开展系列师德专题教育活动,将师德师风作为评价教师队伍素质的第一标准,汇编国家、江苏省和学校加强师德师风建设重要文件12份。进一步强化师德要求,组织教师签署师德承诺书,严抓师德师风建设,每一个环节不松懈,严格规范教师履职履责行为。强化师德师风考核和监督机制建设,在人才工程、评优评先、职称评定等工作中,率先推行师德"一票否决"制。

开展为期3个月的"厚植爱国情怀,涵育高尚师德,加强新时代教师队伍建设"专题网络培训活动,各学院教师代表、师德建设工作人员接受全面系统培训。每年表彰"教学名师",让奋战在人才培养一线的优秀教师更有价值感和获得感。各二级党组织通过教职工大会、教职工政治理论学习、支部学习等形式,开展师德精神学习与讨论,引导广大教师时刻以立德树人为己任,自觉提升师德修养,严守职业行为准则,把教书育人与自我修养结合起来,坚持以德立身、以德立学、以德施教、以德育德,做学生健康成长的指导者和引路人。

深根厚植"船魂"精神,典型引路锤炼高尚师德。全国教育系统创先争优典型、全省道德模范景荣春教授是学校"船魂"精神的杰出代表。在景荣春事迹感召下,一大批精心育人、鞠躬尽瘁的优秀教师不断涌现,周青春、章明炽、杨松林、尹群、张学军……他们的名字在师生间熠熠生辉,师者春风泽被莘莘学子。今年上半年,学校在官网、官微持续开设"战疫人物""江科大新青年""身边的榜样""我在平凡的岗位上"典型人物专栏,目前推出新青年典型24名,平凡岗位典型15名,有"支援口岸语言守护国门"的"花木兰"、有勇挑学科科研重担的"江苏省优秀共产党员"……正如一位校友评价学校吴琼英老师所言:"以人格培养人格,以灵魂塑造灵魂。"他们,作为优秀群体正在接下接力棒,自带"光芒"开辟新时代师德新风尚。

(原载于人民日报海外网,2020年6月5日)

案例3:营造环境　集聚高端人才

办一流本科教育,关键要集聚高端人才。有了高端人才的集聚,才会有科研能力的提升,从而反哺教学,带来人才培养质量的提升。目前,学校拥有国家级、省部级高层次人才160余人;拥有省高校"青蓝工程"团队、优秀科技创新团队、哲学社会科学优秀创新团队、省"六大人才高峰"创新人才团队13个。

当前,学校大力推动"533"人才工程,瞄准国家级别人才和创新群体,完善优势"学科(人才)特区"政策,实施学科带头人培养与储备计划,为领军人物及其团队提供优质的教学科研支撑条件,努力营造有利于优秀人才脱颖而出的学术环境,解决人才后顾之忧,让人才"进得来,留得住,有发展空间"。该工程启动以来,学校已引进了300多名博士入职,有力地壮大了师资队伍,为学校的高质量发展提供了人才保障。

业提供全方位服务的高校之一,也是具备船舶工业人才科技整体性和应用性优势的高校之一,被誉为"中国造船工程师摇篮"。新世纪提出创办一流造船大学长远目标后,学校将培养高质量、高素质的创新型人才和产出高水平的科技成果作为实现宏伟愿景的重要路径,不断加强课程教学改革力度,推进人才培养模式创新,实施教书育人新的考核机制。

课后:学生评价,教学相长

上课好不好,老师好不好,毕业生最有发言权。两年一次的教学模范评选活动,江科大一改以往由学校或学院推荐、学生投票的方法,独具匠心面向全体毕业生征集优秀教师提名。每次最多提名2名专业课和2名专业基础课老师、1名公共课老师,年龄、职务、职称均都不限。毕业生对所有给自己上过课的老师进行回顾,只凭对老师教书育人的直接感受提名。该方案首次推选,全校1100多名教师中有120多人被毕业生"青睐",名单一经公布,激励了所有年龄段的老师。除了毕业生评价,学校还建立健全了学期中、学期末学生评教机制。据统计,近年来学校学生"评教"中绝大多数教师总体得分都在90分以上,学生评价良好和优秀的老师占到90%。

(原载于中国江苏网,2014年6月19日)

案例2:涵育师德　厚植教育根基

师德是教书育人的根本,江苏科技大学历来非常重视师德建设。6年前,学校一纸"师德公约"开全国先河,"让教育更纯粹更真诚,更好地影响未来有影响力的人!"一言诺,一诺行。6年来,学校优秀教师典型次第涌现,他们投身教学、献身教育、爱生如己,已然成为学校师德师风建设一道亮丽的风景。如今,"让每一名教职工都拥有人生出彩机会"倡议深入人心,至善师德风尚蔚然成风。

强化思想价值引领,"以本为本"秉承初心。学校连续开展系列师德专题教育活动,将师德师风作为评价教师队伍素质的第一标准,汇编国家、江苏省和学校加强师德师风建设重要文件12份。进一步强化师德要求,组织教师签署师德承诺书,严抓师德师风建设,每一个环节不松懈,严格规范教师履职履责行为。强化师德师风考核和监督机制建设,在人才工程、评优评先、职称评定等工作中,率先推行师德"一票否决"制。

开展为期3个月的"厚植爱国情怀,涵育高尚师德,加强新时代教师队伍建设"专题网络培训活动,各学院教师代表、师德建设工作人员接受全面系统培训。每年表彰"教学名师",让奋战在人才培养一线的优秀教师更有价值感和获得感。各二级党组织通过教职工大会、教职工政治理论学习、支部学习等形式,开展师德精神学习与讨论,引导广大教师时刻以立德树人为己任,自觉提升师德修养,严守职业行为准则,把教书育人与自我修养结合起来,坚持以德立身、以德立学、以德施教、以德育德,做学生健康成长的指导者和引路人。

深根厚植"船魂"精神,典型引路锤炼高尚师德。全国教育系统创先争优典型、全省道德模范景荣春教授是学校"船魂"精神的杰出代表。在景荣春事迹感召下,一大批精心育人、鞠躬尽瘁的优秀教师不断涌现,周青春、章明炽、杨松林、尹群、张学军……他们的名字在师生间熠熠生辉,师者春风泽被莘莘学子。今年上半年,学校在官网、官微持续开设"战疫人物""江科大新青年""身边的榜样""我在平凡的岗位上"典型人物专栏,目前推出新青年典型24名,平凡岗位典型15名,有"支援口岸语言守护国门"的"花木兰"、有勇挑学科科研重担的"江苏省优秀共产党员"……正如一位校友评价学校吴琼英老师所言:"以人格培养人格,以灵魂塑造灵魂。"他们,作为优秀群体正在接下接力棒,自带"光芒"开辟新时代师德新风尚。

(原载于人民日报海外网,2020年6月5日)

案例3:营造环境　集聚高端人才

办一流本科教育,关键要集聚高端人才。有了高端人才的集聚,才会有科研能力的提升,从而反哺教学,带来人才培养质量的提升。目前,学校拥有国家级、省部级高层次人才160余人;拥有省高校"青蓝工程"团队、优秀科技创新团队、哲学社会科学优秀创新团队、省"六大人才高峰"创新人才团队13个。

当前,学校大力推动"533"人才工程,瞄准国家级别人才和创新群体,完善优势"学科(人才)特区"政策,实施学科带头人培养与储备计划,为领军人物及其团队提供优质的教学科研支撑条件,努力营造有利于优秀人才脱颖而出的学术环境,解决人才后顾之忧,让人才"进得来,留得住,有发展空间"。该工程启动以来,学校已引进了300多名博士入职,有力地壮大了师资队伍,为学校的高质量发展提供了人才保障。

此外，学校还启动了职员制改革，深入推进职称评聘制度改革工作，探索专业技术职务直接认定办法，激发各类人才发展潜力、发展动力和创造活力。

（原载于《中国教育报》，2020年7月20日）

案例4：提振精气　岗位成就事业

学校综合办学实力不断增强，社会影响不断扩大，船舶海洋蚕桑特色进一步彰显，全体师生对学校发展充满期待和信心。面对区位、学科平台和资源投入上的优势不足，我们着力提振全校师生的"精、气、神"，激发潜力、潜能，让岗位成就事业，让干部担当作为。

学校以制度设计为牵引，激发潜力潜能，让干部担当作为，推动学校内部治理水平的提升。一是启动职员制改革，突出分类聘用，分类评价，加强制度建设。深入推进岗位设置与聘用管理工作，明确各类人员聘期岗位基本职责与关键绩效指标，探索建立更加完善的岗位聘用与绩效考核联动机制；深入推进人事分配制度改革，建立健全符合各类岗位定位与特色的评价体系和薪酬分配体系；深入推进职称评聘制度改革工作，探索专业技术职务直接认定办法，形成设置合理、评价科学、管理规范、人尽其才、适应发展的职称评价制度体系。二是重视青年教师培养，突出成果，强化考核，优化人才发展环境。深入实施"深蓝人才工程"，重点支持有潜力的青年教师脱颖而出，着力打造高端人才后备力量；以团队为依托，完善优秀教师"传帮带"团队协作机制，帮助青年教师快速成长；探索青年教师工程和科研能力提升新途径。三是强化重点工作四项机制。实施目标考核机制、重点工作督查机制、问责机制和首问负责机制等四项机制，确保年度重点工作落实；不断完善治理结构，深化综合改革，注重各类改革之间的联系和衔接，打造精干高效的校院两级管理机关，优化机构设置。

（原载于《新华日报》，2020年6月5日）

第七篇　社会服务创新与实践

综述

《中华人民共和国高等教育法》明确指出人才培养、科学研究、社会服务是我国高校的三大职能，履行这三大职能是高校的使命。高校的社会服务职能在推动社会发展过程中起着举足轻重的作用。在高校社会服务思想发展过程中，反映大学教学的"纽曼大学理想"在大学与社会关系日益密切的情况下，其理论越发显现出不足，因为仅有知识的传授并不是高校职能的全部；而反映大学科学研究的"洪堡大学理念"，其主张的是纯粹理论的基础研究，理论上大学仍然是一个脱离社会的封闭组织，脱离了大学发展的社会实际场景。直到"威斯康星思想"提出后，大学才真正走出象牙塔融入社会、服务社会。威斯康星大学的实践结束了纽曼式、洪堡式大学与社会分离的状态，突出了大学的社会服务职能：高校具有为社会孕育人才、引领区域经济发展、提供政府公共服务决策咨询等社会服务职能。

我国省属高校主要分为地方型和行业型两类。地方型高校一般是指地方所属并由地方行政部门划拨经费的普通高等学校，作为我国高等教育体系的主体部分，以服务区域经济社会发展为目标，着力为地方培养高素质人才。行业型大学一般是指具有显著行业办学特色与突出学科群优势的教学研究型大学，具有显著的行业背景、专才型的人才培养理念、相对集中的学科分布等。行业型大学作为我国高等教育办学体制的一个重要组成部分，其首要任务就是为本行业培养优秀人才，为行业深入钻研和难题攻坚输送人才、提供支持，更好地为社会进步与发展服务，它在服务国家的经济建设和社会发展过程中发挥了重要的历史作用。

江苏科技大学的前身是华东船舶工业学院，作为一所行业型大学，是以工为主、特色鲜明的江苏省重点建设高校，也是新中国成立后全国仅有的以"船舶"命名的两所高校之一。学校秉承"以人为本、责任为先、公平为上、学术为魂"的办学理念和"笃学明德、经世致用"的校训,坚持以经济社会发展需要为导向,以人才培养为根本,全面持续地向社会提供基础扎实、专业面宽、具有创新精神和实践能力的应用型高级专门人才。尤其是船舶相关专业,学校充分利用自身所处的地方优势和资源优势,积极响应社会需求,发挥特长、办出特色,更好地为区域经济文化发展献力,为地方和社会提供服务。

(一)服务行业,树立"海洋强国"梦

党的"十八大"提出了建设"海洋强国"的发展战略,要实现"海洋强国""造船强国"的战略目标,必然需要涉船类高校在人才培养、科学研究、技术服务等方面提供强而有力的支撑,这对我国涉船类高校合理确定发展方向具有重要的指导意义,也意味着我国涉船类高校迎来新的重大发展机遇。学校积极服务船舶行业,发挥特色优势,共建优势资源共享平台,为海洋强国梦的实现献出自己的一份力量。

(二)服务区域,增强技术技能积累

采取多种渠道与各大造船集团(企业)保持密切联系,与237家企业建立了稳定的校外实习基地。目前全校各专业平均有5个固定的校外实习基地。在实习实训过程中,参与解决企业生产技术问题,与企业生产、研究设计相结合,学生实践能力和工程意识得到提高。"十二五"以来,学校有近5000名学生在上海的各大造船企业接受严格和规范的训练,毕业生的实践能力和工程意识得到用人单位的充分肯定。

(三)"船魂精神",江科大魂之所在

在80多年的办学实践中,学校始终高度重视人文精神的培育与弘扬,注重办学理念的凝练与升华,逐渐形成了"江海襟怀、同舟共济、扬帆致远"的"船魂"精神。学校进一步明确办学思路和办学定位,主动适应船舶工业和地方经济发展的需要,继续加强与中国船舶集团有限公司的全面合作,牵头成立船舶先进制造技术公共服务平台,为江、浙、沪等造船大省(市)的企业提供有效的技术和人才服务。强化了"大船舶"学科专业建设,凸显了人才培养特色,赢得了良好的办学声誉,获得了从中央、行业到地方政府和企事业单位的有力支持。

(四) 协同创新,完善服务体制机制

学校积极参与组建中国船舶与海洋工程产业知识产权联盟。2019年11月18日,在江苏科技大学承办的船舶与海洋工程产业知识产权发展国际论坛暨2019年中国船舶与海洋工程产业知识产权联盟年会上学校荣获专利金奖。论坛开幕式上,中国船舶与海洋工程产业知识产权联盟理事长、学校党委书记葛世伦在致辞中说,江苏科技大学在高价值专利培育方面,以服务经济社会发展大局、促进专利信息有效利用为目标,立足强基提质、开拓创新,不断提升服务能力和水平,为成员单位提供便捷、高效、优质的专利信息服务。近3年,江苏科技大学申请发明专利1343项,授权发明专利817项,申请PCT专利23项,专利转让与实施许可300项,专利技术转让和服务社会领域排名进入全国高校百强行列,对船舶企业的技术创新做出了重要贡献。葛世伦书记表示,联盟将深化船海产业知识产权国际交流合作,突破国外跨国企业的专利壁垒,聚才引智搭建高层次平台,深度对接行业领先专利技术资源,为国家海洋战略实施及地方经济社会发展做出应有的贡献。

探索实践

注重实践　建设海洋强国

我国既是陆地大国,也是海洋大国,拥有广泛的海洋战略利益。经过多年发展,我国海洋事业总体上进入了历史上最好的发展时期,为我们建设海洋强国打下了坚实基础。推进海洋强国建设是习近平总书记一直以来牵挂在心的大事,而江苏科技大学时刻牢记自己的使命,为船舶行业的发展贡献自己的力量,为海洋强国梦的实现添砖加瓦。

一、紧跟潮流,牢记使命

党的"十八大"提出了建设"海洋强国"的发展战略,要实现"海洋强国""造船强国"的战略目标。而加快建设一流造船大学,大力发展能够支撑我国船舶工业快速转型发展的高技术船舶和海洋工程装备学科,培养一大批能站在海洋装备领域技

术发展前沿、具有综合素质和创新能力的研发、设计及管理人才,是实现国家"海洋强国""造船强国"战略目标的现实需求。

学校积极适应国家经济社会和船舶工业新常态,遵循高等教育发展规律和人才成长规律,以立德树人为根本任务,围绕建设"国内一流造船大学"战略目标,坚持跨越发展和内涵发展。到2020年,学校传统办学特色进一步彰显,社会和行业认可度持续增强;专业结构与办学层次进一步优化,人才培养质量大幅提升;积极布局战略性新兴产业学科,特色学科在国内有一定的引领作用,在国际上有较强的学术影响;师资结构进一步优化,国家级师资和团队的引进与培养取得新突破;积极弘扬大学文化,特色文化进一步彰显;服务社会能力进一步提升,承担国家重大项目能力显著增强;办学服务支撑进一步完善,新的办学格局明显成形。这些成绩为学校建成国内知名行业特色型大学和"国内一流造船大学"奠定了坚实基础。

二、服务行业,地位突出

学校重视培育学生"江海襟怀、同舟共济、扬帆致远"的"船魂"精神,以培养现场应用型、研发设计型、高素质创新型工程技术人才为主,为中国船舶工业发展提供了强有力的人才和智力支持。近年来,每年涉船涉海类专业毕业生有60%以上进入船舶行业就业,在中国船舶集团企业中江苏科技大学的校友最多、最接地气;江苏省地方船舶企业中,江苏科技大学的毕业生一直发挥着领头羊的作用,三分之一以上的技术管理人员是江苏科技大学的毕业生。

学校承担为海军选拔和培养后备干部的任务,是原国防科工委与江苏省共建的两所高校之一,通过国防武器装备科研生产单位二级保密资格认证,也是省内首批获得"武器装备科研生产许可证"的高校之一。此外,学校先后承担国家高技术研究发展计划、国家重点基础研究发展计划等项目,以及原总装备部、海军装备部等预研项目及型号项目,部分成果在我国新型大型水面舰艇、大深度深潜器中得到成功应用。

学校在船舶设计与制造技术、焊接技术与新材料等领域有较强研发能力和鲜明的国防科研特色。江苏科技大学发起成立的江苏现代造船技术有限公司是工业和信息化部认定的国家中小企业公共服务示范平台,是江苏省经贸委设立的省级行业技术中心"江苏省船舶先进制造技术中心"和江苏省科技厅批准成立的省级科技公共服务平台"江苏省船舶数字化设计制造技术中心"的运行载体。江苏科技大学材料科学与工程学院是江苏省焊接学会挂靠单位和理事长单位,学会包括徐工集团等中国工程机械龙头企业、科研院所、高校等110余家,提供船舶制造装备、船舶焊接工艺、船舶电器、船舶智能设计制造技术软件等服务。王加友副校长申请的发明专利"窄间隙焊缝偏差的红外视觉传感检测方法及装置"荣获第21届中国专利奖银奖。该发明专利技术被业界称为"攻克焊缝偏差的一只神眼",它主要针对现有技术存在的焊缝偏差传感检测精度低、工程实用性不强等缺点,是一种检测精度高、环境适应能力强、适用范围宽、实用性好,特别适用于摇动(或旋转)电弧窄间隙焊缝偏差检测的红外视觉传感检测方法及装置。目前该专利已许可省内外多家企业实施应用,产生了显著的经济效益和社会效益。

三、资源共享,互利双赢

2013年以来,学校同国外院校合作建立了11个校际交流项目。通过外专局、中船重工集团、江苏省教育厅、镇江市人社局等渠道共申报引智项目40余项,蚕研所、生物技术学院获批成为引进国外智力成果示范推广基地。依托引智项目及其他方面的合作成果,设立了两个具有较大影响力的国际科研合作中心——中-乌国际(江苏)船舶与海洋工程跨国技术转移中心和中-古蚕桑科技合作中心。学校多年来不断加强与原中国船舶两大集团下属企业、科研单位及省内外大中型企业的密切合作关系;联合大连船舶重工集团有限公司、江南造船集团有限责任公司、上海交通大学等50多家企事业单位共同发起成立"中国船舶与海洋工程产业知识产权联盟";先后与237家企事业单位合作建立校外实习实训基地,在沪东中华造船(集团)有限公司、上海外高桥造船有限公司等10余家大型造船企业建立"卓越工程师"工程教育实践中心。此外,学校围绕科技成果转化与镇江市人民政府、淮安市人民政府、张家港市人民政府等签署战略合作协议,联合开展相关产业发展战略研究,并在有重大产业化背景的科技创新项目和成果转化应用方面展开合作。镇江市投入5500万元与学校合作共建海洋装备研究院,张家港市人民政府投入3000万元合作共建张家港江苏科技大学产业技术研究院,江苏省粮食局与学校共同筹建粮食学院,共建共享教学资源。

四、政产学研,人才辈出

学校瞄准"海洋强国""中国制造2025""一带一路"和"长江经济带"等重大战

略机遇,依托船舶行业优势,强化历史传承,坚持"政产学研"紧密协同,培养具有行业特色的应用型高级专门人才。江苏省人民政府与中国船舶集团、国防科工局共建江科大,这为学校"政产学研"合作办学奠定坚实基础。

学校通过政产学研协同育人,积极为船舶工业和地方经济建设提供人才培养服务,毕业生深受行业企业欢迎,为中国船舶工业的发展提供了强有力的人才和智力支持。在42年的本科办学实践中,学校已培养10万余名具有一定创新精神和实践能力的应用型高级人才,毕业生遍布在中国船舶行业各个科研、生产单位。中国船舶集团企业中江苏科技大学的校友最多、最接地气。据统计,仅在上海外高桥造船有限公司(中国目前现代化程度最高的大型船舶总装企业),就有20余名中层以上干部和30余名技术骨干毕业于江科大。一批优秀校友进入船舶行业骨干企业领导层,如中国船舶工业集团公司党组成员、副总经理孙伟,上海外高桥造船有限公司总经理王琦,渤海船舶重工有限责任公司总经理李天宝,江南造船集团有限责任公司总经理、全国"五一"劳动奖章获得者黄文飞,广船国际有限公司总经理周笃生,上海江南造船厂有限公司副总经理郑立岗,青岛北海船舶重工有限责任公司副总经理王国海,川东船舶重工有限责任公司总经理林俏,沈阳辽海装备有限责任公司总经理何金结,重庆长征重工有限责任公司总经理姜涛,武汉船用机械有限责任公司总经理马聚勇,湖北华舟重工有限责任公司总经理唐勇,烟台中集来福士海洋工程有限公司副总经理刘燕嘉,福建省船舶工业集团有限公司副总经理李振均,中船重工宜昌江峡船用机械有限责任公司(四〇四厂)总经理吕国胜,重庆前卫仪表有限责任公司执行董事、总经理、"时代先锋"张进,等等。

在船舶技术研究领域及学术界也涌现许多优秀毕业生代表,如中国船舶重工集团公司第717研究所所长、博士生导师陈福胜,南京理工大学博士生导师任明武,苏州科技大学党委书记张庆奎,湖北开放大学党委书记刘义,南京大学工程管理学院硕士生导师李迁,江苏科技大学经济管理学院教授王念新,南昌大学博士生导师卢晓勇,哈尔滨工程大学博士生导师姚熊亮,"国家杰青"、全国百篇优秀博士学位论文获得者、上海交通大学教授沈红斌,上海外高桥造船有限公司科技管理部部长助理兼设计二部经营技术室主任袁洪涛,"雪龙二号"总工艺师赵振华,美国IBM公司WASTON实验室高级研究员吴澄,加拿大联邦政府自然资源部资深科学家陈峥,日本海事协会技术研究所首席研究员朱庭耀,中国船舶重工集团公司第725研究所党委书记王国玉,沪东中华造船(集团)有限公司研究员、LNG船总建造师何江华,等等。

通过"政产学研"协同育人,人才培养质量逐年提高,毕业生受到用人单位的广泛好评。船舶行业企业对江科大毕业生的普遍评价是"吃得了苦、扎得下根、聚得齐心、干得成事",这种品格已成为江科大毕业生的特质。

(王琳)

面向区域　服务地方经济

现代高等学校具有三种职能,即人才培养、科学研究和社会服务,与之相对应的工作是教学与教育、科学研究、多种形式的社会工作。随着社会的高速发展,我们进入了一个信息化的时代,如何更好地利用自身的优势以及身边的资源变得尤为重要。响应国家战略要求,为地方区域作贡献,这是江苏科技大学一直在做的事情,当前学校已与镇江、扬州和张家港人民政府签订全面战略合作框架协议,深入推进产教融合。

一、校地合作,促进成果转化

围绕科技成果转化,学校与镇江市人民政府、扬州市人民政府、淮安市人民政府、张家港市人民政府等签署战略合作框架协议,联合开展相关产业发展战略研究,并在有重大产业化背景的科技创新项目和成果转化应用方面展开合作。镇江市投入5500万元与学校合作共建海洋装备研究院,张家港人民政府投入3000万元合作共建张家港江苏科技大学产业技术研究院,江苏省粮食局与学校共同筹建粮食学院。加强与行业企业、地方及兄弟高校深度合作,共建共享教学资源。江苏省人民政府分别于2012年和2016年先后与中国船舶工业集团公司、中国船舶重工集团公司、国防科工局签订协议共建江苏科技大学,2020年与中国船舶集团进一步深化了学校与船舶行业的合作,进一步密切了学校与船舶行业的传统血脉联系,进一步提升了学校办学水平和服务船舶工业发展的能力。学校以共建为新的起点,充分利用新机遇和新平台,紧紧围绕共建目标和要求,坚持以船舶工业需求和国防科技发展要求为导向,科学规划学科专业建设,努力使学校成为中国船舶工业重要的人才培养基地,成为符合船舶产业、战略性新兴产业和江苏省经济社会发展要求的高水平行业特色高校。

二、校企合作,成立知识产权联盟

学校多年来不断加强与原中国船舶两大集团下属企业、科研单位及省内外大中型企业的密切合作关系。学校联合大连船舶重工集团有限公司、上海交通大学等50多家企事业单位共同发起成立"中国船舶与海洋工程产业知识产权联盟",该知识产权联盟围绕知识产权运营为联盟成员开展服务,重点推进高价值专利的培育、关键核心技术的专利布局,推进产学研合作的专利技术转移,实施技术标准中的专利战略,帮助实施企业知识产权管理的标准化建设,以及建设面向行业的知识产权协同服务平台,推进我国船舶与海洋工程产业创新能力和核心竞争力的提高。此外,学校先后与237家企事业单位合作建立校外实习实训基地,在沪东中华造船(集团)有限公司、上海外高桥造船有限公司等10余家大型造船企业建立"卓越工程师"工程教育实践中心。

为贯彻落实"江苏省知识产权强企行动计划",引导企业管理层提高知识产权管理和战略运用能力,2016年10月27日,由江苏省知识产权局、镇江市知识产权局、江苏科技大学、江苏省知识产权培训基地共同承办的2016年江苏省知识产权总监培训在江苏科技大学举行。

三、中乌合作,船舶行业升级

中-乌国际(江苏)船舶与海洋工程跨国技术转移中心与中-古蚕桑科技合作中心的成立是江苏科技大学融入"一带一路"建设、扩大对外交流的重要契机,为中国与乌克兰、古巴两国在船舶与海洋、蚕桑等领域参加科研联合攻关、人才培养与交流提供了重要的平台与基地。在具体实施时,学校相关部门充分发挥主观能动性,紧紧依托中-乌与中-古两个跨国科研机构,结合国家"一带一路"建设发展规划,充分发挥学校的特色与优势,大力加强科技创新,积极开展实质性的国际合作项目,努力推动船舶、海洋与蚕桑等领域的攻关协作。同时,学校和科研机构的专家学者、专职教师充分利用这两个平台,发挥各方优势,积极参加更加广泛、高水平的学术会议以及高峰论坛与专项培训,联合打造教育研究与产业技术联盟,促进相关领域的科研交流与合作、人才的培养与提升,既服务于国家战略和沿线国家的建设需求,同时又提升学校的行业知名度和国际影响力。此外,江苏科技大学利用"一带一路"建设契机,积极联系沿线国家著名高校和科研院所,努力开拓新的科研合作项目,建立新的科研机构平台,通过项目合作、科研交流、师生互访和联合培养等方式促进双方教学科研水平和社会影响力的提升。

四、校地协作,促进区域经济发展

现代城市经济发展和高校发展之间存在着高度的联动效应,形成了事实上的"一荣俱荣,一损俱损"的关系。一方面,城市经济实力的提高是高校发展的基础,高校发展对城市经济发展水平具有依存性和适应性;另一方面,高校发展为城市经济发展提供了科技动力和人力资本,高校发展拉动了城市经济发展,促进了与之相关产业的形成和发展,从而促进了城市经济发展。若把城市经济发展和高校发展视为城市发展的两股动力的话,那犹如人的两条腿,想要快跑,缺一不可。江苏科技大学除了对江苏的经济发展做出了贡献,还积极与山东、福建、浙江等地签订合作协议,促进这些地区经济的快速发展。

2004年7月25—30日,江苏省船舶工业行业协会会长、江苏科技大学校长率团考察了青岛灵山船业股份有限公司、青岛造船厂、山东省黄海造船有限公司、蓬莱市渤海造船有限公司和烟台莱佛士船业有限公司。江苏科技大学和山东造船企业介绍了各自的生产和科研情况,并在数字化造船、专业知识培训、人才就业和科技开发等方面达成了合作意向。

2016年12月15日,江苏科技大学与福建省船舶工业集团有限公司签订合作框架协议,双方将在教育、科技、人才等多领域开展多种形式的全面合作,共同推进创新转型、教育培训、科技成果转化、科技基础设施与条件建设等,形成"产学研"相互促进、共同发展局面,力争把福船集团与江苏科技大学合作项目建设成为全国一流的校企合作示范基地。

(姚潇)

船魂精神　升华服务品质

在80多年的办学实践中,江苏科技大学始终高度重视人文精神的培育与弘扬,注重办学理念的凝练与升华,逐渐形成了"江海襟怀、同舟共济、扬帆致远"的"船魂"精神。学校一以贯之地将这种精神融入到教育教学全过程,形成了江科大最为核心的价值追求和品格特征。

一、"船魂"精神，牢记于心

作为新中国设立的第一所中等船舶工业学校，学校历经上海船舶工业学校、镇江船舶工业学校、镇江船舶学院、华东船舶工业学院等时期，是当时全国仅有的以"船舶"命名的两所高校之一。紧密伴随着新中国国防工业、船舶工业的发展历程，学校形成了解不开的"船舶"情结。船舶工业和国防建设造就了江苏科技大学，船舶情缘和国防使命深深地激励和感染了一代又一代江科大人，成为支撑学校建设发展的永不衰竭的精神动力，成为学校"船魂"精神的重要源泉。

"江海襟怀、同舟共济、扬帆致远"的"船魂"精神，就是江科大精神，是江科大人锐意进取、勇于开拓、敢于创新、走向深蓝的精神写照。

二、船舶大赛，扩大影响

2010年江苏科技大学发起的中国大学生船舶与海洋工程设计大赛，是面向全国高等院校在校大学生的一项科技创新竞赛活动，每一年举办一届，旨在通过竞赛培养大学生实事求是、刻苦钻研、勇于创新、团结协作的精神，增强船舶类专业学生的专业创新能力，鼓励优秀作品走向社会、走向市场。该项赛事也是目前规模最大、内容最全、层次最高、最具代表性的船舶与海洋工程领域大学生科技创新大赛。

2018年12月1—2日，首届全国大学生船舶能源与动力创新大赛在江苏科技大学举办。该项赛事由中国造船工程学会船舶轮机学术委员会、江苏省造船工程学会、江苏省内燃机学会、江苏科技大学主办，包含"四洋杯"技能赛和"华东动力杯"设计赛，大赛共吸引了大连海事大学、浙江海洋大学、中国矿业大学、江苏科技大学等20余所高校的3000余名学生参赛，最终有36支队伍参加技能赛的对抗，30支队伍参加设计赛的角逐。全国大学生船舶能源与动力创新大赛响应了国家"大众创业、万众创新"的号召，是对青年学生专业知识和科技创新能力的提升，充分展现了大学生的风采，同时鼓励高校开展科技创新活动和竞赛，丰富大学科技文化。

三、"船魂"引领,硕果累累

在80多年的办学历史中,一代代的江科大人以不息的进取和奉献将"船魂"精神发扬光大,表现出高度的事业心和责任感,在中国造船教育史上涌现出一大批展现"船魂"精神、精心育人、鞠躬尽瘁的优秀教师。

中国船舶界第一位院士,学校老领导杨槱先生毕生奉献于教育事业,被誉为"船界活化石"。我国焊接领域著名专家沈世瑶教授在生命的最后一刻还牵挂着学校的发展和建设,交代家人把自己的所有稿费和收集的书籍捐献给学校。中国船舶工业总公司劳动模范张涵清,带领青年教师和学生动手设计建造了一个船模浅水试验水池。我国鱼雷专家叶祖荫教授退休后热心参与希望工程,资助数十名山区穷困学生,事迹感人肺腑。全国"五一"劳动奖章获得者、省级优秀学科带头人、知名材料科学专家蒋成禹教授为了攻克7000米水下机器人的特种材料难题,带领他的团队日夜奋战在科研一线。全国优秀教师、省级优秀学科带头人王充德教授埋头苦干,开创了理论力学教学实验的先河,建成了省级一类优秀课程,获得全国教学成果奖。全国"五一"劳动奖章获得者刘和法研究员不畏艰难,数十年如一日,研究发明了至今无可替代的特种合金材料——铍钴铜合金。全国优秀教师朱德书教授严谨治学、桃李满园,年逾70仍活跃在青年教师培养和教学督导第一线。近年来涌现出的在全国产生巨大影响的优秀教师典型、全省道德模范景荣春教授,他一辈子呕心沥血、教书育人,在被确诊为癌症晚期后仍然以顽强的毅力编写并出版了两百余万字的教材,患病六年时间里没有耽误一堂课。他的事迹在2010—2011年期间被中央、省市各大媒体连续报道,事迹报告团走向全国各地,听众达40万余人次,引起全国各界的热烈反响。被大学生和媒体誉为"最简朴大学教师"的周青春教授、被社会公认为坚守职业道德和家庭美德典范的章明炽副教授、获江苏省"最受大学生欢迎教师"称号的杨松林教授、被学生公认为"最负责任的班主任"张学军教授均被中央、省市媒体屡次报道,在社会上传递了正能量。在他们的影响和带领下,优秀青年教师层出不穷。王蓓、宋向荣、戴俊等一批批青年教师爱岗敬业,执着育人,在实践中练就了过硬的教学本领,在全省首届高校青年教师讲课比赛中取得了1个特等奖、2个一等奖的全省高校领先成绩,并获得了1个全国青年教师讲课比赛三等奖。

在"船魂"精神的激励下,一代代的教师投身教学,献身教育,感染和熏陶着一批又一批的江科大莘莘学子。"船魂"精神已经成为江科大师德建设的核心内容。

四、"船魂"信念，孕育万千栋梁

长期以来，学校坚持传承和弘扬"船魂"精神，引导学生树立远大理想，坚定信念，立志成才，造就了学生严谨扎实的专业素养和吃苦耐劳的敬业精神，一批批优秀学子为国防事业、船舶工业和地方经济建设做出了杰出贡献。

1970年12月26日下水的我国研制的第1艘核动力潜艇，有200多名校友参与了设计、制造工作。中国计量科学研究院研究员陈永江校友发明了国内最高水平的圆锥量规锥度仪，填补了国内空白。中船重工集团第704研究所高级工程师刘文定校友献身国防事业，参加了氢弹效应试验，为我国首次氢弹水下爆炸实验成功测出完整数据；设计了我国第一台三向簧片仪；参加了南极科学考察活动，为大型水面舰艇设计测量出关键数据。中国舰船研究院研究员王瑾校友潜心舰船研究，参与主持了多项导弹驱逐舰的设计研制工作，担任数万吨级某型舰艇消磁系统主任设计师，先后获得十余项国防科技成果奖。校友陈松涛总工程师主持开发的挖泥船自控系统，打破了国外产品对国内市场的垄断。崔一兵校友主持了中国第一艘海上巡逻指挥船和海上环保指挥船的研制。杨奕飞校友投笔从戎，参加了神舟1号至神舟7号发射的海上测量工作，被表彰为中国卫星海上测控优秀科技干部标兵。还有许多校友走上了各级领导岗位，如国务院特区办公室原主任赵光华，中国首批大法官之一、上海高级人民法院院长滕一龙，中国兵器工业集团总会计师张华等。笔者有幸探访了"雪龙2号"极地科学考察破冰船、"中山大学"科学考察船总工艺师赵振华校友和沪东中华造船(集团)有限公司LNG船总建造师、国内首批LNG(天然液化气)船生产主管何江华校友。

赵振华说："这条船太难了，没有任何一艘科考船有这么高的技术难度。""雪龙2号"是全球第一艘采用船艏、船艉双向破冰技术的极地科考破冰船，具备全回转电力推进功能和冲撞破冰能力，可实现极区原地360°自由转动，并突破极区20米当年冰脊。这样的破冰能力是中国极地研究中心的迫切需求，而为了达到这样的要求，江南造船集团有限责任公司的建造团队投入了整整32个月。如今交船，赵振华心情复杂，他想对"雪龙2号"说，"余生很长，祝它乘风破浪。走出万里，荣归江南。"

何江华伴随着LNG船的研发，从1997年开始起步，到2008年建造成功，前后历经十年之久,可谓十年磨一剑。在此之后,何江华带领他的团队通过对第一艘船建造经验的消化、吸收、再创新,熟练掌握了围护系统安装平台搭建、绝缘箱制造、殷瓦焊接等一批核心技术,又继续成功建造了四艘LNG船。何江华说:"LNG船的建造难度,无论是具有几十年船舶建造经验的专家、工程师,还是优秀的设计人员,都不无感慨地说,这不是一般意义的造船,而像是在钢板上绣花。"大海,因为有了中国造LNG船,变得更加蔚蓝。何江华把自己和中国船舶的发展紧紧联系在一起,不断求索,在造船这条崎岖路上书写着一篇篇崭新的鸿章……

学校把"船魂"精神融入到教育教学工作中,着力提高学生服务船舶与海洋事业的责任和使命意识,培养勇于探索的创新精神和善于解决问题的实践能力,在人才培养方面涵养江科大特质,教育质量不断提高,得到社会广泛认可。在全国各类竞赛中学校学生取得优异成绩。2013年,"挑战杯"竞赛总分位居全国前70名,获得"挑战杯"发起高校资格;2015年,"挑战杯"竞赛总分位居全国前30名,捧得"挑战杯"竞赛"优胜杯"。

在德育方面,学校校友中也涌现出众多模范人物。在此次全国抗击新冠肺炎疫情行动中,校友队伍中涌现出多名令人敬佩的抗疫志愿者。笔者有幸探访了武船集团军贸设计公司轮机室设计员丁玉鑫校友和"战疫宝"APP研发者余暑安校友。

丁玉鑫在此次"抗疫"行动中主要承担为援鄂医疗队提供后勤保障任务,以及参与援汉物资搬卸及隔离医院打扫、高速公路收费站车辆上人员测温等任务。丁玉鑫说:"如今已是而立之年,又是一名党员,应当贡献自己一份力量,所谓'不积跬步,无以至千里'。"

余暑安介绍:"疫情防控与企业复工复产都刻不容缓,'战疫宝'是专为政府部门和企事业单位科学防控疫情、破解复工难题打造的多终端平台,主要功能均可通过手机APP实现,使用方便快捷。为了保障数据的真实性,'战疫宝'创新了'记录链'这一信息交流、更新、统计和存档的模式,为防疫工作采证、记录和统计提供了真实性的保障。"

此外,优秀毕业生杨康不当干部当上士的先进事迹在全军引起强烈反响;国防生校友隋伟涛见义勇为,高速路上勇救伤者;何晓进、陶鑫等多名学子相继勇救落水老人、儿童;大三学生杨满不顾个人安危,火场勇救老人;优秀学子张耀笑虽身患癌症,但坚守承诺,成立"耀笑爱心互助基金",用于帮助更多的人。这些优秀校友事迹以大爱感动了全社会,江科大"立德树人"的教育成效引起社会主流媒体持续关注。

(胡凤杰)

协同创新　助推产业升级

江苏科技大学响应江苏沿海开发以及区域协同创新的战略,抓住"一带一路"带来的机遇和挑战,构建促进科研能力长期有效的新机制、新体系,协同创新,紧密结合,提升创新能力,服务区域经济发展。

一、构建协同创新机制,完善育人与社会服务体系

2019年12月1日,中共中央、国务院印发《长江三角洲区域一体化发展规划纲要》,要求长三角地区形成区域协同创新体系,成为全国重要创新策源地。区域创新重在主体建设,长三角要成为面向国际的创新策源地、区域创新发展的前沿领跑者,创新机构主体建设至关重要。多年来,江苏科技大学一直致力于服务行业和地方经济,充分利用自身科技和人才优势,自觉融入行业和区域经济发展,结合国家重大战略需求及行业和区域经济发展需要凝练科研方向,强化特色科研方向,开展新兴交叉学科研究,开展行业和区域产业经济研究,注重将应用基础研究、技术创新、高新技术成果推广应用紧密结合,积极探索科研成果创新转化路径,着力提升人才培养质量,为行业发展及区域经济发展提供了有力支撑。此次,江苏科技大学入选长三角区域创新机构的第一梯级,充分体现了学校协同创新能力的不断提升和对区域经济发展的有力贡献。

二、政产学研紧密协同,增强科研和社会服务能力

江苏科技大学瞄准"海洋强国""中国制造2025""一带一路"和"长江经济带"等重大战略机遇,依托船舶行业优势,强化历史传承,坚持"政产学研"紧密协同,培养具有行业特色的应用型高级专门人才。江苏省人民政府与中国船舶集团、国防科工局共建学校,为"政产学研"合作办学奠定坚实基础。

紧密结合船舶企业,设立江苏省船舶先进制造技术中心和江苏省现代焊接技

术服务中心两大省级公共技术服务平台,在国内首创船舶先进制造技术仿真实验训练平台,通过规划、设计、制作大比例船厂布置和生产过程仿真缩尺模型,配合声、光、电和多媒体手段,全面展现了现代造船模式总装造船生产全过程,让学生足不出校就能够真实地了解船舶制造企业生产组织、设计制造和船舶制造等流程。在国内首创船厂及船舶数字化交互式实训平台,实现学生在互动的环境下对船舶与海洋工程结构、内部系统与设备布置的认识与了解。

(文轩)

典型案例

案例1:构建合作机制　拓展社会服务功能

学校明确校内外实习基地的建设要求,整合校内外资源,建成了校内工程训练中心。采取多种渠道密切与各大造船集团(企业)的联系,与237家企业建立了稳定的校外实习基地。目前全校各专业平均有5个固定的校外实习基地。在实习实训过程中,参与解决企业生产技术问题,与企业生产、研究设计相结合,学生实践能力和工程意识得到加强。"十二五"以来,学校有近5000名学生在上海的各大造船企业接受严格和规范的训练,毕业生的实践能力和工程意识得到用人单位的充分肯定。

江苏高技术船舶协同创新中心创新模式,由企业与高校共同投资、联合开发。蒋志勇表示:"企业通过与高校和科研机构联合研发,将理论与实践相结合,集中资源进行重点攻关,将高校科学研究成果与市场需求有机结合起来,使高校、科研机构的研究更贴近实际、贴近市场需求。"目前,海装院舰船及海上平台用灭火药剂全氟酮、印刷板式液化天然气(LNG)汽化器项目正在中试阶段;系列无人艇及工程化装置、海工平台大型钢制拖链、海洋装备案例管理及分析系统、动力定位系统、动态评估系统、双面不锈钢机器人焊接系统、校平机优化设计及功能扩展,以及中、高压岸电电缆传输装备等项目已开发出样机,相关产品已经在船企推广应用。

创新体制机制,转变产学研合作模式,江苏高技术船舶协同创新中心有力促进了企业与高校的协同创新、合作攻关。在具体实施中,一方面,以企业为主体,高校牵头、院所支持,采取多种协同形式,通过重点项目推进协同创新,使项目能"顶天立地";同时,不断提出项目研究的新课题和新方向,既要"走得好",又能"走得远"。另一方面,进行"特区式"机制体制创新,激发合作各方的积极性和科技创新的活力,依托江科大海装院科研实体单位,吸引人才组建团队,提高了科研工作的专职性和有效性。

（原载于《江苏科技大学报》,2017年11月25日）

案例2:聚焦专业特色　打造社会实践特色

"船舶、海洋、蚕桑"是学校的三大办学特色,学校以服务国家"海洋强国""一带一路"建设和社会进步为己任,在校学生社会实践聚焦办学特色,让自身所思所想与高质量发展同频共振。船舶与海洋工程学院"共建海洋梦,探寻科大蓝"实践团探寻新中国成立70年来的"科大蓝",大学生们前往新扬子江船厂、亚达管道系统股份有限公司等企业,感受我国船舶发展,探寻"科大蓝";长江三角洲地区一体化研习团分别到镇江、苏州、杭州对长江三角洲一体化进行实地观察讨论。机械工程学院"筑科大魂,扬航海梦,兴中华志"七彩假日小分队以航海日为重点,走进镇江万科社区为小朋友们讲解中国航海发展历史,开展安全教育、作业辅导等,丰富了小朋友们暑假生活;"科技畅想"小分队到镇江五里社区介绍展示机器人功能,并搭建和编程控制指导小朋友们体验操控机器人。电子信息学院"走近5G通信"专项实践团前往研究所、基站、客户服务中心等地,研究5G的发展和应用现状。土木工程与建筑学院长江大桥调研小分队赴各地长江大桥调研新中国成立70年来我国桥梁建筑的变迁以及各地长江大桥建筑材料、施工工艺等的变化。经济管理学院"陌上蚕桑生,织就农民致富路"科技支农帮扶团赴江苏省宿迁市泗洪县,走访蚕农、实地调研、开展宣讲培训,并推广新型蚕药、传授高效蚕桑繁育技术,落实科技支农,助力精准脱贫。生物技术学院"服务蚕桑共筑丝路"蚕桑科技支农实践团赴广西平果开展蚕桑科技支农服务,走访调研、技术指导、赠送蚕药、推广新品种。

大学生结合专业特色,与祖国发展、江苏高质量发展紧密相连,他们的所思所想在参与社会实践的过程中与发展同频共振,增长了知识本领,锻炼了品德意志,凸显了社会实践的本质内涵。

（原载于江苏科技大学新闻网,2019年7月11日）

案例3：实施校地联动　引领区域经济发展

镇江高新区于 2014 年 10 月升级为国家高新区，创新政策的不断叠加，加速了园区高质量发展。高新区围绕成为城市发展的新空间、特色产业的承载地、创新驱动的主引擎三大发展定位，不断实现跨越发展。截至目前，园区已引进各类新型研发机构、优质孵化载体 22 个，近 30 家船舶与海工产业企业入驻，形成了以船舶与海工装备产业为重点打造的"一区一战略"产业。江苏科技大学充分彰显船舶与海洋特色，与镇江市企业签订横向产学研合同 200 余项，并充分依托江科大国家技术转移中心，大力促进科技成果在本地海工船舶产业链孵化。江苏科技大学与高新区共建海洋装备研究院，投资建设 3D 打印中心。如今，该中心一举成为华东地区设备规模最大、工艺最全的增材制造技术服务平台。正在建设海装院实景模拟海洋水深风浪流海工实验水池和小试中试厂房，该项目建成后将成为科技研发和高新产业孵化的综合性科创载体，成为镇江城市发展的新名片。

江苏科技大学成长于船舶行业，服务地方经济建设，服务行业，是江苏科技大学义不容辞的使命。葛世伦书记强调，随着"海洋强国"战略、"一带一路"倡议实施，以及推进长三角一体化建设，镇江正找准着力点，向产业强市精准发力。我们要加强校地产教融合，学校将积极为镇江输送高水平应用型人才，鼓励专家、博士到驻地企业对接、挂职锻炼；充分发挥校友宝贵人力资源优势，为镇江企业牵线搭桥；引进龙头企业或院所到镇江孵化或落户，为镇江船舶与海工产业转型升级和高质量发展作贡献。

（原载于中国高新网，2019 年 11 月 11 日）

案例4：开展协同创新　共促船舶产业发展

2019 年 12 月 12 日上午，江苏高校（高技术船舶）协同创新中心 2019 年工作会议在江科大召开，江苏高校（高技术船舶）协同创新中心理事长、江苏科技大学校长周南平，省教育厅科技与产业处徐宁副调研员，省工信厅民爆船舶处副处长程梦玮出席会议并致辞。省教育厅科技与产业处副处长陈军冰、中国船级社江苏分社总经理张凯、中国造船工程学会主任助理洪智超、江苏省船舶工业行业协会顾问尤熙等与来自高技术船舶协同创新中心各成员单位的领导和代表80多人与会。江苏高校(高技术船舶)协同创新中心主任、江科大副校长俞孟蕻主持会议。

省教育厅科技与产业处徐宁副调研员在致辞中说,高技术船舶协同创新中心由江苏科技大学牵头,自组建以来,该中心与船舶行业建立了广泛深入的合作,积极开展协同,取得了一系列重要的标志性成果,培养了一大批优秀专业人才,促进了船舶与海洋工程相关学科发展。2016年,中心在江苏省协同创新中心绩效评估中获得"A等"的好成绩。希望中心成员单位紧密合作,携手开展协同创新,共同促进船舶与海洋工程装备产业发展。

江苏高校(高技术船舶)协同创新中心理事长、江苏科技大学校长周南平在致辞中说,协同创新中心围绕国家高技术船舶和深海装备关键技术等重点领域,联合开展核心技术的攻关,积极组织企业联合申报科研项目,2018年至2019年,新增各类重大科研任务285项,其中国家级和省部级科研项目186项。2018年江苏科技大学牵头承担科技部重点研发计划"深海关键技术与装备"专项项目2项,参研1项;牵头承担工信部高技术船舶科研计划项目1项,参研5项。目前,协同创新中心在镇江国家高新区核心区域建设创新基地,并建设一流的船舶与海工综合试验水池。周南平校长表示,做好中心的建设工作,江苏科技大学责无旁贷。同时,热切期盼与社会各界真诚合作,协同创新,共同促进船舶与海洋工程装备产业发展。

在11日晚举行的江苏高校(高技术船舶)协同创新中心理事会上,大家一致推举江苏科技大学校长周南平为理事长。周南平理事长表示,担任江苏高校(高技术船舶)协同创新中心理事长,深感责任重大,使命光荣,任务艰巨。从今以后,就站在同一艘"船"上,将与大家一道,精诚团结,共同奋斗,扬帆远航。

(原载于《江苏科技大学报》,2019年12月13日)

第八篇 文化建设创新与实践

综述

高校文化建设创新是高校体制机制创新的重要组成部分,是学校培养德智体美劳全面发展的社会主义建设者和接班人的重要抓手。江苏科技大学在80余年的发展历程中与船海结缘,形成了具有鲜明辨识度的"船魂"精神,并伴随着学校跨越式发展,在锻造"船舶、海洋、蚕桑"三大特色的过程中不断积淀和凝练"船魂"精神。

进入新时代,习近平总书记指出:"教育是提高人民综合素质、促进人的全面发展的重要途径,是民族振兴、社会进步的重要基石,是对中华民族伟大复兴具有决定性意义的事业。"在落实习总书记重要指示过程中,江科大人进一步提炼了"船魂"内涵,形成了以"船魂"精神为核心的江科大特色校园文化,通过新时代师生群体在新技术条件下传承、热爱、践行校园文化,将特色文化打造成学校发展的文化软实力,转化为学校发展的文化核心竞争力。

在文化建设创新实践中,江科大人砥砺前行,薪火相继,将"船魂"精神植根入学校文化建设之中。纵观学校80余年发展历史,从黄浦江畔一路走来,"船魂"精神诞生于新中国成立初期百废待兴的艰苦创业中,沉淀在改革开放的砥砺前行中,凝练和发扬在新时代的薪火相继、继往开来中,"船魂"精神已渗透于学校的精神气质,流淌在学校的主动脉和毛细血管中,是遗产、是财富,更是前行的力量源泉。

江科大将文化外化于形,在文化建设创新过程中,通过美丽校园建设积极营造文化建设的氛围。通过师生喜闻乐见的形式,将貌似"看不见、摸不着"的"船魂"精神外化于形,蕴含于美丽校园软、硬环境之中。江科大人提炼了由"办学理念、办学特色、江科大精神、校风、校训、教风、学风"七项表述语构成的理念层文化,全面生动地诠释了"船魂"精神内涵;并以体系化的制度文化助力文化切实落地,学校梳理出领导体制类、教学类等十六个制度类别,分别制定规章制度加以规范,为文化建设确立了制度基础,使江科大人行为有章可循。江科大人从文化的物质层入手为文化建设创新营造出良好的校园环境,美丽校园以及校园文化活动以独特的承载科学、技术及文化价值的方式,传承、弘扬着蕴含江科大"船魂"精神的校园文化。

在文化建设创新的过程中,江科大将"内化于心"作为文化建设创新的重点。围绕以"船魂"精神为核心的江科大文化,学校全面多维地开展对内宣贯、对外宣传,教育、影响着教职员工、学生、社区、家长、校友等相关方了解和认同江科大学校文化。教职员工在学习领会"船魂"精神后,通过言传身教、教学活动、实践活动,在潜移默化中引导、鼓励学生扬"乐学善思"之风、树"扬帆致远"之志。

文化建设内化于心必然沉淀于行。江科大历任领导班子在学校管理、教学、科研岗位以身作则、率先垂范、积极践行"江海襟怀、同舟共济、扬帆致远"的"船魂"精神。一代代江科大教职员工不忘教育初心,牢记育人使命,积极进取,乐于奉献,鞠躬尽瘁,将"船魂"精神发扬光大,以高度的事业心和责任感精心育人。一批批江苏科技大学优秀学子为船舶工业、国防现代化以及地方经济建设做出了杰出的贡献。学校坚守"船海"主航道,为船舶工业和国防现代化贡献智慧、培育英才。

"船魂"精神在学校发展的过程中发挥了不可估量的作用,已成为学校的核心竞争力。在"船魂"精神的引领下,学校戮力向前,在努力建设"国内一流造船大学"进程中取得了丰硕的办学成果。

探索实践

薪火相继 "船魂"精神植根文化建设

江苏科技大学办学历史悠久,源自 1933 年创建于黄浦江畔的上海大公职业学校,经历了上海市机电工业学校、上海船舶工业学校等时期,1970 年迁至镇江,更名为镇江船舶工业学校,1978 年升格为镇江船舶学院,1993 年更名为华东船舶工业学院,2004 年更名为江苏科技大学,2012 年江苏省人民政府与中国船舶工业集团公司、中国船舶重工集团公司签署共建江苏科技大学的协议,2020 年与中国船舶集团签订战略合作协议。在八十多年的发展历程中,江科大人秉承军工传统、立足船舶工业,以继往开来的精神沉淀"船魂"精神、以开拓创新的精神传承"船魂"精神,逐步形成了江苏科技大学的大学文化核心理念。

江科大的办学历程紧密伴随着新中国国防工业、船舶工业的发展历程。在学校的办学历史中,有47年分别直属第一机械工业部船舶工业管理局、第六机械工业部和中国船舶工业总公司领导,有5年实行国防科工委与江苏省共建管理。历史造就了学校与国防建设和船舶工业的血脉联系。可以说,没有国防建设,没有船舶工业,就没有今天的江科大。船舶工业和国防建设造就了江科大,船舶情缘和国防使命深深地激励和感染着一代又一代江科大人。这份情缘、这份使命成为学校建设发展不竭的精神动力,江科大人在学校发展中感受、沉淀、凝聚、提炼着"船魂"精神,"船魂"精神已深入学校血脉,深植于学校文化基因之中。

一、艰苦创业、奋发图强,孕育"船魂"精神

新中国成立初期,百废待兴,要改变贫弱受欺、落后挨打的命运,就必须自强不息、奋发图强。建设强大海军,构筑"海上长城",这是毛泽东同志总结了一个多世纪以来中国有海无防的历史教训而作出的英明决策。新中国成立不久,毛泽东同志就提出"必须大搞造船工业""为了反对帝国主义的侵略,我们一定要建立强大的海军""核潜艇,一万年也要搞出来";周恩来总理亲自规划、决策新建和扩建9个万吨级船台。

1953年,为培养国家急需的船舶工业人才,一机部船舶工业管理局以上海机电工业学校(前身为1933年创建的大公职业学校)为主体,创办了新中国第一所船舶中等专业学校——上海船舶工业学校。肩负着建设国防、振兴船舶工业的使命,学校开始了艰辛的第一次创业。建校初期,学校提出了"两个发扬":一是发扬"艰苦创业"的精神。当时的上海浦东一片荒凉,最初学生上课的教室是茅草屋,学校边搞建设边上课。教学人员自己动手制作教具和教学挂图,学生克服困难,刻苦学习,积极参加船厂生产劳动,磨练意志,培养了较强的动手能力。二是发扬"三八"作风精神,对学生进行半军事化的严格管理,军训和早操的传统一直延续至今,成为学校亮丽的风景。当时在上海市组织的国庆游行队伍中,上海船校的学生方队最引人注目。艰苦的磨练、严格的管理,迅速为新中国船舶工业培养出一大批急需的高质量的实用技术人才,并且孕育了学校的国防情结。在艰苦创业、奋发图强中"船魂"精神诞生。

二、肩负使命、砥砺前行,积淀"船魂"精神

1970年,为配合国防三线建设的需要,学校服从国家的战备需要搬迁到江苏省镇江市。虽然面临诸多的困难,但强烈的使命感支撑着学校全体教职员工为船舶工业奋力培养人才的信念。学校克服巨大的困难,积极恢复生产,稳定教师队伍,逐步恢复正常教学秩序。70年代的师生,都参与了江苏省第一艘千吨机动海运油轮和某型救生艇用翻转式柴油机的研制和生产。所有的付出和艰辛都铭心刻骨,令人难忘,在"船魂"精神的传承中留下了不绝的回响。

1977年底,邓小平同志对船舶工业提出了"中国的船舶要打进国际市场"的战略要求。在国家百废待兴之际,国防事业的恢复发展需要人才,船舶工业的崛起需要人才。镇江船舶工业学校作为全国重点船舶中等学校,不辱使命,抓住机遇,领先跨越,提升办学层次,而且不办大专,"要办就办大学"。经国务院批准,镇江船舶工业学校直接升格为镇江船舶学院。第二次创业伊始,学校的办学条件还比较简陋,在学科(专业)建设、师资队伍建设、科学研究、办学规模等各方面与其他高校的差距仍然很大。当时,学校仅有3个本科专业,第一届大学本科生不足百人,科研经费几乎为零,教学科研仪器设备主要是利用校办工厂的设备,但是,为国防建设和船舶工业培养实用人才的责任感、使命感激励着全体教职员工。国防系统许多院所和企业的教授、研究员、高级工程师纷纷来到学校,共同建设镇江船舶学院。为了迅速提升学校的本科办学水平,中国船舶工业总公司从哈军工抽调了一大批教学骨干和管理骨干,还连续派出陈宽、丁育钟、吴立人三位同志出任校长,使学校在教育管理、学科建设等诸多方面系统地传承了哈军工的优良传统。经过师生员工不懈的艰苦创业和努力奋斗,学校的办学条件、办学水平、办学效益得到了不断提升。学校迈出了高等教育的坚实的第一步。

1999年,顺应国务院关于部属学校实行"中央与地方共建,以地方管理为主"的管理体制的改革,学校由中国船舶工业总公司管理划转为江苏省管理。江苏省将学校规划为一所以工、商、理为主干学科的多科型大学。划归江苏省后,学校在保持特色,坚持为船舶工业、国防工业服务的同时,扩大了为地方经济建设和社会发展的服务面向,积极促成江苏省与国防科工委的共建,并成为首批培养海军国防生的院校。由于定位准确,特色鲜明,培养目标明确,教学措施得力,学校人才培养成绩显著。江科大毕业生已成为中国船舶工业技术队伍的生力军,江南造船集团、

外高桥造船有限公司、广船国际、大连船厂等大型船舶制造企业和许多地方船舶制造企业的设计、监造骨干大多是学校校友。

在船舶工业处于跨世纪发展的关键时期,船舶工业"开拓进取,争创世界造船大国"。船舶是水上流动的城市,船舶制造是一个复杂的过程,船舶工业是一个劳动密集型、资金密集型、技术密集型、管理密集型的行业,也是一个艰苦的行业,要有能吃苦、能拼搏、能奉献、能合作、能创造的精神。2006年,我国造船总量已达到1200万吨,跨入世界前三造船大国之列。2015年在我国成为"世界第一造船大国"后,我国造船总吨位稳居世界前三位。

党的十八大以来,在习近平总书记亲自谋划、亲自部署、亲自推动下,建设"海洋强国"被确立为党和国家的一项重大战略部署,我国海洋事业总体上进入历史上最好的发展时期。2018年3月,习近平总书记参加十三届全国人大一次会议山东代表团的审议时指出,"海洋是高质量发展战略要地""要为海洋强国建设作出贡献";同年6月,习总书记在考察山东时指出,"关键的技术要靠我们自主来研发,海洋经济的发展前途无量"。建设"海洋强国"战略的确定、船舶工业的做大做强,为我们的办学事业提供了广阔的前景,我们肩负的责任更加重大。

历届党和国家领导人的指示鼓舞和指引着江科大人为培养新中国的造船人才奋斗不止,不断前进。学校紧紧抓住新时期船舶工业大发展的机遇,发扬艰苦奋斗、自力更生、团结协作的船舶行业精神,拓展办学空间,提升办学水平,服务船舶工业的能力显著增强。

党的十八大提出了建设"海洋强国"的发展战略后,学校基于"海洋强国"战略的社会需求、学校的办学历史、"坚持为船舶工业、国防工业和蚕业服务"的办学特色以及学校在船舶行业中的地位,确定了发展方向,也进一步凝练了"船魂"精神。"十二五"学校发展规划规划明确"按照国家和江苏省中长期教育改革与发展纲要的要求,围绕建设国内一流造船大学的长远战略目标,着力建设高水平有特色的应用型、多科性、开放式的教学研究型大学,努力达到本科教学一流、优势学科一流、应用技术先进的办学水平,努力实现学、研、产全面协调发展。""十三五"学校发展规划则进一步明确了"积极适应国家经济社会和船舶工业新常态,遵循高等教育发展规律和人才成长规律,以立德树人为根本任务,围绕建设'国内一流造船大学'战略目标,坚持跨越发展和内涵发展。到2020年,学校传统办学特色进一步彰显,社会和行业认可度持续增强;专业结构与办学层次进一步优化,人才培养质量大幅提升；积极布局战略性新兴产业学科，特色学科在国内有一定的引领作用，在国际上有较强的学术影响；师资结构进一步优化，国家级师资和团队的引进与培养取得新突破；积极弘扬大学文化，特色文化进一步彰显；服务社会能力进一步提升，承担国家重大项目能力显著增强；办学服务支撑进一步完善，新的办学格局明显成形。建成国内知名行业特色型大学，为建成'国内一流造船大学'奠定坚实的基础"的发展目标。

2019年以来，学校坚持特色发展不动摇、提振发展精气神、抢抓发展新机遇，在学科发展、人才培养、科技创新、队伍建设等方面的工作亮点纷呈，迈出了进位争先、高质量发展的坚实步伐。在"十四五"规划之年，学校深入分析新一代技术革命、高等教育改革发展、"船舶、海洋、蚕桑"产业发展、疫情对社会经济发展和经济产业的影响等外部环境因素，结合学校的实际，抢抓一切可能的机遇，高起点谋划学校"十四五"规划，快速提升学校办学综合实力，实现进位争先。

建校八十多年来，江科大人怀着强烈的历史使命感和责任感，励精图治，艰苦创业，学校由一所中专校升格为本科院校，进而跻身多科性大学行列。经历了艰苦创业的坎坷，搬迁镇江的曲折，管理体制的改变，这些都不能动摇江科大人"立足船舶、情系国防"的情怀，都不能动摇江科大人为振兴船舶工业培养高素质人才的信念。相反，越是坎坷曲折，越是坚守信念，越是艰难困苦，越是奋发图强，江科大人在"立足船舶、情系国防"中逐步积淀和形成了"船魂"精神。

三、立足时代、继往开来，提炼"船魂"内涵

党的十八大提出了建设"海洋强国"的发展战略，要实现"海洋强国""造船强国"的战略目标，必然需要涉船类高校在人才培养、科学研究、技术服务等方面提供强而有力的支撑，这对我国涉船类高校合理确定发展方向具有重要的指导意义，也意味着我国涉船类高校的发展迎来新的重大发展机遇。因此，加快建设国内一流造船大学，大力发展能够支撑我国船舶工业快速转型发展的高技术船舶和海洋工程装备学科，培养一大批能站在海洋装备领域技术发展前沿、具有综合素质和创新能力的研发、设计及管理人才，是实现国家"海洋强国"战略目标的现实需求。面向新时代、迈步新征程，江科大人依然敢于肩负使命，更能奋发图强，赋予"船魂"精神新的时代内涵，既事关学校文化的延续、文化基因的传承，更对引领学校实现跨越式发展意义重大。

回顾学校发展历史,作为新中国设立的第一所中等船舶工业学校,历经上海船舶工业学校、镇江船舶工业学校、镇江船舶学院、华东船舶工业学院等时期,成为当时全国仅有的以"船舶"命名的两所高校之一。紧密伴随着新中国国防工业、船舶工业的发展历程,学校形成了解不开的"船舶"情结。这份情缘与使命,成为支撑学校建设发展的永不衰竭的精神动力,成为学校"船魂"精神的重要源泉。

新时代如何准确诠释"船魂"精神尤为重要。"船魂"精神的内涵到底是什么?为此,学校立足时代、着眼发展,经过师生员工的座谈、讨论,结合时代精神和发展要求,将"船魂"精神提炼为"江海襟怀、同舟共济、扬帆致远"。

"江海襟怀、同舟共济、扬帆致远"的"船魂"精神,就是江科大精神,是江科大人锐意进取、勇于开拓、敢于创新、走向深蓝的精神写照。

"江海襟怀",是指开放包容的江海文化,拥有江海的视界和开阔胸怀。始终胸怀天下,瞄准国家和地方经济建设重大战略目标培养高层次人才,开展科学研究,服务经济建设,引领社会进步,这是"船魂"精神开放性的体现。

"同舟共济",是指艰苦奋斗、执着坚韧、顽强拼搏、众志成城、团队至上的造船文化,齐心协力实现共同愿景目标。船舶是复杂产品,船舶工业是艰苦行业,其产业特征要求各专业人才相互配合、相互协作,发挥团队精神,苦干实干。江苏科技大学以"船舶"特色兴校,江科大人以豪迈情怀团结协作、奋进担当、风雨同舟,共同推进事业发展壮大,这是"船魂"精神的核心,也是其协作性的体现。

"扬帆致远",是指以船为媒、纵横四海的船舶文化。乘风破浪,勇往直前,不断突破自我,实现远大理想,展现了江科大人的雄心壮志和推进学校事业发展壮大的胆识与魄力,浓缩了江苏科技大学最突出的精神特质,这是"船魂"精神卓越性的体现。

(《本科教学工作水平评估自评报告》撰写组 《本科教学工作审核评估自评报告》撰写组 葛世伦)

外化于形 "船魂"精神内蕴美丽校园

大学文化可以分为三层结构:第一层是位于核心层的理念文化;第二层是位于中层的制度文化;第三层是位于表层的物质文化。

理念文化在整个大学文化系统中处于核心的地位,主要是指学校领导和成员共同信守的基本信念、价值标准、职业道德和精神风貌。理念文化是文化的核心和灵魂。相对于物质文化和制度文化来说,理念文化是一种更深层次的文化现象。大学的理念文化可通过校风、教风、学风等展现。

制度文化主要规定了师生员工在共同的生产经营活动中所应当遵循的行动准则及风俗习惯,对师生员工和组织行为产生规范性、约束性影响。制度文化是一定理念文化的产物,必须适应理念文化的要求。大学的制度文化可表现为各类规章制度。

物质文化是组织创造的器物文化,是理念文化的载体,它往往能折射出组织的经营思想、经营管理哲学、工作作风和审美意识。大学的物质文化可表现为学校的视觉形象、标识物、校园环境、文化设施等。

一、理念文化诠释"船魂"精神内涵

围绕"船魂"精神内涵,江科大人提炼了由"办学理念、办学特色、江科大精神、校风、校训、教风、学风"七项表述语构成的理念层文化,全面生动地诠释了"船魂"精神内涵。

(一) 办学理念:以人为本、责任为先、公平为上、学术为魂

强调人本管理意识,大力倡导奉献精神,强化责任意识,推行公平原则,培养学术精神,努力形成符合高等教育发展要求的现代大学制度与文化。

(二) 办学特色:船舶、海洋、蚕桑

长期以来,江苏科技大学坚持特色发展之路,形成了"船舶、海洋、蚕桑"三大鲜明的办学特色,船舶、蚕桑在业内有着举足轻重的地位。

"船舶"特色主要体现在学科专业设置最为齐全、行业系统内毕业生最多、服务船舶行业的定位始终坚持不变。作为我国船舶及配套工业最主要的人才培养基地之一,学校将持续保持船舶相关学科专业多、整体优势强、培养人才多等特色优势,还要努力做到行业技术贡献度大,逐步从支撑行业发展上升到引领行业发展。

"海洋"特色主要体现在抢抓"海洋强国"战略,立足海洋,围绕国家重大项目和重大工程,跟踪行业需求,重点研发行业急需的国内外领先技术,助力国家海洋强国、江苏海洋强省建设。在海洋工程装备、海洋信息感知等方面聚力作为,形成自

己的特色。

"蚕桑"特色主要体现在蚕桑种质资源的培育开发、推广应用,保存有世界最为完整的蚕桑种质资源库。作为蚕桑科技的国家基地,学校将进一步强化蚕桑种质资源培育开发和推广应用领先地位,加大蚕桑人才培养力度,扩展生命健康产业,为学校蚕桑特色注入新的内涵。

(三)"船魂"精神:江海襟怀、同舟共济、扬帆致远

"船魂"精神也即江科大精神、学校的校园精神。

1. 江海襟怀

就是开放包容的江海文化,拥有江海的视界和开阔胸怀。

出自《益公题跋·三·跋唐子西贴》(宋·周必大):"不妄与人交,而襟怀洒落,人自受之。"襟怀意指胸怀,洒落意指洒脱,"襟怀洒落"形容为人坦率,光明正大。江苏科技大学的特色是船舶,是国家打造"造船强国"、实现"海洋强国"战略的重要生力军。在学校发展理念上,始终秉持江海胸襟和视野,胸怀天下,瞄准国家和地方经济建设重大战略目标开展科学研究,培养高层次人才,服务经济建设,引领社会进步。

2. 同舟共济

就是艰苦奋斗、执着坚韧、顽强拼搏、众志成城、团队至上的造船文化,齐心协力实现共同愿景目标。

出自《孙子·九地》:"夫吴人与越人相恶也,当其同舟而济,遇风,其相救也如左右手。""同舟共济"的"舟"指船;"济"指渡,过渡。"同舟共济"就是说同坐一条船,共同渡河;比喻只要团结互助,同心协力,定能战胜困难。船舶是复杂产品,船舶工业是艰苦行业,其产业特征特别要求相互配合、相互协作,发挥团队精神,苦干实干。江苏科技大学以"大船舶"特色兴校,特别强调要以人为本,调动全体师生员工的主动性和积极性,增强集体荣誉感和凝聚力,紧紧咬定"建设国内一流造船大学"目标,团结协作,奋进担当,风雨同舟。"同舟共济"展现了江科大人的豪迈情怀和推进学校事业发展壮大的坚韧与毅力。

3. 扬帆致远

就是以船为媒、纵横四海的船舶文化,不断突破自我实现理想。

"扬帆"出自《送乔判官赴福州》(唐·刘长卿):"扬帆向何处?插羽逐征东。"体

现了一种展开云帆踏上征途的情怀。"致远"体现了一种矢志不渝的精神,它要求我们正确认识和处理理想与现实的关系,既立足现实,又不为浮云遮望眼。办学,要"面向现代化、面向世界、面向未来";做人,要站高一点、想宽一点、看远一点;做学问,要耐得住清贫与寂寞,锐意进取,勇于开拓创新。江科大人为培养新中国的造船人才奋斗不止,不断前进,在推进"造船大国"向"造船强国"转变进程中贡献力量,走向深蓝,努力实现"建设国内一流造船大学"目标。"扬帆致远"展现了江科大人的雄心壮志和推进学校事业发展壮大的胆识与魄力。

"江海襟怀、同舟共济、扬帆致远"十二个字,言简意赅,朗朗上口,突出了江苏科技大学的"船舶"与"海洋"特色。

(四) 校风:诚朴务实、诚信友善

校风指的是学校的风气、风尚、风貌,是一所学校特有的占主导地位的行为习惯和群体风尚,稳定且具导向性。江苏科技大学多年来形成了鲜明的群体行为特征,即诚朴务实、诚信友善。"扎得下根、吃得了苦、聚得齐心、干得成事"是江科大学子的优良品质,只要有船的地方,就有江科大人。

1. 诚朴

即真诚而质朴,江科大人讲求的是为人诚心正意,为学实事求是,"诚"是核心,"朴"是根本。"诚"指对待他人、对待事物的态度,是立身与立信的根本;"朴"指个人生活要求与品德追求,内心质朴、心态厚实,是消除浮躁、成就事业的法宝。

2. 务实

即讲求实际、实事求是,是江科大人注重现实、强调实践、强化应用、崇尚实干精神的体现。王符的《潜夫论》说:"大人不华,君子务实。"学校的行业背景和特色决定了江科大人必须脚踏实地,学以致用,追求充实而有活力的人生。

3. 诚信

子曰:"人而无信,不知其可也。"诚信是一个做人的范畴,即待人处事真诚、老实、讲信誉,言必信、行必果,一言九鼎,一诺千金。诚信的本义就是要诚实、诚恳、守信、有信,反对隐瞒欺诈,反对伪劣假冒,反对弄虚作假。

4. 友善

出自朱德元帅《寄东北诸将》诗:"邻居友善长相问,仁里安康永莫移。"友善是处理人际关系的基本准则,是公民的基本道德规范。友善的本义是人与人之间无

利互助,和谐相处。帮助他人,减少争执矛盾也是友善的一种表现。

(五) 校训:笃学明德、经世致用

校训体现的是学校的办学理念和治学传统,体现的是学校的人才培养标准和特色,体现的是学校倡导并遵循的价值追求和教育宗旨。

1. 笃学

即专心致志地学习。其典故出自《三国志·吴志·孙瑜传》:"济阴人马普笃学好古,瑜厚礼之。""笃学"要求学生志于学、专于学、厚于学,在知识与技能上实现厚积厚载。志于学是一个学习志向问题,当代大学生要以国富民强为己任,立志为国家的科技振兴、经济发展、社会进步及个人的自立自强而读书;专于学是一个学习态度问题,在科学知识面前来不得半点虚伪和骄傲,要专心致志、老老实实、勤勤恳恳地学,切戒浮躁与虚伪;厚于学是一个学业成就问题,要全面提高自己的职业应用知识与技能,实现厚积厚载,以深厚的功底与实力进入社会、服务社会。

2. 明德

语出《礼记·大学》。《大学》一开篇就提出:"大学之道,在明明德,在亲民,在止于至善。"这里的"明"即是"使彰明","明德"即是弘扬光大崇高的道德情操和理想追求,阐明学习的目的第一条就是明晓道理、修养品行和道德,做人有坚定的信念,执著,有节操。若懂得了做人的道理,也就能以服务于民生为乐事,也就能做事认真,追求真善美。

3. 经世

最早出自《庄子》:"春秋经世先王之志,圣人议而不辩。"这里的"经世"意思是"经国济世",强调做人要有理想抱负,志存高远,胸怀天下,求索治世之道。

4. 致用

出自《周易》:"精义入神,以致用也。"这里的"致用"即"学用结合",强调积极入世、致力社会民生的实践精神和智慧。

经世致用作为一种思潮和精神,发端于宋代,形成于明末清初,以王夫之、顾炎武为代表,后来的魏源、龚自珍、康有为、谭嗣同等也从中汲取精神力量,倡导变法。经世致用之学,即"实学",也就是"实习、实讲、实行、实用之学",要说实话、干实事、务实际、求实效。这就是经世致用,匡世济民。

多年的办学历程,学校形成了自己的办学特色和教育风格,形成了自己的校园文化传统。江苏科技大学是以工为主的多科性大学,培养出的学生在做人上以诚实、朴实、踏实、务实著称,在业务上以应用型、技术型、工程型、实践型见长,这就是经世致用的基本体现。

在人才的培养过程中,学校贯彻素质教育方针,特别强调学生要德才兼备,要科技素质和人文素质兼备,要业务能力和人格品质兼备,要笃学和明德兼备。这是学校坚持的人才培养标准,也是学校之所以形成自己的特色的基础理念。

笃学明德、经世致用,把育人中的做人做事做学问统一起来,统一于服务社会,统一于服务民生,既体现了学校的办学宗旨,又言简意赅,寓意深刻,体现出学校的文化底蕴和精神风貌。

(六) 教风:严而有爱、惟实惟精

1. 严而有爱

"严",就是严格、严谨,即治学严谨,执教严明,正所谓"师严然后道尊,道尊然后民知敬学"(《礼记·学记》)。"爱",就是爱生、敬业。爱学生,要倾听、尊重、付出、宽容;爱教育事业,要默默地无保留地奉献出自己的心血。严而有爱就是指对学生既关心爱护,又严格要求,教书育人,做他们的良师益友。

2. 惟实惟精

"惟",就是追求;"实",就是真实、实在、扎实,即指教师应当实实在在为人,踏踏实实教学,扎扎实实科研;"精",指教书育人、治学应当精益求精,要精细管理、精致教学。

(七) 学风:乐学善思、求是求新

1. 乐学善思

"乐学"出自《论语·雍也》:"知之者不如好之者,好之者不如乐之者。"乐学是指不为名,不为利,把学习作为一种精神的享受,在学习中享受无比的快乐。达到"乐学"的境界,就能把学习当成一生的事情,树立终身学习的理念,不断追求生命的丰满与完善。"善思"即善于思考、勤于思考。《论语·为政》中"学而不思则罔,思而不学则殆",即体现了学贵精思之理。思考是学习的升华,唯有如此才能明辨是非,才能拥有创新思维和鲜活的创造力。

2. 求是求新

"求",就是探索、追求;"是",即事物的本质和规律。求是,指学生在学习过程中要矢志不渝地探求科学的真谛,探求学习的真谛。"新",即创新。求新,指学习中要注重知识更新,不拘泥于书本,不满足于师传;勇于尝试,大胆创新,有所发现,有所创造。

二、制度文化助力"船魂"精神落地

制度文化由三个层面构成:一是传统、习惯、经验与知识积累形成的制度文化的基本层面;二是由理性设计和建构的制度文化的高级层面;三是包括机构、组织、设备等的实施机制层面。其中,制度文化的基本层面是一个自生自发的规范层面,反映着价值观念、道德伦理、风俗习惯等文化因素;制度文化的高级层面则是有意的、有目的的理性设计和建构的制度层面,反映着一个社区、一个社会、一个国家经法律制度确认的政治、经济、社会、文化等正式制度层面。制度文化的基本层面与高级层面相互统一、协调一致是实现制度文化功能的关键。

江科大深知,制度文化是文化的规则层面和秩序系统,因此学校梳理出领导体制类、教学类、学生工作类、人事工作类、干部教育管理类、科研管理类、外事工作管理类、实验设备管理类、财务经济管理类、成人教育管理类、后勤保障类、保密工作类、文书档案类、校产管理类、党建和思政工作类、其他类等十六个类别,分别制定规章制度加以规范,并在学校网站向师生员工公布。同时,依据政策环境变化、学校发展中出现的新情况,在需要时,对规章制度进行"增、废、改、立",管理、维护规章制度。在规章制度的规范下,"船魂"精神得以切实落地。

三、物质文化打造"船魂"显性氛围

文化的物质层是核心价值观的外在体现,学校的视觉形象、标识物、校园环境、文化设施向外界传递着更有效、更清晰、更亲切的校园文化的特点和形象。

(一)形象识别系统刻画文化个性

江苏科技大学视觉识别系统是以校徽、校名、标准色为核心展开的全面、系统的视觉传达体系。它将学校的办学理念、文化特征、制度规范等转换为具体符号概念,刻画学校个性、突出人文精神,从而达到规范管理、凝聚师生、提升学校声誉和影响力的目的。

《江苏科技大学视觉识别系统管理手册》已编撰并正式发布,该手册由"基础系统"和"应用系统"两个部分组成。校徽、校名、标准色等基本视觉要素的排列和组合经规范构成了视觉形象识别系统的基础部分;应用系统设计则是对基础系统在各种物体、场所的应用所作出的具体而明确的规定。通过《江苏科技大学视觉识别系统管理手册》的编写和使用,进一步凸显出学校的"船魂"精神、办学理念和文化特征。

(二) 校徽、校歌凸显文化特色

1. 江苏科技大学校徽

江苏科技大学校徽包括徽志和徽章。学校徽志是双圆套圆形标志,内环是一组扬帆启航的船,外环上方是学校中文校名,下方是校名英文缩写;学校徽章为教职员工和学生佩戴的题有校名的长方形证章(见表1)。

表 1　江苏科技大学校徽样式及说明

校徽	图案样式	设计说明
徽志	(图案)	(1) 标志图形是一组扬帆起航的船,是对大学由船院发展而来的历史的概括,也体现了学校百舸争流的时代精神和鲜明的办学特色; (2) 图形又恰似两个奔跑跃动的人,代表了学校生机勃勃、求新竞争的学术气氛; (3) 标志取色"科技蓝",有如深邃的思想和蔚蓝的理想; (4) 标志富于动感,具有鲜活的时代气息,能够代表大学的形象,对学校的凝心聚力,对外提升品牌形象是有力的支持; (5) 内外圆直径比符合黄金分割率(0.618∶1)
徽章	江苏科技大学	教师徽章以红色为底色 学生徽章以白色为底色 (字体填充色相应匹配)

2. 江苏科技大学校歌

江苏科技大学校歌由石大庆等作词,吕远作曲。校歌歌词及创作说明如表2所示(创作说明摘自江苏科技大学官网)。

表2 江苏科技大学校歌及创作说明

歌词	创作说明
（一） 你从黄浦江畔启航， 托起实业报国的理想。 敬公奋朴，业精用宏， 精心培育崛起的栋梁。 啊，巍巍船魂， 鼓舞我们艰苦创业， 啊，巍巍船魂， 砥砺我们不息自强。	"你从黄浦江畔启航"，是指学校前身上海私立大公职业学校1933年在上海创立，犹如一艘航船离港启航；1952年上海市人民政府将上海私立大公职业学校改归公立，更名为上海市机电工业学校；1953年与其他三所学校的造船科、轮机科合并，共同组建了当时我国第一所造船中等专业学校——上海船舶工业学校。 "托起了实业报国的理想"，是指1933年上海一批实业界巨子和社会名流、贤达为改变旧中国实业落后局面，实现实业报国的梦想而创立私立大公职业学校；指新中国成立之初，设立上海船舶工业学校，承担起为振兴祖国造船工业和加强海军建设培养急需人才的重任。 "敬公奋朴"，为私立大公职业学校校训。大意为敬重天下为公，敬业大公职业学校，追求朴实的学问，为实现实业报国的梦想而努力奋斗。 "业精用宏"，源自1953年并入上海船舶工业学校的福州工业学校的校歌歌词。大意为业精于勤，学好本领，用于伟大的建设事业。 "精心培育崛起的栋梁"，是指从上海私立大公职业学校、上海船舶工业学校、镇江船舶学院、华东船舶工业学院到江苏科技大学的八十年中，学校一代又一代的教师如春蚕吐丝，如红烛发光，精心培育出国家建设特别是造船工业数以十万计的人才，有很多的学子已成为各行各业的中坚骨干。 "啊，巍巍船魂""鼓舞我们艰苦创业""砥砺我们不息自强"，是在告诉人们，大公私立职业学校在上海沦陷后，溯江而上搬至重庆办学，抗战胜利后又不畏艰难迁回上海；在上海船舶工业学校创办初期，学校分三处上课、四处办公、五处用膳、六处住宿，一年级新生甚至在临时搭起的草棚中学习；"文革"时期，学校在横遭破坏(1970年被迫迁往镇江)的情况下，仍然坚持办学上课，积极建设生产实习基地，并于1977年师生自建"鲁烟油"2号船且胜利下水；"文革"结束后，面临学校向何处去的重大问题，学校党委、行政、师生员工坚定地选择了就地办学、升格本科的方案；建院以后，全院师生员工励精图治，又谱写了艰苦创业、不息自强的新篇章。

续表 2

歌词	创作说明
（二） 你从第一江山远航， 肩负民族复兴的希望。 笃学明德，经世致用， 热血铸就腾飞的华章。 啊，巍巍船魂， 引领我们继往开来， 啊，巍巍船魂， 激励我们再创荣光。	"你从第一江山远航"，是指 1978 年 12 月，经国务院批准，镇江船舶工业学校改建为镇江船舶学院，属国防工业性质的工科本科大学，面向全国招生，学校改建后即按高等院校的正规要求培养本科生，较快地完成了由中专到大学的过渡，使学校向着更高更远的目标进发远航(其中"第一江山"是指镇江，镇江有着"天下第一江山"的美名)；是指 2004 年 5 月，华东船舶工业学院更名为江苏科技大学，逐步发展成为一所工、管、文、理、经、教等多学科协调发展的有特色的大学。 "肩负民族复兴的希望"，是指镇江船舶学院的诞生适逢党的十一届三中全会召开之际，我们的国家开始了历史性的转折，党的工作重点转移到经济建设上来，作为船院人，作为祖国四化人才特别是造船工业人才的培育者，理所当然地肩负起民族复兴的希望。 "笃学明德，经世致用"，为学校校训。笃学，即专心致志地学习；明德，即弘扬光大崇高的道德情操和理想追求；经世，即"经国济世"，强调要有抱负，志存高远，胸怀天下，求索治世之道；致用，即学用结合，强调积极入世，致力社会民生的实践精神和智慧。校训是把育人中做人做事做学问统一起来，统一于服务社会、统一于服务民生，既体现了学校的办学宗旨，又体现出学校的文化底蕴和精神风貌。 "热血铸就腾飞的华章"，是指江科大人凭着对党的高等教育事业的无限忠诚，对培养祖国四化建设急需人才的责任，付出了心血，实现了跨越式发展。1978 年 12 月实现了从一所中等专业学校成功改建为工科本科大学；1999 年江苏省江海贸易学校并入；2000 年中国农业科学院蚕业研究所与学校合并；2004 年更名为江苏科技大学；2012 年江苏省人民政府与中国船舶工业集团公司、中国船舶重工集团公司签署共建江苏科技大学的协议，学校成为江苏省重点建设院校之一。学校从 1979 年的 3 个本科专业发展到 2020 年的 66 个本科专业，有 20 个一级学科硕士学位授权点，硕士专业学位培养类别 10 个，4 个一级学科博士学位授权点，3 个博士后科研流动站，形成了本、硕、博比较完备的人才培养体系，形成了船舶、海洋、蚕桑三大特色，逐步发展成为多学科协调发展的有特色的多科性大学，成为教育部本科教学工作水平优秀学校。江科大人将在新的时代谋求更大的发展，续写新的华章。 "啊，巍巍船魂""引领我们继往开来""激励我们再创荣光"，是在告诉人们，江科大人在"船魂"精神的引领激励下，将继承艰苦奋斗、不息自强的光荣传统，开辟美好的未来，再创新的荣光。

续表 2

歌词	创作说明
（副歌） 乘长风，破巨浪； 扬云帆，跨海洋。 前进！前进！ 向着那无限的深蓝。 前进！前进！ 向着那明天的辉煌。 向着那明天的辉煌。	江苏科技大学犹如一艘快速前进的航船，乘着改革开放、加强海军建设、大力发展船舶工业的东风，冲破千重巨浪，克服艰难险阻，扬起浩荡风帆，鼓起冲天干劲，向着广阔无垠的知识海洋，向着实现国内一流造船大学的长远目标奋勇前进！向着江苏科技大学更加灿烂辉煌的明天前进！前进！

（三）优美校园展示文化内涵

大学既是科学知识和真理的重要源发空间，也是精神文化塑形、聚合与传播的栖息地。因此，大学校园建设既要符合知识生产的目标和任务，也要充分呈现其文化维度和内涵，满足师生等校园主体在情感、审美、德行等较高层次上的需要。作为承载和烘托校园人文氛围的校园景观艺术，以其独特的承载科学、技术及文化价值的方式，成为大学校园文化传播、弘扬的适配载体。

2020 年之前，学校办学空间分布在"两地四区"（两地：镇江市、张家港市；四区为东校区、西校区、南校区、张家港校区）。2020 年之后，学校主体搬迁至长山大学城，形成长山校区、梦溪校区、张家港校区办学格局。无论是"两地四区"、还是长山校区的校园建设，江科大人均充分重视凸显校园文化，通过美丽校园建设，在优美环境中实现育人以美、塑造与升华人文精神。

镇江长山校区位于镇江市丹徒区十里长山地区，总占地面积 2350 亩，内有 192 亩东固水库、298 亩景观山体，一期规划建筑面积 66.46 万平方米；此外，在长山校区东南方向约 3 公里的 312 国道南侧还建设了学校新的蚕桑科研基地，占地 300 亩。校园总体规划贯彻"以方便学生学习活动为中心"基本原则，在校园的核心区设计了使用率最高的公共教学楼和图书馆，在核心区南北两侧对称设计了两个学院组团，东南、西南两个区域则设计了学生宿舍组团，在学生宿舍与核心区之间设计了食堂，在距离核心区较远的南面设计了比较活跃的文体中心。通过这种布局，一方面整个校园的人员分布比较均匀，而且动静分离；另一方面学生学习、生活路径较短，方便便捷。长山校区基本建筑风格是根据江苏科技大学工科特点，比较厚重、规整。同时，文理大楼、工程训练中心、文体中心等部分建筑也结合了学校特色和文体活动特点,采用了一些特殊造型。景观设计建设则依据学校良好的自然环境和跌宕起伏的地形特点,采用"顺势而为、因地制宜"策略,重点围绕"山""水"进行。目前已经对原来水体驳岸进行整理,围绕水面建设景观广场和草坪,种植水生植物,后续计划在山体中进一步建设步道、凉亭,种植各种树木花卉。

镇江梦溪校区位于镇江市梦溪路,校园占地面积436亩,高空鸟瞰校区布局恰似一艘扬帆启航的巨轮。进入梦溪校区正大门,首先映入眼帘的便是醒目的校训展示牌和"海之召唤"雕塑,雕像以手拿书籍、畅想未来的青年学生形象刻画出江科大学子报效祖国、走向深蓝的内心呼唤;边上的绿树环绕着玉兰池喷泉,春有海棠映日,秋有桂花飘香。沿着校园小径步入校园深处,左边的"海之韵"广场是同学们晨读的首选,右边图书馆门前竖立着校训石刻,时刻激励师生员工励志奋发。船海楼等建筑沿古运河畔一路延伸。这些建筑、雕塑和随处可见的梧桐树、樱花绿植彰显出以"船魂"精神为核心的江科大校园文化。

张家港校区坐落在全国百强县市前三甲、全国文明城市张家港市城北科教新城沙洲湖畔,创建于2005年,总投资为11亿元,校区占地约856亩,总建筑面积约27万平方米。校园环境优美,象征着热情、友爱的香樟树浓荫遍布,伴随着琅琅书声,浓郁学风蔚然成林,"生态型、园林式、数字化"的现代化校园为学子们求知深造创造了良好条件。

(葛世伦 黄雪丽)

内化于心 "船魂"精神打造科大气质

在80多年的办学历史中,江科大人将"船魂"精神内化于心,发扬光大。不息的进取和奉献、高度的事业心和责任感,已融进一代代江科大人的精神血脉,成为江科大人的特有气质。

一、全面多维宣贯宣传"船魂"精神

围绕以"船魂"精神为核心的江科大文化,学校全面多维地开展对内宣贯、对外宣传,让广大师生、校友以及社会了解江科大,增强他们对江科大文化的认知和认同。

1. 对内宣贯

学校对内采用"三推动"方式强化师生员工对学校文化的理解和认同。

(1) 领导推动:学校领导班子成员通过学校新学期会议、各类报告会宣讲"船魂"精神、校训、校风、教风、学风;各部门通过集中政治理论学习、党支部学习、班会对教师、党员、学生宣讲学校文化;学校在中层领导干部间进行文化的交流与研讨。各级领导的言传身教润物无声地影响到每位师生员工。

(2) 载体推动:学校每天利用"校园之声"广播电台播放江科大校歌,通过宣传橱窗、悬挂标语、微信公众号、《学生手册》读本以及学校"航标灯"网站等多种方式、多种渠道在广大师生中宣贯学校文化。

(3) 激励推动:加强典型人物和先进事例宣传,开展"教学名师""优秀教师""优秀共产党员""优秀党务工作者"等评选和表彰活动,树立学习标杆,营造争先创优的良好氛围。

2. 对外宣传

学校"全方位、立体式"对外宣传以"船魂"精神为核心的江科大文化。

(1) 社会层面:学校通过网站、微信公众号、移动科大 APP、校报校刊、宣传片、宣传标语,以及院校互访、校园开放日、电话电邮通讯、座谈讨论、家长接待座谈等多种形式及时向社会广泛宣介江科大文化。

(2) 校友层面:学校建有专题"校友网",同时通过校友回校座谈、校友微信公众号、江苏科技大学报、"深蓝"校友刊物、设立校友联络员等方式,向校友宣传学校文化。

二、教职员工学习领会"船魂"精神

江科大采用在校报、校园网上设立专栏,面向全校征集关于"当代教师核心价值观"的意见及相关文章,制定《江苏科技大学教师师德手册》,签署师德承诺书等多种方式向教职员工宣贯"船魂"精神、文化理念。学校还将师德建设寓于喜闻乐见的活动之中,开展优秀教师师德报告会、弘扬"船魂"精神演讲比赛、讲课竞赛、师生共建、红色之旅、社会实践等丰富多彩的活动,锻炼教师技能,加强实践能力,提高广大教师的集体主义荣誉感,展现奋发向上的精神风貌。

对于新进校教师,学校开展"新教师教学能力培训营活动",从学校文化、师德修养、教育理念、教学方法、教育技术等方面,通过教学技能专题讲座、校内实践教学基地参观、示范课观摩、座谈会等形式多样的活动,培养新进教师的"船魂"精神和教学业务能力。

对于青年教师,学校深知长江后浪推前浪,建设海洋强国的道路需要一代代江科大人秉承着愚公移山的精神走下去,青年教师更是学校的未来,是学校发展的中坚力量。学校制定了《江苏科技大学青年教师助理教学培养制度实施办法》《关于推进青年教师工程实训工作的通知》等管理办法,采用青年教师学术论坛制度、座谈会、"先锋课堂""行知驿站"、青年教师学术沙龙等方式,一方面极力营造有利于青年教师成长的氛围,提高青年教师的幸福感和获得感;一方面鼓励青年教师"有为才能有位",把促进学校发展当作个人的使命。

学校和各学院关工委主办的"老少共话奋斗路"活动,环化学院关工委"隔代亲"系列活动,马克思主义学院的"红色先锋"论坛、老带青"传、帮、带"平台,机械工程学院"春雨润业计划"等活动,积极推进"诚朴务实、诚信友善"校风和"严而有爱、惟实惟精"教风,帮助青年教工走向深蓝、筑梦海洋。

对每年新晋的提任干部进行为期半年的干部培训,围绕理想信念、履职能力、担当作为等主题,通过线上、线下专题讲座、专题研讨、实践教学等形式,进一步加强干部队伍建设,增强干部理想信念,切实提高干部政治能力,激发干部担当作为的奉献精神。

此外,快乐健身协会、钓鱼协会、书画协会、足球协会、篮球俱乐部、乒羽协会、集邮协会、桥牌协会、摄影协会、自行车协会、瑜伽协会等教师社团举办"建功新时代,奋斗正青春"青年教师联欢活动、上海船舶工业学校西迁镇江办学50周年座谈会、"师风师韵,荷其优雅"等各种丰富多彩的活动,为树立"诚朴务实、诚信友善"校风增添了亮丽风景。

三、学生潜移默化感知"船魂"精神

学校主动适应高等教育发展和国家经济社会发展对人才需求的形势,按照船舶行业和地方经济社会发展需要,确立了"培养综合素养发展水平高,基础知识扎实,工程和社会实践能力强,专业适应面宽,富有社会责任感的应用型、创新型高级专门人才"的人才培养总目标。在办学实践中,坚持弘扬"江海襟怀、同舟共济、扬帆致远"的"船魂"精神,扬"乐学善思"之风、育"求是求新"之才,造就学生"扎得下根、吃得了苦、聚得齐心、干得成事"的人才特质。长期以来,学校始终坚持立德树人,大力弘扬"船魂"精神,将之贯穿于全员全方位全过程的"三全"育人体系之中。

学校的人才培养方案中,在"各专业通用培养目标标准"之首就明确了学校培育人才的要求,必须"具有正确的人生观和价值观以及高尚的公民道德修养";必须"具有较强的社会责任感,怀有为国家服务的志向和理想"。

课堂教学中,学校在教学大纲制定中体现"船舶、海洋、蚕桑"特点,教学内容体现人才培养目标;在教学过程中,规范制定、严格执行教学大纲,向学生传递"笃学明德、经世致用"办学理念和治学传统,坚持科研反哺教学,创新教学模式,改革教学方法与学习方式;在考试考核中,严格考试管理,积极探索考核方法改革。

实践教学中,在"严而有爱、惟实惟精"教风和"乐学善思、求是求新"学风引导下,学校以培养学生实践能力和创新创业能力为核心,以能力达成为导向,科学构建实践教学体系,加大实验室开放力度,形成了以实验教学、课程设计、实习实训、毕业设计等第一课堂为主线,以学生社会实践、学科竞赛、创新创业训练等第二课堂活动为辅的多层次、多模块的校内外融为一体的实践教学体系。

社团文体活动中,加强社团建设,打造校园科技文化品牌。开展社团星级认定和社团评优,突出高星级社团的品牌示范作用,以重点项目引领全校团员青年志愿服务活动。每年举办一届校园文化艺术节,组织开展十佳歌手大赛、青春风采大赛、民俗文化进校园、街舞大赛、戏曲小品大赛、高雅艺术进校园、"科大杯"系列体育比赛、"走向未来"辩论赛等一系列形式活泼、内容丰富的校园文化活动。

(黄雪丽)

沉淀于行 "船魂"精神培育国之栋梁

江科大"江海襟怀、同舟共济、扬帆致远"的"船魂"精神,激发了教师高度的事业心和责任感,他们在教学、管理、科研岗位上兢兢业业,为国家教育事业鞠躬尽瘁,也激发了学生立志成才的远大理想和坚定信念,陶冶了学生良好的品德和高尚的情操,造就了学生严谨扎实的专业素养和吃苦耐劳的敬业精神。几十年来的辛勤耕耘,学校涌现出一大批展现"船魂"精神、教书育人鞠躬尽瘁的教师典型,培养了一大批优秀学子,为船舶工业、国防现代化和地方经济建设做出了杰出的贡献。"诚朴务实、诚信友善"是江科大的优秀校风,"扎得下根、吃得了苦、聚得齐心、干得成事"是江科大学子的优良品质,哪里有船,哪里就有江科大人!

一、领导班子垂范引领"船魂"精神

江科大历任领导班子在学校管理、科研、教学岗位以身作则、率先垂范、积极践行"江海襟怀、同舟共济、扬帆致远"的"船魂"精神。

在学校管理上,领导班子强化党的领导,牢牢把握培养社会主义建设者和接班人这一办学方向。对高校来说,培养什么样的人、如何培养人以及为谁培养人,始终是一个根本问题。学校领导班子切实落实习近平总书记关于"全面贯彻落实新时代中国特色社会主义思想和党的十九大精神,努力培养德智体美劳全面发展的社会主义建设者和接班人"的要求,加强党对教育工作的全面领导,牢牢掌握党对教育工作的领导权,把党的教育方针全面贯彻到学校工作各方面;坚持中国特色社会主义教育发展道路、坚持社会主义办学方向。在学校文化建设方面,领导班子秉承"以人为本、责任为先、公平为上、学术为魂"办学理念,"办好人民满意的教育是我们共同的使命,建成国内一流造船大学是我们共同的梦想",坚持以立德树人、创新能力培养为核心的人才培养和服务国家战略的科技创新两条主线,重点把握新经济、新业态、新模式及新的社会形态的影响,以及国家海洋强国战略、长三角一体化战略、高技术船舶产业发展态势、高等教育改革发展相关政策,把学校的发展思路主动融入到国家战略中。

在科研工作上,领导班子从科学研究、教学研究两方面积极践行"笃学明德、经世致用"价值追求和教育宗旨。科学研究方面,围绕"船舶、海洋、蚕桑"三大特色开展科学研究,参研项目"海洋石油981深水半潜式钻井平台""海上大型绞吸疏浚装备的自主研发与产业化"先后于2014年、2019年获国家科技进步特等奖,"耙吸挖泥船动力定位与动态跟踪系统"项目成果获2015年度国家技术发明二等奖,"航天器舱体结构变极性等离子弧穿孔立焊关键技术与应用"项目成果获2015年度国家科技进步二等奖。主持开发具有自主知识产权的"金舟"CAPP/PDM/ERP管理软件,充分体现了船舶工业行业的特色,提高了船舶工业的信息化程度。与中船集团主要造船企业联合开发的"造船成本核算管理信息系统",填补了国内造船成本核算管理计算机软件方面的空白。教学研究方面,围绕"高校管理"开展教学管理研究,主要研究成果获江苏省教育科学研究成果二等奖、江苏省高等教育科学研究成果三等奖、江苏省党的建设学会党建调研课题优秀成果二等奖等多项奖励。

在教学工作上,领导班子以身作则倡导"诚朴务实、诚信友善"校风,身体力行示范"严而有爱、惟实惟精"教风,常年坚持在教学一线,为本科生、研究生授课。学校先后多次获江苏省研究生培养模式改革成果奖、江苏省优秀教学成果奖等奖项。

二、师生诚朴务实践行"船魂"精神

(一)教师鞠躬尽瘁、立德树人

江科大的办学历程中,广大教师将"船魂"精神发扬光大,表现出高度的事业心和责任感,在中国造船教育史上涌现出一大批展现"船魂"精神、精心育人、鞠躬尽瘁的优秀教师。

学校建设发展的每一个时期,广大教师都表现出高度的事业心和责任感,他们爱国奉献、艰苦奋斗、诚朴务实、团结协作。中国船舶界第一位院士,学校老领导杨槱先生毕生奉献于教育事业,被誉为"船界活化石"。学校双聘院士徐秉汉教授作为老军工专家,为国防科教事业呕心沥血,尚在手术恢复期就赶回学校指导他的学科梯队和研究生。我国焊接领域著名专家沈世瑶教授在去世前交代家人,把自己的所有稿费和收集的书籍捐献给学校,在生命的最后一刻还牵挂着学校的发展和建设。中国船舶工业总公司劳动模范张涵清,带领青年教师和学生设计建造了一个船舶浅水池实验室。我国鱼雷专家叶祖荫教授退休后热心参与希望工程,资助数十名山区穷困学生,事迹感人肺腑。深受学生喜爱的彭晓华副教授爱生如子,全身心投入教学工作,带病上课,最后晕倒在讲台上。全国"五一"劳动奖章获得者、省级优秀学科带头人、知名材料科学专家蒋成禹教授为了攻克 7000 米水下机器人的材料难题,带领他的团队日夜奋战在科研一线。全国优秀教师、省级优秀学科带头人王充德教授埋头苦干,开创了理论力学教学实验的先河,建成了省级一类优秀课程,并曾荣获全国教学成果一等奖。全国"五一"劳动奖章获得者刘和法研究员不负党和国家的培养,不畏艰难,数十年如一日,研究发明了至今无可替代的特种合金材料——铍钴铜合金。全国优秀教师朱德书教授严谨治学、桃李满园,年近 70 仍活跃在青年教师培养和教学督导的一线。芦笙教授海外学成归来,报效祖国,潜心教学,荣获"江苏省师德标兵"称号。全国青年教师力学讲课比赛二等奖获得者郑建国刻苦钻研教学,改革教学方法,课堂教学生动活泼,深受学生欢迎。近年来涌现出的在全国产生巨大影响的优秀教师典型、全省道德模范景荣春教授,他一辈子呕心沥血、教书育人,在被确诊为癌症晚期后,仍然以顽强的毅力编写并出版了两百余万字的教材,患病六年时间里没有耽误一堂课,他的事迹在2010—2011年期间被中央、省市各大媒体连续报道,事迹报告团走向全国各地,听众达40万余人次,引起全国各界的热烈反响。被大学生和媒体誉为"最简朴大学教师"的周青春教授、被社会公认为坚守职业道德和家庭美德典范的章明炽副教授、获江苏省"最受大学生欢迎教师"称号的杨松林教授、被学生公认为"最负责任的班主任"张学军教授均被中央、省市媒体屡次报道,在社会上传递了正能量。在他们的影响和带领下,优秀青年教师层出不穷。王蓓、宋向荣、戴俊等一批批青年教师爱岗敬业,执着育人,在实践中练就了过硬的教学本领,获得了全国青年教师讲课比赛三等奖1项;在江苏省第一届、第二届高校青年教师讲课比赛中取得了1个特等奖、3个一等奖、1个二等奖的全省高校领先成绩。此外,学校青年教师在江苏省生物化学与分子生物学学会首届微课教学竞赛、江苏省高校土木工程专业青年教师讲课比赛、江苏省高校数学基础课青年教师授课竞赛中也取得了很好的成绩。外国语学院的青年教师还积极承担2020年新冠肺炎疫情防控任务,被誉为"支援口岸语言守护国门"的"花木兰"。一代代教师展现出的"船魂"精神,感染和熏陶着一批又一批的江科大莘莘学子。在"船魂"精神的激励下,投身教学、献身教育已经成为江科大师德建设的核心内涵。

(二)学子扬帆致远、报效祖国

长期以来,学校坚持传承和弘扬"船魂"精神,引导学生树立远大理想,坚定信念,立志成才,造就了学生严谨扎实的专业素养和吃苦耐劳的敬业精神,一批批优秀学子为国防事业、船舶工业和地方经济建设做出了杰出的贡献。

1970年12月26日下水的我国研制的第一艘核动力潜艇,有200多名校友参与了设计、制造工作。中国计量科学研究院研究员陈永江校友发明了国内最高水平的圆锥量规锥度仪,填补了国内空白。中船重工集团第704研究所高级工程师刘文定校友献身国防事业,参加了氢弹效应试验,为我国首次氢弹水下爆炸实验成功测出完整数据;设计了我国第一台三向簧片仪;参加了南极科学考察活动,为大型水面舰艇设计测量出关键数据。中国舰船研究院研究员王瑾校友潜心舰船研究,主持参与了多项导弹驱逐舰的设计研制工作,担任数万吨级某型舰艇消磁系统主任设计师,先后获得十余项国防科技成果奖。校友陈松涛总工程师主持开发的挖泥船自控系统,打破了国外产品对国内市场的垄断。崔一兵校友主持了中国第一艘海上巡逻指挥船和海上环保指挥船的研制。杨奕飞校友投笔从戎,参加了神舟 1 号至神舟 7 号发射的海上测量工作,被表彰为中国卫星海上测控优秀科技干部标兵。2004 届毕业生方宁赴亚丁湾索马里海域执行海军护航任务,获编队"护航尖兵"荣誉称号。还有许多校友走上了各级领导岗位,如国务院特区办公室原主任赵光华,中国首批大法官之一、上海高级人民法院院长滕一龙,中国兵器工业集团总会计师张华……优秀校友的事迹,不胜枚举。

学校把"船魂"精神融入到教育教学工作中,着力提高学生服务船舶与海洋事业的责任和使命意识,培养勇于探索的创新精神和善于解决问题的实践能力,在人才培养方面涵养江科大特质,教育质量不断提高,得到社会广泛认可。在全国各类竞赛中学校学生取得优异成绩。

在德育方面,学校校友中也涌现出众多模范人物。优秀毕业生杨康不当干部当上士的先进事迹在全军引起强烈反响;国防生校友隋伟涛见义勇为,高速路上勇救伤者;何晓进、陶鑫等多名学子相继勇救落水老人、儿童;大三学生杨满不顾个人安危,火场勇救老人;2016 年,优秀学子张耀笑身患癌症,她父亲又不幸遭遇车祸,在祸不单行之时她得到社会大力捐助,为了感恩社会,她在出院后将收到的爱心捐款中剩下的 42.6 万元全部捐献出来,成立了"耀笑爱心互助基金",用于帮助更多的人,以大爱感动了全社会,被推选为 2016 年度"感动中国·感动江苏"十大人物。江科大"立德树人"的教育成效,引起社会主流媒体持续关注。

三、学校传承"船魂"服务船舶海洋

学校传承"船魂"精神,从船舶科技、产学研合作、国防生培养等方面倾力服务我国船舶海洋事业。

学校在船舶设计与制造技术、焊接技术与新材料等领域有较强研发能力和鲜明的国防科研特色,先后承担国家高技术研究发展计划、国家重点基础研究发展计划等项目,以及原总装备部、海军装备部等预研项目及型号项目,部分成果在我国新型大型水面舰艇、大深度深潜器中得到成功应用。

学校顺应社会及企业对人才的新需求,校企联合培养应用型人才。学校依托船舶行业及战略性新兴产业遴选出 11 个校级"卓越计划"试点专业,获批船舶与海洋工程、机械设计制造及其自动化、软件工程 3 个国家级试点专业以及 5 个省级试点专业。先后与沪东中华造船(集团)有限公司、上海江南长兴重工有限责任公司、上海外高桥造船有限公司等10余家国内外著名造船企业签署"'卓越计划'工程实践教育中心"共建协议。

学校承担为海军选拔和培养后备干部的任务,中国人民解放军在校设立了后备军官选拔培养办公室,已为部队培养输送了数千名优秀国防生。

学校每年有60%以上的毕业生进入船舶行业就业,在中国船舶集团企业中江苏科技大学的校友最多、最接地气;江苏省地方船舶企业中,江苏科技大学的毕业生一直发挥着领头羊的作用,三分之一以上的技术管理人员是江苏科技大学的毕业生。

(《本科教学工作水平评估自评报告》撰写组 《本科教学工作审核评估自评报告》撰写组)

戮力向前 "船魂"精神结出累累硕果

一、锚定"船魂"精神,执著进取

"船魂"精神在学校发展的过程中发挥了不可估量的作用,已成为学校的核心竞争力。特别是1999年转制后,学校面临着巨大的机遇和挑战,一方面,高等教育呈现出蓬勃发展的大好形势,船舶工业也进入与世界造船大国争雄的时期,这为学校的发展提供了难得的机遇;另一方面,学校在办学资金和人力资源上出现较大的缺口,严重制约了学校的发展。在这关键时刻,学校发扬"船魂"精神,知难而上,艰苦奋斗,执著进取。有为才能有位,学校进一步明确办学思路和办学定位,主动适应船舶工业和地方经济建设发展的需要,继续加强与国防科工委、中国船舶工业两大集团的全面合作办学,组建了船舶工业学院,以促进各学科资源共享,并直接为船舶工业发展提供多学科综合服务;积极为江、浙、沪等造船大省(市)的企业提供有效的技术和人才服务,同时以江科大为龙头,成立了船舶先进制造技术公共服务平台。在真诚的合作和全心全意的服务中,学校不断壮大,克服了制约发展的两大瓶颈。学校构筑了通畅的产学研信息网络,强化了学科专业建设和人才培养规格上的特色,构建了完善的人才培养体系和质量保证监控体系,赢得了良好的办学声誉,吸引了大批优秀人才加入学校,获得了从中央、行业到地方政府和企事业单位的有力支持。正是由于学校磨砺和发扬"船魂"精神,诚朴务实,声誉良好,定位准确,坚持特色发展、协调发展,才能够成为为海军培养后备军官的第一所非重点院校,张家港市政府才会投入巨额资金,在众多高校中选择与江科大合作办学,成千上万的优秀学生才会踊跃报考江科大。

近年来,学校围绕人才培养和科技创新两条主线,抓住第五轮学科评估、博硕士学位点申报、"双万计划"申报三大机遇,实施目标考核机制、重点工作督查机制、问责机制、首问负责机制四项机制,坚持"以师生为中心"的理念、坚持激发潜力激发潜能、坚持巧争机遇、坚持与行业区域融合发展、坚持特色发展,面对一流大学、一流学科和一流专业、一流课程建设的高等教育发展大势,树立发展信心,坚持办学定力,强化办学特色,进位争先,以"等不起"的发展紧迫感,确定了学校综合排名进入全国前 150 名、博士点学科的学科评估进入 B 以上等级的核心目标,全力推进学校高质量发展。

二、熔铸"船魂"精神,特色发展

长期以来,学校发扬"船魂"精神,始终坚持内涵发展、特色发展之路,形成了"船舶、海洋、蚕桑"三大鲜明的办学特色,船舶、蚕桑在业内有着举足轻重的地位。船舶特色主要体现在船舶类及相关专业设置最为齐全、船舶行业内毕业生最多、服务船舶行业的定位始终坚持不变。学校将持续保持船舶相关学科专业多、整体优势强、培养人才多等特色优势,还要努力做到行业技术贡献度最大,逐步从支撑行业发展上升到引领行业发展。海洋特色要抢抓建设海洋强国战略机遇,明确海洋相关学科的努力方向,打造学校发展新的增长点,在海洋工程装备、海洋信息感知、海洋资源开发和利用、海洋产业经济等方面进一步形成自己的特色。学校蚕业研究所拥有世界最为完整的蚕、桑种质资源库,蚕桑特色要在保持国家队地位的同时加强蚕、桑种质资源应用推广,加大蚕桑人才培养力度,为学校蚕桑特色注入新的内涵。近年发展获取的成果,无论是国家一流专业还是国家级奖励,都与学校的办学特色紧密相关。

近年来,学校紧紧抓住国家海洋强国战略、船舶产业转型发展加速、"一带一路"建设、蚕桑资源多元化开发和高价值利用等机遇,进一步锚定"船魂"精神,坚定特色发展的办学自信,坚守长期以来形成的办学特色,做优做特,做深做精,力争做到极致。

三、发扬"船魂"精神,继往开来

在长期的办学实践中,学校不断凝练、提升和发扬"船魂"精神,知难而上,艰苦奋斗,锐意进取,取得了累累硕果。

学校积极参与了"超深水半潜式钻井平台""蛟龙号7000米载人潜水器""耙吸挖泥船动力定位与动态跟踪系统"等重大科研项目的研发工作,形成了船舶与海洋工程先进设计制造、船舶与海洋工程力学性能、船舶工业企业管理、船舶轮机与动力装置系统、船舶与海洋工程装备自动化、先进材料与焊接技术等稳定的研究方向。在国防973子项目、863计划项目、科技部基础平台项目、总装备部探索性研究项目、工信部首批海洋工程项目、国防基础研究项目等重大科技领域均实现新突破。参研的"超深水半潜式钻井平台研发与应用"项目成果获得2014年度国家科技进步特等奖,参研的"耙吸挖泥船动力定位与动态跟踪系统"项目成果和"航天器舱体结构变极性等离子弧穿孔立焊关键技术与应用"项目成果分别获得2015年度国家技术发明二等奖和国家科技进步二等奖。学校紧密围绕船舶特色设置学科专业,实现了涉船主干学科专业全覆盖,具有船舶工业人才、科技、服务整体性和应用性优势,引领船舶工业高技术协同创新。在海洋领域内紧密跟踪国家战略需求,组建了海洋装备研究院、江苏省高技术船舶协同创新中心、张家港产业技术研究院三大科研机构,围绕"大船舶"拓展海洋工程装备开发,做强做优海军装备研究。学校遵循高等教育发展规律和人才成长规律,以立德树人为根本任务,紧盯"建设国内一流造船大学"战略目标,坚持跨越发展和内涵发展。八十周年校庆期间,《光明日报》以"江苏科技大学:永不褪色的'船魂'"为题,重点报道了学校在"船魂"精神引领下努力建设国内一流造船大学的丰硕办学成果。

近年来,学校在学科发展、人才培养、科技创新、队伍建设等方面取得了显著成绩,亮点纷呈:获批8个国家一流本科专业建设点;工程学、材料科学、化学学科进入ESI全球排名前1‰,ESI最新热点论文数量排全国高校第38位;新增2个博士后科研流动站;参研的"海上大型绞吸疏浚装备的自主研发与产业化"项目成果获国家科技进步特等奖,发明专利"窄间隙焊缝偏差的红外视觉传感检测方法及装置"获中国专利银奖;专利转让位列全国高校专利转让排行榜第23位,2020软科中国大学排名位列第142位;在江苏省2019年度地方普通高校综合考核中,被评定为"第一等次"。

(葛世伦 《本科教学工作审核评估自评报告》撰写组)

 典型案例

案例1：传承"船魂"勇探索

1866年创办于福州马尾的船政学堂，孕育了优秀的船政文化，它独特创新的办学模式、取得的杰出成就和表现出的爱国情怀，尤其是在"怎么培养人""培养什么人"上留下了许多独特、可资后人借鉴的宝贵经验和精神财富。在当前时代背景下，党的十八大作出"建设海洋强国"的战略部署，《中国制造2025》把海洋工程装备和高技术船舶作为十大重点发展领域之一，因此借鉴船政文化体现出的关于人才培养的宝贵经验，培养适应海洋强国建设的船舶与海洋类人才显得尤为重要。

一、船舶与海洋类人才培养的目标定位

2016年6月1日起施行的《中华人民共和国高等教育法》明确规定：高等教育的任务是培养具有社会责任感、创新精神和实践能力的高级专门人才，发展科学技术文化，促进社会主义现代化建设。目前，全国船舶与海洋工程专业的办学情况基本分为两类，一是以上海交通大学、哈尔滨工程大学为代表的船海类高校，属于研究型，主要培养船舶设计与研究专业人才；二是以江苏科技大学为代表的院校，属于应用型，主要培养掌握现代造船技术的专业人才。船舶与海洋类人才不仅仅是在科研能力、创新能力、技术能力上形成竞争力，还应该是有理想、懂政治、知管理、会合作、具有国际视野的复合型人才，这是海洋强国建设对船海类人才需求的应有之义。

二、船政文化视阈下的船舶与海洋类人才培养之思

1. 爱国情怀的激发

船政学堂创办的初衷是抵御外侮，实现国家自强自立。爱国精神是船政文化的内核。船政学生在历次抗击外来侵略者的斗争中总以大无畏的爱国主义精神奋勇杀敌、视死如归，邓世昌、林永升等更是他们中的杰出代表。船政文化之所以在今天仍备受关注，就在于其内涵的爱国精神依然让今人热血澎湃。船政学堂特别

重视传统文化的培育,包括留学生都要定期考核中文论说、史鉴等传统课程。因此,船舶与海洋类人才培养首先要汲取传统文化中优良的成分,特别是船政文化中以爱国主义为核心的伟大民族精神更应当弘扬光大。

2. 海权国防意识的培养

船政学堂创办人之一沈葆桢一直强调"船政为海防第一关键",造船制炮、整顿水师、培养人才就是"谋海权之政"。建设海洋强国就是"谋海权之政",强化海洋意识,而要建设海洋强国,必须从教育入手。因此,培养船舶与海洋类高校人才,就要培养其海权国防意识,树立海洋国土观念。

3. "师夷长技"的育人模式

在"师夷长技以制夷"思想的影响下,船政学堂开启了一个前所未有的教学模式——学堂与工厂相结合、知识与技能并重的新教育模式,为国家培养了一大批有用之才,推动了中国近代教育的兴起。因此,船舶与海洋类人才培养需要紧紧围绕国家海洋强国战略来制定专业培养方案,构建合理的学科专业体系和知识结构,既重视学生专业素质的培养、跨学科知识的积累,也注重学生实践能力、创新能力、合作能力等综合能力的提升。

4. 国际化的视野

船政学堂于1877年3月挑选出30名毕业生分赴法国、英国学习轮船制造和驾驶技术,开启了近代中国向欧洲派遣留学生的先河。这在客观上促进了当时中国教育的发展,为国家培养了大批科技人才,推动了中国近代工业的诞生和发展,比如造船、电信、铁路交通等,对中国社会的近代化做出了重要贡献。我国发展国际一流的船舶与海洋工程产业是建设海洋强国的必然要求,这就对船舶与海洋类人才培养提出新的要求,即要树立国际化理念,掌握国际通用标准和规范,熟悉国际化运作模式,遵守国际法规和条约,具备国际化的思想素质和专业素养。

三、江苏科技大学船舶与海洋类人才培养的探索与实践

江苏科技大学源自1953年一机部船舶工业管理局设立的新中国第一所造船中等专业学校——上海船舶工业学校,该校以原上海机电工业学校为主体,并入福建高级航空机械商船职业学校(源自1866年创办的福建船政学堂)造船科、上海高级机械职业学校(源自1907年创办的德文医学堂)造船科。江苏科技大学是全国

高校中船舶工业相关类学科专业设置最全的高校之一,是具有船舶特色整体性和应用性优势的高校之一,享有"中国造船工程师摇篮"的美誉。近年来,学校形成了一套符合时代要求、具有"船魂"精神特色的人才培养模式,培养有责任担当、有"江科大"特质、有科学素养、有全球视野、有创新能力的"江科大"人才。

1. 用"船魂"精神点燃爱国情怀,做有责任担当的"江科大"人

学校坚持用"船魂"精神激发广大师生的爱校、爱国、爱海热情,遴选出一批优秀教师组成宣讲团队,结合国家海洋强国战略与学校发展目标,精心打造品牌讲座"中国梦·海洋梦·青春梦",加强海洋意识教育,强化学生对学校、对行业发展的认同感。同时,学校围绕船海特色组建深蓝学院,实施"1+3+X"个性化人才培养模式,培养船海类精英人才。

2. 用诚信教育稳固职业操守,做有"江科大"特质的"江科大"人

学校将大学生的全面发展与诚信教育有效融合,制定《江苏科技大学大学生诚信档案管理办法》,与全体学生签订诚信承诺书,将学生在校期间的学业诚信、经济诚信、就业诚信、生活诚信等4个方面的12项重要指标进行描述性记录,归入学生档案,同时凝练出"江科大"人才培养的特色,彰显"江科大"人"扎得下根、吃得了苦、聚得齐心、干得成事"的特质,做有"江科大"特质的"江科大"人。

3. 用特色大赛强化科技素养,做有科学素养的"江科大"人

学校坚持为立志海洋事业的青年学子搭建特色大赛平台,创办江苏省柴油机拆装大赛、大学生海洋装备创新设计大赛等多项赛事,吸引了来自全省、全国的众多船舶与海洋类高校数千名学子参赛,其影响力也在逐年扩大。学校注重对大学生科技素养的培养,全面构建"教学—实训—竞赛—孵化"四位一体的创新创业教育体系,做有科学素养的"江科大"人。

4. 用跨国合作开拓国际视野,做有全球视野的"江科大"人

乌克兰马卡洛夫国立造船大学是国际上船舶制造领域知名的高水平大学,在船舶与海洋工程专业拥有世界领先的优势,学校与该校进行合作办学,致力于培养融合中乌双方先进船舶设计理念、先进船舶制造技术、具有良好英语运用和沟通能力的国际性造船人才,让学生成为有全球视野的"江科大"人。

5. 用协同平台启迪创新能力,做有创新精神的"江科大"人

2014年3月,由江苏科技大学牵头,高校、重点造船厂等参与共建的江苏高校(高技术船舶)协同创新中心获批,同时成立了海洋装备研究院。作为江苏高校(高

技术船舶)协同创新中心的依托实体,2015年,学校联合50多家单位,包括高校、研究机构、船舶行业企事业单位、知识产权服务机构等,共同发起成立了中国船舶与海洋工程产业知识产权联盟。2016年,学校联合江苏省六家船舶与海洋类高校,牵头成立了江苏船舶与海洋类高校协同发展联盟,共同服务于海洋强国、海洋强省建设,共同服务于行业和区域经济社会发展。学校将船海类人才培养纳入协同创新平台,以启迪大学生创新能力,做有创新精神的"江科大"人,推动政产学研合作,促进船舶与海洋工程装备产业发展,为国家海洋强国和江苏海洋强省建设贡献力量。

(原载于《教育教学论坛》,2017年第46期)

案例2:弘扬"船魂"在校园

江苏科技大学是一所省部共建、以工为主、特色鲜明的普通高等学校,是江苏省重点建设高校。江苏科技大学工会与时俱进,认真贯彻落实科学发展观,以改革创新精神加强工会组织建设,充分履行"维护""建设""参与""教育"四项职能,大力弘扬"肩负使命,奋发图强"的"船魂"精神,凝心聚力,发挥全体教职工的积极性和创造性,服务学校发展建设大局,为"建设国内一流造船大学"的长远战略目标奋斗。2003年江苏科技大学工会被评为"全国模范职工之家",各项工作扎实开展,成效显著。

求真务实,民主管理显实效。教代会制度健全,组织规范,两级教代会职能充分发挥,依法保障广大教职工民主参与、民主管理、民主监督权利,推进了学校民主政治建设及和谐校园建设,被评为镇江市"职代会制度规范化建设示范单位"。

以人为本,师德师能上水平。联合相关部门搭建各类学习、交流、比赛平台,每年组织师德主题教育活动、"学陶师陶"主题实践活动、科技节相关活动,以及两年一次讲课比赛等,营造教职工思想道德建设和成长成才的良好氛围,促进教职工综合素质的提升。

全心全意,服务职工送温暖。秉承全心全意为教职工服务的宗旨,注重服务工作常态化,在日常服务、子女入学、送温暖等方面开展了大量卓有成效的工作,"六型职工之家"建设深入人心,在服务学校改革发展、维护职工权益中发挥了重要作用。

健康灵动,校园文化有特色。教职工运动会、篮球赛、乒羽赛、征文、演讲、读书节、名家讲坛等活动精彩纷呈,同时指导和支持二级工会、教职工文体协会开展小型分散、参与面广的有益活动,形成了"轻盈、灵动、活跃"的校园文化氛围,有力地促进了校园文化繁荣,被评为镇江市"职工文化建设示范单位",先后成为省、国家"职工书屋"建设点。

奋发图强,组织建设有保障。按照"两个信赖"要求加强两级工会组织及专兼职工会干部队伍建设,每年组织工会干部培训,加强工运理论研究和宣传,积极创建校级文明单位,被评为镇江市"工会'显实'行动示范单位",工会工作考核中连年受到上级工会表彰。

(原载于《中国工人》,2015 年第 7 期)

案例 3:熔铸"船魂"育英才

国产航母、大型驱逐舰下水,"蛟龙"号 7000 米级海试成功,彰显了走向深蓝的大国情怀。江苏科技大学作为一所以服务船舶行业和海洋事业为己任的行业特色型高校,围绕"为谁培养人""培养什么样的人""如何培养人"这些根本问题,将"船魂"精神贯穿育人全过程,为社会、行业输送了大批"政治过硬、素质全面、扎根行业"的高素质人才。

学校以第一课堂为主阵地、以第二课堂为补充,两者有机融合,构建分阶段实施的五步进阶实践育人体系,涵养学生特质,促进学生成才。

一年级"转型教育,了解行业"。学校以"近代船舶工业发展与中国崛起""近代海军发展"等船海特色类通识课程群、"中国梦·海洋梦·青春梦"深蓝讲堂系列讲座为载体,面向一年级学生开展船舶发展史教育,引导学生认识船舶产业与海洋强国战略的关系。二年级"活动育人,感知行业"。学校依靠校工程实训中心、专业实验室等学生创新创业实训基地,举办船舶科技文化节,开展大学生海洋装备创新设计大赛等品牌特色活动,培养学生的行业认同感。三年级"走进船企,熟悉行业"。学校通过聘任杰出校友导师团、举办杰出校友报告会、组织学生参观船舶企业等育人活动,宣传船舶文化,使学生近距离熟悉船舶行业发展态势。四年级"引企入教,热爱行业"。学校加强校企深度合作,建设近百个船舶企业工程实践教育中心和实践教学基地,加强学生校外工程认知实习、工程生产实习、工程科研训练,让毕业生参与企业工程项目的技术设计与生产实践,培养工程实践创新能力。毕业校友"融入船企,扎根行业"。学校设立专项奖学金,奖励有志于进入船舶行业发展的优秀毕业生,充分发挥母校教育资源,加强毕业校友结对领航,促进校友与学校的合作共赢,助力毕业校友扎根行业。

从江苏科技大学扬帆起航,数万名毕业生心怀报国志向,积极投身船舶行业和海洋、国防事业。据统计,5年来,近万名毕业生投身船舶行业和海洋、国防事业,占毕业生总数的47.5%。在中国船舶集团企业中江苏科技大学的校友最多、最接地气;江苏省地方船舶企业中,江苏科技大学的毕业生一直发挥着领头羊的作用,三分之一以上的技术管理人员是江苏科技大学的毕业生。

(原载于《新华日报》,2019年4月2日)

案例4:永保"船魂"不褪色

"蛟龙"号潜航试验一步步突破深海,这令国人骄傲,也令世界震惊。一提起振奋人心的"蛟龙"号,就让记者想起江苏科技大学,它的前身是我国唯一一所以船舶工业命名的高等学府——华东船舶工业学院。八十载风雨历程,一代代江科大人在永不褪色的"船魂"精神引领下撑起了中国船舶事业的半壁江山。

何为"船魂"?"立足船舶、情系国防、肩负使命、奋发图强。"王建华教授的回答掷地有声。

在"船魂"精神中奋进

作为新中国设立的第一所造船中等专业学校,学校与国家船舶事业共奋进。近年,学校将发展目标定位为"建设国内一流造船大学",立志培养优秀的造船工程师。

校史记录了江科大人将"船魂"精神薪火相传:老校友、704研究所高级工程师刘文定,参加氢弹效应试验,为中国首次氢弹水下爆炸实验成功测出完整数据,并设计了中国第一台三向簧片仪;老校友、431厂厂长李天宝,长期奋斗在水下舰艇生产一线,曾担任某型核潜艇的总监造师,为海军现代化建设作出重要贡献;1986届毕业生、中国舰船研究院研究员王瑾,参与主持了多项导弹驱逐舰的设计研制工作,先后获得十余项国防科研成果奖……

王自力教授坦言："作为江苏唯一一所培养船舶类高级专门人才的学校,培养服务于船舶行业的人才是学校义不容辞的责任。"

在创新实践中前行

实现海洋强国梦,人才是关键。而人才培养,创新是关键。为此,学校作出如下举措:

一是扩大转专业灵活性。新生入学后有两次转专业的机会,这让学生拥有更多的机会重新选择人生方向。

二是推进校际学分互认。学校与法国、乌克兰等国外大学及国内知名高校合作,实行学分互认制,学有余力的学生可以享受更广泛的优质教育资源。

三是将研究生导师制引入本科阶段。每位本科生都有一位导师,学生可以提前接触到自己专业的最新科研动态,有方向有重点地架构专业知识。

船舶设计制造创新实验室、船舶模型馆、大学生移动互联网创业基地……一个个小巢,不断筑出创业创新成果。

在学用结合中服务社会

"笃学明德、经世致用",八字校训字字铿锵。"让所学为所用,服务社会,这是'船魂'精神再度提升。"王建华教授直言,在学校历史上,一生只为一件事,全身心扑在服务社会事业上的人不胜枚举。

"像战士一样奉献"的景荣春,在与癌症斗争的 6 年里,以超越常人的毅力完成了《材料力学简明教程》《理论力学》等著作,总字数超过 200 万,主持完成的国家级重大攻关设备项目填补了国内空白。中国计量科学研究院研究员陈永江,20 余载孜孜不倦地从事圆锥研究和推广运用,发明了国内最高水平的圆锥量规锥度仪,填补了国内空白。

贤人引路,后人奋进。学生团队自主研发的"新型生物源植物生长物质冠菌素"项目获得"挑战杯"中国大学生创业计划竞赛全国金奖。截至今年 6 月,该校学生已获得"挑战杯"等全国奖 20 多项,申请专利 32 项。

(原载于《光明日报》,2013 年 7 月 18 日)

第九篇　管理改革创新与实践

综述

改革开放40多年来,我国高等教育改革成效显著,积累了丰富的经验。党的十八大以来,以习近平同志为核心的党中央坚定不移实施科教兴国战略和人才强国战略,坚持优先发展教育,大力推进教育领域综合改革,取得了全方位、开创性的历史成就。《中国教育现代化2035》提出了推进教育现代化的八大基本理念:更加注重以德为先,更加注重全面发展,更加注重面向人人,更加注重终身学习,更加注重因材施教,更加注重知行合一,更加注重融合发展,更加注重共建共享,为大学的管理改革创新系统勾画了战略愿景、战略目标和战略任务。践行新理念,需要变革创新管理模式。一所大学好比一艘巨轮,这艘大船现在所处的方位是哪里?它将要驶向何处?如何才能快速安全地到达?只有船上的成员知道这三个问题的答案,统一了思想,众人划桨开大船,劲往一处使,这艘巨轮才能在驰向深蓝的过程中行稳致远。因此,一所大学管理改革创新的逻辑要建立在"一盘棋"的基础之上。

江苏科技大学的改革以大学章程作为管理改革与创新的根本,使学校的各个主体,包括学生、教职工、捐助者、校友、企业、政府等利益相关者,处于一种和谐的状态中。学校领导班子实施《江苏科技大学章程》,主体责任得到进一步强化,全校师生对大学章程的重要性认识得到有效提高,法治意识不断增强。

在当前新常态背景下,高校要实现内涵式发展,其核心任务是要提升教育质量,发展重点从"重规模和数量"转向在稳定规模的基础上"重质量和内涵",提高优质高等教育资源的供给能力和水平,聚焦学科发展,提升人才培养质量,让学生更忙、教学更活、管理更严。当前高等教育加强内涵建设的主要特点是强化质量意识,明晰高校办学理念;坚持以人为本,提高人才培养水平;突出办学特色,增强核心竞争能力;勇于改革创新,激发体制机制活力;注重文化建设,增强大学软实力;推进对外开放,提高教育国际化水平。建设国内一流造船大学是江苏科技大学的长远战略目标,也是全体江科大人共同的梦想。围绕这个追求,江苏科技大学始终将学校的管理改革创新作为一项系统性工程,从发展目标、教育教学到管理服务、考核评估等运行模式,在创新思维下构想布局、协同行动。在各项管理工作中,重点在新生转型教育、教育绩效评价机制、教学质量监控体系、协同管理运行效能、服务育人能力水平等方面深耕细作、创新作为。

实施教育绩效评价是为了检验教育的有效性,促进人才培养方案的科学性,同时根据评价结果优化配置各类教育资源,通畅育人过程中的各个环节,形成人才培养的合力。加强本科教学质量监控是教学质量管理的重要环节和有效途径,是为了主动适应高等教育发展新形势和国家经济社会发展对人才的新要求。优化管理运行是为了激发潜能、潜力和善意,建设行为规范、运转协调、务实高效的运行体制,提高办学治校能力和管理运行水平。教书育人、服务育人、管理育人在学校教育工作中本身是一个整体,做好服务也是一种管理,强化服务育人能够有效提高学生的思想道德品质。

近年来,随着学校各项改革稳步推进,各项事业呈现出蓬勃发展的良好势头,各级党员干部、全体教职员工担当作为,抢抓机遇,务实赶超,学校事业呈现出比学赶超的喜人局面,办学核心指标不断取得新突破,综合实力不断增强,办学水平不断提升。学校综合排名在第三方评价机构"2020软科中国大学排名"中位居全国第142位;USNews2021世界大学综合排名位居中国内地高校第136位。在江苏省2019年度地方普通高校综合考核中,学校获得"第一等次"。

探索实践

转型教育　实现新生健康和谐发展

高等教育是人类文明发展的产物,其本身也具有某种生态形式,并且这种生态发展的规律在高等教育的发展进程中发挥着极其重要的作用,关系着高等教育的可持续发展。长期以来,由于体制造成的原因,中学与大学两个系统之间存在着严重的脱节,教育的两个阶段缺乏有效的衔接,导致出现"中学只管输出学生到大学,而大学只是接受学生来读书"这样一种畸形发展现象。目前,很多高校已经将大学新生转型教育作为一项重要的教育内容来抓,但大多尚未建立起系统化、科学化的教育体系和模式。借助于生态学的相关理论来考察指导大学新生的转型教育工作,有助于准确把握认识的规律性,有效保证指导教育实践的科学性,实现新生的健康和谐发展。

一、生态学方法研究大学新生转型教育的适切性

所谓新生转型教育,是指高校有目的、有计划地帮助大学新生完成从中学生到大学生的角色转型并适应大学生活所实施的一系列教育、管理和服务的过程。新生转型教育是大学人才培养的基础性工作,运用生态学理论和方法所确立的视角,从个体、群体、群落、生态系统各个层次之上探讨环境因子对人才培养的影响,建立和维护以学生为主体的高校生态系统的生态平衡,达到更合理的结构,有助于我们拓展出一条新的有价值的促进学生成长成才的策略和路径。以生态学的视角解析影响新生转型过程中的环境因子,将学校各类条件资源、质量追求与学生的发展联系在一起,使得探讨与解决的问题更贴近于人才培养过程中遇到的实际问题,从而能够彰显教育的本质——促进人的发展。

二、生态学视角下大学新生入学阶段的问题与冲突

调查发现,高校新生入学后面临的问题和冲突主要表现在四个方面:一是对待学业的态度。近90%的新生认为,大学与高中的学习方式有差异,认为大学的学习更强调主动学习,然而却有近70%的新生认为自己的学习积极性与高中相比有所减退;在学业规划方面,能够为自己制定详细学习目标的新生只占20%,有超过四分之一的新生表示没有规划或没有明确的方向。二是生活适应性问题。高达51%的新生认为进入大学后生活作息规律不再协调;其他问题主要为对住宿条件有所抱怨、新环境带来的水土不服或饮食不习惯、交通出行不便带来的困扰;有超过四分之一的同学不能够合理安排闲暇生活,想到什么就做什么。三是心理适应性问题。进入大学后,学习目标不再那么明晰,心理产生空虚感和迷茫感。面对如此心理落差,61%的新生选择与亲近的同学或者朋友谈心,也有46%的新生认为

可以通过自己心态的调整来解决遇到的挫折,但是选择诉诸辅导员或者心理咨询老师的人数比例却很小。四是人际交往的问题。新生离开父母,离开原先熟悉的交际网,面对新环境,部分新生缺少知心朋友,与他人交往平淡,热情不高,如宿舍成员不能互相包容、与异性交往不自信、缺乏沟通技巧等。

三、高等教育生态视角下大学新生转型教育的体系

1. 大学新生转型教育的原则

本质上而言,大学新生转型教育是一所高校提升人才培养质量的重要工程。这项工程以一所高校的新生为中心,关注环境因素的改变,采取相应的教育举措,反映了教育系统内部的相互关系。高校教育者应注重从整体上协调转型教育涉及的各要素,采取的工作举措要注重系统性,促进各项举措的连贯性,提高系统的运行效果。要依据社会发展对当代大学生的需求及其自身发展的需求,有目的地引导新生在新环境中的平衡态。关注新生在特定阶段的思想动态,把握新生的心理特点,将工作做实做细,发现问题及时解决,并建立档案,实现系统的动态平衡。充分遵循教育的生态规律,尊重大学新生的个性差异,注重挖掘每个学生的特殊潜能和专长,为每个学生提供自我展示的机会和平台,促进学生全面发展。

2. 大学新生转型教育的任务

第一,实现新生从中学到大学的思想认识转型。对大学认知观念的改变是新生实现转型的基石。一是引导新生对大学精神的理解,大学精神有其丰富而深刻的内涵,其本质特征可概括为科学精神、民主精神、批判精神、创新精神、人文精神;二是引导新生对大学的认识,特别是大学承载的主要职能;三是引导新生对接受高等教育机会的认识,我国高等教育进入大众化阶段,但非义务教育,家庭和社会要承担高额的培养成本;四是对大学生活的认识,大学是个人生涯发展新的起点,不是休闲驿站,而是加油站。

第二,实现新生从中学到大学的学习模式转型。学习模式的转变是实现新生转型的方式、方法和途径。从中学到大学,学习模式发生颠覆性的变化,即由教师为主导的灌输模式变成了以学生为主导的自学模式,自学能力成为影响学业优劣的最重要因素。要引导新生:一是确立自主学习、全面学习、创新学习和终身学习的全新学习理念,指导个人的大学学业发展;二是拓宽学习渠道,既要重视第一课

堂的学习,也要重视第二课堂(专题讲座、学术报告会、社会实践、社团活动等)及第三课堂(网络资源如网络公开课、慕课）等)的学习;三是挖掘新的学习空间,让新生明白大学学习成就的大小取决于对闲暇时间的利用程度和效能。

第三,促进新生生活管理和沟通交际的和谐。生活转型是大学新生重要的转型。一是要引导新生学会独立处理问题,让他们摆脱被动管理,实现自我管理;二是引导新生学会适应集体生活,从以自我为中心向以集体为中心转变,学会包容来自全国各地、五湖四海的新同学,爱护环境,主动改变不适合集体生活的习惯和爱好;三是从心理健康教育层面帮助新生分析在新环境中出现不适应状况的具体原因,帮助新生掌握心理适应技巧,提升新生的心理适应能力。

第四,培育新生对学校教育生态环境的认同感。为加快新生适应过程,要从"感情、环境、学校、专业"四个方面培育新生对学校教育生态环境的认同感。适应分为主动适应和被动适应,主动适应建立在价值认同的基础上,这是融入新环境、展现新状态的必要前提。主要通过两种方式介入认同感培养:一是提前介入方式,将这种认同感培育提前至新生入学报到之前,编印专题材料并打包至新生录取通知材料中;二是事中介入方式,新生入学报到期间及时为新生答疑,解决新生学习和生活的诸多困惑,帮助新生了解学校的发展情况和发展历史,感受学校的文化底蕴,培养认同感。

3. 大学新生转型教育的内容

第一是校史校情教育。如举办新生转型教育大会;组织新生参观校园环境、实验室、体育场馆;举办校史专题讲座,帮助新生了解学校发展历史、办学特色、文化底蕴与优秀传统,感受学校的名师、名人风采,启发新生认识学校发展的历史机遇和自己的历史使命,激励他们奋发学习、立志成才。

第二是德性价值教育。注重加强新生理想信念教育和党团生活指导,学习和践行社会主义核心价值观,将体现个体层面道德和价值要求的"爱国、敬业、诚信、友善"内化为每个新生的行为规范。实施感恩励志教育,帮助新生了解人格培育对人生成长和事业发展的重要意义,让新生在参与中体会、在体会中感悟、在感悟中提升,使其知、情、意、行在情理交融中实现自我完善,引导新生表达对父母、对母校、对社会的感恩之情。

第三是学业转型教育。帮助新生切实领悟大学学习方式的变化,从大学学习目标、学习内容、学习方式、社会实践等方面开展教育活动,帮助新生尽早走出迷范,激发学生学习的自觉性、积极性和主动性。如开展与青年博士面对面、与优秀校友面对面、与教授面对面等活动,帮助新生了解相关专业的发展情况、课程设置、培养目标、就业方向,向新生介绍学校教育教学创新系列举措及教学管理相关规定;向新生介绍大学学习的特点、方法,对大学生科研项目训练和学科竞赛进行初步指导,强化新生的科研和创新意识。

第四是生涯规划教育。按照科学性、完整性和发展性原则,在新生中开展生涯规划意识教育,指导新生认识自我、认识社会,能够找准目标、准确定位,了解"市场"和"职场"对大学生的素质要求。开展自我认知测评,通过专业的生涯规划系统,评估学生的兴趣、价值观、个性等因素,使学生全面地自我了解、掌握职业目标的决策方法、制定出生涯规划书、形成职业发展行动计划。辅导员、班主任负责对学生的生涯规划书指导鉴定,并进行评价,提出建议和期望,引导新生树立正确的学习观、成熟的人生观。

第五是行为规范教育。开展"文明礼仪校园行"系列活动,倡导行文明事、做文明人,培养新生文明礼仪行为意识;组织新生学习学校教育管理的各项规章制度,使自律与他律有机结合;开展"规范校园行"主题班会、文明礼仪培训等活动,为新生讲授大学生文明礼仪知识,培训社交礼仪行为规范;注重发挥新生家长的作用,实现家校联动;选拔高年级优秀学生作为辅导员助理,负责指导新生,定期开展交流活动;辅导员、班主任经常性进教室、下宿舍,了解新生的学习生活情况。

第六是环境适应教育。利用军训契机,对新生进行全面的生活指导,增强新生团结协作精神,磨练意志,提高抗挫能力;充分发挥老生的"传、帮、带"作用,发挥学生干部、学生党员作用,深入宿舍,对新生生活问题进行指导;开展防火、防盗、防诈骗、防传销等教育,增强新生的自我防范和保护意识;开展新生心理普测工作,进行重点学生心理访谈,建立新生心理健康档案;开展助学贷款诚实守信专项教育,帮助新生熟悉各项资助政策,多渠道、全方位帮助新生解决实际问题;组织新生学习和感受历史悠久、内涵丰富的地方文化,了解当地的自然环境和人文历史。

四、高等教育生态视角下大学新生转型教育的模式

1. 立足校情,彰显特色,引领价值认同

一切自然现象和社会现象都是通过变异在螺旋曲折中实现发展的,其包含的首要含义便是适应性。生态学中的适应是针对生态主体与环境的关系而言的,生

物有机体通过自身生活习性、防卫机制等方面的改变可达到适应环境的目的。由此来看,实施新生转型教育应着眼于校情,结合学校办学的总体思路和人才培养方案,根据新生的思想特点、行为素质和心理特征,充分体现个性化、人性化的特点,彰显学校特色和人文精神,从而有利于新生对学校、专业、环境产生具有情感价值的认同感,进而和谐相生。

2. 突出"做人"和"成才"两个重点

大学是人生观形成的决定性阶段,当前的教育情境下,很多学生在中学阶段未能接受很好的"成人成才教育",往往只是将学业作为首要的追求,忽视了个人品德的锻造,在为人为学方面存在一定的价值扭曲,这一点与大学的教育生态格格不入。而且,当代大学生属于网络化的一代,他们从一出生就被物质文化"捕获"而"精神营养不良"。毛主席曾多次论及人的全面发展问题,在人才培养的教育方针方面提出一代新人"体脑结合、德才兼备"的要求。唯有懂得"做人",才有可能在思想道德方面追求提升,也才有可能更充分地发挥专业特长,从而成为对社会有用之才。

3. 依靠"三支"队伍,形成合力

第一是辅导员、班主任以及专业教师队伍。辅导员、班主任是落实新生转型教育的骨干力量。辅导员以形势与政策、大学生创业教育与就业指导、大学生心理健康教育等公共必修课程等平台,班主任以主题班会等平台,做好新生转型教育各项内容的思想引导;专业教师通过开展"与学生面对面"系列讲座活动,与新生互动交流,对新生转型教育也有很好的效果。

第二是学生骨干队伍。学生班团干部、学生党员是新生转型教育的重要补充。通过选拔优秀高年级学生担任学生工作助理,不断探索学生自我管理、自我服务的新模式;注重发掘道德品质突出、学业优异的学生典型,通过"面对面"交流会等形式帮助新生排疑解惑,带动新生进步;通过发挥学生会、社联等学生组织的带动作用,开展建设"学习型"宿舍活动,充分调动新生的学习热情,促使新生营造出良好的学习氛围。

第三是新生家长队伍。新生家长队伍是新生转型教育的重要延伸。通过编写《学生家长阅读材料》,召开新生家长座谈会,以及"致学生家长的一封信"、微信公众号、QQ群等信息平台,介绍学校的办学情况,促进新生家长对学校教育工作的关注,吸纳新生家长的合理建议和意见,促进新生家长对新生的督导,加速新生的转型。

4. 划分"四个"阶段，循序渐进

第一阶段主要是启蒙教育。通过各种途径和平台向新生传播校情校史、专业思想、校规校纪、文明礼仪等基本情况，组织新生参观校园，如重点实验室、人文景观，了解学校的历史，明白校训的含义，引导新生初步认识学校，融入集体。

第二阶段主要是适应调整与磨合。主要内容包括让新生感知大学传承的精神、文化和优良的学风；主要任务是稳定专业思想，帮助新生初步明确大学的基本任务和目标，加强行为规范教育和新环境的心理调适，完成新环境下自我认知的角色定位。

第三阶段主要是明确目标与生涯规划。主要内容包括理想信念教育、生涯规划教育和安全稳定教育；主要任务是明确大学的目标和学习任务，适应大学的教育理念、教学方式、学习模式和集体生活模式，了解学校各项规章制度，正确了解自我，初步制定个人的生涯发展计划。

第四阶段主要是深化巩固和提升。主要内容是进一步加强基础管理工作，帮助新生科学规划大学生涯，融入集体，实现从他律向自律的转变，完成由"高中生"向"大学生"的转型；主要任务是加强思想道德教育、行为规范教育，强化新生个体层面的道德和价值要求，使每一位新生都能够根据个人实际做好学涯规划，促进新生学业健康发展，增强新生独立生活能力和艰苦奋斗意识。

（程荣晖）

结果导向　优化教育绩效评价机制

教育是民族振兴、社会进步的基石，是提高人的综合素质的一种社会活动。进入新时代，我国高等教育既面临着大发展的良好机遇，也面临着前所未有的重大挑战，注重"高质量"已成为一个突出的发展主题。质量是一所大学发展的生命线，评价一所大学的办学质量，有很多项具体的指标，但人才培养质量是最关键的指标之一。建立以结果为导向的教育绩效评价机制，才能更好地坚守质量这条生命线，培养出德智体美劳全面发展的中国特色社会主义建设者和接班人。

一、教育的本质：浸润思想品德，培养思维

生态化是未来大学教育的新理念之一。高等教育人才培养应遵循生态平衡、协同发展等生态学原理，注重人的全面发展（彭福扬，邱跃华，2011）。一所大学也

是一个生态系统,学生在这个生态系统中持续受到各种环境因子的影响,如学校的物理环境、学习环境、人际环境、制度环境、文化环境等。在此校园生态环境中,学生的思想品德受到持续浸润,并形成内在的、比较稳定的思维品质。

1. 教育是为了实现人的全面发展

马克思关于未来社会的理想目标是实现人的全面发展。人的全面发展其实就是一个由低级阶段向高级阶段逐步演进的过程,并且随着社会历史条件的变化而发展,直至人的彻底解放,进入理想的大同世界。教育的终极目标是为了实现人的全面发展。具体而言,我们认为理想的学生应当有德行、有才学、有情怀。那么大学如何开展有效的教育?从大的策略上讲有三个方面:一是坚守立德树人的根本任务和时代使命;二是推进全员全程全方位育人;三是营造良好的校园育人生态。从措施上讲也有三个方面:一是必须重视塑造学生的价值观念,通过系统的教育教学完成价值认同、价值传承、价值传导,通过大学精神营造高雅的校园文化,发挥潜移默化的熏陶作用;二是必须重视学生素质结构的完善,使其形成1~2个突出的优点,杜绝严重的缺点(王济干,汤建,周春燕,等,2017);三是必须重视培养学生的思维品质,使其在职场具备核心竞争力。

2. 培养学生"五种思维"

纵观世界发展史,科技的进步、文化的兴盛,无一不是人类先进的思维方式推动的结果。当代中国在世界发展大势与民族复兴进程中进入了新时代,这是我国发展新的历史起点和历史方位。未来中国需要的是具有创造能力的人才、具有逻辑思维能力的人才、具有管理能力的人才。形成这些能力至少应当具备五种思维,即辩证思维、批判思维、创新思维、实践思维、历史思维。辩证思维是用全面、发展、联系、对立统一、一分为二的观点看问题,对人生的理解、对未来的规划、对生命意义的理解都要辩证地看待。批判思维是对他人或自己的观点、做法通过分析、比较、综合,进行评价、质疑、矫正,得到对事物本质更为准确和全面的认识。创新思维是以超常规甚至反常规的方法、视角去思考问题,提出与众不同的解决方案,从而产生新颖的、独到的、有社会意义的思维成果。实践思维是把理论、设计、想法带到社会实际活动中实验、应用、求证,起到去伪存真的作用,而正确的理论来自科学的实践,建构一个理论要善于从实践检验出发。历史思维是以史为鉴,将历史作为最好的教科书,从历史视野和发展规律中思考分析问题、把握前进方向。大学的使命就在于探究培养学生思维的要求和程式,并努力让学生有思想、有能力、有个性地成长发展。

二、基于结果导向的教育绩效评价机制

教育绩效评价是一项极其复杂的工作,既要关注教育过程,也要关注教育结果,但最终还是要看是否达到应有的育人成效。因此,教育绩效评价是提升教育有效性的内在要求。

1. 教育绩效与教育绩效评价的内涵

教育绩效就是在一定教育目标的指导下,教育目标的实现程度、教育资源的配置状况和教育过程安排等情况的综合反映(殷雅竹,李艺,2002)。教育绩效评价的对象是一所大学的教育教学系统整体的运行状况、资源配置情况及其各个组成部分(学生、教师、教育管理人员、后勤服务人员等),教育绩效的关键点是大学生综合素质发展情况。教育绩效评价是指运用一定的评价方法、量化指标及评价标准,对学校设定的教育目标的实现程度进行综合评价。由于教育活动产生的影响主要体现在对学生世界观、人生观、价值观的指引,对知识的获取,对行为习惯的养成等方面,所以教育绩效评价要以立德树人的成效为主,这才是教育活动的主要价值所在。

2. 教育绩效评价的主要内容

教育绩效评价以学校提出的人才培养目标为核心,从学生综合素质结构发展状况,师资、资源、校园文化,教育教学质量及成效,教育教学持续改进等方面入手。教育绩效评价内容的基本框架如图1所示:

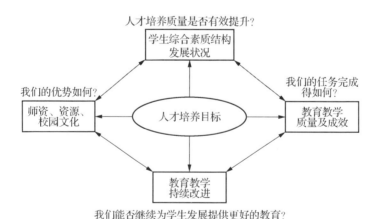

图1 教育绩效评价基本框架图

是一个生态系统,学生在这个生态系统中持续受到各种环境因子的影响,如学校的物理环境、学习环境、人际环境、制度环境、文化环境等。在此校园生态环境中,学生的思想品德受到持续浸润,并形成内在的、比较稳定的思维品质。

1. 教育是为了实现人的全面发展

马克思关于未来社会的理想目标是实现人的全面发展。人的全面发展其实就是一个由低级阶段向高级阶段逐步演进的过程,并且随着社会历史条件的变化而发展,直至人的彻底解放,进入理想的大同世界。教育的终极目标是为了实现人的全面发展。具体而言,我们认为理想的学生应当有德行、有才学、有情怀。那么大学如何开展有效的教育?从大的策略上讲有三个方面:一是坚守立德树人的根本任务和时代使命;二是推进全员全程全方位育人;三是营造良好的校园育人生态。从措施上讲也有三个方面:一是必须重视塑造学生的价值观念,通过系统的教育教学完成价值认同、价值传承、价值传导,通过大学精神营造高雅的校园文化,发挥潜移默化的熏陶作用;二是必须重视学生素质结构的完善,使其形成1~2个突出的优点,杜绝严重的缺点(王济干,汤建,周春燕,等,2017);三是必须重视培养学生的思维品质,使其在职场具备核心竞争力。

2. 培养学生"五种思维"

纵观世界发展史,科技的进步、文化的兴盛,无一不是人类先进的思维方式推动的结果。当代中国在世界发展大势与民族复兴进程中进入了新时代,这是我国发展新的历史起点和历史方位。未来中国需要的是具有创造能力的人才、具有逻辑思维能力的人才、具有管理能力的人才。形成这些能力至少应当具备五种思维,即辩证思维、批判思维、创新思维、实践思维、历史思维。辩证思维是用全面、发展、联系、对立统一、一分为二的观点看问题,对人生的理解、对未来的规划、对生命意义的理解都要辩证地看待。批判思维是对他人或自己的观点、做法通过分析、比较、综合,进行评价、质疑、矫正,得到对事物本质更为准确和全面的认识。创新思维是以超常规甚至反常规的方法、视角去思考问题,提出与众不同的解决方案,从而产生新颖的、独到的、有社会意义的思维成果。实践思维是把理论、设计、想法带到社会实际活动中实验、应用、求证,起到去伪存真的作用,而正确的理论来自科学的实践,建构一个理论要善于从实践检验出发。历史思维是以史为鉴,将历史作为最好的教科书,从历史视野和发展规律中思考分析问题、把握前进方向。大学的使命就在于探究培养学生思维的要求和程式,并努力让学生有思想、有能力、有个性地成长发展。

二、基于结果导向的教育绩效评价机制

教育绩效评价是一项极其复杂的工作,既要关注教育过程,也要关注教育结果,但最终还是要看是否达到应有的育人成效。因此,教育绩效评价是提升教育有效性的内在要求。

1. 教育绩效与教育绩效评价的内涵

教育绩效就是在一定教育目标的指导下,教育目标的实现程度、教育资源的配置状况和教育过程安排等情况的综合反映(殷雅竹,李艺,2002)。教育绩效评价的对象是一所大学的教育教学系统整体的运行状况、资源配置情况及其各个组成部分(学生、教师、教育管理人员、后勤服务人员等),教育绩效的关键点是大学生综合素质发展情况。教育绩效评价是指运用一定的评价方法、量化指标及评价标准,对学校设定的教育目标的实现程度进行综合评价。由于教育活动产生的影响主要体现在对学生世界观、人生观、价值观的指引,对知识的获取,对行为习惯的养成等方面,所以教育绩效评价要以立德树人的成效为主,这才是教育活动的主要价值所在。

2. 教育绩效评价的主要内容

教育绩效评价以学校提出的人才培养目标为核心,从学生综合素质结构发展状况,师资、资源、校园文化,教育教学质量及成效,教育教学持续改进等方面入手。教育绩效评价内容的基本框架如图1所示:

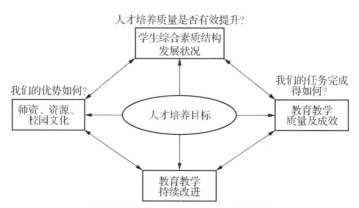

图1 教育绩效评价基本框架图

教育绩效评价主要包括三方面:一是教育目标的制定与实现情况,既要考察大学的人才培养目标与国家总体教育目标的契合度,又要考察学生的素质能力结构是否能够适应未来经济社会发展需求,以及学生培养目标所规定的认知学习、实践学习任务达成度等;二是跟踪考评教育的过程情况,教育绩效评价不仅要重视教育的结果,也要关注教育资源的使用和教育活动过程的安排;三是实施教育的资源配置情况,如优秀的师资、先进的信息技术、足额的经费投入、优雅的校园环境等。

3. 教育绩效评价的一般性指标要素

教育绩效评价的目的是为了测量、评价教育的有效程度,即教育的有效性、人才培养目标的达成度。教育绩效评价应遵循"方向性、适合性、发展性"三项基本原则,相应地体现"价值性、过程性、结果性"三个基本标准。根据《中国教育现代化2035》和对相关文献资料进行抽取和提炼,教育绩效评价的一般性指标要素可以整合为三部分:一是素质教育目标的制定与实现,包括素质教育目标、素质教育定位、素质教育规划、学生素质结构、情绪体验、学习主动性、创新创业与发展;二是跟踪考评素质教育的过程,包括教学改革、教育管理、教育协同、教育开放性、信息技术应用;三是实施素质教育的资源配置与保障,包括教师素养、队伍培训、教学投入、学习资源、创新实践基地、制度与机制及其他文化资源。绩效指标设定过程中应当注意以下五点:一是指标数量不宜过多;二是指标布局要有一定覆盖面,向学校确立的战略目标聚焦;三是指标数值科学、合理;四是结果性指标与行为性指标相结合;五是要进行充分的沟通交流,有效达成共识。

三、教育绩效评价结果的应用

教育绩效评价是促进教育治理体系形成和提高治理能力的有效手段。绩效评价的最终目的是通过对绩效评价结果的综合运用,推动学校教育、教学、管理、服务,为学生创造更优质完备的发展环境,促进学校在推进教育工作中目标更加明确、责任更加清晰,保障教育发展工作健康、有序、高效地运行,提升人才培养质量。

1. 重构育人协同机制

所谓协同,就是以战略为中心,使两个或两个以上的资源或个体协调一致。大学是一个教育生态系统,学校内部的子系统之间存在着相互影响、相互制约的共生关系。协同育人就是要围绕人才培养目标进行集成,打破学科、专业、学院等办学要素之间的壁垒。依据教育绩效评价结果构建一种协同治理和管理机制,使绩效评价在学校战略、学院战略、学科专业战略、项目战略等方面的各层管理中得到应用,实现协同治理和管理,最终实现教育系统办学绩效的提高。具体来说,可以将育人协同分为三个方面,即办学要素的协同、制度体系的协同和操作层面的协同。在办学要素的协同方面,协同主要是实现资源分配的科学性和合理性,实现资源效益最大化;在制度体系的协同方面,学校的各项制度不能相互矛盾,相互对立,部门制度必须在学校总体制度下制定;在操作层面的协同方面,学校上下要统一步骤,上下齐心,主次分明。加强育人协同的关键环节包括思想政治教育、日常教学管理、调动学生学习积极性的措施、学风建设、第二课堂、学籍管理、体育锻炼、审美教育、劳动教育等。

2. 优化教育资源配置

教育资源是指能够满足教育的需要,并能被教育主体所开发和利用的所有事物。优质的教育资源就是尊重受教育者的个性,最大限度地满足受教育者的学习诉求和个性化需求。教育资源配置合理与否,对一所学校事业发展的成败有着极其重要的影响。按资源属性划分,教育资源可分为物质资源和非物质资源。物质资源一般涵盖土地、空间等自然资源以及社会资源中的设备资源、财物资源和时间资源等。与物质资源相对应,非物质资源主要是指社会资源中的人力资源、信息资源、文化资源、组织资源和制度资源等。对教育资源配置结构的考察可以从宏观、中观与微观三个层面进行。我们这里想强调的是微观层面的资源配置结构,是指教育资源在一所大学内部的匹配关系,是大学通过将实体性或非实体性教育资源直接分配于各教学单位、各职能部门、教学活动的各个方面、各个环节实现的。根据绩效评价结果而实施的微观层面教育资源配置情况,便形成了大学具体的办学条件。微观层面的资源配置就是要实现办学效率最大化与人才培养质量最佳化,侧重考虑的则是教育效率与教育质量。

3. 调整专业设置与布局

专业是人才培养的基本单元,是一所大学建设高水平本科教育、培养一流人才的"四梁八柱"。大学应以建设面向未来、适应需求、引领发展、理念先进、保障有力的一流专业为目标,促进资源向经济社会发展需要的专业集聚,以实现专业结构、人才培养类型结构与经济社会发展需要的良性互动。要积极推进"新工科"建设,加速学科专业交叉融合,积极发展新工科专业,引领并支撑未来学校高水平、高质量的专业集群的建设。加强需求、招生、培养、就业全链条统筹,加快建立专业有进有出的动态调整机制,推动就业与招生计划、人才培养的有效联动。遵循基础性、可比性、公平性和可操作性原则,将"人才需求与办学声誉、师资结构与数量、教学与教研水平、培养效果与质量"四个方面列为专业办学状态监测内容。采取定量与定性相结合的方法,对专业办学水平进行综合评议。围绕人才培养目标、教学资源、教学过程和教学效果,有效实施学校内部的专业评估,将专业监测与评估结果用于专业预警与动态调整,并与招生数量和资源配置直接挂钩。结合专业设置与学校教育事业特色发展符合度情况,以及专业建设的其他显性成效(如工程教育专业认证、专业评估、品牌特色专业、精品课程、重点教材、实验教学条件建设及重要学生科技竞赛获奖等),做出专业调整方案。

(程荣晖　茆辰)

质量为先　完善教学质量监控体系

坚持深化教育改革创新,既是我国教育改革发展在实践中的重要经验总结,又是党和国家教育事业发展的根本动力所在,是新时代教育改革发展的必由之路。立德树人是学校的根本任务,本科教学是学校经常性的中心工作,教学质量监控是教学质量管理的重要环节和有效途径,高校要把教学质量保障与质量监控体系建设作为人才培养中的一项重要工作,逐渐形成符合人才培养目标和学校办学特色的教学质量保障与监控体系。

一、教学的使命:创新模式方法,激励乐学

大学承担着人才培养的重要职责,教师通过教学活动把知识传授给一批又一批学生,持续地提升学生的思想、能力,通过他们传承弘扬先进文化。随着时代的发展、社会的进步,大学的任务和功能也在不断拓展,但教学仍然是大学人才培养任务的重中之重。

1. 优化重构人才培养方案

进入新时代,大学的培养对象、教育理念、教学方法和教学手段都发生了根本性的变化,这要求大学与时俱进地更新人才培养理念、改革人才培养方案。一要转变教学理念。人类社会已进入信息时代,在信息时代不缺乏信息,也不缺乏知识,

而传统的以知识传授为主的教学理念已不能适应新一代人才培养的要求。要以学生创新能力培养为主线,开展教学理念和教学方法的改革,变学生被动地接受知识为主动地带着问题学习,开展项目型、研究型教学,激发学生的学习潜力与学习意愿。二要改革教学方法。随着AI和VR/AR等现代化教学手段的应用,以及网络在线教学资源的开发应用,网络在线教学、线上线下混合教学、翻转课堂等教学理念、方法应景而生。要高度重视网络教学资源的开发建设,有计划打造体现学校特色和水平的网络教学资源,让更多对教学有积累、有激情、教学经验丰富的老师参与网络在线教学资源的建设,鼓励教师运用优质MOOC教学资源开展线上线下混合教学改革。三要将学生创新创业教育纳入人才培养计划。要进一步完善学生创新能力培养体系,充分发挥学院与企业的协同育人作用,扩大学生的参与面与受益面。每个专业在设计培养方案时都要将培养学生创新能力的要求融合进去,明确培养哪方面的创新能力,如何培养这些能力,通过什么环节来培养,需要参与哪些学科、专业竞赛。四要引导教师实现教书和育人相结合。大学需要大师,这样的大师既是学问之师,又是品行之师。教书重在教人如何研究,育人重在教人如何做人。教师要将重视知识传授与重视学生全面发展结合起来,引导学生先"成人",再"成才"。同时,落实三项制度——核心课程主讲教师制度、青年教师教学能力提升制度、教师继续教育制度,不断提升教师教书育人的能力和水平。

2. 激发学生学习兴趣和潜能

在大学人才培养过程中教师扮演着十分重要的角色,在传授专业知识的同时应提供必要的指导和支持来帮助学生树立和达成目标,及时帮助学生清理各种影响和障碍,使其实现目标的路径更为顺畅。一要主动适应培养对象的变化。当今的大学生是在物质生活丰富的网络时代、应试教育环境、父母的精心呵护下成长起来的,他们的成长经历决定了他们的思维方式、价值追求、人生目标具有个性化特征,这需要我们去更多地了解新一代大学生所思所想,激发学生的学习兴趣和潜能,教育学生回归刻苦学习的本位,加强学生人文素质和中华优秀传统文化教育,激发学生爱国热情。二要把"三个最大限度"作为人才培养质量的评价标准,即最大限度激发学生学习主动性、积极性、创造性和好奇心,最大限度培养学生自主学习、分析问题和解决问题的高层次能力,最大限度促进学生的个性发展。三要关注非智力因素对学生学业发展的影响。学习目标和毅力对学生的学习成绩与学业成就起着重要的作用。与成绩目标相比,掌握目标对学习坚持性的作用更大,自我控制则对学习坚持性有正相关影响,需要教师及时进行有针对性的分类引导和帮扶,帮助学生确立学习目标,了解其内在需求,指导学生设定达成目标的路径。对厌学型学生应采用指导型的帮扶方式,对每个阶段的学习任务与要求予以明确;对意愿型学生应采用支持型的帮扶方式,帮助学生确立学习目标,执行过程中不仅要明确任务,指导学习方法,还要保护好学生的学习积极性,对其取得的成绩和表现出的优点给予及时的激励和赏识;对迫学型学生应采用参与型的帮扶方式;对勤学型学生应采用成就型的帮扶方式。

二、基于"以学生为中心"的教学质量监控体系

人才培养模式是高等教育领域研究的基本问题。有人才培养,就必然要关注人才培养的质量。"以学生为中心"的教学质量监控体系的主要观测点为学生对自身发展的认知、学习的主体地位、学习效果、个人发展满意度等。

1. 构建"以学生为中心"的教学质量评价理念

"以学生为中心"是指关注学生自身兴趣、禀赋、能力、需求等,通过创造和提供良好学习环境,激发学生的学习热情、学习动力,为学生成长发展服务。"以学生为中心"教育的目标是将学生培养成高素质的人、全面发展的人,而不是将学生培养成某种工具;强调学生学习的主体地位以及教师的主导地位,学生的学习需求建立在自身实际的基础上,旨在满足自身发展的需要和未来成长成才的需要,激发学生学习的内生动力;对学生学习效果的评价原则讲求客观、动态、多样化、相对化,既包括教学方式方法、教学内容、课程设置等,也包括创新创业、社会实践、志愿服务、宿舍生活等课外途径获得的学习成果。

2. 教学质量监控评价的维度及路径选择

教学质量监控评价的维度可以是教师的"教"、学生的"学"、管理部门的"服务"三个方面。对教师的"教"进行监控的部门主要有学工部门、教务部门以及相关督导组。学工部门、教务部门侧重于从保障教学活动正常进行的角度来管理教师的"教",督导组则是从专业知识传授的角度来指导教师的"教"。衡量学生学习质量的标准,除了课堂考核外,还应当加入实践中对知识应用能力的考核,尤其要加强对语言表达能力、社会实践能力和团队合作能力的考核。学工部门和督导组是学生学习质量的主要监控者,在学生质量监控上起着重要的作用。针对管理部门"服

务"质量的监控,应当主要关注管理部门的服务态度和服务意识是否良好,教学服务设施是否到位,教学服务质量能否达到国家及上级教育主管部门规定的标准,等等。从具体路径上来说,一是要确保教学中心地位,根据学生学习效果、教师教学贡献率,优化配置资源;二是要持续推动教师转变观念,开展"以学生为中心"的教师培训,促使教师认同本科阶段的主要教育目标是协助学生发展;三是要尊重学生发展意愿,构建多样化人才培养课程体系;四是要关注学生学习及其在学习过程中的投入,推进教学方法改革,建立健全团队合作机制,采用课内课外、线上线下一体化的教学方式,实现"一课多人、一人多课"的有效组合,提升教师教学能力和业务素养;五是要重视学习效果,建立多元化、多阶段的教学质量评价体系(朱海燕,王琪,2016)。

3. 构建教学质量监控工作评价指标体系

教学质量监控工作是一个计划、执行、检查、改进的循环过程,突出以学生为中心、以质量为核心,持续循环改进,目的是把体系、制度、标准、规范等内化为一所学校全体师生的共同价值追求和自觉行为,形成质量文化。建立科学、规范的教学质量监控工作评价指标体系,是大学加强自我约束、自我发展的重要保证。评价指标体系应突出全员、全程、全方位的评价理念,由教学指挥系统、检查评估系统、信息反馈系统、质量保障系统构成。教学指挥系统负责制定质量监控标准,从人才培养标准、教学建设标准、教学环节标准出发构建从属的二级指标、三级指标,以及主要观测点。质量监控标准决定着教学质量监控工作的纵深度,也是突破教学质量困境的发力方向。检查评估系统负责质量监测,实施教学信息与监测方法效果的过程管理。对信息采集、监测技术使用、监测效果等环节进行全过程评价,有助于全面了解教学质量监控工作的内容组成、技术合成以及成果达成情况。信息反馈系统负责质量调控,对发现的教学问题进行综合分析和研判,提出教学改进方案,明确改进方式方法,检查验收教学质量改进效果。质量保障系统是教学质量监控工作有效开展的条件保障,决定着教学质量监控工作的保障程度。

三、发挥本科教学质量国家标准对"新工科"建设的推动作用

为应对高等教育创新、适应未来工业革命带来的挑战,"提质"仅是基本要求,开展"新工科"学科布局,构建多样化、个性化的工程人才培养模式已经成为我国高等教育重要的战略发展方向。

1. 引导人才培养观念更新

国家标准有着特殊的地位,高校在制定实践教学质量标准的过程中,一是突出学生中心,面向社会需求办专业,面向学生的未来设定一个具体切实的培养目标,系统设计培养学生实践能力的课程体系,并明确相适应的毕业要求,使学生毕业后能够更好地服务社会。二是突出产出导向,推行以预期学习产出为中心来组织、实施和评价教育的 OBE 模式,培养学生解决问题的能力,特别是解决复杂工程问题的能力,真正培养出适应社会和市场需求的实用型、技术型的应用型人才。三是突出持续改进,针对每一门课、每一个教学和实践环节,持续发现问题并改进,以追求评价为基础,做到数据合理、分析到位;机制为保障,使工作持续有效;改进为目标,做到改进有根有据,据评而改;成果是追求,改进课堂教学,改进毕业要求,改进培养目标,在学生身上产生效果(蒋宗礼,姜守旭,2018)。

2. 准确定位人才培养目标

高校要通过市场调研全面了解国家产业发展政策、地方经济的发展现状以及行业企业对未来人才的需求方向。以企业的具体需求为人才培养目标,学校在政府相关产业政策指导下,立足于自身的办学优势及学科专业特色,围绕培养学生实践应用能力这一核心,调整优化各类资源配置。树立 CDIO 教育理念,加强顶层设计,明确新兴工科人才的培养目标和规格,主动预判经济发展的大趋势、前沿学科的发展方向,投身于新兴学科的升级改造。优化专业设置、课程体系建设、工程实践教学、工程实践训练等综合体系的改革措施,突破学科壁垒,加强学科间的交流和延伸,促进教学资源的有机结合和有效整合。以学生毕业 5 年内的能力培养为目标,明确毕业生应具备的基本素质、专业能力等,避免"口号式"的培养目标,进一步落实人才培养的核心地位。在此基础上,各专业结合自身特点,具体细化,形成各自更加具体的培养目标。

3. 强化培养基本能力素质

以能力培养作为基本要求,面向全工程周期。以某所以工科为主的高校为例,其人才培养基本能力素质的通用标准如下:具有正确的人生观和价值观以及高尚的公民道德修养;具有较强的社会责任感,怀有为国家服务的志向和理想;具有较宽的学科视野,较高的综合文化修养及科学、人文精神;具有独立、清晰的思维、表达和写作能力,养成勤于思考、乐于钻研的习惯;扎实掌握本专业所需的基础知识和基本技能,了解最新的专业前沿知识,形成初步的学科思想,具备初步的科研能力;具有一定的社会实践或工程实践经验,具备较为全面的职业素养;具有自主学习能力,树立终身学习意识,善于运用所学知识独立发现问题、分析问题并提出解决问题的策略、方法,具有开拓创新精神;具有国际意识,能够较好地使用外语进行交流;养成终身体育锻炼意识和习惯,具有强健体魄、健康心理和健全人格。

(白旭 张宇 程荣晖)

价值引领 提高协同管理运行效能

大学的管理是为了更好地完成特定的目标和使命,承担应尽的社会责任和义务,使各项工作富有成效,使教职员工具有成就感、幸福感、获得感。良好的管理可以为教学科研的兴旺发达提供合适的条件。

一、管理的本质:凝聚共同价值,激发善意

管理是为了完成组织的特定目的和使命,使组织中的每个成员工作富有成效,具有成就感,同时承担好应尽的社会责任和义务。

1. 文化管理是大学管理的精髓

大学文化具有导向凝聚功能、整合创新功能,能够促进形成催人奋进的精神风貌、科学进步的价值理念和导向正确的舆论氛围,在强劲而深厚的文化引领中学校将会获得跨越式发展。大学文化不仅具有育人的功能,还具有管理的功能。文化管理是一种柔性管理,是以师生为中心,以文化浸润为手段,建立师生员工共同认可的价值观和道德规范,激发员工的潜能、潜力、善意,以人的价值实现为最终目的的一种管理理念和模式。文化管理的最终目标是领导班子胸怀大局、善于谋断,管理干部开拓创新、敢于担当,全体教师精于教学、善于育人,广大学生善于思考、勤于实践,全校上下协同高效、团结和谐,使"校荣我荣、事业共同体"理念深入人心,把学校建成让人怀恋和自豪的精神家园。大学通过营造"团结、协作、和谐、高效"的管理环境,打造舒心、温馨的工作环境,推进和合文化建设,努力让广大教职工在岗位上有幸福感、事业上有成就感、社会上有荣誉感,让教师成为让人羡慕的职业。

2. 让人人同享人生出彩的机会

大学管理要上升到文化管理,靠文化来凝聚人,靠发展愿景、共同价值观把教职工凝聚在一起。管理大师彼得·德鲁克说:"企业成功靠的是团队而不是个人。"一个

团队要想有战斗力,首先要有凝聚力。要通过共同的价值观把不同专业、不同年龄、不同地域、不同理想的教师聚合在一起,形成学校的利益共同体和命运共同体。大学要用共同的目标激励人,用共同的价值追求凝聚人,让全校师生成为事业共同体、发展共同体,让职业成就事业,都能做最好的自我。通过机制设计,让全校师生人人都有人生出彩的机会。干部积极作为,有情怀、有责任、有担当、有奉献精神;管理岗位人员牢固树立"为师生服务、校荣我荣"的理念,让职业成就事业;科研团队负责人、学科带头人成为受全校师生尊敬的群体,成为优秀教师的人生目标;健全师德师风建设长效机制,大力提升教师思想政治素质和师德涵养,营造风清气正的育人环境;推进分类评价、分类考核机制,鼓励让教师安心做某一件事,做到极致,激发每一位教职员工的潜力;讲究制度的刚性与灵活性相结合,出台替代机制,让教师可以根据个人情况自行规划职业发展生涯;关注民生,学校发展的成果为师生所共享。

3. 从"管理"到"治理"的逻辑

国家治理现代化是当代中国面临的迫切的时代任务,也是完善中国特色社会主义制度的必然要求,大学治理也成为其中一项重要的内容。大学治理多指通过制度设计的方式构建和谐的校园文化,使大学的各个主体结成事业共同体,为了共同的目标而努力奋斗。大学管理一般是指对大学的人、财、物通过计划、组织、指挥、协调、控制及创新等手段以提高功能质量和实现水平提升,从而达到大学的发展目标的过程。管理在达到一定的水平才出现治理的状态,其侧重于大学的日常运行和工作执行,强调的是目标的实现;治理则侧重于大学各种权力和资源的配置,更多地注重过程的和谐与有序。治理一所大学的最本质问题是探索发展的规律,形成发展的科学理念,并更好地促进、推动大学本身不断实现突破、实现超越。大学治理和管理是一种互为补充、互为强化的关系,即治理框架下的有效管理和管理支撑下的科学治理。大学发展不可能单纯地只谈治理,那大学的日常运行、大学目标的实现都是空谈,若只谈管理,则又显得低级和狭隘。因此,站在大学的应然层面应该是治理与管理的结合。

二、基于塔式结构的管理运行机制

高校是党领导下的高校,学校工作要坚持以习近平新时代中国特色社会主义思想为指导,深入贯彻落实党的十九大和二中、三中、四中、五中全会精神,全面贯彻党的基本理论、基本路线、基本方略,认真落实上级各项工作部署,坚持以人才培养为本的发展思想,落实立德树人根本任务,努力建设行为规范、运转协调、务实高效的运行体制,不断提高办学治校能力和管理运行水平。

1. 塔式结构管理的运行机理

基于党的全面领导视域下学校管理工作模式可以视为宝塔形结构,由塔顶、塔身和塔基三部分组成。塔顶是学校发展的战略目标和"三重一大"事项决策,具有统领性。塔身由党建工作与行政工作两部分组成,按分工和制度规范协同推进,具有主体性。其中,党建工作为学校的战略实现和重大决策提供政治、思想和组织保证;行政工作通过人财物资源配置、制度保障,促进学校各项事业发展。塔基是基层组织、党员与组织成员,具有基础性。塔基最具有一所学校的办学传统和经验,传承着大学文化。影响塔式结构运行效果的主要因素包括:① 目标和价值取向;② 系统观念,要善于从全局、大局想问题,协同解决问题;③ 具体业务工作,各部门应各司其职、各尽所能,朝着共同的目标前进;④ 信息交流情况,应充分进行信息交流,决策基于信息,要在信息交流中完善集体决策制度。塔式结构的管理运行体系是一个有机的系统,通过塔基、塔身、塔顶的协调运行、相互作用,能够不断提高办学水平、培养优秀人才、转化科技成果,从而更好地服务经济社会发展。

2. 塔式结构管理的目标任务

为加强党对学校工作的全面领导,使学校各项工作规范化、制度化和科学化,进一步提高工作质量和工作效能,不断优化学校运行机制,塔式结构管理模式是一种探索与实践,目的是为了形成更加科学的治理结构。一是健全完善"决策、执行、监督"的运行体系,强调决策权、执行权、监督权相互协调与制约。二是促进党建与业务工作融合发展,对于学校的发展和战略目标的实现而言,这两者缺一不可,弱化任一方都不行,有效防止党政"两张皮"。高校事业发展既要有"成果",体现办学水平、办学特色、办学优势;也要通过扎实开展党建工作,从理念、制度、文化上创造条件,做好人的思想工作,凝聚人心、汇聚力量、主动作为。三是充分发挥"三个作用",即发挥基层党组织的政治核心作用,发挥政治优势,宣传教育师生员工正确认识当前形势,坚定发展信心;发挥党支部的战斗堡垒作用,积极参与教学科研活动,为各项工作任务圆满完成保驾护航;发挥党员的先锋模范作用,团结带领广大师生克服困难、拼搏进取,为学校事业进位争先作贡献。四是推进管理重心下移,确立学院办学主体地位,实现从学校办学院到学院办大学的转变,完善学校治理体系,提高学校治理能力和管理水平。

3. 优化大学管理运行的机制

良好的运行机制是组织在工作管理中发挥协同效应的关键因素。构建塔式结构管理运行机制,是要形成党委统领、二级党组织协同指挥、基层党支部和全体党员带头实施的协同工作机制,提速基层党组织建设,增强基层党组织看齐意识、贯彻意识、进取意识和自我发展意识。学校党委承担管党治党、办学治校主体责任,从优化运行的关键环节来看,主要是要健全完善"三个机制"。一是要建立民主、科学的决策机制。要集中全校智慧,系统谋划学校未来,科学决策重大事项;要健全依法决策机制,建立法律顾问制度,把师生员工参与、专家论证、风险评估、合法性审查和集体讨论决定作为重大决策的必经程序;要建立智库系统,广泛调查研究,为决策提供参考。二是要建立高效、快速的执行机制。要对决策进行任务分解细化,工作任务要可检查、可量化,限时、限期完成;教育教学改革分层设计,提振每位教职员工的奋斗激情;工作任务的责权利要清晰,统筹调配资源;克服工作困难能打攻坚战,对重要任务、紧迫任务要跨部门、跨学院组织人力物力。三是要建立有力、具体的监督机制。要对工作任务落实进行全面监督,通过监督发现问题;要突出过程监督、阶段监督,建立预警机制。

三、加强学校管理工作的有效措施

学校坚持用优秀的文化塑造人,用先进的理念凝聚人,加强思想淬炼、政治历练、实践锻炼和专业训练,打造忠诚、干净、担当的高素质专业化干部队伍。持续加强治理体系建设,全面砥砺提升干部队伍制度执行力和治理能力。

1. 激发师生员工潜力潜能

当前,江科大各项事业的发展与广大师生员工的期待已经逐步呈现出同向同行的良好态势。发展共识更加凝聚。学校第三次党代会提出进位争先综合实力全国前 150 位的目标得到了广大师生的充分认同,形成了广泛的发展共识,产生了强烈的集体荣誉感,铸就了全校上下奋发进取、奋勇争先的激情。学校把教学科研管理的每一件工作做到极致,汇聚起共同奋斗的磅礴力量,用共同的目标凝聚人。文化价值更加认同。"育海器、铸船魂"的价值追求,"笃学明德、经世致用"的人才观,"江海襟怀、同舟共济、扬帆致远"的"船魂"精神,"以师生为中心""为师生服务,最多跑一次""职业成就事业""事业共同体""校荣我荣""岗位是用来干事的"等团结协作和谐高效的价值观、服务观、管理观,得到了师生员工的广泛认同,这些是学校事业发展的基础。潜力潜能更加激发。学校地处镇江,既没有学科平台优势,也没有资源投入方面的优势。我们又希望发展得比别人快,要满足全校师生员工的期望,靠什么?只能靠"精、气、神",靠发扬"船魂"精神,靠咬定目标奋力拼搏。通过科学的制度设计、分类指导,让个人目标与组织目标同频共振,在实现个人价值的同时更好地推动学校进位争先。比如通过职称直接认定或开辟绿色通道,引导教师安心做某项事,做到极致,做出成绩。

2. 激发干部队伍担当作为

学校管理能力和水平的提升离不开管理干部,干部是学校事业发展的决定因素。把干部素质作为引领学校发展的核心关键因素来抓,打造一支具有"铁的信念、铁的意志、铁的纪律、铁的担当"精神,"素质过硬、本领高强""政治上靠得住,工作上有本事,作风上过得硬,人民群众信得过"的干部队伍。作风要更加严实。作风是形象,更是战斗力。严实的作风体现在敬业和专注上。敬业,就是把干好工作当成一份责任,只要是分内之事就要坚决完成、不讲条件;做任何事情都讲认真、求质效,念兹在兹、敬终如始,在其位、尽其责、求其效。专注,就是对于看准的事情盯住不放,定下的任务一抓到底,以抓铁有痕的韧劲和锲而不舍的钉钉子精神完成各项任务目标。办法要更加创新。信息时代,新技术层出不穷,任何一项技术都可能使社会经济活动产生深刻的变化,唯有不断学习新知识、掌握新技术、创新新办法,才能适应时代要求。思路要更加开阔。面对学校发展抢抓机遇的新要求,迫切要求干部开阔思路,谋在事先,引领工作,要目光长远,提前思考对未来的布局、培育;要系统施策,纲举目张,通过重点工作牵引带动相关工作。着力提升干部"五种能力":一是要系统培养统筹驾驭的领导能力,推动领导干部系统提升履职本领,不断增强战略思维、历史思维、创新思维、辩证思维、法治思维、底线思维能力;二是要提升发展急需的专业能力,紧扣学校特色专业以及高质量发展重点难点领域,引导和推动全体干部加强学校发展的各类专业知识学习;三是要增强胜任岗位的履职能力,按照"缺什么补什么"的原则开展针对性培训,提高培训实效性;四是要提升统战工作能力,强化干部统战意识,指导领导干部牢牢把握政治底线、政策底线,善于与党外人士联谊交友,能够引领广大统战成员坚定跟党走,画好最大同心圆;五是要强化防范、化解安全生产等风险的能力,指导干部加强安全法律法规学习、安全生产风险点防控业务知识培训,切实增强做好安全工作的责任意识和能力本领。

3. 加快治理体系与治理能力建设

加强治理体系与治理能力建设,是党的十九届四中全会提出的鲜明时代课题,也是学校自身发展的需要。新校区的青山绿水、鸟语花香和现代化设施在给我们带来美观感受和便利的同时,更大面积的环境维护和更多的能源消耗导致学校运行成本成倍增加,教职工上下班时间成本也增加很多。这就要求学校治理体系更加完善,治理能力更加现代化。一是要打破路径依赖和传统的思维习惯,以批判性思维来重新思考业务流程,使流程更加合理,权责更加明确,管理更加扁平化。新校区启用后环境发生了变化,需要重新思考、重新梳理管理流程,进一步明晰新的管理权责,并与信息化应用深度融合,进行流程再造与优化,删除不增值的流程,使管理更加扁平,更加有效率。二是资源利用要更加有效。新校区中心的水面既是美的景观,对船海特色的江科大而言更是不可多得的天然实验资源,可以立体化、综合性利用,把水域打造成为水下通讯、感知、探测、无人艇等综合实验基地;同时,要推进学校大型仪器设备、实验室开放共享,提高实验设备资源的利用效率。三是管理要更加智能。充分利用新校区信息基础设施的优势,深化教师、学生、教学、科研、资产等业务管理系统的开发应用,通过各业务管理系统的应用实现学生从录取到毕业的学业管理、教师从入职到离职(退休)的教学科研业绩管理、设备资产从采购到报废的全寿命周期使用管理的数字化。树立"互联网+管理""大数据+管理"的思维,根据数字化的管理数据,使基于数据的思考、基于数据的分析、基于数据的决策和应用更加深入人心。例如,基于学生行为和学业成绩,有效识别学生异常行为和异常学生,实施学生学业精准预警和学生管理的精准化;基于教职工的教学科研业绩,自动生成评优晋级所需的教学科研业绩,减少教师填表工作量以及职能部门大量、具体、细致、政策性强而又烦琐的审核工作,将职能部门从具体的事务性工作中解放出来。通过智能化管理,真正实现让"数据多沟通,师生少跑腿""数据多融合,部门少审核""数据多呈现,师生少填表"。四是教学科研组织要更加融合。充分利用新校区资源条件,通过顶层设计、政策引导、学院试点和推广,拓展教学系单纯教学组织的功能,努力将教学系打造成集教学、科研为一体的基本教学科研团队,教学系既是教学组织,也是科研组织,同时也是党的基层组织,加快推进团队聘任、团队考核制度的具体落实。

(葛世伦　王济干)

持续改进　提升服务育人能力水平

服务育人是高校提升和改进大学生思想政治工作的重要探索,是新时代"十大育人"体系中的重要部分。服务作为大学育人的重要方式之一,是检验一所学校是否是"人民满意的学校"的试金石。

一、服务的改进:涵养育人情怀,健全机制

提升大学生思想政治工作质量,就是要聚焦短板弱项,着眼创新创造,把破解高校思想政治工作不平衡不充分问题作为目标指向,着力构建一体化育人体系。本质上而言,教育也是一种服务,并且是为人的发展而提供的服务。

1. 树立"以人为本、需求导向"的服务育人理念

服务育人是集中体现"以人为本"思想的重要工作,是思想政治工作中不可缺少的部分。服务育人渗透于其他育人方式中,体现了"大思政"教育体系和"三全育人"的要求。狭义上的"服务育人"是指在服务中教育人,主要是指通过学校的后勤服务和其他工作中的服务环节,特别是通过增强对学生的服务意识来达到育德育人的目标(刘建军,2017)。从广义上说,教书育人、管理育人和服务育人三者有区别,但更是统一和相互渗透的,教书是一种服务,管理也是一种服务,大学的"教书、管理、服务"目的都是为了立德树人,服务于大学生的成长成才。服务育人体现在实际工作中,就是要"以学生为中心",尊重学生的发展需求,为之创造必要的发展环境和条件;就是要善待学生,对待学生要有情感、有温度地关心关怀关爱,体现大学文化的一种价值追求。

2. 高校思想政治工作服务育人机制

随着高校服务育人工作与学生事务工作、后勤保障工作、就业创业、心理辅导、第二课堂、社会实践、志愿服务活动等各个方面的融合不断加强,各类育人主体持续汇聚各种正向力量,形成具有教育合力的育人生态场,共同推动学生综合素质的提升。从服务育人的方式来看,可以分为发展与指导性服务、综合保障性服务两大类。高校服务育人机制是一个开放而复杂的综合系统,学校内部与教育、教学、管理、服务等职能相关,外部则与政府、社会、家庭等方面相关,关键在于落实以立德

树人为根本任务,遵循"理念引领—顶层设计—组织实施—评价反馈—改进完善"的循环过程,力求实现学校主导、资源整合、部门联动、协同共赢(孙冰红,杨宁宁,2020)。因此,建立健全高校思想政治工作服务育人机制应根据服务育人的工作内容、方式,在协同机制、保障机制、评价机制等方面加大创新力度。

二、基于学生主体自觉视角下的服务育人模式

所谓学生主体自觉,是指学生群体能够全面系统地认识与自身发展密切相关的事务,并愿意为事务处置和发展贡献智慧力量的理想化的认识状态(徐顽强,王文彬,2020)。高校服务育人过程中,学生主体自觉意味着学生群体能够认识到服务育人的重要价值作用,并且愿意主动积极地参与高校服务育人的实践。

1. 强化高校学生主体参与的主动性

学生参与是开展服务育人工作的重要环节。高校管理、后勤等部门应着眼于学生素质能力的发展,创造必要的条件,激发学生在学习、社会实践、志愿服务、后勤服务等活动方面的参与积极性,鼓励学生积极参与。用主体自觉思想来设计育人过程中的全部工作,用主体自觉去唤醒学生的发展意识,使学生真正做到自主、自立、自觉、自信、自强,做学习、生活的主人。只有转变教育观念,才能为学生主体性的发展和全面提高教育质量奠定坚实的思想基础。一是要引导学生主体的认同自觉。引导学生思考、规划自身发展需求,促进学生正确看待自身的角色和价值作用。二是要引导学生主体的行动自觉。在明确自身发展需求的前提下,引导学生主动积极地参与高校服务育人实践,不断提升高校服务育人的成效。三是要引导学生主体的评价自觉。学生不仅要积极参与服务育人实践,也要科学评价高校服务育人工作存在的问题和不足,促进高校教育管理者持续改进。

2. 重视学生体验,提高学生参与度

学生参与评价教师授课质量、后勤服务质量已逐渐成为高校改革人才培养模式的依据。只有将服务育人全面地渗透到学生的学习和生活中,引导学生加强自我教育、自我管理、自我服务、自我监督,让学生成为学校服务育人的共同体,才能取得更好的育人效果。重视学生体验,让学生在实际学习、生活、实践中体验、感悟并内化形成个人的道德意识和思想品质。一是要积极推动建立健全学生参与高校管理和服务的机制。比如完善校务公开制度、学生代表大会制度、校领导接待日制

度、学生评教制度等,多方位、多途径加强学校与学生的对话、交流沟通。二是加强社团管理,发挥学生自治组织的作用。大学生社团是高校校园文化的重要组成部分,承载着建设大学文化的重要任务,也是对大学生进行思想政治教育的重要载体。如成立食堂伙食管理、宿舍管理、物业管理、医疗健康等自治组织,按照各自的职能分工制订参与管理服务计划,安排各类活动,协助后勤各中心开展管理服务。通过自治组织的影响带动,提高学生自我管理、自我教育的意识和能力;通过积极地参加社团活动,在服务他人中感受到奉献、友爱、互助、团结、进步,感受到集体活动的乐趣、集体的力量,增强集体荣誉感。

3. 重视学生意见建议反馈的收集和调查

改善和优化高校服务育人工作是为了不断提高教育质量,与各项育人工作同向同行,形成合力。构建和完善学生参与度指标体系,建立健全服务育人学生反馈机制,有助于服务育人工作持续改进。要真正树立服务育人理念,坚持"以师生为中心",以师生需求为关注焦点,持续改进服务质量,提供有效的服务。一是建立常态化的学生意见建议收集机制。加强学生与学校管理服务部门之间信息的沟通和传递,对于收集到的意见建议要及时处理、及时反馈。二是主动开展调研研究。到教学楼、学生宿舍、食堂等场所进行实地自查,主动查找分析在服务学生方面存在的短板和不足。三是创新"互联网+服务""大数据+服务"的服务模式。提升服务水平,营造有利于师生员工全面发展的宽松氛围,实现学校的和谐发展。四是不断加强和改进服务。建设更优服务标准,构建更健全的环境育人和服务育人机制。

三、打造服务育人共同体

1. 服务育人"多元参与"

随着服务育人主体的不断丰富,家庭、学校、学生、用人单位本质上是一个利益共同体,育人的过程是多元主体共同参与的过程,发挥有效协同的教育功能,建立一套科学、合理的服务育人系统势在必行,并要努力形成多主体协同育人机制。如何有效地实现"多元参与"?可借助于信息化手段设计一个平台,使家庭、学校、学生、用人单位都能够在这一平台上发挥作用,比如学生可以在平台上提出需求,学校可以发布各类服务项目指南,用人单位可以发布实习、招聘需求等信息,家庭可以提出意见建议等,平台上存储的各类数据经分析研究后可以作为学校管理服务部门改进工作的重要依据。多元主体之间也可以建立互动机制,如学校与用人单位之间加强沟通,根据产业行业与经济社会发展需求,学校适时调整专业设置、重构人才培养方案、更新教学内容,深化产教融合,提升人才培养与产业需求的契合度。

2. 服务育人"品牌特色"

要重视打造服务育人的品牌特色,借助大众传媒,依靠师生员工和学校的实际行动来展示学校独具个性魅力的服务育人品牌项目。一要紧贴育人成长规律,实现服务育人"精准化"。在服务育人过程中,遵循大学生成长规律及发展需求,明确服务育人所需要达成的目标及任务。二要完善育人工作运行机制,实现服务育人"系统化"。高校服务育人作为一个系统工程,系统中必然有若干关键要素,如何有效发挥关键要素的作用,需要科学设计,优化运行机制,才能将服务育人的效益最大化。三要坚持以文化人,实现服务育人"思政化"。要把立德树人的成效作为检验学校一切工作的根本标准,真正做到以文化人、以德育人,不断提高学生思想水平、政治觉悟、道德品质、文化素养,做到明大德、守公德、严私德;要把立德树人内化到大学建设和管理各领域、各方面、各环节,做到以树人为核心,以立德为根本。

(程荣晖)

典型案例

案例1:教学融合涵养特质 "三全育人"构建格局

"凿井者,起于三寸之坎,以就万仞之深。"江苏科技大学紧跟高等教育内涵建设步伐,打破传统人才培养模式瓶颈,以培养适应社会发展、满足行业发展需求的高素质人才为目标,系统推出以"大学生核心素质报告书制度"为核心,探索有效支撑素质教育的新方法、新路径、新机制和新平台,努力构建全员育人、全过程育人和全方位育人的"三全育人"工作格局,涵养"吃得了苦、扎得下根、聚得齐心、干得成事"的学生特质,闯出一条深入推进素质教育的新路子。

坚持导向为国育才,人才培养聚焦素质

进入新世纪,国产新型航母、大型驱逐舰下水,"海洋石油981"深水钻井平台

屹立深海,"蛟龙"号 7000 米级海试成功,彰显了"走向深蓝"的大国情怀,凝聚了江科大人的智慧。同时,伴随着新一轮科技革命的快速发展,对船海类高校的人才培养工作提出更高要求。尤其是党的十九大以来,党和国家出台的一系列高等教育政策方针,指明了高等教育现代化的目标方向与行动准则,人才培养工作质量提升路径愈发清晰。作为一所拥有 85 年办学历史的高校,江苏科技大学秉承"笃学明德、经世致用"校训,致力于建设国内一流造船大学。针对长期以来大学生素质教育理论与实践存在脱节现象,大学生素质发展不全面;素质培养不能精准落地,培养措施针对性和可操作性不强;素质培养没有形成合力,育人过程环节离散等一系列问题,自 2010 年起,学校着手开展关于大学生素质培养的新探索,呼应大学深化改革的主题,全面回应国家人才强国的战略需求,系统回答如何精准实施大学生素质培养的系列问题,不断强化育人能力,把握工作中的"切入点""着力点"和"创新点",不断激发人才培养工作"兴奋点"。

理论研究丰富深入,素质培养精准落地

江苏科技大学专门成立大学生核心素质培养研究团队,立足于学校人才培养工作实践。在研究 1000 多篇文献、调研 100 多家船舶企业与近万名毕业生的基础上,研究团队提炼出大学生应具备的六大核心素质,并依据素质功能定位和相互关系创造性地设计了"大学生核心素质全人模型",阐释了大学生全面发展和人才培养工作的内容;紧密围绕学校的发展定位,以学校长期办学形成的"船魂"精神为主线,逐步形成了"系统化、精准化、特质化"的行业特色型高校素质教育"三化"模式理论,科学制定 38 个学校教育重点和 33 个学生自我养成要点,明确了在素质培养过程中的学校教育路径与学生自我养成路径,建立起教育教学过程与六大核心素质主要内容对应关系,实现教育引导与实践养成有效对接,素质培养精准落地;创设了"育人生态场浸润理论",从宏观视域着眼,围绕素质教育落地的体制机制进行勾画;成立 6 个研究小组,深入系统地研究六大核心素质评价观测点和素质教育评价体系级评价方法,创新大学生素质培养模式,力图从理念、实践、制度三个层面反映高素质人才的培养过程,实现理论指导下的实践探索和实践基础上的理论创新。研究团队已出版《基于需求导向的大学生核心素质培养研究》《大学生核心素质报告书制度研究》《大学生核心素质教育理论建构与绩效评价研究》等专著 8 部、教材 8 部,在《中国高等教育》等核心期刊发表论文 20 余篇;研究团队完成的"行业特色

型高校大学生素质教育'三化'模式探索与实践"荣获2017年江苏省教学成果奖一等奖。

制度实践稳步推进,"三全育人"格局奠定

围绕全员、全程、全方位"三全育人"格局,江苏科技大学深入实践大学生核心素质报告书制度,全面提高人才培养质量。2014年以来,学校通过完善教育教学协同机制,着力构建了以核心素质提升、教育教学融合、就业质量管理体系、教育管理品牌培育和辅导员专业化职业化为主要内容的人才培养工作五大体系,形成育人合力。学校以点面结合的方式,在文明修身、诚信做人、读书明德、创新创业、和谐心理、感恩励志等方面提出素质教育六大工程,促使学生全面发展。围绕精英人才培养需求,积极探索拔尖人才培养新途径,创建了深蓝学院。学校实行"1234新生转型教育模式",即彰显一个特色——彰显各学院学科或专业特色;围绕两个重点——做人、成才;培养三个认同——专业认同、学校认同、行业认同;实现四个工作目标——思想认识转型、学习模式转型、促进身心和谐、增强专业学习兴趣。自2017年起,江苏科技大学人才培养模式改革进入快车道。学校先后出台《关于全面提升本科人才培养质量的若干意见》《江苏科技大学诚信记录管理办法》等一系列文件。学校严格遵循"学生中心、产出导向、持续改进"理念,构建了人才培养质量保证体系。以现代大学人才培养组织模式变革为主线,研究国内外高校学科体系、教学体系、教材体系以及管理体系等建设经验与改革成果,根据学校办学定位和人才培养总目标给出顶层设计要点、大类招生培养、政产学研合作、培养工作信息化考核等10项具体建议,形成了契合学校实际的人才培养工作建议报告。同时,积极宣传推广学校人才培养创新性举措、育人理念和人才培养体制机制改革经验。

学生素质明显提高,立德树人谱新华章

学校将素质教育真正置于育人生态场中,使其作为有机运行系统贯彻落实到教育教学过程中,每一步都有精准的评价、监测与反馈环节,努力做到将课内与课外、教育与教学、学校与行业、内化与外化相结合,将转型教育、通识教育、专业教育、实习实践融为一体,让学生在4年的学业生涯中了解行业、感知行业、熟悉行业、热爱行业,涵养学生特质,促进学生全面发展,真正推动了大学素质教育实践的

创新发展。大学生素质培养的新探索有力支撑了人才培养质量,学生素质明显提高:在全国大学生"挑战杯"竞赛中,学校学生两捧"优胜杯",跻身全国前 20 强;连续举办十二届船舶与海洋工程设计大赛,获全国大学生船舶与海洋工程设计大赛特等奖 2 项;创设内燃机设计与拆装技能大赛,覆盖省内外 30 余所高校,成为大学生科技创新品牌活动。该校毕业生就业率连续 5 年保持 98%以上。毕业生有着强烈的兴船报国情怀和扎根行业意识,5 年来有近万名毕业生投身船舶行业和海洋、国防事业,占毕业生总数的 47.5%。他们从江苏科技大学扬帆起航,心怀报国志向,积极投身船舶行业和海洋、国防事业,在祖国的碧海深蓝坚定地刻下了"江科大"印记。

作为一所行业特色型高校,江苏科技大学用丰富深入的理论研究回答船海类高校"为谁培养人""培养什么样的人""如何培养人"这三个重大问题。改革创新是时代发展的不竭动力,更是高等教育发展的时代主题。面对新阶段、新形势下人才需求的重大转变,江苏科技大学将深化人才培养模式改革创新,致力于人才培养工作的推陈出新和良性发展,在组织领导、机制体制、平台搭建、实施试点等方面继续进行深度探索,全面落实立德树人根本任务,努力谱写高等教育工作新华章。

(原载于《新华日报》,2019 年 3 月 8 日)

案例 2:三级监管保障质量 "双重闭环"夯实基础

江苏科技大学高度重视质量保障体系建设,明晰人才培养目标定位和各教学环节质量标准,建立高效运行的教学质量监督机制,有计划、有实施、有评估、有反馈、有改进,有力保证了人才培养目标和教育教学发展规划目标的实现。

高度重视,明晰目标定位和质量标准

学校高度重视质量保障体系建设,明晰人才培养目标定位和各教学环节质量标准,建立高效运行的教学质量监督机制,有力保证人才培养目标和教育教学发展规划目标的实现。实施"决策—计划—实施—评估—反馈—改进"的闭环质量保障模式,实行"人才培养目标及培养方案的制定、培养计划的实施、培养质量评估、培养工作持续改进与优化"四步联动的闭环工作机制,有效促进了"教学运行系统、教学建设系统、管理服务系统"工作效能的发挥,使教育教学工作得以持续改进,人才

培养质量得到不断提升(见图1)。

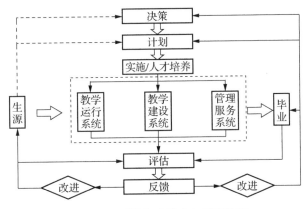

图1　学校质量保障模式与保障体系

三级监管,实施校院两级教学督导检查制度

学校建有完善的校、院、系三级质量监管组织。校长、分管教学副校长、学术委员会、教学工作委员会、学位评定委员会及教务处、评估处、校教学督导专家组等组成校级质量监管组织,院长、分管教学副院长、院学术分委员会、院教学工作分委员会、院学位评定分委员会、院教学督导专家组、教务管理办公室等组成院级质量监管组织,系(教研室)和实验中心主任及各本科专业负责人履行基层教学组织的质量监管职能(见图2)。学校实行教学质量校长、院长负责制,建有完善的教学指导、审查与决策制度,实施校、院两级教学督导检查制度,落实教学意见信息反馈与工作整改制度。学校各项教学管理规章制度不断完善健全,《江苏科技大学师德公约及实施细则》《江苏科技大学本科教学各主要教学环节质量标准》《江苏科技大学教学工作基本规程》《江苏科技大学教师本科教学工作合格标准及实施办法》《江苏科技大学本科教学督导工作条例》等一系列制度文件的严格执行,为构建高效、有力的全方位、多层次教学质量监控运行系统奠定了坚实基础。

及时整改,持续改进教育教学和培养工作

学校高度重视教学反馈问题的整改落实。教学督导专家组将随堂听课、教学资料检查、走访调研中发现的问题和改进建议及时向学院或有关部门反馈。学校

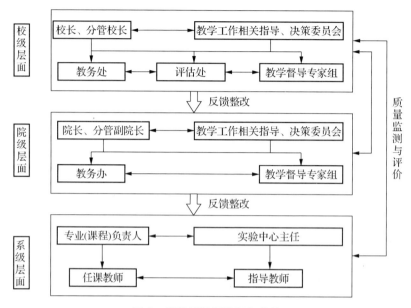

图 2 学校质量保障组织结构

教学质量主管部门每学期常规化地组织开展全校性学生评教活动,并将评教结果信息及时反馈给相关学院和教师。对期中教学检查中发现的典型性问题,质管部门通过学校办公自动化系统(OA)进行书面反馈督办,并密切跟踪督办整改情况。学校要求专业负责人定期组织团队骨干教师面向本专业各年级学生深入开展教学和培养质量调查活动,及时收集多方面反馈信息,持续改进教育教学和培养工作。学校还委托具有公信力的社会第三方调查机构对毕业生培养质量、就业质量进行跟踪调查,并形成咨询报告,直接为各有关方面掌握情况、持续改进提供重要参考。

结果导向,强化教学目标责任考核结果运用

学校坚持开展教师教学工作业绩和学院教学工作年度考核。每学年末从教学效果、教学改革与建设、教学工作量三个方面对专任教师进行全面考评,考评结果分设五个等级,并设置名额比例限制,直接与教师的评奖评优、职务晋升等挂钩。学校明确规定学生评教在本学院排名后50%的教师,年度业绩考核不得评为良好及以上等级。对学院开展教学工作年度考核是学校强化二级单位办学主体责任意识的重要手段,针对教学改革与建设、教学效果形成要素、培养质量等多项指标项目,结合重点工作任务完成情况进行总体评价。评价结果作为学院专项奖励基金

分配的主要依据。

（原载于江苏科技大学信息公开网，2019年12月25日）

案例3：内涵发展突出主线 "三大特色"筑牢根基

作为行业特色型大学，为行业培养人才、服务行业发展、服务国家战略，是江苏科技大学肩负的历史使命，是学校的立校之本。近些年，学校在学科发展、人才培养、科技创新、队伍建设等方面亮点纷呈：获批8个国家一流本科专业建设点；工程学、材料科学、化学学科进入ESI全球排名前1%，ESI最新热点论文数量排全国高校第38位；新增2个博士后科研流动站，参研项目获国家科技进步特等奖1项，获中国专利银奖1项，专利转让位列全国高校专利转让排行榜第23位；2020软科中国大学排名位列第142位，在江苏省2019年度地方普通高校综合考核中被评定为"第一等次"。面对一流大学、一流学科和一流专业、一流课程建设的高等教育发展大势，以及新冠肺炎疫情所带来的线上线下教育变革，学校树立发展信心，坚持办学定力，强化办学特色，进位争先，以"等不起"的发展紧迫感全力推进学校高质量发展。

锁定目标，坚持特色发展不动摇

长期以来，江苏科技大学坚持特色发展之路，形成了"船舶、海洋、蚕桑"三大鲜明的办学特色，船舶、蚕桑在业内有着举足轻重的地位。"船舶"特色主要体现在学科专业设置最为齐全、行业系统内毕业生最多、服务船舶行业的定位始终坚持不变。作为中国船舶及配套工业最主要的人才培养基地之一，学校将持续保持船舶相关学科专业多、整体优势强、培养人才多等特色优势，还要努力做到行业技术贡献度大，逐步从支撑行业发展上升到引领行业发展。"海洋"特色主要体现在海洋工程装备、海洋信息感知等方面聚力作为，形成自己的特色。学校将抢抓"海洋强国"战略，立足海洋，围绕国家重大项目和重大工程，跟踪行业需求，重点研发行业急需的国内外领先技术，助力国家海洋强国、江苏海洋强省建设。"蚕桑"特色主要体现在蚕桑种质资源的培育开发、推广应用方面，保存有世界最为完整的蚕桑种质资源库。作为蚕桑科技的国家基地，学校将进一步强化蚕桑种质资源培育开发推广应用领先地位，加大蚕桑人才培养力度，扩展生命健康产业，为学校蚕桑特色注入新的内涵。学校将坚定特色发展的办学自信，做优做特，做深做精，坚信做到极致就是一流。

开工蓄势,提振发展精气神

学校综合办学实力不断增强,社会影响不断扩大,"船舶、海洋、蚕桑"特色进一步彰显,全体师生对学校发展充满期待和信心。面对区位、学科平台和资源投入上的优势不足,学校以制度设计为牵引,着力提振全校师生的"精、气、神",激发潜力潜能,让岗位成就事业,让干部担当作为,推动学校内部治理水平的提升。一是启动职员制改革,突出分类聘用,分类评价,加强制度建设。深入推进岗位设置与聘用管理工作,明确各类人员聘期岗位基本职责与关键绩效指标,探索建立更加完善的岗位聘用与绩效考核联动机制;深入推进人事分配制度改革,建立健全符合各类岗位定位与特色的评价体系和薪酬分配体系;深入推进职称评聘制度改革工作,探索专业技术职务直接认定办法,形成设置合理、评价科学、管理规范、人尽其才、适应发展的职称评价制度体系。二是重视青年教师培养,突出成果,强化考核,优化人才发展环境。深入实施"深蓝人才工程",重点支持有潜力的青年教师脱颖而出,着力打造高端人才后备力量;以团队为依托,完善优秀教师"传帮带"团队协作机制,帮助青年教师快速成长;探索青年教师工程和科研能力提升新途径。三是强化重点工作四项机制。实施目标考核机制、重点工作督查机制、问责机制和首问负责机制等四项机制,确保年度重点工作落实。通过不断完善治理结构,深化综合改革,注重各类改革之间的联系和衔接,打造精干高效的校院两级管理机关,优化机构设置。

向心运动,抢抓发展机遇

今年是"十四五"规划的谋划之年,学校从新一代技术革命、高等教育改革发展、"船舶、海洋、蚕桑"产业发展以及新冠肺炎疫情对社会经济管理和经济产业的影响等外部环境的深入分析中结合实际,抢抓一切可能的机遇,高起点谋划学校"十四五"规划,快速提升学校办学综合实力。长期以来,学校充分发挥根植船舶行业的优势,与船舶行业深化人才培养协同,毕业生扎根船舶行业和海洋、国防事业,涌现出国产航母、核潜艇、大型驱逐舰、LNG船、豪华客滚船、豪华邮轮、极地科考船、极地邮轮总建造师、总工艺师等行业精英;中国船舶集团企业中江苏科技大学的校友最多、最接地气,江苏省地方船舶企业三分之一以上的技术管理人员是江苏科技大学毕业生。人才培养质量得到行业高度认可,造就了一大批彰显"吃得了苦、扎得下根、聚得齐心、干得成事"江科大特质的优秀校友。2020年是新中国第一所造船中等专业学校——上海船舶工业学校西迁镇江办学50周年,又是学校新校区搬迁启用的"喜迁"之年。学校党委将坚持社会主义办学方向,始终坚持和完善党委对学校工作的领导,积极推进党建创新,切实履行全面从严治党的使命担当;将紧紧围绕"立德树人"这一根本任务,紧扣建设"国内一流造船大学"战略目标,通过"育海器、铸船魂"激发学生兴船报国意识,为国家海洋强国战略实施培养高素质应用型人才;通过健全完善科学民主决策制度体系,坚持走与行业区域融合发展之路,探索校城融合发展、校地联动发展的新模式,深度融入地方创新体系,全力书写学校事业高质量发展的新篇章。

(原载于《新华日报》,2020年6月5日)

案例4:思政聚合同向同行 "三个依托"协同育人

构建多方协同育人的新格局是高校学生公寓协同管理服务育人的时代要求。为全面落实立德树人根本任务,江苏科技大学在学校层面汇聚各教育教学资源与力量,形成了以大学生核心素质报告书制度为核心的平台与抓手,搭建了具有自身特色的协同育人生态场机制的思政聚合体系。在此背景下,我们结合高校学生公寓工作实际,强化学生公寓管理服务系统的协同育人功能,推动高校学生公寓育人功能的创造性转化和创新性发展。

功能体现与平台搭建

江苏科技大学学生公寓管理服务工作借助信息化的管理服务方式,积极协同配合学校的思政聚合体系建设。学生公寓管理服务工作体现以下三方面协同育人功能:一是价值搜寻。在协同育人的实践过程中,要充分发掘各协同子系统在育人过程中的价值和功能,就需要协同的价值搜寻功能,真正掌握和发挥各群体、各岗位的功能和潜力。二是统筹落实。思想政治教育是一个涉及教学、管理、后勤保障等的系统工程,学生公寓育人功能的设计与实施需要学校统筹推进、明确职责和大力支持。三是创新发展。协同育人立足于满足社会发展现实,以学生教育为着眼点,唯有不断创新育人方式方法,深入发掘育人内涵,才能在新时代的社会发展变迁中通过协同机制创新育人发展方式。基于以上育人功能，我们依托以下三大常规性工作开展协同育人实践。一是文明共建工作，做好与职能部门的交流沟通和数据汇总反馈等工作对接。主要做好每周两次寝室安全卫生检查和年度学工宿舍管理考核工作，对各学院的全年脏乱差宿舍、违章电器使用宿舍、文明寝室表彰宿舍、百佳寝室表彰宿舍等数据进行监测，推动学生宿舍管理和文明共建。重视师生沟通、信息管理和网络舆情工作，以获得师生的理解和支持。二是安全管理工作，通过风险源防控方案，落实公寓"八个一"安全管理制度。同职工签订安全责任合同，组织开展安全技能培训、安全知识考试和消防演练等，配合学校职能部门做好对学生公寓的安全检查工作。三是重点保障工作，认真组织协调学校毕业生文明离校工作。主要做好文明离校宣传、宿舍家具核查、钥匙退宿办理、房间清理和维修、本科生行李托运、考取学校研究生行李寄存、办理缓考学生集中入住、办理暑期留校学生入住等工作。有效挖掘住宿资源，提前做好搬迁学生住宿名单汇总核对，完成学生宿舍校区搬迁工作。通过对新生床位预分配、新生寝室的准备等工作，完成新生接待任务。

实践机制与功能发挥

江苏科技大学学生公寓管理服务工作借助信息化管理方式，围绕大学生核心素质报告书制度所明确的各项学生住宿参数指标，积极协同配合学校的思政聚合行动。信息化管理系统是实现学生公寓育人功能的主要平台和载体。公寓管理系统面向学校提供学生住宿资源、住宿安全监管、卫生常规管理、文明宿舍评审、学生日常生活等基本信息，实现了即时、全方位、全覆盖的管理服务。该系统主要实现了以下功能：一是数字化公寓安全卫生检查功能，通过平板电脑可对寝室的公共卫生、个人卫生、违纪行为进行每周检查，检查结果直接生成并存储，同时上线个人卫生成绩查询，支持学院和学生个人不同纬度的查询功能；二是学生公寓信息查询功能，系统支持面向师生以手机提供便捷查询服务，例如查询统计、预分配、入住、调换、卫生评比、安全检查等，有效地为学生提供优质查询服务，为学校提供全面可靠信息管理咨询服务；三是学生公寓管理服务功能，能够实现自动统计、自动分配等诸多管理功能，系统还为学生提供了多项公寓管理服务功能，例如假期留宿、退宿、换宿等申请，待学生发起流程再由学院负责人审核后就可以由公寓管理部门落实执行；四是学工管理数据支撑功能，学生公寓工作人员可以将相关学院学工人员的姓名和所在学院输入系统，将会得到学工姓名、进入学生楼栋时间、离开时间、操作人员、操作时间等信息,从而为学校职能部门考评学工宿舍管理提供详实的信息资源;五是安全管理功能,学校目前引进的是无障碍通道监控联动管理系统,通过与学校安保部门联网共建共享,较为有效地解决了学生宿舍安全疏散、住宿信息查询监控、安全管理强化等问题;六是数据融合功能,主要体现在管理服务工作中,注重数据化建设,将具体工作纳入学校常规管理触角范围之内。公寓中心利用贴近学生、服务学生、管理学生的便利,充分运用统计性的搜索、比较、聚类、分类等分析归纳方法及支持度、可信度、兴趣度等参数研究大数据背后的相关性,找出事关大学生公寓工作的各项数据里隐藏的关系网,以此提升管理服务的科学化、程序化、专业化和职能化。

实施成效与功能拓展

着力增强学生公寓信息管理系统的育人功能模块建设是推进学生公寓管理创新的价值旨归和主体工作。新时代拓展学生公寓管理服务的核心问题在于如何聚焦思想政治教育功能。一是积极适应变化,发挥平台作用。学校将后勤服务提供入口由原来的窗口、电话、电脑延伸到了手机之上,重点打造移动端——"江科大微后勤"微信公众号,聚合后勤面向师生服务的系统,让师生随时随地享受后勤信息服务;由传统学生公寓管理工作被动迎合师生诉求,到构建智慧公寓系统,师生可以随时随地享受优质服务,实现了服务体验的转变。"江科大微后勤"上线以来,师生关注及注册数已达 1 万有余,学校近 60% 的师生已经入驻其中。二是搭建信息平台,构建智慧公寓。学校学生公寓管理服务中心依托后勤集团信息化平台,结合管理机制的调整和优化,采用信息化的手段改进内部管理,注重系统性服务效能的提升,实现了公寓管理的信息化业态转型,并在这一过程中主动融入协同育人功能,实现了"技术+制度+过程"的融合创新。三是信息联动,资源共享。学生宿舍管理在实现信息化后,加强了公寓中心和院部、学工等职能部门的数据资源共享,各类信息查询、处理更为方便、及时、透明,同时学生公寓管理服务工作也简化了部分程序,提高了工作效率。

(原载于《高校后勤研究》,2020 年 S1)

第十篇 党建思政创新与实践

综述

　　习近平总书记曾指出,做好高校思想政治工作,要"因事而化,因时而进,因势而新"。近年来,国内外形势瞬息万变,高校教育体制机制改革、育人模式不断深化,同时学生生源多元化还带来思想和观念的多元、多样化。世情、国情、党情、校情的深刻变化,为高校党建思政工作带来新问题、新挑战。一是部分二级党组织负责人"主责、主业、主角"意识不深刻;二是党务工作队伍职业化、专业化水平有待提升;三是基层党支部工作缺乏创新性,群众工作方法探索缺乏主动性,工作易陷入被动;四是部分学生理想信念不够坚定……以上问题对高校党建思政工作提出了更高要求。创新高校党建思政工作,促进高等教育高质量、内涵式发展,提升人才培养质量和服务社会经济发展能力,具有重要的现实意义。

　　江苏科技大学高度关注高校党建思政教育的理论、现实问题,结合学校、学生实际,坚持问题导向、目标引领,创新体制机制,改进工作方式,在加强、改进党建思政工作方面进行了有益的探索。

　　五拳组合,建强核心。校党委对学校工作实行全面领导,承担管党治党、办学治校主体责任,把方向、带队伍、作决策、保落实、管大局是领导核心的具体体现。五套组合拳,确保领导核心落细落实:打好政治建设组合拳,把好方向;打好理论武装组合拳,带好队伍;打好服务师生组合拳,作好决策;打好党建责任落实组合拳,确保落实;打好统战群团组合拳,管好大局。

　　四轮齐驱,筑牢堡垒。基层党组织尤其是党支部是党的全部工作和战斗力的基础。针对基层党组织活动单一、活力欠缺等不足,以培育、强塑党建品牌为突破,通过提升认知、切准行为发力点、落实行动、加大宣传等四项举措,创新基层党建工作模式,使得基层党组织活力、活动成效辐射力和组织影响力得以增强、提升,最终提升基层党组织的整体战斗力。

三位一体,模范带动。党员的先锋模范作用体现在学校人才培养、学科建设、科学研究、社会服务、文化建设等各项工作中,党员质量的高低直接关系到学校的改革发展以及进位争先目标的实现程度。学校党委结合学生工作实际,发挥党支部、团支部和班委会三个学生实体的协同作用,构筑党员质量提升新平台,推进党员先锋模范作用充分发挥。

聚合行动,全面育人。注重思想教育与其他各门专业学科的深度融合,明晰课程思政实施过程中学校、专业、具体课程不同层面的功能和职责,形成协同育人的新模式,真正实现全员、全过程、全课程育人的大格局。

党建领航,夯实学风。针对学生学习目标模糊、动力缺失等问题,学校积极探索党建与学风建设融合发展路径,充分发挥党支部战斗力、凝聚力,形成实际且有效举措,如帮助新生顺利转型的朋辈教育、帮助学生积极悦纳自我的分类体验和指导、帮助学生提升学习的学困帮扶等,培养出有党性、有使命担当的社会主义建设者和接班人。

探索实践

五拳组合　建强核心

一、打好政治建设组合拳,把好方向

突出政治建设。认真贯彻执行党的政治路线,深入学习贯彻习近平新时代中国特色社会主义思想和党的十九届四中全会精神,不断增强"四个意识",坚定"四个自信",坚决做到"两个维护"。学校党委常委会会议第一时间传达中央、省委会议和工作精神,不断加强办学治校能力建设,确保上级决策部署在学校落地落实落细。认真贯彻执行党委领导下的校长负责制,修订学校党委全委会、常委会、校长办公会议事规则,严格执行"三重一大"议事决策制度。对校区办学功能定位等事关学校发展全局的重大决策,深入调研,充分听取意见,校长办公会讨论、党委常

会会议审议后,提交党委全委会决策,确保讨论决策过程成为凝聚共识、统一思想的过程。

严肃党内政治生活。推进"三会一课"、民主评议党员等制度规范落实。党委领导班子成员认真执行双重组织生活制度,高质量开好专题民主生活会和组织生活会。各二级党组织、基层党支部按照要求规范开展专题民主生活会和组织生活会。有效落实谈心谈话制度,认真执行《学校领导班子谈心谈话制度》,班子成员之间定期谈心谈话,全年有记录的谈心谈话达80多次。

全面加强干部队伍建设。出台《江苏科技大学处级党政领导干部选拔任用工作办法》,突出政治标准,精准考察干部政治表现,将对党忠诚、对事业负责、对师生贴心的好干部选拔出来,使用起来。紧扣学校进位争先目标、聚焦推进学校高质量发展,针对干部的知识空白、经验盲区和能力弱项,为全体干部量身打造"培训套餐",主题既"上天入地"又"顶天立地",培训内容涉及科学研究前沿动态、学校高质量发展、高水平人才队伍建设、十四五规划、文化建设、学科建设等,既有理论高度也有实践深度。邀请院士、知名专家为全体处科级干部、民主党派负责人等开展专题讲座,确保干部培训工作全覆盖,努力造就一支忠诚干净担当的高素质干部队伍,适应新时代高质量发展的新任务和新要求。

二、打好服务师生组合拳,作好决策

践行"以师生为中心"的理念,为广大师生的发展提供人生出彩的机会,做好服务保障工作,使广大师生的发展与学校发展同向同行,为学校事业发展提供政治保障。学校党委注重基层调研,倾听一线师生意见建议,为师生办实事解难题,让广大师生实实在在看到"以师生为中心"理念落地成效。

认真落实好教代会提案。切实做好教代会提案工作,重点督办师生特别关注的事项,近两年还就重点涉及人事制度、教学科研、新校区建设、医疗福利等方面的提案进行立案。提高了教职工待遇福利,增加了教职工体检项目,实现了体检全员覆盖;东校区电力扩容及改造、图书馆和食堂开放时间延长等一系列师生关注度高的问题都得到解决。

学校党委强力推进"民生工程",落实"师生办事最多跑一次"工作要求,在新校区建设、服务环境与服务水平提质升级、管理流程优化等方面持续发力,不断增强全校师生员工的获得感、幸福感、归属感,激发广大师生爱校情怀,从而更加紧密地团结在党的周围,凝聚在学校进位争先目标之下,为学校的高质量发展努力奋斗。

三、打好理论武装组合拳,带好队伍

建立集体学习领学研讨机制。学校党委建立"第一议题"学习制度,规范党委常委会会议议题顺序,凡研究重要问题和重点工作,首先传达学习习近平总书记有关重要论述特别是最新讲话和指示批示精神,然后开展问题讨论,进行决策。

规范全校各级理论学习。首先规范党委中心组学习,对学习流程进行规范,明确班子成员在集中学习中要轮流领学,分专题重点发言,其他班子成员结合分管工作谈思考,党委书记进行总结、点评。严格执行党支部、教职工集中学习制度,将每学期第3,7,11,15周周四下午统一安排为政治理论集中学习时间,规范学习方式,建立常态化督查及定期通报机制。

落实意识形态工作责任制。持续健全制度,出台新闻宣传工作管理办法、"二微一端"管理暂行办法,严格执行意识形态工作责任制实施细则等制度,推动意识形态工作责任制全面落实。党委常委会会议每学期专题研判意识形态工作,每季度上报分析研判报告,党务工作例会布置检查意识形态责任制落实情况,牢牢掌握意识形态领域领导权和主动权。加强意识形态工作队伍建设,邀请校内外专家开展多场意识形态专题报告;围绕网络信息采集、宣传教育、舆论引导等内容对全校信息员、舆情员、辅导员、思政理论课教师等进行培训,打造一支素质优、能力强的工作队伍。筑牢意识形态工作阵地,强化对各类宣传阵地及微博、微信、手机客户端的管理,加强网上网下舆情监管导控;成立马克思主义理论研究和建设工程重点教材统一使用领导小组,严把教材选用审核关口。强化意识形态工作监督检查和追责问责,实施意识形态工作问责"一票否决制",每半年开展1次专项督导,对主体责任履行不到位、不得力党组织和领导干部追责并督促整改。

四、打好党建责任落实组合拳,确保落实

党建工作与中心工作同部署、同推进、同落实。压实党建工作任务,每学期召开全委扩大会议,全校教职工参加会议。学期初明确党建工作主要任务,列出全年工作任务。每月定期召开党务工作例会,做到月度部署落实党建工作,交流党建经验,提升基层党建工作质量。落实党建重点项目,学校党委书记领衔"书记项目",

二级党组织书记就学校、学院发展的重难点问题申报"书记项目",加强党支部品牌化建设。发挥党建引领作用,将支部建在系上,融合支部、个人、组织的发展,将支部变成团队。

强化履行党建工作责任。一是形成齐抓共管机制。坚持做好党委班子党建工作述职评议制度,向省委教育工委进行年度述职。班子成员履行好"一岗双责",做到定期研究、布置、检查和报告分管范围内的党建和党风廉政建设工作,加强风险防控;抓好二级党组织党建工作责任述职评议,做到述职全覆盖。二是完善党建考核评价办法。全面修订基层党组织党建工作考核办法,把党建考核与班子考核结果挂钩,实行末位问责。

强化党务工作队伍建设。常态化集中开展对党务工作者、二级党组织书记、支部书记能力培训,通过专家授课、优秀基层党组织书记经验交流等方式,加强党务工作者特别是基层党组织书记的履职能力。建立完善常态化激励关爱帮扶机制,落实待遇政策,积极培养树立先进典型。探索建立组织部门和基层党组织书记沟通机制,及时掌握基层党务工作队伍思想动态,帮助他们解决工作生活中遇到的困难,激励他们勤奋工作。加强"双带头人"培养,切实发挥支部书记的引领示范作用,增强支部书记集体荣誉感、归属感、奉献精神。

五、打好统战群团组合拳,管好大局

坚持统战工作"四个纳入"。统战工作列入学校党政工作要点,统战工作成效列入年度综合考核指标,党的统战理论纳入学校党校的教学内容,获全省高校统战工作理论、实践创新成果各1项;出台《二级党组织统战工作职责规定》等文件,加强统战工作宣传。加强对民主党派和统战团体的政治领导。学校制定或修订《关于加强新形势下党外代表人士队伍建设的实施意见》等3项规定。配齐配强统战干部队伍。学校党委设置党委统战部,二级党组织统战委员、统战员配备齐全,形成了一支素质较高、专兼结合的统战工作队伍。

充分发挥群团组织作用。一是发挥教代会作用。定期组织召开校教代会及各二级单位教代会,进一步加强民主建设。二是大力支持工会工作。每月党务工作例会听取工会工作汇报,研究需要解决的问题;积极支持工会开展各类文体活动。三是坚持"党建带团建"。积极推进共青团工作,基层团组织建设不断加强;切实推动和加强学校共青团工作改革,学校设团委书记1人、专职副书记2人、挂职副书团结在党的周围,凝聚在学校进位争先目标之下,为学校的高质量发展努力奋斗。

三、打好理论武装组合拳,带好队伍

建立集体学习领学研讨机制。学校党委建立"第一议题"学习制度,规范党委常委会会议议题顺序,凡研究重要问题和重点工作,首先传达学习习近平总书记有关重要论述特别是最新讲话和指示批示精神,然后开展问题讨论,进行决策。

规范全校各级理论学习。首先规范党委中心组学习,对学习流程进行规范,明确班子成员在集中学习中要轮流领学,分专题重点发言,其他班子成员结合分管工作谈思考,党委书记进行总结、点评。严格执行党支部、教职工集中学习制度,将每学期第3,7,11,15周周四下午统一安排为政治理论集中学习时间,规范学习方式,建立常态化督查及定期通报机制。

落实意识形态工作责任制。持续健全制度,出台新闻宣传工作管理办法、"二微一端"管理暂行办法,严格执行意识形态工作责任制实施细则等制度,推动意识形态工作责任制全面落实。党委常委会会议每学期专题研判意识形态工作,每季度上报分析研判报告,党务工作例会布置检查意识形态责任制落实情况,牢牢掌握意识形态领域领导权和主动权。加强意识形态工作队伍建设,邀请校内外专家开展多场意识形态专题报告;围绕网络信息采集、宣传教育、舆论引导等内容对全校信息员、舆情员、辅导员、思政理论课教师等进行培训,打造一支素质优、能力强的工作队伍。筑牢意识形态工作阵地,强化对各类宣传阵地及微博、微信、手机客户端的管理,加强网上网下舆情监管导控;成立马克思主义理论研究和建设工程重点教材统一使用领导小组,严把教材选用审核关口。强化意识形态工作监督检查和追责问责,实施意识形态工作问责"一票否决制",每半年开展1次专项督导,对主体责任履行不到位、不得力党组织和领导干部追责并督促整改。

四、打好党建责任落实组合拳,确保落实

党建工作与中心工作同部署、同推进、同落实。压实党建工作任务,每学期召开全委扩大会议,全校教职工参加会议。学期初明确党建工作主要任务,列出全年工作任务。每月定期召开党务工作例会,做到月度部署落实党建工作,交流党建经验,提升基层党建工作质量。落实党建重点项目,学校党委书记领衔"书记项目",

二级党组织书记就学校、学院发展的重难点问题申报"书记项目",加强党支部品牌化建设。发挥党建引领作用,将支部建在系上,融合支部、个人、组织的发展,将支部变成团队。

强化履行党建工作责任。一是形成齐抓共管机制。坚持做好党委班子党建工作述职评议制度,向省委教育工委进行年度述职。班子成员履行好"一岗双责",做到定期研究、布置、检查和报告分管范围内的党建和党风廉政建设工作,加强风险防控;抓好二级党组织党建工作责任述职评议,做到述职全覆盖。二是完善党建考核评价办法。全面修订基层党组织党建工作考核办法,把党建考核与班子考核结果挂钩,实行末位问责。

强化党务工作队伍建设。常态化集中开展对党务工作者、二级党组织书记、支部书记能力培训,通过专家授课、优秀基层党组织书记经验交流等方式,加强党务工作者特别是基层党组织书记的履职能力。建立完善常态化激励关爱帮扶机制,落实待遇政策,积极培养树立先进典型。探索建立组织部门和基层党组织书记沟通机制,及时掌握基层党务工作队伍思想动态,帮助他们解决工作生活中遇到的困难,激励他们勤奋工作。加强"双带头人"培养,切实发挥支部书记的引领示范作用,增强支部书记集体荣誉感、归属感、奉献精神。

五、打好统战群团组合拳,管好大局

坚持统战工作"四个纳入"。统战工作列入学校党政工作要点,统战工作成效列入年度综合考核指标,党的统战理论纳入学校党校的教学内容,获全省高校统战工作理论、实践创新成果各1项;出台《二级党组织统战工作职责规定》等文件,加强统战工作宣传。加强对民主党派和统战团体的政治领导。学校制定或修订《关于加强新形势下党外代表人士队伍建设的实施意见》等3项规定。配齐配强统战干部队伍。学校党委设置党委统战部,二级党组织统战委员、统战员配备齐全,形成了一支素质较高、专兼结合的统战工作队伍。

充分发挥群团组织作用。一是发挥教代会作用。定期组织召开校教代会及各二级单位教代会,进一步加强民主建设。二是大力支持工会工作。每月党务工作例会听取工会工作汇报,研究需要解决的问题;积极支持工会开展各类文体活动。三是坚持"党建带团建"。积极推进共青团工作,基层团组织建设不断加强;切实推动和加强学校共青团工作改革,学校设团委书记1人、专职副书记2人、挂职副书记1人、兼职副书记2人;坚持学生会活动开展的学院党委和校团委双申报制度,规范校院两级学生会活动管理。

(程荣晖　葛春娱)

四轮齐驱　筑牢堡垒

政策措施落实到位并得到基层群众认可,进而使群众产生切实的获得感与幸福感,是我们党创新治理、提升影响力与组织力的首要目标,也是维系、发展、巩固群众基础的必要保障。这不仅涉及党员干部的执行力,还关乎群众的认可度与配合度,单方面强调落实引导与治理行为而忽略对群众的宣传和示范,往往容易事倍功半,甚至事与愿违。因此,如何充分发挥基层党建的"强磁场"效应,使其成为辐射带动、示范引领的首要阵地,是创新基层治理的难点之一。抓党建、塑品牌,借力品牌在"产品"与"消费者"间的特殊关联效应,可有效激活基层党组织的神经末梢,高效落实党的基本路线方针,进一步提升我们党在人民群众中的地位,强化自我凝聚力与号召力。

一、培育党建品牌的价值所在

(一) 创新基层党建工作模式,改善治理效果

基层党建工作繁琐且具体,往往需要针对所在地区的特有情况或现实问题有针对性地开展工作,能否抓住主要矛盾、切中要害,将直接影响党建工作的效率与效果。过分依赖固有的传统模式或照抄照搬他人先进经验并不一定能达到预期效果,与现实情况相背离的引导理念甚至可能招致群众反感而不被群众认同,出现越引导越混乱、越治理越低效的怪异现象,干群关系更是一落千丈、冲突不断。这就需要结合社会发展趋势和区域群众特点,立足现实问题去创新思维,创造与新问题、新情况相契合的引导模式。而借力品牌建设集中且明确地宣传基层党组织的工作理念、工作模式和关注焦点,所实现的正是理论认知与行为创新的有机结合。将先进的引导理念转化为可操作的行动方案和系统规划,不仅可以对群众所关注的难点、热点问题进行正面"回答",使群众真实感受到基层党组织的服务和以人民利益为先的价值取向,更能结合本区域特点整体部署后续工作,引导各部门间相互

配合、通力合作,明确自我的职责范围和服务内容。在聚焦具体问题、切实诉求的前提下,立足群众满意度而总结工作经验、创新工作模式,以品牌建设为抓手,切实推动基层党建创新,既立足眼前实际又追寻时代趋势,既解决问题又构建模式体系,确保自我治理行为更加符合时代发展的要求。

(二) 改进基层党建领导方式,激发工作活力

对于基层干部而言,其头疼和反感的工作方式就是完全丧失自主决策空间的"听话"。面对上级较为统一和宏观的指令政策,若一字不漏地机械传达,容易引致执行力不足;若自我解释空间过大,又担心理解出现偏差而执行有误。而无论采取上述何种行为,又都容易因为执行效果不佳而担责受罚,以致其更愿意以不作为的心态去维系现状,以保障自我的安全、安稳。因此,如何激发基层干部的参与活力和创新激情也就成为亟待解决的现实问题。借力品牌建设要实现的正是指令与执行的统一、指挥与操作的融合。即上级在把控治理意图与发展目标的前提下,给予基层党组织较为灵活的决策权,倡导其在明确上级具体要求、尊重地区现实条件的基础上,以更为具体、系统和独具特色的引导方案和品牌内容瞄准现实问题和具体诉求,以正确、高效、发展的引领措施不断强化党员在党建中的主体地位,更好地适应社会形势变化。这一"自我发挥"空间的理性扩展不仅给予基层党员干部"放手一搏"的底气和动力,具体化、创新性的治理理念更是保障了其在行动过程中的活力与热情,也使得党建工作更具生机。

(三) 优化基层党建资源配置,强化成果辐射力

在当前基层党建工作中,无论是可投入的人力还是可投入的物力都是有限的,很难实现对基层党建工作的全面充分覆盖,所以,如何提升党建资源的使用效率也就直接关系最终的治理效果。传统的过于分散和临时性的治理模式往往是有问题则聚集解决问题,没问题则分散各行其是,很难实现经验及时系统性推广和区域性工作方式创建,行为效率和效力都较为低下,容易在面临突发情况、新问题时陷入被动。强调基层党建工作的品牌建设,正是为了解决党建资源过于分散的状况,借力系统性统筹规划,深度挖掘党建潜力,形成典型性经验,优化基层党组织工作模式,确保将有限资源优先投入关键领域,并通过局部的优秀党建品牌建设进行经验推广,提升类似的邻近地区、相同行业的党建工作效率,使基层党建成果能够形成

辐射效应。在如此高效工作方式下,所节省的党建资源又可投入其他更为薄弱的环节,最终提升整个区域的党建水平。

(四) 扩大基层党组织影响力,提升凝聚力

品牌的独特效用就在于其可以通过宣传充分展示"产品"的效能与价值,进而实现"产品"与"消费者"的深度、紧密关联。基层党建品牌建设也正是希望借力基层党组织治理模式、工作方式、行为取向和服务对象的精准全面展示,使党建工作更具特色和影响力,既动员群众积极参与,又促进党建工作与群众生活紧密联系,进而确保基层群众对我们党和政府有着更为深刻的认知,在情感上信任依赖、行为上配合支持。优质党建工作经验的大力宣传又可对其他相同级别的党组织起到启发与示范效用,最终实现整个党组织凝聚力的显著提升。

二、当前我国基层党组织党建品牌建设存在的问题

(一) 品牌理念肤浅、错误

"党建品牌"的概念在工作中被广泛提及,但客观而言,目前并未产生广泛性、显著性效应,与传统党建工作模式相比,并未充分体现其独有的活力与价值。这主要在于部分基层党员干部甚至上级领导并未将党建品牌建设视为创新性治理活动,无法深入把握党建品牌的效用与作用路径,仍错误且片面地认为,这只是上级所下达的又一项任务,无法联系自我工作。只是意识到区域特性、社会趋势对自我引领、组织行为的新要求,没有真正将品牌理念融入基层党建工作之中,以至于被动地认为,完成党建品牌建设就是表面上"弄几个意识形态领域的课题""提出几个理论上的新概念"即可,完全不考虑其对现实问题、真实诉求的应对情况,更不考察理论成果是否能迅速转化为工作方法,是否具有一定的代表性而可以被小范围推广实践等。可以说,部分领导干部对于品牌概念过于表面化的认知和应付性的心态,引致执行行为的完全错位,既脱离区域特有情况,又忽视实践的可行性,更无从谈及基层群众对基层党建品牌的认知和参与,无法通过品牌创建提升基层党员干部的工作积极性和人民群众的向心力。

(二) 品牌价值低效、单一

基层党建品牌效力的充分发挥不仅决定于干部的执行力和操作力,事实上还

决定于品牌自身的深度与广度。创建基层党建品牌,既要立足现实情况、瞄准具体问题而采取措施、构建方案,同时又必须超越问题本身的局限,结合基层党建工作深挖引导行为的创造性、实践性、发展性和适用性,以便对相似组织、同级部门形成示范启发效应,真正产生辐射效果。一旦只关注于问题本身,就事论事,则容易产生思维局限,不足以称之为品牌创建。在现实工作中,基层党建品牌之所以表现出表面化特性,与其价值内涵偏低且单一不无关系。部分基层干部往往过于注重品牌概念而忽视务实内涵,过于重视眼前工作成效而忽视行为引领示范效应,以致无法在品牌建设过程中放眼本行业、本部门而更具前瞻性、全面性地提炼出底蕴深厚的党建模式与经验,导致一些看似具备一定效果的党建工作往往只能针对某一具体问题,无法有效推广或持续发展延伸,更无法立足于某一领域而实现与经济发展、社会服务等方面的有机结合,最终表现出价值单一化、有限化特性。这势必降低基层党建工作成效,不利于扩大党建品牌的影响力、号召力。

(三)品牌推广局限、被动

极具影响力和号召力的品牌不仅要自身极具价值,还必须被高效宣传而广为人知,否则,在竞争激烈的当下社会,就会出现"好酒也怕巷子深"的局面。当前,在我国基层党建工作中不乏效果出众、行为高效者,但也有一些含金量较高、极富推广价值的基础党建品牌,限于部分干部自身对党建品牌认知的片面性、功利性,并未将其视为提升自我治理效率的新手段,仅局限于海报、广播等传统媒介方式进行纯粹的说教式宣传,既无成效展示,也无经验模式介绍,更无先进性、创新性亮点宣传,导致基层干部群体和人民群众均无法全面知晓优秀党建品牌的价值意义所在,也就难以留下深刻影响。部分干部为"完成任务",在宣传中完全不考虑受众的反馈和特殊性,不分对象、不分情况地照本宣科,只求完成上级的宣传要求而不考虑实际效果。这不仅无法激发群众兴趣,反而容易招致反感,使群众误认为基层干部"唯上不唯下",过分功利化、物质化。

(四)品牌创建功利、形式

过于功利化的心态不仅引致部分基层党员干部将创建党建品牌视为上级下压的任务而完全应付了之,导致行为表面化、单一化,更引致其在构建品牌的过程中只注重形式而忽略实效,将品牌建设等同于面子工程,或是以响亮的口号、虚张声势的做派脱离实际,只求"上级关注",导致党建品牌"昙花一现";或是以达标优先,专心于对考核指标的琢磨而忽视现实情况和切实诉求,导致党建品牌设计不足、考虑不够而"事与愿违";或是急功近利、盲目创新,不顾现实客观条件而"强行推进""全面铺开",导致人力、物力大量浪费。如此心态与行为,也就不可避免地导致党建品牌创建效果不彰。在过度追求眼前利益和私人利益的价值取向下,忽略了党建品牌应有的正向效应,反而导致其成为个人滥用职权的工具。

三、驱动基层党建创新路径的策略方案

(一) 提升思想认知,把握基层党建品牌内涵

党建品牌正向引领与组织效力的充分发挥,既需要专注于品牌建设过程,更需要从思想认知上转变对其表面化、形式化、任务化的认识。基层党员干部必须在认可品牌特殊关联效用的同时,又不局限于其联系与宣传的单一功效,而是充分认识基层党建品牌在具体治理工作中无可替代的切实效用,从而将创建品牌的思路全面贯穿于基层党建的具体工作实践中。首先,充分认识到党建品牌所宣传的不仅是自我的工作方式与具体内容,更是理论联系实际、一切从实际出发的治理理念,还是对外展示本部门、本组织工作特色和价值取向的首要名片,想要得到群众更多的认同和支持,就有必要借力品牌建设而强化影响力和号召力。其次,在党建品牌构建过程中,必须注重以先进典型为标杆,借力良好示范而持续激发基层广大干部的参与激情和创新热情,同时以保障人民利益为根本目标,确保品牌建设的正向性和价值性。这也就必然涉及对制度准则的遵循,即品牌建设必须确保一切行为有法可依,坚决维护和尊重组织规章程序,以保障组织成员对党建品牌的信任度和认可度。再次,强调党建品牌的影响力与号召力,就务必保证一切行为的服务性,要始终将以人民为中心的理念贯彻到党建品牌创建工作中,在强化干群关系的基础上提升基层党组织的引领力与聚合力,如此才能保证党建品牌价值的充分发挥。最后,党建品牌影响力的维系还在于后续认可度的持续提升。这就需要在党建品牌引领下为广大群众呈现出切实可感知的成效成果,以提升人民群众的获得感和幸福感,彰显党建品牌的价值效用,延续其影响力。

(二) 找准行为发力点,突出基层党建亮点

能否立足现实情况,针对具体问题精准发力、进行引导和指挥并取得显著成

效,是基层党建工作的一个关键环节。这既涉及对问题的具体把控,又强调对全面趋势的精准判断。唯有满足党群的现实需求、切实解决突出问题,才能产生先锋模范作用,也只有坚持一切从实际出发,发扬民主精神,认真调研,才能找准切入点,助推基层党建工作。首先,明确基层党建品牌的首要核心就是区域内现实问题、特殊情况的高效创新性解决。唯有立足实际才可能有所建树,唯有首先契合本地实际情况才有特色可言,也才有被推广、被效仿的可能,越是工作中的薄弱点、困难点越应成为党建品牌的亮点。其次,借由对调研工作的强调而确保党建品牌工作可以落到实处,可以转化为具体的工作内容。一旦基层党组织确立了党建品牌的方向,就要以后续细致深入的调研活动来确保干部对本区域、本部门工作特别性、新颖性的深度把握,如此方能确保党建内容的务实性和特色性,进而确定创立党建品牌的具体任务。再次,对党建工作正确定位,不是将其视为对上级布置任务的完成,而是满足工作需要、群众需要的必然之举、创新之举,进而立足本地区群众的具体利益诉求,分门别类地确立党建品牌的具体工作模式,明确品牌的具体定位。最后,领导干部应理性认识到党建品牌创建并非一朝一夕之事,更非应付敷衍之举,而是事关民众切身利益的治理行为,必须慎重、科学对待。既要有完整的计划,又要有可行的举措;既要联系区域部门实际,又要着眼未来发展;既要统筹规划,又要具体到人、明确责任主体,以便推进党建品牌创建的有序开展。

(三) 落实行动过程,推进基层党建品牌战略实施

推进基层党建品牌创建是一个长期、长久的过程,需要创新思维不断突破,也需要立足实际求真务实。这事实上就涉及对基层工作的目标、质量、理念、号召力等的综合考量和全面平衡,需要在遵循品牌培育一般规律的前提下循序渐进,立足"三化标准"可持续创建。首先,以质量建设为抓手,确保党建品牌方向的正确性、正向性,以具体的可细化、能量化的指标,保证各项工作要求和任务指令贯彻于基层治理工作的全过程,体现于所有服务项目和工作环节当中。其次,兼顾特色性与实际性。既立足区域实际而针对具体问题、切实需求创新治理措施和引导模式,又结合上级指令领会治理意图而为品牌精准定位;既将党建品牌创建工作纳入常规工作,又能从基层先锋事例中提炼党建品牌,打造强劲的核心竞争力,以开放思维深入探索、大胆实践、及时总结。再次,领导干部应充分认识到党建品牌的效用很大程度上取决于群众的认可度与接受度,因此尤其需要关注行为效果,需要通过厘

清责任边界、明确责任人确保过程、环节的务实性和可控性;应充分关注对品牌创建工作的考核,创新多元化的定量、定性考核方式,将基层群众的评议作为重要参考依据,进一步提升品牌创建的质量。

(四) 加大宣传力度,创新基层党建品牌影响路径

含金量高的基层党建品牌若不能及时被社会公众熟知,自然无法提升其美誉度、知名度,更无法通过品牌创建而强化基层党组织的影响力和组织力。这就意味着凸显党建品牌的价值与意义还应注重自身宣传力度的提升,而当下发达的信息传播技术也为基层党建品牌构建提供了有力的技术保证。首先,从思想上认识到宣传的不可或缺性,意识到对于党建品牌的传播不仅意在了解,更在于促进党建资源的优化配置,实现党建工作的创新与高效,以此营造党建品牌推广的良好氛围,充分调动基层党员干部参与的积极性;其次,为强化党建品牌的影响力与组织力,应首先关注群众对该品牌的了解熟知程度,有必要利用"两微一端"、开展经验交流会等方式充分扩大影响,提升先进经验、先进典型的示范引领效应,进而切实发挥品牌的带动辐射效用;再次,关注宣传内容的甄选,避免机械说教,要立足于优秀经验的交流,在党建品牌构建过程中及时吸取经验教训并及时完善策略和模式的制度化转变,如此方能确保基层党建品牌能够在更大范围内发挥作用。

(巫蓉 徐剑)

三位一体 模范带动

习近平总书记在 2014 年第二十三次全国高等学校党的建设工作会议中对高校党建工作作出重要指示:"加强党对高校的领导,加强和改进高校党的建设,是办好中国特色社会主义大学的根本保证。"要办好中国特色社会主义大学,必须加强和提升高校党建工作的高度,而高校学生党员是高校党建工作中的重要群体,提高高校学生党员的质量,充分发挥学生党员的模范带头作用,对高校党建工作有着深远的影响,也是高校党建工作的重要组成部分。新修订的党章对所有党员划定了更高的标准,提出了更为严格的要求,而就目前高校学生党员存在的问题,创新高校学生党员发展模式,采取有效措施来提高高校学生党员的质量,对于深化高校党建工作具有十分重要的意义。

一、高校学生党员发展模式改革的必要性

（一）将以人为本的理念深入学生党员发展中去

学生党员作为高校发展党员的主要对象，其质量直接关系到高校学生党建工作是否取得成效，学生党员能否起到模范带头作用将直接影响着高校其他大学生对学生党建工作的认可度。学生党员作为党健康发展的后备力量，是党源源不断的新鲜血脉，因此，在高校学生党员发展问题上，要充分引导广大青年学生树立正确的价值观，调动青年学生参与其中的积极性，将以人为本的理念深深印入高校学生党建工作之中去，尤其是深入到学生党员的发展中去，让广大青年学生充分体会到学生党建工作的重要性，认识到学生党员才是学生党建工作的主体。学生党员是从学生中来，因此必须接受广大学生的监督，只有这样，才能从根本上提高学生党员的质量，才能充分发挥学生党员的模范带头作用，最终使高校学生党建工作在良性循环中持续有效地进行。

总之，将以人为本的理念深入到高校学生党员发展中就是以广大青年学生的根本利益为出发点和落脚点，在指导思想上真正做到以人为本，尊重和重视学生党员在党建工作过程中的主体地位，以学生党员的和谐、全面发展为宗旨。在学生党员的培养过程中，要将社会主义核心价值观与学生党员的发展紧密连接起来，培养学生党员的大局意识，在培养中突显出每一位学生的个人优势和自身价值，更要注重培养学生党员在社会实践中所体现的持续创造和创新能力。被培养的学生党员不仅要具有鲜明个性，同时也要具有全面发展的综合素质，要让一切工作的开展都是为实现学生的全面发展而组织和设计，真正要做到以学生党员为中心，尊重学生、教育学生、服务学生，在学生培养过程中不断探索学生党员发展新模式。

（二）高校学生党员发展存在的主要问题

1. 党员发展工作制度问题

《中国共产党发展党员工作细则》对发展党员的流程做了详细的说明，这为高校各级党组织党员发展工作提供了具体详明的执行依据。但我国绝大多数高校的工作重心集中在了人文教学和科学研究方面，对学生思政工作的重视程度不够，尤其是对学生党员发展重视程度不够。虽然党员发展具有统一的标准，但是大多高

校基层党组织在党员发展问题上淡化党员发展过程的重要性,在党员发展过程中对相关工作细则落实不到位、不够细致,以及存在一些人为干扰因素,导致学生党员发展质量受到严重影响。特别是对入党积极分子的入党动机考察无法进行精准把握,在学生党员发展过程中通常都是一好遮百丑,发展前未能做到全面考察学生党员的入党动机,从源头上没有做好发展高质量学生党员的把关工作,因此不能满足当前高校学生党员发展高质量的要求。

2. 学生党员模范带头作用不强

党员是中国工人阶级的具有共产主义觉悟的先锋战士,是实现中华民族伟大复兴的坚强力量。高校是知识的汇聚地,是广大青年思想引领地,学生党员的先锋模范带头作用直接影响着高校基层党组织在社会各界人士心中的形象和地位,影响着各级党组织对广大青年的号召力;学生党员的先锋模范带头作用充分体现了高校各级党组织的凝聚力,是高校立德树人成果的一种重要体现。学生党员的先锋模范带头作用具体体现在带头作用、骨干作用以及纽带作用三个方面。带头作用主要体现在学生党员在广大青年学生群体中具有榜样力量;骨干作用体现在学生党员能够积极团结和组织带领广大青年学生群体按照党的指示方向奋斗前行;纽带作用是指学生党员能够深入到广大青年学生当中去,了解学生所想,是党组织与广大青年学生群体沟通的纽带,充分体现党全心全意为人民服务的宗旨。

但从近些年高等院校党员发展过程发现,有的学生仅仅是把入党作为一件光荣的事情,只是为了满足自己所谓的虚荣心而递交入党申请书;有些只是盲目从众,看到他人入党,就盲目地萌发我也要入党的想法;也有学生为了自己的职业规划例如考取选调生、公务员等,觉得入党后可以获得更大的优势,晋升机会多。这部分一开始入党动机就不纯的学生在入党前通常积极表现,主动向党组织靠拢,但在入党后又变回原来的样子,其中不乏部分学生干部工作热情大大降低,还有个别成绩优异的学生表现也不如以前,成绩下滑严重,根本无法在其他大学生中起到先锋模范带头作用。更有甚者,以自我为中心,个人意识膨胀、徇私舞弊、没有大局观念,将个人利益凌驾于集体利益之上,完全忘记自己是一名共产党员。若党员自身入党动机存在偏差,仅仅是行为入党,思想并未入党,必然会影响党员发展的质量和党员的先进性,必然会影响学生党员群体的形象,严重损害广大人民群众和青年学生对党组织的信任,成为关系到党长治久安的重大问题。因此构建新型党员发展模式以及提高党员质量就显得非常有必要。

二、高校学生党员发展中存在问题的原因

(一) 监督影响力下降

当前部分高校基层党组织的监督考核方式主要是进行"党章知识理论"考试,考核形式单一、内容陈旧,创新力度不够;严重忽视基层党组织的"三会一课"制度,只是单纯地进行相关理论学习,并且草草了事;有的学校甚至将党组织生活会变成工作讨论会和表彰大会,导致无法向广大学生党员传达最新的指示精神,监督力度下降,党员丧失监督权,会议变成了大家一起"拉家常"和消磨时间的场所;党员大会决议走走形式,缺乏民主集中。时间久了,一些党员开始习惯于"多一事不如少一事",抱着不负责任的监督观念,在会上一直做"老好人",避重就轻,避实就虚,唯恐得罪他人引来不必要的麻烦。

出现以上问题的主要原因是基层党组织长期忽视监督制度建设的重要性,并且存在制度落实不到位或者根本不落实的现象。制度执行力度差、意识培养不到位、责任落实不到位和监督管理不到位,导致基层党组织党员质量变差,背离发展党员初衷且愈行愈远。

(二) 学生党员发展环节把关不严

学生党员发展中存在的主要问题是学生入党时把关不严,从党员推荐、团支部推优到党支部审核,整个过程不能够按照相关规定细致落实;党组织考核阶段监督力度不到位;高校存在重数量、轻质量的发展情形;等等。这些问题直接导致学生党员素质下降,质量变差,从而影响了高校学生党员队伍的先进性。

针对上述问题,有必要提出一种行之有效的学生党员发展新模式,从根本上来提高学生党员质量。发展前,充分考察学生的政治素养,保证学生党员入党动机纯、思想觉悟高;发展过程中,要让学生党员认真学习理论知识,以新思想武装头脑、坚定信念;发展后,要充分发挥学生党员的模范带头作用,体现出党员先进性。

三、"三位一体"学生党员发展模式

目前,以党支部、团支部、班委会三个学生实体组织协同工作来提高学生党员质量的研究尚不多见。这里,依据《中国共产党发展党员工作细则》规范要求,以江

苏科技大学焊接技术与工程专业的学生为研究对象,在该专业各班级中形成以党支部为主体、团支部为中间阶层、班委会为主要管理机构的"三位一体"学生党员发展新模式,对学生党员发展的前期、中期及后期进行全方位考察,严格考察过程,严肃处理考察期间违规违纪的学生,以此来提高学生党员发展的质量。

一推:在党支部的指导下,焊接技术与工程专业各班级团支部根据学院党委最新的指示开展各方面的党建育人精品活动。例如:每月举行一次践行社会主义核心价值观宣传和实践活动、各班级开展暑假社会实践活动,并把各班级学生的实践活动表现作为考核入党积极分子的内容之一。将政治素养考核成绩作为考核焊接技术与工程专业学生入党积极分子的首要标准,并将学生的班级学习成绩排名纳入考核项目,根据学生学业成绩、政治素养考核成绩以及精品活动举办成效,初步遴选入党积极分子。

二推:焊接技术与工程专业各班级班委会协助焊接党支部成立班级评议小组,全方位审核评议入党积极分子本年度的综合表现情况。对这些入党积极分子进行公开投票,根据最终投票结果,结合平时表现决定党员发展对象,再推荐其进入学院的分党校进行深入的理论学习和实践培训。需要指出的是,经过一推确定的入党积极分子在本年度必须接受班委会和全班同学的监督,如有违规违纪行为立即取消二推资格。

三推:材料学院焊接党支部对照发展对象"三表现一作用",即入党积极分子期间表现、发展对象答辩表现、参与党建育人品牌活动表现以及作为发展对象作用发挥情况,公开投票表决,初步确定拟发展的预备党员名单并公示一周,再经学院党支部党员大会确定,将其真正发展为预备党员。

四、结语

在"三位一体"的模式下,高校学生党员发展施行综合考察,即全面考核的评议标准,党支部、团支部和班委会的有效协同与结合,班委会和全班同学多方面的民主监督,使得入党积极分子发展为预备党员阶段增加了多道监督环节。同时,将班级暑假的社会实践活动纳入到对入党积极分子和党员发展对象考核的指标中,得以长期考察他们在开展志愿服务活动时的积极性和先进性。又如每月举行一次践行社会主义核心价值观宣传和实践活动,每年举办四次党员论坛,关注社会热点和时事政治。最终多角度严格把控党员发展质量,并在其成为预备党员后同样制定类似的标准对预备党员的后续考核提供保障。通过"三位一体"模式的执行,高校学生党员的质量势必会提升到一定高度。

(刘志红　陈书锦　等)

聚合行动　全面育人

思想政治教育课是我国高等教育体系中的重要课程,是培养具备专业知识的社会主义建设者和接班人的重要保障,关系到能否回答好"为谁培养人"和"培养什么样的人"这两个高等教育战线上极端重要的问题。习近平总书记在全国高校思想政治工作会议上强调,要用好课堂教学这个主渠道,各类课程都要与思想政治理论课同向同行,形成协同效应。课程思政即在"全员育人、全过程育人、全课程育人"的三全育人理念的指导下,在各类专业课的教学过程中把思政教育的内容与专业知识的讲授充分融入,使专业课教学和思政教育高度融合,从而实现习近平总书记提出的协同效应,以形成"立德树人"为根本的大思政综合教育理念。教育部长陈宝生在2018年召开的"新时代全国高等学校本科教育工作会议"上强调:"加强课程思政、专业思政十分重要,要把它提升到中国特色高等教育制度层面来认识。"因此在充分挖掘高校专业课中所蕴含的思想政治教育因素和资源的基础上,让课程思政发挥积极作用,对构建全员、全过程、全课程育人大格局和大思政新模式具有重要意义。在大思政新模式下开展三全育人经验的推广,要在紧扣全员全过程全课程三个基本点的同时,从学校引导、专业规划、课程内容三个方面进行有效地交互实施,共同构建起全方位的全面育人大格局。

一、学校层面引领全员育人

(一) 从"思政课程"到"课程思政"

高校中长期以来存在着思政教育主要由思政课程负责,专业课教学只负责专业知识教授的思维观念。在三全育人理念的指导下,通过专业课堂来贯彻思政教育,变"思政课程"为"课程思政",达到协同育人的教育思想正在逐步树立。要改变目前高校中思政教育主要是思政课程教师负责的局面,需要从学校层面引导校内设立的马克思主义学院等教学组织,针对不同院系专业的特点,把思政教育内容进行有针对性地梳理和规划,和对应院系共同建立有院系专业特色的思政内容提纲,从而使相关院系在专业课堂上教授的专业知识和思政内容能够从疏离到贴近再到融合,脱离生搬硬套的局面,进入春风化雨的境界。真正做到把专业课上出思政味来,把思政课结合到专业中去。

(二) 以学校发展历史充实思政内容

我国的高等教育发端于近代,伴随着中华民族救亡图存的革命和斗争逐渐成长发展壮大。稍具历史的高校基本都有与祖国和人民同呼吸共命运的时刻,都有在革命、建设和改革等历史时期为国服务和奉献的光辉事迹。高校应从梳理校史的角度充分发掘其中所隐含的思政闪光点,将这些闪光点充分融入到课程思政的内容里,使受教育者从中体会到思政教育内容的深刻内涵,使思政教育内容更贴近受教育者的生活,让受教育者在感同身受中实现思政教育入脑入心入行动的目标。

(三) 教育者先要受教育

一直以来高校专业课教师在专业知识的讲授中不注意对思政内容的引入和融合,忽视了思政教育在高等院校"立德树人"过程中的引领作用和指导意义。在三全育人模式下,学校层面尤其要关注教育者本身对思政教育的理解和掌握能力。可以通过讲座、参观、示范教学等不同形式,引导高校教师从思想上建立起对思政教育重要性的认识,让专业课教师从观念到行动上活学活用思政教育内容,自觉地将思政教育内容融合进专业课堂。在三全育人的新格局下,高校专业课教师"先做学生再做先生",从没有思想准备只能被动接受任务的僵硬模仿状态,转换为用武装好的头脑主动探索课程思政新路的自动自发状态。

二、学科专业规划引领全过程育人

高校中针对受教育者所进行的专业规划,主要分为学业规划和职业规划两个方面。学业规划针对受教育者在校期间的学习过程进行课程设置等方面的安排,职业规划则侧重于对受教育者在实习就业等方面进行指导。

(一) 学业规划不脱离思政味

目前高校院系在对受教育者进行学业规划时,存在"在专业课程体系中设立思政教育课程就已经完成对受教育者进行思政施教的任务"的认识,这是与三全育人新模式的理念和大思政格局的要求相违背的。思政教育不仅仅限于思想政治课的讲授内容,它还包含马克思主义哲学思想、爱国主义、社会主义核心价值观、专业特色与社会需求等一系列的内容。这些内容对于受教育者加强对所学专业的认识,增强对专业学习的兴趣都是大有裨益的。因此,应该把这些内容也充分融入到院系专业对受教育者所开展的专业教育和学业规划中去。院系制定学业规划时,应从全过程育人的角度把思政教育的内容贯穿到人才培养全过程,变被动的思政课程固定设置模式为主动的课程思政新思维,让受教育者在不同的学习阶段都能体会到思政教育的引领作用。

(二)职业规划需具备时代感

职业规划是院系学科专业规划中引导受教育者进行职业生涯前瞻规划的重要环节。目前高校在实施职业规划教育时,普遍基于专业设置进行就事论事式的说教,很少从协同育人的高度,用课程思政的形式去引导受教育者正确地进行自身的职业规划。把思政教育融入职业规划的课堂中,首先要根据受教育者的专业特点进行有针对性的教育,生搬硬套思政教育内容,不顾及受教育者的专业背景只能是事倍功半;其次要考虑受教育者的年龄结构,把握住年青一代的特点,把思政教育内容和时代背景相融合。

三、专业课堂引领全课程育人

专业课堂是三全育人新模式和大思政格局实施的主阵地,专业课教师在其中起着关键的作用,关系到课程思政的教育效果。

(一)身正为范做表率

高校教师除了要积极投入课程思政的教学实践外,还要认识到自身的言传身教对受教育者的影响,认识到"学高为师、身正为范"的重要性。因此,要通过专业课堂完成课程思政的教学目的,就要求专业课教师从思想层面加强政治理论学习,认同思政教育的内容,实践协同育人的理念。高校教师在专业课讲授中不仅要把专业知识传授给受教育者,还要把爱国理想、家国情怀、公民意识、行业规范等传授给受教育者,让他们具备报效国家、服务人民的本领。

(二) 授课形式多样化

高校教师在授课中应积极使用多媒体等教学手段,以生动活泼的形式来呈现思政教育内容,要积极挖掘与所讲专业知识相关的思政教育内容,尤其是受教育者身边的事迹,以事迹串联起思政教育内容和专业知识。同时,高校教师可以使用"翻转课堂"等新型教育手段,发动受教育者主动参与到课程思政的教学实践中,利用课内课外、线上线下、校内校外等各种资源,以课堂汇报、微信公众号等多种形式实践课程思政,完成全课程育人的要求。

(三) 思维方法划重点

在理工类专业的专业授课中,思维方法论的建立对受教育者学习专业知识具有重要意义。思政教育中的马克思主义哲学基本原理和自然辩证法等内容,恰恰包含了大量的哲学思维方法。作为专业课教师,应在课程思政的实践过程中,把这些哲学思维方法和专业知识有机地融合到一起,强调专业理论和科学方法中所体现的哲学思维方法的指导意义和价值,引导受教育者在进行专业学习的同时领悟到马克思主义哲学的魅力,培养自身的辩证思维能力和用科学方法解决问题的能力。

在高等院校推广三全育人模式和构建大思政格局,需要从学校、学科专业和专业课堂三个层面,由上而下、由纲到目、逐级相协调地完成课程思政的全面实施。以课程思政的形式对受教育者完成思政教育,积极探索协同育人道路,是强化高校"四个服务"意识、培养社会主义建设者和接班人的有效手段。高校课程思政改革也不是一蹴而就的,需要我们进行持续不懈的研究和探索。

(王琦　陈建军　等)

党建领航　夯实学风

学风是高校的灵魂,优良的学风是高校的宝贵财富,加强学风建设是保证和提高高校教育教学质量的重要条件。坚持党对教育工作的全面领导是办好中国特色社会主义教育的根本保证,高校党建工作是学校工作的重要组成部分,党组织拥有一支战斗力和凝聚力强的队伍,对高校学风建设具有积极的促进作用。高校党建与学风建设相辅相成、相得益彰,探索两者间的融合发展模式具有极大的理论与现实意义。高校作为人才培养的第一线,江苏科技大学对高校党建与学风建设融合发展模式开展了探索与实践。

一、目前高校的学风问题

自1999年起,我国高校开始扩大招生规模,越来越多的人获得了走进校园接受高等教育的机会,高等教育逐渐从精英教育向大众教育转变。全民文化素质提高的同时,高校学生中也出现了各种新的问题,例如:对职业规划迷茫,缺乏学习动力;学习纪律涣散,缺乏自我管理意识;学习方法不科学,缺乏独立处理困难的能力;学习态度不端正,缺乏学习积极性。这些新问题严重影响了高校的整体学风,学风建设成为了一项需要长期坚持和维护的工作。

(一)职业规划迷茫,缺乏学习动力

高中阶段,虽然学习压力大、任务重,但是学习目标非常明确,"考上大学就轻松了"成为当时学生攻坚克难的精神支柱。进入大学,一下子从紧张束缚的学习氛围转为宽松自由的学习氛围,学生拥有大量可以自由支配的时间,反而变得手足无措。加之,所学专业可能是父母包办选择、可能是被调剂而选择,很少是根据自己的兴趣选择,对所学专业不了解、不感兴趣,对未来职业规划迷茫,不知道学习为了什么,不知道大学怎么度过,不知道毕业后能做什么,不知道自己想要成为什么样的人才。职业规划不清晰,没有学习和奋斗目标,最终迷失了自我,开始随波逐流,成为"佛系青年"。

(二)学习纪律涣散,缺乏自我管理意识

学习纪律是学校对于学生的学习规范以及自我管理能力的集中体现。严明的学习纪律有利于提高学生把握时间的意识,有利于提高学习效率,有利于形成良好的学习风气。高校的学习形式相对比较"自由",在课程培养方案范围内,学生可以自由选择授课教师,没有固定的教室,没有固定的同学,跨专业甚至跨学院大班上课。因此,部分学生利用课堂考勤的漏洞,不遵守课堂纪律,迟到、早退、缺勤、上课玩手机、打游戏等现象严重。甚至个别学生为了通过考试,不惜铤而走险考试作弊,严重缺乏自我管理意识。

(三) 学习方法不科学,缺乏独立处理困难的能力

学习方法是指学生在学习活动中所运用的方式和手段,掌握了科学的学习方法能够使学习效率大大提高,能够在学习的过程中少走弯路。高校部分学生将课余时间主要用于打游戏、追剧、谈恋爱等休闲娱乐方面,学习积极性不高;课前从来不预习,课堂上师生互动较差,课堂效率低,对于任课教师布置的作业经常采取消极或一些投机取巧的方式应付;畏难心理较重,对稍有难度的课程内容不想学,更不愿意独立思考解决难题;考试突击复习,或侥幸及格,或面临多门课程重修。这些不科学的学习方法,不利于高校优良学风的形成。

二、高校党建工作促学风建设

高校的党建和学风建设目标一致,都是为了培养高素质人才。高素质的人才既要具备深厚的专业知识功底和较强的实践能力,还应具备较高的思想素质水平。高校党组织拥有一支战斗力和凝聚力强的党员队伍:高校教师党员以生为本,以学生为服务对象,以促进学生人生价值和目标实现为工作导向,全身心投入高等教育事业;高校大学生党员具有较高的思想觉悟、优异的学业成绩、广泛的群众基础,善于合作,乐于奉献。江苏科技大学充分发挥教师党员在学风建设中的主导作用,发挥大学生党员在学风建设中的榜样作用,以高校党建工作促学风建设,探索了一系列举措,并在实践中加以运用。

(一) 朋辈教育,助力新生转型

转型教育,也称适应性教育。大学新生的适应性是指大学新生随着自身和外部环境改变而调整自身的特性和生活学习方式以顺应环境变化,实现人与环境和谐共处的能力,是个体在现实的生活环境中维持一种良好的生活学习状态的过程。良好的开端是成功的一半。对于刚刚跨入大学校门的新生而言,大一是人生道路上的新起点,也是重要的转折点。

以学院为单位,每年9月选拔优秀学生党员,并将他们分配至各新生班级担任班级助理。这些班级助理每周两个晚自习与新生班级开展主题交流,近距离、经常性地为新生答疑解惑,引导他们适应新环境,指导督促学习。比如,指导新生学习《学生手册》,讲解校纪校规、评奖评优要求、毕业条件等相关内容;介绍学院相关科

技竞赛社团,带领新生参观科技竞赛获奖展品;分享优质学习资源,传授学习方法和技巧;督促指导新生班级开展英语四级模拟考试并进行试卷分析;等等。

高校重视并做好新生转型教育,帮助新生顺利度过适应期,尽快完成角色转变,对新生未来的学风建设具有重要意义。而大学生党员作为新生的朋辈,他们具有相同的背景和共同的语言,且鸿沟小、防御性低、互动性高,更易于与新生分享信息、传播思想、传授技能。

(二) 分类指导,悦纳认可自我

为培养一流人才、建设一流本科教育,学校积极响应国家教育方针和政策,坚持"以本为本",推行"四个回归",将大众化教育与因材施教相结合,培养适应社会发展的各类人才。学校充分发挥教师党员的主导作用,通过分类指导增强教师党员对学生学业指导的针对性,进一步促进学校学风建设,促进学生成长成才。

教师党员首先从学生入校以来各学年绩点、挂科情况、CET4 及 CET6 成绩、专业兴趣、学期目标(短期)、职业生涯规划(长期)等方面,对学生的学业生涯规划进行摸底统计,为后续分类指导做好准备;然后对摸底情况进行分析,按照学业生涯规划六大类型(考研、考公、出国、就业、创业及其他类型)对学生进行分类,以便增强指导针对性,提高指导效果;最后根据不同类别学生分别制定详细的学业指导计划,采用一对一交流、个性化指导等多种形式,每学期至少分类指导一次,有针对性地解决各类学生的学业困惑,包括具体政策解答、学生学业生涯规划调整和完善等内容,以确保学生顺利完成学业。

在教师党员的分类指导下,学生可以找到适合自己的学业道路,最大化实现个人价值,悦纳自我,更好地回报社会。

(三) 学困帮扶,缩短学习差距

学校每学期初都会开展学风数据统计分析工作,同时梳理出挂科 4 门及以上学生的详细信息并进行学业预警,随后通过学生座谈会,从"键对键"走向"面对面",深入了解学生的学习状况,耐心倾听学生的需求和建议。通过与学生座谈发现,学困生大都性格内敛,人际交往能力较弱,与老师和同学沟通少,渴望被帮助但又无从寻找,无助感较强。

针对这种情况,学校打造了一支优秀的大学生党员学困帮扶队伍。首先,分别生成"学困生帮扶人才库"和"学困生库",其中"学困生帮扶人才库"成员为选拔的优秀大学生党员,"学困生库"成员为学业预警学生。其次,成立一对一帮扶组队,采取双向选择制,同寝室、同班级、同专业优先组队。最后,优秀大学生党员对组队学困生开展一对一帮扶,并定期接受党组织考核,考核结果直接与评优资格挂钩。

学困帮扶充分发挥了大学生党员的先锋模范带头作用,鼓励大学生党员参与学院学风建设,带动身边学困同学共同学习、共同进步、共同成长,营造出互帮互助的优良学风。

(四) 碎片学习,吸收化零为整

新媒体平台传播具有迅速化、碎片化、多样化等特色和优势,是高校学风建设道路上的一把"双刃剑",合理、正确、有效地利用新媒体平台,对于高校学风建设而言也是一种新思路、新模式。

学校转换学风建设思想观念,将传统的学风建设模式与新媒体新技术相融合,主动占领网络"新阵地",利用新媒体平台定期推送各类学风相关内容,让学生在娱乐的同时实现口袋式、碎片化学习,从而减少考试前突击复习等不好的学习现象。如"学长学姐说",推送内容为学生党员录制的保研、考研、科技竞赛、课程学习、资源分享等经验交流视频;"字幕版英语四六级听力",学生党员通过剪辑、加字幕,将英语四六级真题听力裁剪成五分钟的小段字幕版听力,让学生真正能听懂,并通过不断地"磨耳朵"提高英语听力水平,从而提高英语四六级通过率;"重要考试倒计时",学生党员对考研、英语四六级等重要考试定期倒计时提醒,让学生在新媒体平台娱乐的同时提高考试的紧迫感,督促自己按时学习;"各类课程精品教程",学生党员从中国大学 MOOC 等优质教学资源平台搜索精品教程,并与学期开设课程同步推送……

新媒体的发展为当代大学生提供了强大的网络学习资源,通过学生党员在新媒体平台推送学习内容,增加了教育的吸引力和感染力,更加贴近学生、贴近实际,为学风建设增添了色彩。

(五) 宿舍实验,联动理论实训

学校作为一所工科类高校,课堂里很多学习内容都需要在实验室完成,但是下课后学生想要继续做实验就没了去处。部分学院结合实际情况,为了方便学生随时进行实验,将实验室"搬"进学生宿舍,搭建了"宿舍实验室"项目。通过发挥学生党员的模范带头作用,构建出良好的宿舍文化与学风。

该项目以专业为单位,以各宿舍为实验小组。实验小组根据学院提供的学习手册开展自主学习,并结合一定的实训项目(可自主设计,可参考《学习手册》中的实训项目,也可针对科技社团举办的相关活动)开展项目研究。最终由相关学院的教师党员参与项目验收,并从中选拔优秀学生参与教师党员的科研项目或参加科技竞赛。

在学院教师党员指导下,"宿舍实验室"更好促进了学院大学生课外学术科技活动的开展,丰富了大学生的工程实践操作经验,充分发挥了大学生课堂实验和第二课堂科研训练与实践的联动作用。

三、结语

高校党建工作培养了一批有担当、懂奉献的党员,通过对党相关知识的学习,将党的先进理念应用于自身的学习和工作中,并通过各种方式去带动周围的学生,从而形成党建促学风的建设。同样,高校党员在参与高校学风建设的同时,也在不断发现自身不足,通过推动自主深化学习党的各类相关知识,从而引导党员更加清晰地认识自我,不断完善自我,明确使命与责任,坚定不移跟党走,矢志不渝为中国特色社会主义共同理想而奋斗。

高校党建与学风建设是相辅相成、密不可分的。高校作为人才培养的第一线,要时刻牢记"为谁培养人""培养什么人""怎样培养人",学风是高校发展之"魂",党建是高校发展"指南针",只有走对了路、走对了方向,高校教育才能走得更远,才能走到哪里都不会迷失方向。高校只有将党建与学风建设融合发展,才能培养出有党性、有家国情怀、有使命担当、有奉献精神的社会主义建设者和接班人。

(庄媛 朱安宏)

典型案例

案例1：两抓三实　创新主题教育

抓牢每一个支部，抓实每一名党员，确保主题教育在基层落地生根，江苏科技大学党委坚持"抓基层、打基础"，出实招、办实事、求实效，"学、研、检、改"一体推进，让主题教育直达每一个基层党支部，直抵每一名普通党员的内心。

校党委书记葛世伦说，学校党委坚持以提升校党委办学治校能力、干部担当作为意识、基层支部组织力和党员先锋模范带头作用为抓手，聚焦解决学校改革发展深层次问题，坚持"立德树人"，提升人才培养能力和质量；以"党员和干部能否以良好能力素质干出一番事业、创造一流业绩，教师能否培养出高素质人才，学生能否成为高素质人才，学校能否成为人民满意的大学"为检验标准，推进学校进位争先；以"建设国内一流造船大学"的目标，开展主题教育，提振师生员工凝聚力和干部干事创业的精气神。

出实招："两创新两突出"打好支部"组合拳"

学校党委把"不忘初心、牢记使命"作为基层党组织建设的永恒课题，作为党员干部的终身课题，创新"支部＋支部"平台模式，突出主题教育主场；创新"支部＋党员"工作模式，突出主题教育主体，精准实招解决小微支部"活动开展难、党员管理难、党组织作用发挥难"。

开展主题教育，党员是主角、领导干部是主力、支部联盟是平台。将学生党支部组成"大联盟"，重磅打造9场"精神的丰碑"、13场主题公开课，用学生喜闻乐见的形式和话语让师生党员政治思想受洗礼，推动主题教育学习守正创新，激发奋进决心，让主题教育入耳入脑入心。"联盟支部"强调"一个党员一面旗，一名干部一标杆"，党员影响力不仅体现在示范带头上，更要体现在引领和带动上，不仅"做自己"还要"带大家"，不仅要"向我看"还要"跟我走"。

全校213个党支部，3000余名师生党员，利用教职工政治学习、党支部集体学习、信仰公开课等开展"四重四亮"活动，做到党员全覆盖。船海学院景荣春党支部搭建学生成长各类服务平台，弘扬景荣春教授无私奉献、爱岗敬业精神，为基层党支部建设引入思政聚合"新品种",打造师生合编党支部、师生党员共同"亮绩、考绩、评绩、定绩"新模式;理学院党支部轮番上阵,准备学习材料、凝练学习重点,主持集中学习,既让支部之间互联互动、互帮互建、共同提升,又形成了"看谁学得早、看谁学得快、看谁学得好"的良好竞争氛围;机械学院教师党员开展"一走出四走进"活动,通过"三听两问"收集意见、倾听呼声;蚕研所、生技学院党支部科技支农博士连续多年深入苏北、广西基层,助力精准脱贫,实现农民栽桑养蚕收入大幅增长……江苏科技大学出实招,打好基层组织建设"组合拳",实实在在地将共产党员的初心和使命镶嵌在建设"国内一流造船大学"的旗帜上。

办实事:"四能否六聚焦"求解发展找突破

"广大领导干部要夯实思想筑根基,把群众观点、群众路线深深植根于思想中、具体落实到行动上,着力解决群众最关心最现实的利益问题;要改革创新谋发展,要瞄准目标抓重点,要不断攻坚克难解难题,要凝心聚力惠民生,把赢得民心民意、汇集民智民力作为重要着力点。拿出实实在在的举措,一个时间节点一个时间节点往前推进,以钉钉子精神全面抓好落实,以实干来提升新境界,以实干来展示新气魄,把师生的忧心事烦心事落实到一件一件的具体工作上,落实到一个一个的小细节中。"这是校长周南平的庄重承诺。学校党委以"四个能否"为检验标准,将聚焦制约发展的痛点、难点、堵点以及短板、弱项、瓶颈当做基层党支部的重点工作来抓,将党支部作用发挥、激发党员干事创业与学校改革发展相结合,构建党委和各支部大协同工作机制,破解发展难题,解决师生烦心事忧心事。

增加教职工收入,新校区南部高压线迁移,智能化系统建设,多渠道缓解基本建设投资和内涵发展资金压力……学校党委贯彻第三次党代会确立的"以师生为中心"发展理念,大力实施民生工程,积极为师生办实事、做好事、解难事,增强广大师生员工的归属感、获得感、幸福感。

国资处党支部、财务处党支部积极联系电力公司,协调解决影响师生员工学习生活的东校区电力增容问题,通过《关于东校区学生宿舍安装空调的方案及经费预算》;饮服中心党支部延长食堂供应时间、改造设施设备等,更好地满足师生用餐需求;图书馆党总支开展"你选书、我买单"主题党日活动,通过党员带头加班、延长开馆时间、开辟学习露台等方式积极践行"以读者为中心";人事处党支部、工会党支部提高教职工福利、部分慰问金发放标准和大病互助金额度,增加教职工体检项目,实现教职工健康体检全覆盖……学校党委对教职工反映的事项重点督办,将实事办到实处,用实事温暖人心。

求实效:"两坚持两关注"进位争先谱新篇

基层党支部组织有力,党员作用才能发挥好;党员作用发挥好,才能凝聚学校进位争先的力量。学校党委将主题教育的阵地建在支部上,发挥不同支部优势,坚持育人为本,坚持师德为先,关注身边榜样,关注平凡岗位,激发党员活力,以实际行动践行初心,勇担使命。

机关党员干部积极响应校党委"让师生最多跑一次"的号召,优化办事流程,提高服务质量和效率。教务处党支部等持续发力"一流本科教育",提升本科教育教学质量,推动出台《高级职称任职资格直接认定办法》,大力表彰"教学名师";在全国高校中率先推行"师德公约",逐步压实师德建设长效机制建设。宣传部党支部开设"身边的榜样""我在平凡的岗位上""我和我的祖国"等专栏,发挥党员先进典型在主题教育中的示范作用……学校涌现出陈林、赵勇、沈九兵等一批可敬可亲的校园人物,他们默默无闻、勤奋踏实做好日常教学和育人工作,展示了江科大厚重深植的"船魂"精神,书写着学校人才培养的奋进之笔。

(原载于新华网,2019年11月11日)

案例 2:积分亮绩　创新支部工作

实施"先锋亮绩、积分管理"制度,是落实全面从严治党、加强党员教育管理的创新举措。江苏科技大学船舶与海洋工程学院景荣春党支部作为一个以继承优良传统、发扬时代先锋的优秀学生干部为主的学生党支部,在基层党建的过程中有时会出现航向偏差、动力不足和续航懈怠的问题,通过积分亮绩工程能有效帮助我们在航程中扶正航向、增强驱动、久久为功,让基层党建乘风远航。在实施过程中,支部以高度的责任感教育管理支部党员,以实用实效为目标,精心组织、严格考核,充分发挥党员的先锋模范带头作用,为建设新镇江培养一流人才。

一、规范积分,扶正航向

支部根据镇江市《关于实行党员"先锋亮绩、积分管理"制度的办法》的要求,就适合在校大学生执行的基础积分、贡献积分细则展开热烈讨论,最终我们参照船海学院大学生综合素质计算办法和第二课堂要求,结合学生党员实际和江科大学生培养特质目标,将贡献积分具体细化为学生干部任职、学习绩点、各类学科竞赛、文体活动、学术科技、志愿服务、船舶特色文化、社会实践、社会服务等9项,对每一个项目的评分标准作出详细说明,赋予明确的分值。此外,为了防止短板现象出现,支部对每个项目均设置了最高分值。积分亮绩,积的是分,亮的是绩,航行正确就能初心回归,积分标准的科学性和规范性为支部"积分管理"工作奠定了良好的基础。

二、发现需求,增强驱动

航向扶正了,眼睛擦亮了,紧接着需要增强支部航行的动力。工作中我们通过四个驱动,不断增强积分工作的航行动力。第一是需求驱动,让党员觉得"有所用"。积分细则中对大学生科技创新提出了高标准严要求,对于学习绩点、国家级学科竞赛获奖、本科生创新计划、发表论文、申请专利都设置了不同的贡献积分,对党员学习、创新激励作用效果显著。第二是兴趣驱动,让党员觉得"有意思"。通过研讨、激励,支部党员找到了科技创新中的乐趣,在各类学科竞赛和科技创新活动中都能看见支部学生党员的身影,一年来支部学生党员在各类国家级学科竞赛、"挑战杯"中获奖十余项,发表论文数十篇并申请数项专利。第三是品牌驱动,让党员觉得"有面子"。景荣春党支部作为学校的品牌和一面旗帜,能进入支部本身就是一种莫大的光荣。为了能让每个党员在支部不掉队,支部书记针对党员特长和短板,为每个人一对一设定个性化的积分目标,支部每个月集中召开积分亮绩总结会,每个党员晒出当月取得的积分成绩和心得,这种充分亮出成绩的做法无形中给落后同学一种动力,营造出一种你追我赶的良好氛围。第四是主体驱动,让党员通过积分亮绩找到最合适自己的舞台,让他们觉得"能做主"。近年来,支部有2名党员光荣加入第19届中国青年志愿者研究生支教团,1名党员荣获江苏省优秀学生干部,2名党员荣获江苏省暑期社会实践先进个人,1名党员考取选调生,4名党员保送或考取重点大学研究生。他们积极投身"先锋亮绩"工程,带头奉献,争当一流。

三、践行服务,扬帆续航

支部种种措施在激发党员创先争优、创新作为,发挥先锋模范带头作用的同时,也进一步激励党员亮出身份,积极参加社会公益事业和志愿服务活动。支部党员开展了"爱援爱"广西暑期支教、"回首成长路,接力船舶情"船舶文化进社区、"七彩课堂"宿迁支教行、"步履丈量热土·青春致敬长征"纪念长征胜利80周年、第五届全国大学生海洋航行器设计与制作大赛志愿服务等活动,服务社会、奉献爱心,树立党员先锋形象。其中,支部"爱援爱"广西暑期支教成功入选全国大学生"一带一路"专项活动,支教实践团队荣获江苏省优秀团队称号;支部志愿者服务团队荣获镇江市京口先锋十佳团队称号。

在未来的支部积分亮绩工作中,我们将把握以下三个关键词:一是多谋,修订积分体系要周全考虑,形成合力,"眼睛向下"多看普通党员的需求,"眼睛向外"多学优秀支部的经验;二是善断,重行动、求实效,服务社会、服务群众,要继续在深化和求实上下工夫,因地制宜,积极探索积分管理办法中的高校适用性和科学性;三是坚持,发扬钉钉子精神和久久为功的韧劲,把积分工作一项一项地做深、做细、做持久、做出实效,认真履行承诺,以实际行动展现学生党员的先进性,做到群众有需求、党员有行动,继承和发扬景荣春精神,脚踏实地、无私奉献!

(入选《江苏省党员教育精选案例》)

案例3:主题课程　创新思政教育

为进一步激发广大学子励学敦行、成才报国的人生理想,学校充分发挥辅导员思想引领、学业指导的工作职责,号召广大辅导员立足本职工作,通过党史、革命史、新中国史,从历史中汲取理想信念,厚植爱国情怀,激发奋进决心,组织喻永光、何筠、巫蓉、胡宇飞等13位辅导员连续开展13场主题公开课,激励大学生坚定信仰信念,砥砺初心使命。在公开课中,各位老师以爱国与成才为主线,以理想信仰、社会主义核心价值观、学业规划、班团组织建设、求职就业等为主题,以主题读书会、主题班会、主题授课等为活动载体,综合运用话剧表演、诗歌朗诵、分组讨论、互动分享、红歌合唱等形式,促进大学生积极参与到各类主题教育活动中,先后有近千名学子参与主题公开课。

将理想信仰教育与爱国主义教育贯穿始终

在"你所站立的地方,就是你的中国"主题公开课上,环化学院喻永光老师从香港"反修例"这一社会热点切入,引发大学生对中西方民主模式的思考;通过大量的图片和数据帮助大学生进一步了解中国、读懂中国,引导学生思考当代青年应肩负的历史使命。船海学院巫蓉老师,张家港校区兰小红老师、张莉老师分别以"大有可为的时代,大有可为的你""礼赞70年·青春颂祖国""我的祖国我的家"等为主题,紧扣学生专业背景,将小话剧、短视频、PPT展示与小组交流分享、红歌合唱等形式相结合,联系学生家乡、家庭和自身的变化,展现了新中国成立70年以来波澜壮阔的发展历程及标志性成果,引导学生感受祖国70年来取得的巨大成就,重现了那一代的青年们为了革命胜利和国家建设奋力拼搏的画面,让大学生感受到了奋发向上的青春激情,帮助学生树立"兴船报国"的人生理想。在"'我爱你,中国'悦·读·会"活动中,船海学院胡宇飞老师利用国庆假期与学生们阅读分享《平"语"近人——习近平总书记用典》一书,引导学生学习习近平总书记治国理政思想和青春奋斗精神,活动现场学生通过诗歌朗诵、阅读交流与分享、为祖国许愿等活动,用学习践行初心使命,用悦读为祖国母亲献礼。

聚焦学生学业规划与素质发展

在"认识自我、确定三观"主题班会上,经管学院张巧念老师将专题讲授与经验分享相结合,引导学生在实践、认识、再实践的过程中不断探索和完善自己的兴趣、能力与性格,以正确的三观促进个人成长成才。

在"人生价值清单"主题公开课上,外国语学院何筠老师以"人生价值拍卖会"的形式,通过"买家"竞标互动游戏,让学生在家庭、财富、健康、学业发展、服务他人等人生价值中做出选择,深入浅出地引导学生体验和感悟"何为上大学的初心""何为新时代新青年的使命"。

在"不忘初心,逐梦前行——致我们青春的梦想"主题活动中,船海学院李宣虹老师充分发挥学生的主体性,针对大一新生对大学成才的困惑和学习生活的迷茫,确定选题内容,构建活动框架,引导他们在自主学习与探索、体验与感悟中明确自身的大学奋斗目标,并通过梦想储存的形式激励他们怀揣梦想,奋力前行。

电信学院李树文老师的公开课围绕"加强中国特色社会主义文化建设重要性"这一核心论题,联系习近平主席近期出访之旅,从我国综合国力提升、"中国梦"的实现等方面,系统介绍了中国特色社会主义文化建设的意义、内容,有效提升了学子们的文化自信。

在"我的大学梦"主题活动中,机械学院谭海波老师从"为什么来""学什么""未来走向"三个角度对新生开展职业生涯规划教育,激发学生的成长欲望。通过对"共和国勋章"获得者黄旭华、袁隆平、屠呦呦、于敏等先进人物的介绍,让大学生知道实现梦想的道路是艰苦的,必须要有忍受苦难的决心和恒心,号召学生求真学问、练真本领、知行合一,做实干家。

在"砼心文化:土建学子写作素养专题教育"活动中,土建学院郑旭老师从"庆祝新中国成立 70 周年"一系列活动中引出青年大学生对"中国梦""科大梦""土建梦"的思考与追求,引导大学生将理想信念与练就真本领结合起来,并围绕校园新闻写作和应用文写作的基本要求、格式与注意事项等进行专题讲座,在实践中培养广大学生骨干的人文素养。

在"诚信友善,拥抱爱的集体"社会主义核心价值观主题班会上,生技学院钱平老师通过视频欣赏、我写我心、口是心非、风中扬柳等 4 个活动环节,从听、看、想、写、分享、参与等多个层面让大学生认识和理解"诚信友善",深刻体会诚信友善等社会主义核心价值观对个人、集体、社会的重要价值。

注重学生主体性和活动参与性、体验性

各位老师的公开课主题鲜明,紧扣教育热点,密切联系学生实际,从策划到完成,坚持学生自主选择、主动探究,教师仅给予适度指导,充分调动了学生的积极主动性,使学生真正成为活动的主体,让学生在活动中自我教育、健康成长,体现了"教学相长"的教育思想。同时,部分老师的主题活动综合运用沉浸式、体验式思想政治教育模式,通过氛围营造、交流互动等形式,将理想信念、爱国主义等宏大抽象的价值理念落实到学生成长成才的具体实践中,引导学生在参与、体验、反思和感悟中提高思想认知与思想觉悟,具有较强的思想性、教育性和参与性。

船海学院林立同同学谈到,"通过参加'我爱你,中国'悦·读·会,学习了习近平总书记治国理政的基本思想,体会到阅读与交流的快乐。正所谓'一千个读者,就有一千个哈姆雷特',读书的快乐正源于思想的交融。活动中'为祖国许愿''生

日蜡烛"等环节富有仪式感,使我产生情感的共鸣,让我不仅增长了知识,结识了新朋友,更是激发了爱国情感。"生技学院杨洁同学谈到,"'诚信友善,拥抱爱的集体'主题班会形式新颖,环环相扣,活动不仅让人忍俊不禁,也考验着我们团队的协作能力,寓教于乐中让我们重新认识和了解了诚信友善。我们青年大学生应发扬诚信友善的品质,用大学生蓬勃向上的气息引领社会风气,共同营造一个和谐美好的社会环境。"

辅导员主题公开课期间,原校纪委书记夏纪林、校教学督导组成员潘宝俊、原机关党委书记朱以忻、学生处处长蒋春雷、离退休工作处党工委书记刘彩生、土建学院党委书记刘清生等领导和老师先后进行了观摩,对公开课的选题、内容、形式、过程和效果等方面做出详细的指导和点评,既肯定了优点,也提出了许多宝贵的意见和建议。夏纪林在点评中提到,"主题活动能围绕学生关心和感兴趣的问题进行精心设计,主题突出、形式生动、气氛和谐,贴近了学生实际需要,对促进学生的成长和树立正确的人生观起到了积极的作用,反映出辅导员老师深厚的文化底蕴和良好的职业素养。但部分主题公开课以讲授为主,形式较为单一,学生参与互动不够,在启发思考、拓展思路方面需进一步加强。"

学生工作处将主题公开课与辅导员素质能力培训结合起来,吸引了广大辅导员前来学习观摩。每场主题活动结束后,各位参与观摩的评委、辅导员与主讲人围坐一起,围绕主题活动的内容、过程、形式、现场氛围、学生参与度、整体效果等方面谈收获体会,谈意见建议,促进各位老师共同提高。理学院杨旺林老师是本次辅导员系列主题公开课的忠实粉丝,他先后观摩了8场活动。他谈到,"对于新入职的辅导员来说,通过观摩各位老师组织的主题班会,我感触良多、收获颇丰,让我认识到一场好的主题班会要做到选题得当、内容充实、形式多样、过程精细、效果显著;也让我体会到台上一分钟,台下十年功,只有从心底里热爱辅导员这份工作才能不断提升自己的职业能力。"理学院李屏老师谈到,"通过观摩3场公开课,让参与其中的我感受到一场好的主题班会,首先要以学生为本,以学生的诉求为出发点,同时还要兼顾活动的操作性、创新性和参与性。"

时代变迁,精神永恒。参与活动的辅导员表示,辅导员主题公开课为的是从光辉征程、伟大奇迹、宝贵精神中感悟信仰的力量,在实干奋斗中塑造新时代共产党人的精神风貌,把坚定信仰转化为不懈进取、笃定坚持、勇于担当,在江苏科技大学建设一流造船大学的逐梦征程中书写历史新篇章。

(原载于人民日报人民号,2019年10月19日)

案例4：全面多维 创新干部培训

江苏科技大学"责任与担当"干部培训行进至第十讲,同步开展警示教育专题"把纪律和规矩刻在心中"。由此,贯彻落实中央"全党大学习、干部大培训、事业大发展"部署,四月中旬启动、每周两次开课的全校干部全员培训基本完成第一阶段目标计划,即将转入实践教育阶段。全覆盖、多维度、强本领,是课后分组研讨时参训干部对这次干部培训的共识,他们表示大学习促进大思考、大培训促成大担当,要把做正确的事和正确的做事有效结合,为学校进位争先目标实现奋力作为。

全覆盖:一个都不能少

习近平总书记在党的十九大报告中提出,要"加快一流大学和一流学科建设,实现高等教育内涵式发展",走内涵式发展道路成为我国高等教育发展的必由之路。在"双一流"建设背景下,江苏科技大学提出"国内一流造船大学"战略目标,制定了"以学科进位争先为引领,为国内一流造船大学建设积淀一流学科、一流人才培养、一流科研水平、一流科研成果"的战略实施路径。

实现"国内一流造船大学"战略目标的关键是拥有一支坚持"战略思维、创新思维",具有良好"领导力、沟通能力、战略制定与执行能力"的中层管理干部,领导广大教职员工完成落实学校党委重大部署。

事业需要干部,干部需要成长。2018年11月中共中央印发《2018—2022年全国干部教育培训规划》后,学校随即谋划新一轮干部大培训五年计划,主动适应新时代干部教育的新形势、新任务。2019年4月,学校党委又根据习近平总书记为第五批全国干部学习培训教材所作《序言》精神,为全校处级、科级干部升级打造全景式培训套餐,突出政治引领,以提升思想政治素质和职业素养、创新创造创业能力为重点,着力培养信念坚定、敢于担当、善作善成、作风优良的高校管理干部。

多维度:一切为了发展

立身百行,以学为基。为使干部群体"懂教育、善管理、勇担当",江苏科技大学按照"更新知识结构、提高综合能力"总体要求,从"理论、经验和实践"三个方面构建课程体系,结合江苏科技大学干部队伍发展现状,本着"学用结合、按需施教、注重实效"原则,按照内容求"实"、课程求"精"、教学求"活"思路,定制全景式培训套餐。

全景式培训分为党性教育、能力提升、实践教学、行动学习四个模块。党性教育强调"讲党性",对接江苏省委党校专项培训内容;能力提升致力"强担当",包含应急管理、创新思维、管理沟通、领导能力、专业能力等专题讲座;实践教学定位"接地气",现场体验"自力更生、艰苦创业、团结协作、无私奉献"的红旗渠精神;行动学习突出"有作为",设置专门行动课题制定工作计划,激发干部干事创业的激情。

作为一所船舶与海洋特色鲜明的大学,船舶与海洋工程是学校的主干学科。十场培训报告中有六场涉及该学科发展,主讲人有两院院士、关键技术发明人、创业企业总裁,让专业背景极强的高校管理干部跨界学习,了解船舶与海洋及其相关技术发展现状及趋势、产业发展走势及技术需求,提升与行业、区域融合能力。另外四场报告分别针对"两会"精神、党纪党规、高校管理创新、突发事件应急管理,由学校领导、政府部门负责人、行业主管同志等进行深度解析,干货、硬货应接不暇,理论、案例精彩连连。

学校发展正处于加快内涵建设,抢抓行业区域机遇,实现快速发展的重要时期,海洋强国建设、船舶产业升级、长三角区域发展一体化等国家战略深入实施为学校发展提供了空间和机遇。周南平校长要求参训干部理论联系实际,学以致用、以用促学,把培训所学变成谋划工作的思路,变成促进工作的举措,变成领导发展的本领。葛世伦书记强调全校干部要通过培训不断强化政治意识和规矩意识,提升履职能力和水平,为全面实现第三次党代会目标任务,开创学校事业发展新局面夯实思想基础,提供组织保障。

强本领:一环都不放松

5月5日,校党委组织部发布《关于领导干部培训班参训情况通报》,进一步严肃学习纪律。与此同时,校党委组织部、宣传部先后两次发布开展2019年领导干部培训班分组讨论的通知,要求参训干部在各小组组长带领下,围绕特定主题积极开展研讨,进一步深入交流工作体会和培训心得,推动学以致用、知行合一。

"领导干部如何发挥好示范带头作用,推动形成真抓实干进位争先新局面,促进学校各项事业持续健康快速发展?"经济管理学院党委书记表示要将党建工作与中心工作相融合，继续做好"双带头人"党支部书记的配备，总结支部设置的经验做法，同时发挥校友资源作用，创新支部品牌建设。信息化建设与管理中心规划科科长表示，通过多学科领域的培训，扩大了眼界、提升了能力，深刻认识到自己所处岗位虽不起眼，也是江科大进位争先康庄大道上的一颗铺路石，要努力锤炼爱校爱岗、学以致用、主动作为、效率优先的工作作风。

"做正确的事与正确的做事——干部如何在工作中更好地提高工作效能？"江苏科技大学张家港校区党委副书记表示，"做正确的事"就是要不遗余力培养学生，切实做好大学生思想政治教育；明确目标，分解任务，落实责任，重视外部资源获取，抓住合作机遇。评估处副处长提出，通识选修课开设要引导学生思考人生、探索科学，要突出重点、典型引路、以点带面，既着眼于学生全面素质的提升，也突出学校的船舶文化和蚕桑文化。对外合作处综合办主任说，作为学校基层干部应该坚定理想信念，增强爱校荣校使命感，扎扎实实完成既定目标和任务，尤其在资源集聚方面，挖掘各类资源，拓展办学空间，打造校友和母校"发展共同体"，实现校友与母校共同的价值追求，实现校友工作的稳定性和持续性。

学与习相结合，着重知识内化、实践应用能力；管与评相补充，确保体系完整、针对性更强。培训结束后，参训干部要结合培训主题和工作实际撰写一篇1000字左右的学习心得。学校同时强化训后考核管理，建立并分步完善培训档案。将干部的选拔任用和教育培训紧密结合，从培训任务完成情况、日常工作表现、参加集体活动、授课老师评价等方面进行综合评议。评议结果纳入年度考核和任用考察内容，环环相扣增强干部履职能力、成事本领。

随着江苏科技大学干部大培训大幕的开启，参训干部边学习边思考边工作，带着问题、带着技术、带着服务深入师生和行业调研，开展企业走访，推进校地校企合作，强化责任担当，不断探索学校事业发展的新模式、新途径、新举措，不断增强办学治校、从政从教的决策能力和执行能力。

（原载于《江苏科技大学报》，2019年6月13日）

后 记

2020年是江苏科技大学搬迁镇江办学50周年,学校全面入驻长山新校区,开启国内一流造船大学宏伟征程新起点。新校区、新起点、新目标、新理念、新作为、新业绩,学校成立编委会和编写组,历时半年编辑出版《船海类高校一流本科教育的探索与实践——以江苏科技大学为例》,真实记录了江苏科技大学探索、创新、实践一流本科教育校本方案的独特历程,系统总结了革新、建制、重构高等教育质量文化取得的显著业绩。

作为新中国成立后全国仅有的以"船舶"命名的两所高校之一,建设国内一流造船大学是江苏科技大学的长远战略目标,也是全体江科大人共同的梦想。学校数十年如一日艰苦创业、锐意创新,积极服务船舶行业,发挥特色优势,成为国内船舶类及其相关专业设置最齐全的高校,本科专业及方向涵盖了造船所有领域。每年有近半数毕业生投身船舶行业和海洋、国防事业,可以说哪里有船,哪里就有江科大人。

行百里者半九十。不平凡的奋斗业绩源自矢志不渝的探索、创新、实践历程,也得益于理念、思路、变革的自信。学校薪火传承"船魂"精神,"江海襟怀、同舟共济、扬帆致远"内化于心,外化于行。一流本科教育洪流奔涌之时,谋篇重构本科教育体制机制,聚焦新工科、践行新理念、适应新发展,以生动的人才培养改革实践推动"以本为本、回归初心"教育思想落地开花。一代代江科大人的不息进取、精心育人、鞠躬尽瘁,助推了学校坚守"船海"主航道戮力向前,在努力建设国内一流造船大学进程中取得丰硕办学成果。辑录历程,编撰成书,以求生动诠释。

本书由葛世伦、姜朋明担任编写组组长,具体分工如下:专业建设创新与实践篇由张永林编撰、课程建设创新与实践篇由仲媛编撰、教育教学改革创新与实践篇由温大勇编撰、创新创业教育创新与实践篇由徐海玲编撰、人才培养创新与实践篇由周志辉编撰、师资建设创新与实践篇由崔建芳编撰、社会服务创新与实践篇由盛

后　记

永祥编撰、文化建设创新与实践篇由黄雪丽编撰、管理改革创新与实践篇由程荣晖编撰、党建思政创新与实践篇由葛春娱编撰。在此基础上，由田剑、魏晓卓进行统稿修改，谢凌燕、刘占超、王瑜、李峥、壮丹丽等进行校对润饰，最后由编写组审核、编委会审定。

本书呈现了一流本科教育集结号吹响后宏观视域下的实践个案，是学校集体智慧的结晶。真诚地期待她芳华多彩，终臻满园芬芳，为船海类高校一流本科教育探索创新实践之路增添一抹美丽风姿。

学校领导和各部门负责同志对本书的编纂出版给予了大力支持并提出宝贵建议。特别是典型案例得益于学校教职员工踊跃提供素材、认真挖掘提炼、反复修改完善，这里限于篇幅，恕不一一注明。在此，编著者谨向所有为本书编写出版作出贡献，以及关心支持学校事业发展的各界人士表示诚挚的谢意！

由于时间仓促，加之编著者水平有限，难免挂一漏万，不当之处敬请批评指正！

编著者

2020 年 11 月